经济发展、
区际非均衡增长
与债务风险

ECONOMIC DEVELOPMENT,
REGIONAL UNBALANCED GROWTH
AND DEBT RISKS

闫 衍 著

社会科学文献出版社
SOCIAL SCIENCES ACADEMIC PRESS (CHINA)

自　序

改革开放 40 年来中国社会经济发生了巨大变化，作为改革开放的经历者和见证者，过去 30 年，我从大学老师到企业管理者，有很多的经历可以回顾。本想借纪念改革开放 40 年的重要时点，将过去 30 年的个人经历和时代变迁做一个文字的回顾，但任何现在的文字都没有当时每个阶段的文字更为真实。作为一名曾经有着学术情怀的大学老师，到后来进行学业深造，再到作为一名金融从业者，我把学问研究从主业变为爱好，但过去 30 年我在研究工作和实践上的点滴积累还是留下了些许文字，这些文字真实地记录了我作为老师、学生与研究者，以及金融从业者，对中国经济实践和现实问题的思考与探索，故挑选过去 30 年每个阶段的部分研究文章，对改革开放以来的个人经历做一个总结，也可将其作为改革开放 40 年国家宏观变迁的一个记录。现在重读这些文章，有些文字还显稚嫩和青涩，受当时个人理论底蕴不够深厚和所处历史时代的影响，有些观点还需商榷，文字还需凝练。但历史就是历史，不管这些文字和观点有多少谬误和瑕疵，放在当时的环境就是"个人的历史"，就是最为真实的研究和学习记录。我选取过去 30 年的 41 篇文章对自己的研究和实际工作做一个总结，并将其编撰成这本书。

一

本书按照文章发表的时间和我的工作学习经历分为五篇，每篇正好是每个阶段我的研究和实践工作的真实写照。

第一篇"体制变革与中国经济发展"选取了九篇文章，基本是我作为大学老师和在博士研究生阶段的研究和学习成果。这些文章大部分发表于

20 世纪 90 年代初，带有明显的时代烙印。我大学所学专业是计划经济学，由于受所学专业的限制，对经济问题和改革的思考较多，因此，计划体制变革和经济发展问题成为我在这个时期研究关注的重点。《承包经营责任制的历史地位及其命运》是对中国经济体制改革尤其是改革开放初期国企改革实践的思考。党的十一届三中全会后，我国经济改革率先从农村开始，农村家庭联产承包责任制在很短的时间内取得了显著的成效。与此同时，城市企业体制改革也开始了扩权试点工作，从当时企业扩权工作的内容和形式看，已经涉及承包经营责任制。当时国企改革实践和探索中争论最为激烈的问题莫过于承包经营责任制，争论经过了三个阶段，第一阶段争论的焦点是承包经营责任制的出现是现实的必然选择还是理论和政策的误区；第二阶段争论的主要问题是承包经营责任制利大于弊还是弊大于利；第三阶段主要争论中国企业体制的改革是继续沿着承包经营责任制的方向前进还是实行股份制，也即继续完善承包经营责任制还是将承包经营责任制作为过渡形式，而改革的最终方向是实行股份制。现在回过头来看，承包经营责任制由于其固有的局限性决定了它只能是企业体制转换的过渡模式而非目标模式。从体制变革的角度来看，承包经营责任制是新旧体制转换时期的特有选择，该文也提出了股份制改革是承包经营责任制的历史归宿。

从 1984 年开始，我国对原有的计划体制进行了一系列的改革，将原来单一的指令性计划形式改变为指令性计划、指导性计划和市场调节三种形式，并且大大缩小了指令性计划的范围，适当地扩大了指导性计划和市场调节的范围。这些改革措施现在来看都是不需要探讨的问题，但在当时的历史环境下，计划管理和市场管理谁轻谁重还是一个需要争论的理论问题。《关于指令性计划管理的几个问题》在探讨指令性计划管理面临的问题时，也专门探讨了指令性计划与承包经营责任制的问题，指出企业的经营体制和计划体制是当时经济体制改革中的一对突出矛盾。其表现为，一是企业承包经营责任制和指令性计划的主体不统一，从而形成计划和承包之间的矛盾；二是企业承包经营责任制和指令性计划的利益要求的差异形成指令性计划与承包经营责任制的矛盾。这些研究对当时经济体制变革中的计划体制和承包经营责任制等重要问题进行了探索，读这些文章一定要结合当时的历史现实和时代背景。

20 世纪 80 年代的计划管理体制改革在价格方面的最重要的探索就是实

行价格双轨制。价格双轨制的推行使我国的计划价格机制逐步向市场价格机制转变，但推行价格双轨制引起的价格上涨也极大地影响了居民的消费承受能力。为了减弱价格双轨制改革对居民消费的影响，国家对消费者实行财政补贴，通过对居民的价格补贴，可以相应地增强居民对物价上涨的承受能力。但是随着财政补贴的过快增长，它对经济发展的负面影响日益明显。《财政补贴的通货膨胀效应分析》通过对财政补贴中的明补和暗补两种补贴效应的研究，对 20 世纪 90 年代财政补贴的通货膨胀效应进行了实证分析。研究表明物价上涨与财政补贴有着密切的关系，这一关系最终表现为物价上涨与财政补贴的相互推进式的惯性运动。财政补贴的逐年增加产生了通货膨胀压力，而通货膨胀又进一步导致财政补贴增加，因此，财政补贴成为物价持续上涨的深层动因。作为一种政策选择，无论是暗补还是明补，如果只着眼于就价格论补贴，那么必然引起财政补贴随价格变化的从动运动。在这一运动过程中，政策的实施只能是被动地适应这一过程，而不能产生主动的制约作用。所以，制定政策的根本点应该通过其他途径促使价格体系合理化和保持物价水平的稳定，比如增加供给和降低供给成本等。从短期看，采取上述措施的政策成本可能要大于某一年份的补贴成本；从一个较长的时期看，选择财政补贴的成本是非常高昂的，它不仅造成国家财政困难，而且还产生财政补贴的通货膨胀效应，刺激物价轮番上涨。该文提出了政府应该更加谨慎地使用财政补贴这一政策，着眼于增加供给和对价格体系进行改革。

《农业与工业化：我国工业化的模式运行后果及对策》《经济平衡发展中货币供应的增长速度》《就业制度市场化演进中的就业波动机制以及失业问题》探讨了这个时期中国经济发展中的工业化模式问题、货币供应的增长速度问题、就业制度演变与国企改革中的失业问题，尤其是就业问题。随着经济体制的转轨，经济体制改革使我国就业制度由计划就业制度向市场就业制度演进，就业制度的变迁使就业成为社会普遍关注的重大问题。失业问题、无效就业问题，以及隐蔽失业问题，成为就业制度市场化演进中的社会焦点问题。《就业制度市场化演进中的就业波动机制以及失业问题》提出，改革中的不完全市场就业是我国体制转型时期就业制度的基本特征。随着市场经济体制的逐步建立，计划就业制度让位于市场就业制度，从而实现劳动力资源配置的市场化。同时，该文也指出，随着我国就业市场化程度的提高以及围绕就业市场化的社会福利和保障制度的建立，社会对公开失业的承受能力逐渐增强，5%左右的城镇公开失业率是能够容忍的，可考虑把5%的城镇公开失业率确定为失业调控的目标数值。这与目前我国调查失业率数值一直稳定在4.5%左右基本是一致的，这体现了当时我对有关就业制度研究的前瞻性。

二

第二篇"增长结构与中国区际经济非均衡增长"共包括八篇文章，涉及经济增长结构问题与区际经济非均衡增长问题。这些文章发表于20世纪90年代中后期，这个时期也是我的博士研究生学习的重要时期。我于1999年在中国人民大学获得经济学博士学位，其中部分文章也是我的博士学位论文的重要基础。

《经济增长结构解析》和《经济增长结构分析：中国案例研究》在当时的经济增长理论研究的基础上，通过引进结构因素，采用理论分析与实证描述相结合的方法重新解释了中国经济增长过程，并以中国经济增长为背景，研究结构变化对经济增长的影响以及对经济增长的结构贡献。中国经济增长与结构变化的数量关系表明，结构变化对经济增长具有正向效应，因此加速结构转型不仅可以推动经济总量增长，还可以影响经济增长质量。1978~1994年中国经济发展中的高结构变动率与该时期的经济高速增长是相互吻合的，加速经济增长不能仅仅依靠要素投入的增加，还要在总量增长的基础上，加速结构转型，因此从结构转型的角度促进经济增长是关键。今天中国经济发展的问题仍然是结构问题，经济从高速增长进入新常态，经济结构转型是从高速度增长到高质量发展的重要选择。

从1978年改革开放到20世纪90年代中后期，中国经济高速增长中的区际经济增长不平衡问题比较突出，这个时期的文章集中讨论了中国区际经济非均衡增长问题，包括《所有权结构转变中的区际经济非均衡增长》《制度转型与区际经济非均衡增长》《中国经济增长区际差异的制度解析》《中国区际经济增长与生产率：一个赶超模型的计量分析》，《制度内生性区际经济非均衡增长假说》和《区际经济非均衡增长假说的实证检验》节选自本人的博士学位论文《中国区际经济非均衡增长研究——制度内生性假说及其检验》（1999）的第一、二章。

　　区域经济非均衡增长是各国经济发展中面临的一个共同难题，不管是发达国家还是发展中国家，其区际经济发展的动态过程均表现为经济增长和人均收入水平的非均衡性。我国自 1978 年进行经济体制改革以来，总体经济增长的良好记录被称为经济增长的"中国之谜"，但经济体制转型以来的地区经济增长则表现为高速增长中的区际经济非均衡增长，省与省之间、区域之间经济增长差距拉大，成为中国区域经济增长的重要特征。当时的研究范式和分析工具由于缺乏合理的理论整合而很难解释区际非均衡增长这一现实问题。如何利用经济学理论解释这种区际非均衡增长，成为研究和实践中的一个重要现实问题。这些文章应用制度经济学的相关理论，考察了制度与经济增长的一般关系，并在此基础上阐述了制度变迁及其方式对经济增长的影响，实证研究了中国制度转型时期地区经济增长的制度环境和制度结构对区际经济非均衡增长的影响。这些文章指出中国渐进式制度变迁方式决定了制度转型过程的区际差异，以及制度变迁中制度安排和制度创新的区际差异，决定了各区域经济增长的制度环境与制度背景不同。从制度转型过程来看，制度转型的区域渐进引致制度结构的区际差异，内陆地区的传统计划体制衰减速度比较缓慢，从而新的市场经济体制的形成滞后，而沿海地区则相反；从制度创新的地区分布来看，沿海地区往往是制度创新的先导地区，制度创新和经济增长潜力相吻合的沿海地区有较高的经济增长速度，因此，制度变迁与地区经济增长之间有着重要的内在逻辑关系。

　　《制度内生性区际经济非均衡增长假说》《区际经济非均衡增长假说的实证检验》在对区域经济增长制度进行分析的基础上，提出了制度内生性区际经济非均衡增长假说，即制度因素及其利用程度是经济增长的内生变量，经济增长的差异可以用制度安排和制度创新及其利用程度的差异来解释。制度内生性区际经济非均衡增长假说由于引入了制度变量，因此用新古典生产函数不能构造地区经济增长函数，需要在对新古典生产函数进行扩展的基础上引入制度变量以解释中国制度转型时期的区际经济非均衡增长问题。这些文章提出非国有化水平、开放度和市场化程度等因素可作为考察中国转型时期区际经济增长差异的制度变量，实证地研究了 1978 年以来中国的区际经济非均衡增长过程以及区际经济非均衡增长过程中的基本表现，进而给出了中国经济转型时期的区际经济非均衡增长的制度解释。与传统的区域经济发展理论相比，这些文章所提出的观点拓展了区域经济增长和发展理论。制度内生性区际经济非均衡增长理论，以及以此理论为基础对中国经济体制转型时期区域经济增长的动态过程所进行的制度解析，丰富了中国区域经济增长和发展理论。

三

1999 年，我走出学校从事资本市场和投资银行业务，这个时期也是中国资本市场发展和金融改革的重要时期。第三篇"资本市场与危机型公司重组"选取了这个时期我发表的有关资本市场、中国银行业改制上市、银行不良资产处置和危机型公司重组的文章。其中《客观看待不良资产证券化》和《不良资产证券化模式与展望》发表于 2015 年，是对中国不良资产证券化市场发展情况的重要总结。

《危机型公司重组的理论解析与案例分析》研究了在我国资本市场发展初期存在非流通股股东的背景下的公司重组问题。此时，进入 21 世纪的中国资本市场的发展已有 10 余年的历史，在这一过程中，上市公司数量不断增加，市场规模不断扩大。伴随着上市公司数量增加和规模扩大，公司重组现象也日渐频繁。1997 年两市发生重组的公司有 137 家，占所有上市公司总数的比重为 18.4%，到了 2000 年发生重组的公司达到了 778 家，比重上升到 71.5%。其中影响最大的当属危机型公司的重组，即上市公司"壳资源"重组。在发达资本市场，公司上市制度实行注册制，而我国的情况比较特殊，政府相关部门和监管机构对公司上市影响极大，尤其是在股票上市核准制推行之前，一家公司能否上市，什么时候上市，发行多少股票，发行筹集资金数额为多少等，在很大程度上都由监管部门决定。另外，我国的上市公司分红极少，股权融资成本非常低廉，因此上市公司在资本成本上又有着非上市公司不可比拟的优势。此外，地方政府可以通过国有企业上市以摆脱自身包袱，其有动力给上市公司创造良好的环境，一般会给予上市公司税收、土地、用工等方面的优惠政策，这也使上市对公司具备更大的诱惑力。在这种情况下，"壳资源"对未上市企业有很大的吸引力，它们势必以各种方式充分利用"壳资源"。在法律不完备的背景下，重组方借壳上市后很容易通过非等价交易、"报表重组"、利益转移等重组行为达到实现上市圈钱的目的。危机型公司重组的实质就是利用上市公司的"壳"从证券市场获取低成本的资金。通过重组对"壳资源"进行重新配置，利用重组的机会抢夺"壳资源"，维护"壳资源"和继续充分利用"壳资源"，不仅符合地方政府的利益，也是非上市企业的愿望。危机型公司重组过程中涉及的利益相关者主要有重组方、债权人、大股东、地方政府、流通股东等，因此危机型公司重组中利益相关各方的博弈行为和利益分配对重组能否成功十分重要。该文探讨了危机型公司重组中利益相关方的博弈及其对我国资本市场发展产生的影响。

进入 20 世纪 90 年代，随着股份制金融企业和外资金融企业不断发展，我国国有金融企业在国内市场一统天下的格局发生了较大的变化，市场占有率连年下滑。就银行业而言，国内四大国有独资商业银行只占了 70% 左右的市场份额，10 家股份制商业银行所占市场份额在 30% 左右。同时银行业不良资产压力巨大，四大国有银行处于所谓"技术上破产"的状态。20 世纪 90 年代末，中国国有商业银行通过建立 AMC 剥离了 1.4 万亿元的不良资产，但就是在这种情况下国有商业银行仍为不良资产问题所困。截至 2001 年 9 月末，中国四大国有独资商业银行不良贷款达到 1.8 万亿元，不良贷款率达到 26%。庞大的不良资产使其难与外资银行展开竞争，这也严重地阻碍了四大国有商业银行的改革步伐。如何消化和处置国有商业银行的不良资产，提高资产质量，成为国有商业银行改制上市的重要制约因素。《国有金融企业改制上市模式研究》从实践上探讨了我国国有金融企业改制上市的可行模式。

《股市泡沫的破灭会影响经济增长吗?》《增发融资的股价效应与市场前景》等文章，从股市泡沫和增发融资等不同角度分析了中国资本市场发展中的相关问题。目前来看，这些问题仍然是中国资本市场发展中的痼疾和顽症，中国资本市场的成熟和发展还需要一个很长的过程，根本的出路在于进行资本市场发行上市制度改革和监管制度改革。

四

2005 年初我进入信用评级行业，从事债券市场与信用评级的实践和管理工作。这一年中国债券市场的重要创新产品——短期融资券在银行间市场诞生，这是中国债券市场的重要创新，此后银行间市场不断创新，各种债务融资工具不断丰富和发展。同时交易所市场公司债券产品在发展中规模不断扩大。随着债券市场的发展，各类机构从信贷市场进入债券市场，直接融资成为企业筹集资金的重要方式。次贷危机发生后，随着我国经济下行压力加大和政府刺激增长，地方政府通过建立融资平台直接举债，从而产生了严重的地方政府债务风险问题。第四篇"地方政府债务分析与债务风险"收录了七篇有关我国地方政府和融资平台债务风险的文章，反映了我国自金融危机以来的地方政府债务扩张问题。《我国地方政府债务风险分析与债务危机防范》《地方政府隐性债务风险与融资平台转型》《多重监管约束下的融资平台债务风险与转型路径》探讨了地方政府债务的形成和融资平台与地方政府的关系，指出遏制地方政府隐性债务增长，妥善化解地方政府存量隐性债务风险已成为防范地方债务风险的核心所在。融资平台是地方政府隐性债务的主要载体，防范化解融资平台债务风险，推动其剥离政府信用，加快市场化转型，对于防范地方政府债务风险具有重要意义。

自"超日债"违约以来，资本市场率先打破了债券、信托和理财等固定收益市场的刚性兑付，信用风险频发和违约多点爆发成为债券市场的常有之事。《警惕债券违约带来的金融安全隐患》《债券违约的信用风险缓释》指出，在"违约常态化"下，如何构建多元化的风险缓释机制和违约处置机制，成为监管部门和市场机构急需解决的问题。具体措施包括加快建立市场化的风险防范和化解机制，尽快推动信用违约互换市场发展；完善债权人保护机制；完善债券市场交易制度；完善债券市场风险处置机制，其中包括健全和完善破产清算制度等。

五

信用评级机构作为债券市场重要的基础设施，在债券市场发展中扮演着重要的角色。但中国信用评级业的发展总是伴随着一系列质疑的声音，评级虚高、评级泡沫和债券违约问题使信用评级机构不断被市场所诟病，信用评级机构始终处于债券市场发展的风口浪尖。中国信用评级业发展中存在的问题不仅是评级机构自身的问题，还与债券市场生态、评级监管模式和债券市场多头监管息息相关。当然从信用评级机构角度看还需要提升评级技术，而从监管角度看则需要改革我国信用评级市场的监管模式。第五篇"信用评级技术、国际评级体系与评级监管"探讨了上述问题。

　　该篇是我对这些年从事信用评级工作实践的总结，前三篇文章已经在2007年出版的《信用评级前沿理论与实践》中收录过。《中国债券市场跨越式发展与加速开放》《全球金融秩序重构需要多元化评级体系》《构建基于"一带一路"倡议的国际信用评级体系》三篇文章是近年来我在相关国际国内会议上的演讲报告。信用评级作为全球信用体系的重要组成部分，在全球金融秩序重构中发挥着积极作用。二战以来金融危机的频繁爆发暴露了全球金融秩序的先天缺陷，全球货币体系与金融监管严重失衡的现状亟待改变。随着新兴经济体与其他发展中国家在世界经济增长中的作用不断增强，其在国际金融体系中的地位要与之相匹配，因此，新兴经济体与其他发展中国家的信用评级机构应当积极参与到全球金融秩序重构中，并发挥应有的作用。随着人民币国际化与中国资本市场的不断开放与发展，中国信用评级行业迎来了良好的发展时机，成为构建多元化评级体系、平衡全球金融秩序的重要力量。我们应把握时机，把"一带一路"倡议与重塑中国在全球金融市场的影响力相结合，以沿线金融市场合作为突破口，推动建立中国主导的新型评级体系，实现对国际金融秩序的重构。

　　如何提升中国信用评级机构的国际话语权是近年来高层和监管部门比较关注的一个问题。我及合作者在给中共中央办公厅提供的内参文章《如何提升中国评级业的国际话语权》中指出，应从国家战略层面强化对信用评级机构的重视，将提升中国信用评级机构的国际话语权上升为国家战略，支持中国信用评级机构"走出去"，提高中国信用评级机构在国际金融市场的参与度。同时，中央政府有关部门（国家发改委和财政部）应支持金融机构以及其他境内企业在境外债务市场融资时，积极使用中国信用评级机构的全球序列评级结果，提升中国信用评级机构的国际知名度和影响力，减少对三大信用评级机构的依赖。随着中国信用评级业对外开放，外资信用评级机构进入中国债券市场，增强中国信用评级机构的国际竞争力，提升中国信用评级机构的国际话语权越来越迫切，因此，无论在国家战略层面，还是金融监管部门和信用评级机构自身，都应积极主动适应更加开放的国内外金融市场环境，支持中国信用评级机构在国际市场上发出更多的声音，提升中国信用评级机构的国际话语权。

　　《当前信用评级业存在的问题及监管建议》《变革信用评级监管模式》

讨论了中国信用评级业发展中的自身固有问题和监管问题。信用评级作为金融防风险的重要手段，在我国金融市场发展中起到了重要的作用。但信用评级市场的恶性竞争、劣币驱逐良币、监管缺失和多头监管问题一直比较突出，信用评级泡沫也成为被市场诟病的重要话题。在信用评级市场开放、简政放权和信用评级市场化发展的背景下，如何构建我国的信用评级监管架构和模式，也成为我国金融稳定发展的重要议题，因此当务之急是梳理我国信用评级业的发展和监管状况，借鉴国外信用评级业的监管模式，变革我国信用评级业的监管模式，构建基于机构监管和业务监管的双重监管模式。《中国信用评级监管模式变革》指出，信用评级机构的准入从"行政许可"向"备案管理"转变，信用评级业务的准入管理从"监管认可"向"市场认可"转变，构建类似美国SEC"全国认可"的信用评级机构业务准入机制，是我国信用评级市场规范发展和监管模式变革的方向。目前我国信用评级业进入开放新阶段，外资独资信用评级机构已经进入我国债券市场，但评级监管模式改革相对滞后，信用评级业改革和监管模式变革仍任重而道远。

致　谢

　　本书收录的 41 篇文章，时间跨度近 30 年，重读这些文章，我深感早期研究工作存在很多不足之处：不论学术观点的严谨性还是文字的可读性。但作为研究记录，本书除对个别文字进行勘误外，主要观点都未加修改，以反映我的学习和研究经历的真实性。在整理这些文章的过程中，我也感受到了早期学术研究的不规范性，如早期的一些文章对他人学术观点的借鉴没有进行规范的文献引用和注释，由于时间久远无法一一补漏和校正，在此表示真诚的歉意。

　　回顾过去 30 年的工作学习经历，一路走来，我得到了许多老师、同学和同事的指导与帮助，这些文章中也蕴含着他们的思想观点和智慧。在本书出版之际，我要对他们表示深深的感谢和敬意。

　　我在西北师范大学经济系工作的几年，也是我从事经济学教学和研究的起点，其间得到了经济系原系主任杨守业教授的关怀和指导，是他引导我开始了对经济现实和实践问题的探索，我们共同合作撰写和发表了一些有关区域经济发展和人口问题的文章（我们撰写的《兰州市人口与城市基础设施协调发展问题》获甘肃省第四次人口普查优秀论文一等奖；我们共同承担了甘肃省 1993 年社科规划重点课题 "中国西北经济区的开发与向中西亚开放的对策选择"；我们共同提交的论文《西北经济开发区的发展开放与丝绸之路的复兴》入选 "第二条亚欧大陆桥发展协作系统国际研讨会" 评选）。作为一个刚从大学毕业走上教学岗位的年轻教师，我的教学和科研工作能够得到老教授的照顾和指导，是我人生的重要机缘，感谢杨守业教授，他是我重要的人生导师和引路人。在从事教学工作期间，我也得到了教研室张学鹏教授、杨立勋教授、付音教授、杨媛媛教授、王秋红教授等同事和朋友的帮助，感谢他们。其间我和我的同事张学鹏教授共同研究发表的《财政补贴的通货膨胀效应分析》，是我利用经济学理论进行现实问题研究的起点，我们的共同学习、探讨和交流极大地激发了我对经济学研究的兴趣。

我的大学同学郑超愚博士（现为中国人民大学应用经济学院教授）是我经济学学术研究的重要指路人，是他帮助我建立起了经济学学术研究的规范，帮助我学会了使用 Eviews 计量经济软件。在他在北京大学博士后工作站学习阶段，我们共同研究发表了《就业制度市场化演进中的就业波动机制以及失业问题》。后来在我进入中国人民大学经济学研究所读博期间，他是研究所的老师，我们又有很多在一起交流和学习的机会。其间我们共同参与了很多课题的研究工作，我收获颇多。和他在一起的每一次交流都使我受益匪浅，他是我的良师益友。

我于 1996~1999 年博士学习阶段，在我的导师胡乃武教授的指导下完成了博士学位论文——《中国区际经济非均衡增长研究——制度内生性假说及其检验》。读博期间在他的指导下，我在《经济科学》《中国人民大学学报》《经济理论与经济管理》《教学与研究》《财经问题研究》等经济学核心期刊上，发表了有关中国经济增长结构和区际经济非均衡增长问题的学术论文，这些论文也成为我的博士学位论文的重要基础。20 年后重读这些论文，眼前总会浮现导师的身影。

博士毕业后我从事资本市场投资银行和债券市场信用评级工作，我的老板——中诚信创始人毛振华博士也成为我工作和实践研究的重要指路人。他谦逊地认为他是经济学研究的"票友"，他在资本市场和宏观经济研究方面有着很深的造诣。正是基于他对中国宏观经济研究的爱好，在他的倡议和支持下，中诚信与中国人民大学经济学院合作共建中国人民大学经济学研究所，并创建了"中国宏观经济论坛"，在这里我再次与我的老师和同学相遇，我的老师和师兄杨瑞龙教授、刘凤良教授，同学刘元春教授、周业安教授、郭杰教授、王晋斌教授、朱戎博士以及陈彦斌教授等给予和更新了我的宏观经济学的知识，他们再次成为我学习研究和工作的良师益友。"中国宏观经济论坛"创建至今已有 13 年时间，每年的月度、季度和年度宏观经济论坛报告和讨论会培养了我对宏观经济研究的兴趣，其间我也写了一些有关中国宏观经济的文章，但由于才疏学浅，因此在本书中没有收录有关宏观经济研究的文章。感谢我的这些老师和同学以及我的老板毛振华教授，是他们再次给予了我学术研究和丰富人生阅历的机会。

近年来由于从事信用评级工作的需要，我进行了有关信用评级和地方政府债务风险的研究，在一些论坛和研讨会上发表了有关国际信用评级体系和政府融资平台债务风险的报告。在对有关信用评级及其监管问题，以及地方政府债务风险的研究中，我要感谢中诚信国际研究院和博士后工作站的刘先云博士、袁海霞博士、李诗博士、余璐高级分析师、王秋凤高级分析师、王新策博士，主权评级主管张婷婷等同事，以及中诚信的张英杰博士，他们无私奉献并给予了我许多支持，他们同时也是这些研究的重要参与者。基于对中国地方政府债务的梳理和研究，我们测算了中国地方政府隐性债务总量，这项研究一直处于行业领先地位，在此基础上我们编辑出版了《中国地方政府与融资平台债务风险报告》。我还要感谢中诚信国际及中诚信证评的全体同人，在我们的共同努力下，中诚信一直处于信用评级行业领先地位，是中国信用评级行业的重要领导者。

在本书的编辑过程中，我的秘书王珍做了许多工作。她帮助我整理了早期的有关文章，并对文字错误和图表进行了详细的校对。感谢她的认真负责和对本书的贡献。此外，要感谢社会科学文献出版社的王晓卿老师和王春梅老师，她们为本书的出版做了精心和细致的编辑工作。

本书中的文字和观点错误在所难免，我期望它的出版能得到更多朋友的指正。

闫　衍

2019 年春节于三亚一山湖小区

目　录

第一篇　体制变革与中国经济发展

第二篇　增长结构与中国区际经济非均衡增长

第一篇
体制变革与中国经济发展

承包经营责任制的历史地位及其命运[*]

我国国营企业改革中争论最为激烈的问题莫过于承包经营责任制问题，这种争论经过了相互推进的三个阶段，第一阶段争论的焦点是承包经营责任制的出现是现实的必然选择还是理论和政策的失误；第二阶段争论的主要问题是承包经营责任制利大于弊还是弊大于利；第三阶段主要争论中国企业体制的改革是继续沿着承包经营责任制的改革方向前进还是实行股份制，也即继续完善承包经营责任制还是取消承包经营责任制而实行股份制。本文拟对以上问题进行探讨。

一 承包经营责任制：现实的选择

党的十一届三中全会后，我国经济改革率先从农村开始，以家庭联产承包责任制的形式展开，在很短的时间内取得了显著的成效，与此同时城市企业体制改革也开始了扩权试点工作，从当时的企业扩权工作的内容和形式看，已经涉及承包经营责任制。到 1987 年底，全民预算内工业企业已实行承包经营责任制的达到 75%，其中大型企业占 76% 左右。承包经营责任制的普遍推行也引起了理论界的高度重视，有人认为承包经营责任制的出台是由理论上的错误与改革政策上的失误造成的，其中最为主要的表现就是"包字进城"是错误的，他们认为，中国农村改革所取得的重大成就主要是靠农村产权制度和放开农贸市场，引进市场机制而不是承包经营责任制，理论界有人认为，政府决策部门对农村改革经验做了错误的总结，从而导致城市工业经济改革决策失误。而事实并非如此，在当时改革浪潮的推动下，如何进行

---

* 本文原发表于《兰州学刊》1992 年第 4 期。

企业体制的改革，转变企业的经营机制，在有计划的商品经济条件下使企业真正成为一个自主经营、自负盈亏的商品生产者和经营者，不外乎以下几种选择。

（1）仍然坚持产品经济条件下企业的行政附属物的地位，维持企业吃国家"大锅饭"，职工吃企业"大锅饭"的局面；（2）按农村改革的思路，引进承包经营责任制，转换企业的运行机制，使企业真正成为一个商品生产者和经营者；（3）进行企业产权制度的改革，实行股份制。第一种选择不能适应改革的要求，根本行不通，问题在于选择第二种方案还是选择第三种方案，如果选择第三种方案，当时实行股份制的各种条件又不具备，商品经济的发展尚处于不发达阶段，大量的资金掌握在国家手里，资金市场难以在短期内形成，价格等企业的外部条件还很不规范，这样选择第三种方案就脱离了当时的国情。但企业体制不能不改，为了转变企业的经营机制，选择第二种方案，按照有计划商品经济条件下计划调节和市场调节相结合的要求，把市场机制引入企业的经济运行过程，我们选择了承包经营责任制，现实的选择也正是这样，而这种选择又基于以下几个方面的考虑。

1. 承包经营责任制适应了所有权与经营权相互分离的要求

经济体制的改革使我们认识到社会主义经济是有计划的商品经济，而有计划的商品经济的运行机制要求企业首先成为一个商品生产者和经营者，这就要求我们改变原有企业由国家所有，国家经营的产品经济运行机制，实现所有权与经营权的相互分离，而所有权与经营权的相互分离可以有多种多样的具体，例如股份制、租赁制、承包经营责任制等。在当时的环境下，承包经营责任制在促使两权分离方面明显优于其他形式，国营企业仍为国家所有，但其经营权下放给企业并通过签订承包合同的形式调节国家和企业的关系，确定经济责任，划分经济权限，分配经济利益，因此，承包经营责任制用合同把拥有生产资料所有权的国家与作为生产资料经营者的企业分开，实现所有权与经营权相互分离，使国家和企业具有各自独立的经济利益，企业有其自主经营权，避免了国家行政的直接干预，从而确立了企业相对独立的商品生产者和经营者地位，因此承包经营责任制正是适应所有权与经营权相互分离的要求而出现的企业运行机制。

2. 承包经营责任制是缓和企业扩权与加强宏观管理矛盾的理想机制

在新旧体制转变时期，存在企业扩权与加强国家宏观管理的矛盾，而这种矛盾还要通过承包经营责任制来缓和。

经济体制的改革的一个重要方面就是下放权力，而在企业体制的改革过程中，同样存在一个扩大企业权限的问题，由于各种外部条件的不规范，各种政策的不配套，往往存在企业扩权的盲目性，因此从微观企业来看，总是存在扩权的欲望和冲动；而从国家宏观管理来看，由于企业的过度扩权造成宏观调控不力，从而也造成企业扩权与加强国家宏观调控的矛盾，因此，需要在企业体制改革过程中选择一种能够有效制约和缓和这种矛盾的机制，改革的实践选择了承包经营责任制。从经济权限划分的角度看，承包经营责任制从两个方面促进了企业经营自主权的落实和国家宏观调控力的加强。一是按照国家和企业的地位和作用合理地划分各自的管理权限，一方面使承包企业在经营方向、内部分配、参与竞争、按市场组织生产方面相应地拥有了自主权；另一方面国家通过签订承包合同又有效地实现了对企业的干预，从而既避免了企业的盲目扩权，又避免了国家的过度干预。二是把国家和企业的权利与义务以承包合同的形式固定下来，从而在一定程度上缓和了企业扩权与加强宏观管理的矛盾，承包经营责任制在一种程度上也正是基于此选择。

3. 承包经营责任制适应现阶段生产力发展的要求

此时我国生产力发展水平还比较低，商品经济不够发达，各地区各行业和各企业之间生产的技术和装备水平千差万别，发展极不平衡。经营管理水平低，职工素质差，这种生产力状况决定了我国企业体制的选择必须与此相适应，企业的运行机制还必须实行多种经营形式、多种分配形式，以解决生产力与生产关系方面表现出来的复杂问题，因此选择承包经营责任制适合当时的国情，反映了生产力发展水平的客观要求。

因此，承包经营责任制的出台既非理论上的错误，也非政策选择上的失误，而是现实的必然选择，它是基于体制变革和生产力发展的要求而出现的新的企业经营机制。1987～1990 年，第一轮承包企业的合同大部分即将到期，根据 4 年来的实践并加以判断，承包经营责任制的出现功大于过，还是过大于功或功过参半呢？

二　承包经营责任制的历史功绩与局限性

承包经营责任制的最大历史功绩在于它适应经济体制改革的要求转换了企业的运行机制，我们知道，我国经济体制的改革是从农村开始的，农村家庭联产承包责任制极大地调动了农业劳动者的积极性，而这种改革的巨大成功又要求城市改革与之配套，在城市经济体制改革中最为关键的是企业，如何转变企业的运行机制成为深化改革的重点。我国把1987年的改革重点放在完善企业经营机制上，根据所有权与经营权适当分开的原则，认真实行多种形式的承包经营责任制。四年多的实践表明，承包经营责任制在经营机制上较好地解决了两个问题：一是转变了企业的经营机制；二是增强了企业的活力。事实表明，在价格关系没有理顺，市场体系不完善，竞争机会还不均等的条件下，承包经营责任制减少了政府的行政干预，使企业从政府的行政附属物转变为商品生产者和经营者，从而使企业能够行使一定的自主权，这提高了企业自主经营的灵活性，另外，企业经营的好坏，关系到企业留利的变化，留利的增加，有利于调动企业的积极性，从而能够完善企业的动力机制和企业的自我发展机制，所有这些经营机制的转变又在很大程度上增强了企业的活力。

承包经营责任制的另一个历史功绩是在利益分配上较好地兼顾了国家、企业和个人三者的关系。在国家、企业和个人的利益分配关系中有两个方面是非常重要的，一是三者利益分割的数量对比关系，二是三者利益增减变化及其变动趋势。"利改税"单纯地从分配出发，确定国家财政得大头，使三者利益的分割呈现"国家得大头、企业和个人得小头"的局面，利益分配关系过分地强调国家利益，而没有兼顾企业和个人利益，承包经营责任制在确保国家拿大头的前提下，力图在利益分配中处理好三者的关系，从而承包经营责任制并没有局限于静态的利益分配比例上，而是通过提供一种推动力使国家、企业和个人三者的利益通过一个动态过程同时递增。通过承包经营责任制把企业的经济利益同它们的经营成果联系起来，劳动者个人的经济利益同它们的劳动贡献联系起来，这样，经营责任制实现了国家、企业和个人三者利益的共同增长，较好地满足了三者的要求。

尽管承包经营责任制有上述历史进步性，但它仍有历史局限性，这种局限性的主要表现如下。

（1）它仅仅是企业体制改革的过渡模式而并非目标模式。承包经营责任制的根本缺陷在于，它毕竟是政府搞活企业而并非市场搞活企业，因此，从根本上来说，承包经营责任制不能满足社会化商品经济的要求，但我们不可能脱离现实环境选择一种理想化的改革模式，一步到位地完成企业体制的转换，因此，承包经营责任制仅仅作为一种过渡模式而存在，企业体制改革面临的根本问题是制度创新，所谓创新，就是突破承包经营责任制，走出承包经营责任制，建立现代产权制度。

（2）承包企业行为合理与否仍最终取决于国家对企业的具体约束条件，而企业并未真正形成内在约束机制。这样，承包经营责任制只是在经营机制上形成了国家对企业的责任约束，国家通过一系列指标体系，诸如利润上缴、技术改造等来考核经营者，并通过责任约束来引导和调整企业行为，但企业呈现扩张机制有余、约束机制不足的状况。

（3）承包经营责任制基数的确定与动态调节缺乏科学的依据，并造成企业之间的"苦乐不均"。承包基数一般是由企业和政府主管部门进行"讨价还价"以后确定的，这样承包者在评估资产、核定基数时往往隐瞒实情，并通过"一对一"的谈判争取比较低的基数；另外各企业差异很大，从而很难通过企业之间的横向对比来确定基数，于是形成企业之间的"苦乐不均"、企业内部的"鞭打快牛"局面。

（4）承包经营责任制导致资产存量流动困难，从而阻碍了产业结构的调整。在进行增量调整的同时，也需要由资产存量的调整来实现产业结构的合理化，而承包经营责任制则在某种程度上使资产部门（包括中央和地方不同层次的部门）所有化凝固，这不利于资产存量的优化配置，使国家对产业结构和产品结构的宏观调控受到企业"一包几年不变"的制约，从而加大了产业结构调整的难度。

（5）承包指标设置上的软硬不均导致了企业行为的短期化。保上缴利润和保技术改造的"两保"指标的实现一方面取决于承包者的经营状况，另一方面又取决于企业的外部条件，这样企业可以以各种各样的理由不完成"两保"指标，使"两保"指标的约束软化。而工资和经济效益挂钩的"一挂"指标刚性大于弹性，这样，使企业的利益分配倾向于个人，造成了"分光吃光"的企业短期行为。

尽管承包经营责任制存在以上局限性，但将承包经营责任制的历史功绩和局限性放在一起考察，我们仍坚持认为，承包经营责任制尽管不是企业体制改革的最佳目标模式，但在新旧体制转换时期仍具有比较广泛的适用性，它是企业体制和产权制度转换的必经之路。

三　承包经营责任制的历史归宿

承包经营责任制由于其固有的局限性决定了它只能是企业体制转换的过渡模式而非目标模式。从体制变革的角度来看，承包经营责任制是新旧体制转换时期的特有选择，由于旧体制的解体和新体制的建立需要一个较长的过程，在这个过程中，经济运行机制将不得不依靠旧体制的某些功能的支撑，特别是对于新的运行机制，在目标模式不太清晰的条件下，寻求兼容新旧体制两方面的因素，并推动两种体制转换就显得尤为重要。这就决定了在今后三五年内不可能全面取消承包经营责任制而代之以新的运行机制，正因如此，国务院在 1987 年明确指出，推广承包经营责任制是我国经济体制改革的中心和重点。所有这些都说明，承包经营责任制具有相对稳定性，但这并不能说明企业将永远实行承包经营责任制。

从企业体制改革的本身来讲，承包经营责任制是一种过渡模式，那么向哪个方向过渡，如何过渡，就需研究承包经营责任制的归宿问题。

企业体制向哪个方向改最关键的是选择企业改革的具体形式，但选择怎样的形式，目前仍存在激烈的争论，一种观点认为，承包经营责任制是社会主义商品经济的一种基本经营方式，是企业改革的目标模式，应坚持完善它；另一种观点认为，承包经营责任制在短期内有积极意义，但从一个比较长的历史时期来看，由于其自身具有不可克服的局限性，因此，不能适应企业长远发展的要求，应向股份制过渡；还有一种观点认为，应实现承包经营责任制与股份制的兼容，即实行承包经营责任制的企业可以利用股份制的办法筹集资金，实行股份制的企业也要建立起以责任制为核心的承包制，即所谓的股份承包制。以上三种观点代表着不同的企业改革方向，从而也决定了承包经营责任制的不同历史归宿。

企业改革的最终目标是搞活大中型国营企业，使企业真正成为一个自主经营、自负盈亏的商品生产者和经营者，由于承包经营责任制在本质上并没有冲破旧的经济体制的框架，在资源配置方式、国家和企业的关系等方面没有实现根本性的变革，因此，完善承包经营责任制只是保守性的变革，并不能在企业体制方面形成质的飞跃。在公有制基础上从产权关系入手，建立国家和企业之间新的产权制度将是企业体制改革的关键所在。这就要求找到一种能够体现这种要求的新的企业组织形式，那么可以肯定，企业改革的方向将是实行股份制。

从承包经营责任制过渡到股份制是承包经营责任制的历史归宿，从承包经营责任制到股份制的跃进不仅是必要的而且也是可能的，因为，一方面这使原有的企业经济利益关系开始向现代商品经济条件下的企业经济利益关系迈进；另一方面，资本市场的形成和发展，信用形式灵活多样，社会主义金融体制的改革和金融机构的发展和健全，为实行股份制创造了条件。

社会主义制度的性质决定了我们实行股份制要把握正确的方向。大中型企业通过实行股份制，成为既有资产经营权又有资产所有权，具有法人地位，独立经营、自负盈亏的商品生产者。至于股份的分配比例是50%的股份归国家所有，30%的股份归企业所有，20%的股份归职工所有，还是70%的股份归国家所有，20%和10%的股份分别归企业和职工所有，在实践中应予以区别并灵活处理。这样，通过实行股份制，企业和职工对国有资产的抽象所有权变成了具体所有权，这充分体现了国家与企业和职工之间的利益关系。那么，这应当成为今后企业体制的改革方向。

关于指令性计划管理的几个问题[*]

从 1984 年开始，我国对原有的计划体制进行了一系列改革，将原来单一的指令性计划形式改变为指令性计划、指导性计划和市场调节三种形式，并且大大缩小了指令性计划的范围，适当地扩大了指导性计划和市场调节的范围。几年的实践显示了这种计划管理的优越性，但同时也反映出许多问题，特别是指令性计划管理缺乏必要的强制性和严肃性，造成对国民经济宏观调控不力，使指令性计划管理的作用没有得到应有的发挥。下面就当前指令性计划管理中存在的问题加以分析，并探讨如何在以下方面加强和改进指令性计划管理。

一 指令性计划管理的科学性问题

国民经济计划的科学性就在于它准确地反映了国民经济发展的客观规律，指令性计划作为国民经济计划管理的一种重要形式，同样要求具有科学性。但随着体制的改革，计划管理的削弱和对计划管理的不重视，指令性计划失去了应有的科学性，表现在指令性计划的制定与该时期的经济形势和任务相脱节，与社会再生产的内在联系相分离，指标的下达具有盲目性，制订指令性计划时缺乏调查研究，忽视市场供求关系的变化。在制订指令性计划时，由于缺乏科学的论证分析，计划和实际相去甚远，指令性计划失去了调节作用，因此，完善指令性计划管理就得增强指令性计划的科学性，这就需要把握以下三个方面。

1. 客观性。指令性计划的科学性的一个重要方面就是客观性，客观性

---

* 本文原发表于《兰州经济研究》1991 年第 3 期。

要求指令性计划的制订符合客观经济规律，即符合社会需要和社会生产的内在联系。但现行的指令性计划已在很大程度上偏离了客观性的要求，最主要的表现即主观性和随意性，主观强加于客观，随意确定指令性计划的范围、品种和数量，不考虑社会实际需要和社会生产的实际条件。例如在社会需要构成中，某种产品已经退出消费领域（生产消费），但有的计划部门仍将其作为指令性计划产品下达给企业进行生产。再如，不考虑企业现有的生产条件而强行下达指令性计划，因此，加强和重视指令性计划的客观性是把握其科学性的一个主要方面。

2. 整体性。整个国民经济是一个有机联系的整体系统，指令性计划作为国民经济整体系统的一种管理方式，仍然要求从整体出发，一方面要把握指令性计划的整体性调节功能，另一方面又要有所侧重。但现行的指令性计划失去了这种整体性调节功能，过分偏重于某些部门和产品，这种倾斜缺乏科学性。例如，社会总供给和总需求的矛盾就是由不重视指令性计划的整体性调节功能所致。再如，指令性计划管理的重点应该是有关国计民生和重点建设的项目或产品，但现行的指令性计划是，市场上什么紧俏就把什么纳入指令性计划，因此，增强指令性计划的科学性就要重视指令性计划的整体性特点。

3. 准确性。计划指标要具有准确性，现行的指令性计划，从中央到地方都缺乏应有的准确性，不能正确反映供求关系的变化，表现在指标种类的不科学，指标数量的不准确，不是产品品种不适应社会需要就是指标的数量过大或过小。所以，从指令性计划的科学性上讲，需要进一步增强计划指标的准确性。

二　指令性计划管理的严肃性问题

指令性计划的科学性是其严肃性的基础，从指令性计划的科学性上讲，指令性计划就是一种由国家制定的命令或计划，它具有两个明显的特征：（1）强制性，即由国家权力机关依靠行政权力管理经济；（2）权威性，即它只能由代表国家利益的中央计划机关制订并监督其执行。维护指令性计划的强制性和权威性是实现经济稳定、政治和社会稳定的重要保证。但现行的指令性计划已在很大程度上不具有这两个特点，指令性计划的强制性和权威性的下降使其失去了应有的严肃性，具体来讲，表现如下。

第一，指令性计划的下达缺乏严肃性。计划主管机关没有树立计划就是法律的观念，随意下达不符合实际的计划而且经常更改计划。指令性计划下达本身的不严肃性造成指令性计划权威性下降。

第二，指令性计划的执行缺乏严肃性。企业对国家下达的指令性计划不够重视，由于缺乏必要的强制性管理，这造成企业完成与完不成指令性计划，完成的好坏都一个样。对于企业有利的指令性计划，企业往往突破计划；对于企业不利的指令性计划，企业往往又不能完成计划。总体来讲，全国指令性计划的完成程度在 70% ~ 80%。企业执行指令性计划缺乏必要的严肃性是造成指令性计划不能正常完成的主要原因。

第三，对指令性计划的下达和执行缺乏必要的检查监督。一方面，对指令性计划的下达缺乏必要的检查监督，且对计划下达的失误不予追究经济责任；另一方面，对指令性计划的执行情况也缺乏必要的检查监督，更没有具体的法律规定予以约束。不能完成国家指令性计划，企业也不会追究有关当事人的法律责任，这造成指令性计划只有"指令"而没有约束性。

上述表现是指令性计划缺乏严肃性的重要方面，针对指令性计划出现的上述问题，我们必须树立指令性计划的权威性，维护指令性计划的严肃性，要把指令性计划的编制、下达、执行纳入法律轨道。指令性计划一旦下达，就不能随意变动，以保证计划本身的严肃性，指令性计划执行单位也要相应地承担法律责任，同时，健全法律监督机制，制定《计划法》。

三 指令性计划的数量界定及其下达问题

1. 指令性计划的数量界定必须是在对经济形势和社会生产内在联系的分析的基础上加以确定的，对于那些对总供给和总需求的平衡影响较大，长期短缺的，国家急需的，相对重要的产品的生产和销售，必须实行指令性计划。那么，究竟是哪些产品，指令性计划控制的量应该多大，则必须根据经济形势和各种产品的相关关系加以确定，例如，产品的使用价值在国计民生中的地位、市场供求关系，它们是计划时期界定指令性计划产品品种和数量的重要依据，有些产品可能在一个较长的时期内要通过指令性计划加以调节，而有些产品随着经济形势的变化相应地要调整其指令性计划控制的数量，因此，指令性计划控制的产品的品种和数量并不是一直不变的，而在不断变化着。随着计划体制的改革，市场调节范围的扩大，指令性计划的范围在不断缩小。指令性计划范围的逐步缩小和数量的减少，对扩大企业的自主权确实起了很大的作用，但也产生了许多问题，例如，指令性计划控制的数量减少太快和市场发育状况及国家的宏观调控能力不适应，同时，存在"一刀切"现象，不分主次，对保证市场的供需平衡产生不利影响，因此，如何正确地确定指令性计划的控制数量是指令性计划管理中的一个重要问题。我们认为，在确定指令性计划的控制数量时应明确这样两个问题：（1）指令性计划的数量界定原则是什么？（2）指令性计划管理的侧重点是什么？具体来讲，指令性计划数量界定的原则应根据我国的国情和各地区经济发展的情况确定，指令计划管理的侧重点应该是关系国计民生的重要产品的生产活动，通过对这些产品数量的指令性计划进行控制，以达到稳定国民经济大局的目标，因此，指令性计划的数量应根据上述原则和侧重点加以界定。

2. 指令性计划下达方面存在的一个主要问题是计划的"多头"下达。指令性计划的下达主体应该是国家计委和纵向的地方计委，但基本情况是，国家计委、省级计委、国务院各主管部和省厅局都有下达指令性计划的权力。随着计划权限的下放，国家计委的指令性计划不断减少，相反通过其他途径下达的指令性计划不断增加，从而造成谁都可以下达指令性计划，但谁都不负责指令性计划的严肃执行的局面，因此，急需解决指令性计划的"多头"下达问题，按照分级管理的原则，指令性计划应由计委系统一个口子下达，即指令性计划的下达权力只能在国家计委和省级计委，国家的指令性计划（包括各主管部委的指令性计划）由国家计委下达给地方计委，再由地方计委下达给有关部门和企业，地方的指令性计划（包括各厅局级的指令性计划）应由省级计委统一下达。国务院主管部门和省厅局原则上不应再下达指令性计划，只负责指令性计划的执行，如确实需要增列，则必须报计委备案并经计委进行综合平衡以后才可下达，因此，理顺下达渠道，达到指令性计划下达的统一性是指令性计划管理中急待解决的问题。

四　实现指令性计划的外部条件问题

随着计划体制的改革，现在的指令性计划与原有体制下的指令性计划已大不一样，根据原材料供应、产品生产和调拨、指令性产品价格的制定等各方面的差异，我们可以把指令性计划分为这样三种形式。（1）原材料供应、产品生产、产品调拨、产品价格均由国家下达统一的指令性计划和国家统一定价，这种形式的指令性计划和原有的指令性计划的形式一样，由于外部条件得到了保证，因此一般企业都能完成指令性计划。（2）原材料供应通过指导性计划和市场调节由企业从市场上自己购买，而产品生产、产品调拨、产品价格由国家下达统一的指令性计划和国家定价。（3）原材料供应、产品生产实行指导性计划和市场调节，而产品调拨和产品价格由国家下达指令性计划和国家统一定价。针对后两种形式的指令性计划受到外部条件的限制，企业有抵制完成指令性计划的情绪，在大部分情况下，企业都不能完成指令性计划。

从上面我们划分的三种指令性计划形式可以看出，实现指令性计划的外部条件涉及在企业执行国家指令性计划时，原材料、能源等生产条件的保证程度。在原有体制下，从原材料供应到产品调拨都执行国家统一的指令性计划，从而整个社会形成了一个指令性计划产品链，执行国家统一的指令性计划价格，企业的外部条件从而得到了保证。而对于现行的指令性计划，计划机关在下达指令性计划时，很少进行综合平衡，只根据生产能力下达指令性计划任务，而不保证物资供应。更为严重的是下达指令性计划任务时，能源、资金全部实行指导性计划和市场调节，由于计划价格和市场价格的差异，这样企业的生产成本远远高于指令性计划的产品价格，这造成企业亏损，从而使企业不愿意或没有办法完成指令性计划任务。由于实现指令性计划的外部条件不能得到保证，指令性计划产品链条被打断，原材料指令性计划任务不能完成，从而引起加工业和制造业的指令性计划任务也不能完成。可见，如何保证指令性计划的外部条件是现行指令性计划管理中亟待研究的一个问题，按照国家规定，谁下达指令性任务，谁就必须保证生产条件，然而从中央到地方，从各主管部委到省厅局所有下达指令性计划的部门都没有保证企业的生产条件，因此，鉴于实际情况，考虑指令性计划的科学性和严肃性，不管谁下达指令性计划任务，对材料的供应都不能留有缺口，要对生产能力和物资供应进行综合平衡，指令性计划产品价格要以价值规律为基础，以彻底克服指令性"瓶颈"条件的制约。

五 指令性计划与承包经营责任制之间的矛盾问题

企业的经营体制和计划体制是经济体制改革中的一对突出矛盾，其表现如下。

第一，企业承包经营责任制和指令性计划的主体不统一，从而形成计划和承包之间的矛盾。企业实行承包经营责任制的主体是政府指定的有关部门，诸如地方体改部门、企业主管部门、各级地方经委等。而指令性计划的下达主体是国家计委、省级计委以及主管部委。按照分级管理的原则，国家计委下达的指令性计划由国家负责管理，地方下达的指令性计划由地方负责管理和监督执行。主体不同使计划和承包"两张皮"，计划部门只管企业完成指令性计划任务，而不管企业承包任务（上缴利税），企业承包的主管部门只管企业上缴利税、技术改造而不管指令性计划任务，从而造成企业指令性计划与企业承包之间的矛盾。

第二，企业承包经营责任制和指令性计划的利益要求的差异，形成指令性计划与承包经营责任制的矛盾。指令性计划从国家利益的角度出发，要求企业义务奉献，而没有考虑企业的利益，在原材料等实行市场价格的条件下，企业产品又实行严格的国家计划价格，从而使企业利益受到损失，企业有逃避执行指令性计划的行为。从这一点看，指令性计划成为一种"软指标"。而承包经营责任制既兼顾了国家利益，又兼顾了企业利益和经营者个人利益，企业在利益的驱动下，为了追求最大利益，必然容易实现承包合同规定的利税指标，从而使承包指标成为一种"硬指标"，计划和承包利益的矛盾导致企业放松计划管理，只考虑企业利益而不考虑整个社会的宏观利益，只重视近期利益而不注意全社会的长期利益。

上述指令性计划与承包经营责任制的矛盾集中反映了计划体制和企业承包经营责任制的矛盾，如何把企业承包和国家指令性计划有机统一起来，是实现计划经济和市场调节相结合的一个亟待解决的问题。有人认为，解决承包经营责任制与指令性计划的矛盾，只能要么取消指令性计划，要么取消承包经营责任制。我们认为，指令性计划在当前具有稳定全局的作用，而企业承包具有调动企业和劳动者积极性，实现企业自主经营、自负盈亏的积极作用，因此还需进一步扩大其范围。解决二者的矛盾，不能取消指令性计划，也不能取消承包经营责任制，唯一可取的途径就是将二者有机结合起来，即在企业承包合同中，加入指令性计划指标，使指令性计划指标由"软指标"变成"硬指标"，企业没有完成指令性计划指标就可以看作没有完成承包合同。同时，对执行指令性计划的承包企业，国家应从外部条件上提供优先保证，消除企业生产的指令性"瓶颈"条件的制约，以为企业完成承包合同中的指令性计划指标创造条件。

说明：本文引用的调查资料除注明的外，均来自"中国工业生产指令性计划现状"系列调查资料，载《经济工作者学习资料》1990 年第 26、27、28 期。

农业与工业化：我国工业化的
模式运行后果及对策[*]

一 两种工业化模式和我国的选择

工业革命对各国提出了挑战，与这一挑战相适应，各发达国家在其实现工业化过程中选择了两种不同的发展战略。一是按照农业—轻工业—重工业的发展模式，农业在工业化过程中是超前发展的。这一选择战略最为成功的是美国，之所以成功，是因为它在工业化初期利用了得天独厚的自然条件迅速发展农业，农业的长期稳定发展促使美国工业化前期以农产品为原料的轻工业较快发展，农业和轻工业的发展既为重工业的发展创造了条件，又形成了对重工业的需求，从而加快了重工业的发展。经过一个世纪，到 20 世纪 20 年代初，美国基本上实现了国家的工业化。二是"进口替代"和"出口导向"型发展战略，这种战略的特点是，工业化并不完全依赖本国农业资源。韩国就选择了这一发展战略，其经济发展完全依靠国际市场，但同样实现了工业化。由于它采用开放型的经济模式，贸易成为实现工业化的一个重要契机，通过贸易增加国民收入，从而扩大制成品的国内市场。这两种发展工业化的不同选择，都促进了农业与国民经济的协调发展。

我国工业化的实践形式既非美国形式也非韩国形式，而是按照重工业—农业的发展顺序进行的，因而从一开始农业基本就处于从属地位，从而使我国工业化具有如下特征：（1）工业化的顺序是从建立和发展重工业开始的；（2）重工业中机械工业和钢铁工业被作为工业化优先发展的重点；（3）实现工业化的途径是增加工业的基本建设投资；（4）工业化的资金依靠国内

---

　　* 本文原发表于《兰州经济研究》1990 年第 6 期。

积累且通过剪刀差依靠农业积累；（5）实现工业化的道路是一条自我循环的道路；（6）工业化的空间在城市而不在农村。由于这种对工业化过程认识上的曲折性，我国在开始工业化建设时就采取了一种以牺牲农业发展为代价，积累工业化资金的战略。尽管我们很早就认识到了"农业是国民经济的基础"，但在实践中我们并没有意识到农业的重要性，故应处理好农业与轻重工业的关系。

对发达国家工业化过程中选择的两种模式和我国工业化过程中所选择的模式进行比较发现，应正确地对待农业在工业化过程中的作用和随着工业化的过程实现农业的现代化。由于我们只片面地强调了重工业的工业化而忽视了农业的现代化建设，从而一开始重工业—农业的工业化模式和发展顺序就制约了农业的发展，形成了重工业和农业的断层，也正是这种工业化模式决定了我国工业化过程必然产生结构的不协调和一系列工业化的后果，如何改变这种模式是我国制定工业化战略时面临的主要问题。

二　工业化模式运行过程中产生的结构不协调和劳动力转移过程

重工业—农业的工业化模式不能使整个经济结构随着工业化的过程同步转换，从而也就形成了工农产业间的产值结构和就业结构的不协调。就业结构的转换滞后于产值结构的转换，成为我国工业化过程中的一个难题，也正是由于这种就业结构转换的滞后性，我国劳动力转移过程中出现了一系列问题。

根据发达国家的经验，农业与非农产业的产值结构的转换先于就业结构的转换，但在农业与非农产业的产值比例达到相等以后，人均收入水平或人均产值水平大约提高一倍时，农业与非农产业的劳动力份额才相等。照此推论，1951 年是我国农业与非农产业产值结构的转换点，当时人均国民收入为 88 元，到 1985 年非农产业产值份额大大高于农业，达到 71.9%，人均国民收入为 665 元，而非农产业的劳动力比重仍未达到转换水平，只为 37.4%，看来这一结论和我国的情况并不符合。世界上一些发达国家在人均 GDP 为 200 多美元（1965 年价格，下同），农业劳动力占整个劳动力的 60% 左右时开始工业化。我国工业化前夕的 1952 年人均 GDP 只有 50 美元，农业劳动力占城乡劳动力的 83.5%，这种起点的差异正是工业化过程中工农产值结构前倾于就业结构的原因。从产值结构来看，早在开始经济体制改革的 1978 年，我国国民经济总产值的 70% 来自工业，接近于西方工业化国家的水平。如果仅从这一点上测量我国工业化的水平和程度，那么我国已基本上进入了工业化的成熟阶段，但从就业结构上看，1952 ~ 1978 年农业部门的劳动力份额从 83.5% 下降到 73.8%，而在此期间农业劳动力每年平均递增 2.7%，这表明此期间劳动力的转移基本上处于停滞状态。就业结构和产值结构的不协调成为工业化进程的遏制力量，但我们并不仅仅认为劳动力的转移就是实现工业化的充分条件。

从我国工业化走过的道路可以看出，我国的工业化是在落后的传统农业经济条件下，以农业的高积累和牺牲农业为代价起步的，这使我们在短期内改变了工农产值结构的比例，但就业结构的比例并没有发生多大的变化，产值结构和就业结构的不协调的根本原因就在于我国工业化从一开始就是资金密集型的，工业化的进程越过了劳动密集型的发展阶段。同时，工农产值结构的比例还说明，在人均 GDP 上升时，GDP 中农业所占份额的下降和工业所占份额的上升导致了农业部门的缩小和工业部门的扩大，从而未能引起农业的产品化和社会化水平的提高。

从产值和就业结构的不协调可以看出，劳动力的转移是我国工业化过程中的一个重要任务，由于农业劳动生产率很低，中国农业劳动力向工业部门的转移基本上不以农业劳动生产率的提高为前提。

根据这种特性，我们把我国劳动力转移分为两个阶段，第一阶段是农业劳动生产率不变情况下的劳动力转移（事实上每年都有微小的变化），第二阶段是以提高农业劳动生产率和利益机制的刺激为前提的劳动力转移。1953 ~ 1978 年可以说是劳动力转移的第 I 阶段，1978 ~ 1988 年是劳动力转移的第 II 阶段（如图 1 所示）。

在不同的转移阶段，劳动力的边际产品是不同的，在第 I 阶段，被转移的农业劳动力的边际产品为零，在第 II 阶段其边际产品大于零而低于工业劳动的边际产品（如图 2 所示），在第 I 阶段，劳动力转移的机会成本为零或很小，而在第 II 阶段，其劳动力转移的机会成本为正数。

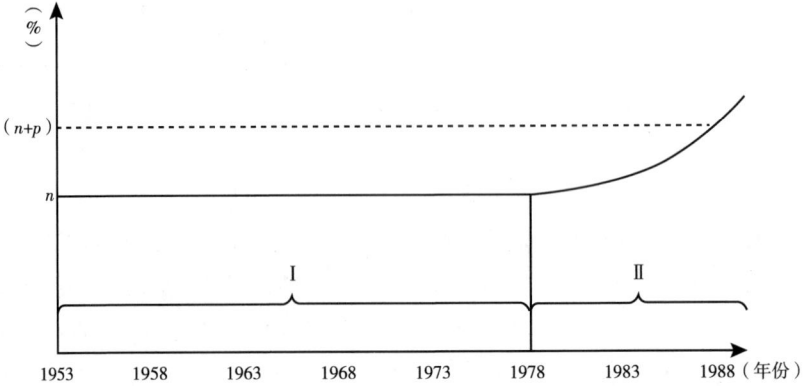

图 1　1953～1988 年中国劳动力转移阶段的劳动力转移情况

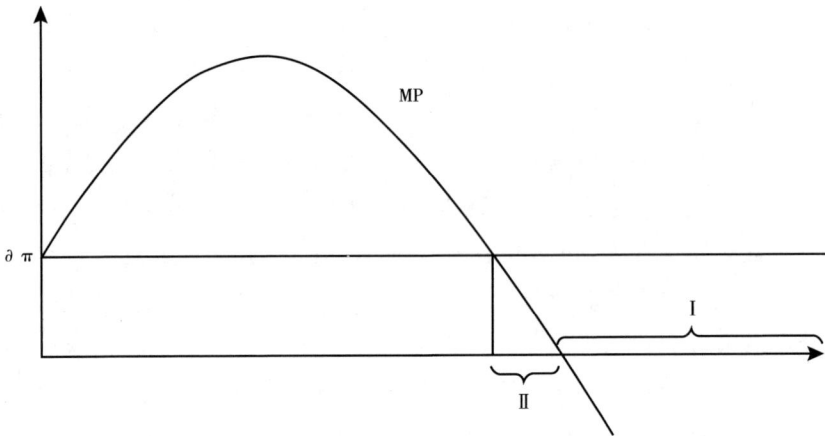

图 2　劳动力的边际产出

事实上不仅在理论上如此，实践中也是如此，1953～1978 年，农业劳动生产率平均每年提高 0.1 个百分点，工业劳动生产率平均每年提高 5.6 个百分点，可以说这是我国劳动力转移的超稳定阶段，和图 1 的第 I 阶段相吻合。1978～1985 年，农业劳动生产率平均每年提高 6.9 个百分点，工业劳动生产率平均每年提高 3 个百分点，这一时期是我国劳动力转移最为重要的时期，但这还只是一种形式上的转移，由此看来，通过农村工业化实现农村劳动力的就地转移是农业剩余劳动力转移的唯一现实选择。同时农村工业化也将是城市工业化的继续，但在某种程度上，农业的边际收益递减规律的作用使农业和农村工业之间产生了严重的利益结构上的矛盾。

在 1984 年世界银行的一份报告中描述了这样一种劳动力转移的形式（见图 3），即一个农业劳动力占 70％，非农就业年增长 4％的发展中国家在劳动力总数以不同速度增长时，农业劳动力规模的绝对数量开始下降所需要的时间。例如假设总劳动力年增长率为 2.5％，则农业劳动力的绝对数量在今后 50 年左右（X 点）还将继续增长（虽然在就业总数中的比例在缓慢下降），若总劳动力年增长率为 3％，那么劳动力开始下降所需时间为 95 年左右（Y 点）。这种假定在发展中国家具有相当大的普遍性，这说明，大多数低收入国家农业劳动力的数量（绝对数量）将一直增长到 21 世纪中叶。

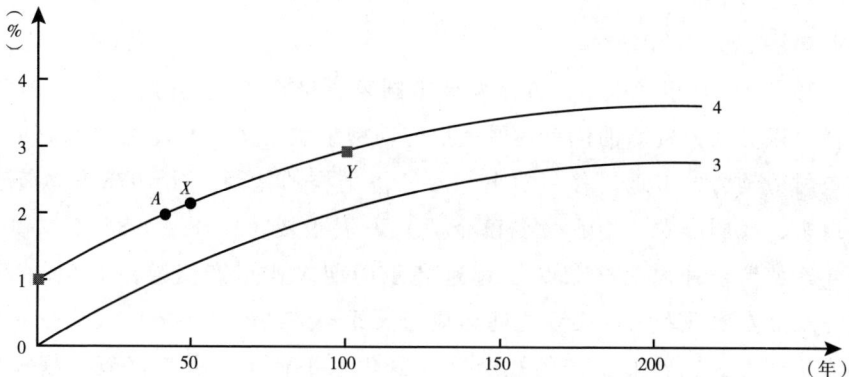

图 3 劳动力转移形式

我国的具体情况是农业劳动力将近占 70％（1986 年农业劳动力比重为 68.1％），劳动力的年增长率接近 2％，按照非农就业年增长 4％计算，我国劳动力规模的绝对数开始下降还需 30 年时间（A 点），这种情况和 19 世纪后期、20 世纪初期的日本相似，一开始日本非农就业劳动力年增长率为 2％到 3.5％，但后来其劳动力年增长率不到 1％，比今天所有发展中国家低得多，所以只要非农就业劳动力以中速增长，就可以吸纳农村中新增加的劳动力。由此推断到 2025 年左右我国就可以进入工业化的成熟阶段，此时有可能达到这样的情况，农业产值在社会总产值中的份额小于 30％，农业就业比重下降到 50％以下，50％以上的农业劳动力转移到非农产业。

三　我国工业化模式运行的后果

由于工业化过程忽视了农业部门的现代化，从而大而落后的农业部门不能进入成长时期，产生如下后果。

（1）城市工业脱离农业高速度发展，不但导致二元结构出现"马太效应"，而且产生多重二元结构。发展中国家自开始工业化后都存在一个如何将二元经济结构过渡到同质经济结构的问题，但在工业化过程中，不仅矛盾的二元经济结构没有同化，而且出现了多重二元结构的矛盾，这体现在传统农业与现代化工业之间，农村工业与城市工业之间，农村工业与种植业之间，发达的东部加工工业区与落后的西部原材料工业区之间等。这些二元结构群都是工业化的副产品。

20世纪70年代以来，许多发展中国家尝试把工业化过程引入广大的农村，以劳动力资源的优势发展小型劳动密集型工业，通过农村工业化实现农村劳动力的就地转移，缩小二元经济结构的差距。从1978年改革开放以来，我国的农村工业（乡镇企业）发展很快，1978～1986年乡镇企业年产值增长速度为27.9%，远远高于同期农业年产值增长6.6%的速度，从而在农业和农村工业之间形成了二元经济结构，一方面农业仍具有小农生产方式，农业生产的社会化商品化水平低下，分散经营，规模狭小，不能适应农业现代化的要求；另一方面农村工业化过程中积累的资金由于受比较经济利益的影响，又没有投入农业，从而使农业处于徘徊状态。从某种意义上说，村村冒烟，遍地开花的农村工业没有和农业形成紧密的结构联系，成为农业的后续部门，而只是城市工业的低水平重复。特别是由于农村工业部类齐全，轻农副产品的深加工，重机械制造的农村工业的产业结构又形成了和城市工业争资金、争原料、争市场的矛盾。同时农村工业的发展从一开始就缺乏整体规划，在结构上存在很大的不合理性，城市工业中机械工业部门的比重本来就过大，加工能力严重过剩，但农村工业中最大的部门也是机械工业，其产值差不多占全部资产的1/4，而直接以农产品为原料的轻重工业比重很小，农村工业和城市工业的同质化加剧了我国产业结构的倾斜。

（2）农业的工业资金积累对农业发展形成制约。资金密集型的农村工业加剧了农业和工业化资金积累上的矛盾。由于农业是农村工业化所需资金的主要源泉，农业主要是从以下两个方面为实现工业化提供资金的，一是农业税和农村其他税；二是剪刀差。如果把前一种看作直接税的话，那么后一种就是一种间接税，这种间接税是通过工农产品的不等价交换收取的，我们假定工农产品等价交换时农产品价格为P_n，工农产品的剪刀差为r，则实际农产品等价交换时的价格P_r为：

$$P_r = \frac{P_n}{1 + r}$$

通过工农产品的不等价交换从农业中获取了$T = P_n - P_r$的工业化资金积累，所以间接税率为：$T' = \frac{P_n - P_r}{P_n} = 1 - \frac{P_r}{P_n} = 1 - \frac{1}{1 + r} = \frac{r}{1 + r}$，假定工农产品的剪刀差为40%，则间接税率为29%。30多年来，通过工农产品价格剪刀差形式掩盖下的农业贡献了6000亿元以上，这项庞大的工业化资金对促进工业化起到了很大的作用。发达的现代工业和落后的传统农业的不协调成为中国经济"起飞"的困难之所在。

（3）占比为70%以上的农业人口长期滞留农村，为工业化目标所忽略。城乡差距拉大，城市化和农村城镇化不同步，工业化只表现为城市化而并没有实现农业现代化和农村城镇化。

与工业化的后果相适应，1978年以后，尽管农业生产有了很大的发展，但由于发展农业的整个经济环境并没有多大的改变，以家庭为基础的分散的小农生产方式不能适应农业现代化的要求，这使我国农业存在以下问题。

（1）资金投入问题。农业现代化具有两层含义：一是提高土地生产率；二是提高劳动生产率，以保证随着整个社会经济的发展，不断有剩余劳动力转移到正在扩展的部门中，由于城市工业和农村工业都不愿意为农业提供资金积累，农业投资的减少使农村现有水利设施年久失修，农业的经营条件恶化。

（2）价格问题。农业生产受自然灾害和市场价格两种因素的影响，而价格问题则更是农业周期波动的直接原因，在二元结构的矛盾中，价格要及时地反映社会需求的变化趋势，促使它们之间的差距缩小。但在我国价格扭曲和由它维系的城乡利益格局使农业经营的比较利益低下的状态难以改变，"弃农经商"正是价格扭曲情况下农民的理性反应，因此确定合理的工农产品的比价关系，实行产品的等价交换则是解决上述农业问题的迫切要求。

（3）劳动力问题。农村工业的发展、比较经济利益的支配使大批年轻力壮的农业劳动力转移到乡镇企业中，农业经营者多是年老体弱病残者或妇女，一方面农业中存在剩余劳动力，而另一方面，农业中又缺乏有技术的年轻力壮的劳动力，这使我国乡镇企业的发展产生了不利于农业发展的因素。发达国家的工业化是城市工业的发展对劳动力的吸纳，伴随着小农的破产、土地的集中、规模生产的扩大和商品化经营，传统农业得到改造，而在我国，这只是劳动力的"离土不离乡"的形式上的劳动力转移。同时乡镇企业的发展使大批耕地被占用，经营农业的范围更加狭小，因此合理地规划农村工业的发展格局和合理地转移农业劳动力是促进农业发展迫切需要解决的问题。

四　工业化模式的转换对策

工业化的进程要求有一个正确的工业化战略，过去所走过的工业化道路推行了一种"内向型"的工业化战略，工业化的进程没有被拉入国际社会经济循环圈内，因此我们要重新构思我国工业化的进程，推行"内向型"和"外向型"相结合的工业化战略。

（1）经济起飞不能单纯依赖工业，还要兼顾农业，在工业发展和农业发展之间保持平衡，工业化不能简单地被理解为工业的社会化、专业化，而是包括农业在内的生产的社会化，因此在工业化过程中把农业看成与工业同样重要的一个部门，树立平衡的发展观是工业化战略的一个重要内容。

（2）充分利用农村劳动力资源丰富的优势大力发展劳动密集型产品出口，用换回的外汇支援重工业，再用重工业发展后积累的资金支援农业，把转移的劳动力拉入国际市场，改变过去资金密集型的工业化战略，利用新的转换机制，实现农业和工业之间的协调。

（3）利用"进口替代"和"出口导向"发展战略。工业中的重工业具有装备国民经济其他部门的作用，但过去我们发展重工业陷入了自我循环的体系中，因此利用"进口替代"和"出口导向"的工业化战略可以摆脱作为主导部门的重工业的自我循环。

（4）把计划和市场有机地结合起来。战略目标的确定通过计划认真地选择，而战略目标的实现通过市场机制来完成，利用市场机制合理地配置资源，使战略目标尽可能迅速而有效地实现。

（5）利用国外资本，但要有全盘规划，必须做到利用外资的规模和本国的偿还能力相适应，技术进口与本国的技术配套能力相平衡。

（6）改变工业化的空间布局，使农村工业化和城市工业化相协调，缩小城乡差距，促进农村乡镇工业发展，就地转移农村剩余劳动力。

财政补贴的通货膨胀效应分析[*]

　　财政补贴对我国经济的影响至关重要，这不仅表现在财政对政策性亏损企业的补贴，以维持这些企业的生存和发展，而且表现在通过对居民的价格补贴，可以相应地增强居民对物价上涨的承受能力。但是，随着财政补贴的迅速增加，它对经济发展的副作用日益明显。经济理论界对这种副作用已做过不少有益的探讨。本文想从另一个角度，即财政补贴对物价变动的影响来分析这一副作用，亦即财政补贴的通货膨胀效应。

　　财政补贴主要包括企业亏损补贴和价格补贴，前者一般是对生产领域的补贴，而后者则是对流通领域和消费领域的补贴，对生产领域和流通领域的补贴一般称为暗补，对消费领域的补贴一般称为明补，下面就从这两个方面加以剖析，并对财政补贴的通货膨胀效应加以实证分析。

一　暗补的通货膨胀效应

　　暗补是指政府在实行限制价格的情况下，向生产或经营执行限制价格产品的企业进行支付的一种补偿方式。国家往往出于这样那样的原因，对一些商品实行限制价格，即规定这些商品的最高限价。当然政府并不是对每一种限价商品都进行补贴，而只是当这种限价引起生产者或经营者正常利润受到破坏甚至亏损时，政府才会给予一定的补贴，以使其能够获得正常利润，维持产品的生产和经营。可见，暗补必须同时具备两个条件：一是政府实行限制价格；二是限制价格导致生产者和经营者的正常利润受到破坏。现行的粮价补贴、房租补贴等各种政策性亏损补贴均属于这种情况。显然，暗补投向

---

　　* 本文原发表于《经济与计划研究》1990 年第 3 期，合作者为张学鹏。

生产领域和流通领域。

暗补从表面上看是对生产者和经营者的补贴，但最终受益的是消费者。在居民货币收入一定的条件下，补贴品的价格低于市场均衡价格，这在消费者那里则表现为有支付能力的需求的扩大，从而导致对补贴品和非补贴品需求的增加（如图1所示）。

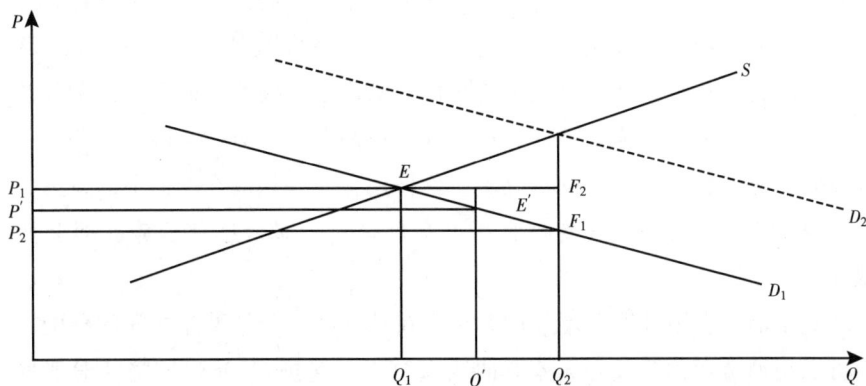

图1 暗补的通货膨胀效应

图1中 P 表示补贴品价格，Q 表示补贴品的需求。在政府未补贴时，生产者或经营者愿以价格 P_1 出售其商品，这时消费者有支付能力的需求为 Q_1，由于在现有的收入水平下，消费者对这种商品的消费水平很低，这样，政府出于某种原因（政府补贴的目的不属于本文考虑的范围），需要消费者对这种商品的消费达到 Q_2，这时，政府可以做出这样两种选择：一是限制该商品的价格，使其低于生产者或经营者愿意出售的价格，同时，政府通过财政补贴使生产者或经营者获得正常利润，即暗补；二是政府直接向消费者发放现金补贴，使消费者有支付能力的需求扩大，即明补。现假设，政府做出第一种选择，限制该商品的最高价格，使其不得高于 P_2，这样价格从 P_1 降到 P_2，需求从 Q_1 增加到 Q_2（Q_2 相当于在 P_1 这种价格下需求曲线向右移到 D_2 时的需求量，但由于消费者实际收入没有变动，需求曲线也没右移，用虚线来表示 D_2）。从而，政府向生产者或经营者提供了相当于四边形 P_2 P_1 F_2 F_1 的面积（$P_1 - P_2$）Q_2 的补贴，企业在得到补贴后获得正常利润。但在实际中，情况更为复杂，暗补的结果只是降低了补贴品的价格，从而使消费者购买力相对增加了 $Q_1 E F_1 Q_2 = （Q_2 - Q_1）P_2$。居民收入相对增加后，

由于人们的消费心理的变化以及短期内生产能力的约束等原因，暗补所引起的相当于四边形 $Q_1 E F_1 Q_2$ 的面积的收入相对增加部分 $(Q_2 - Q_1) P_2$ 并不能全部用于购买补贴品。换句话说，补贴品并不能全部吸纳因暗补而引起的消费者购买力相对增加部分。这样，Q_1 并不能达到 Q_2，而只能上升到 Q'，从而使收入相对增加部分分解为两部分，一部分为补贴品吸纳部分，另一部分则为因补贴而引起的相对结余，对这部分结余，居民可有两种选择，一是用于购买非补贴品；二是用于储蓄。第二种选择从短期看表现为一部分购买力的冻结，但从长期看，其中的绝大部分则用于购买非补贴品，储蓄只是暂时的过渡性的积攒行为。因此，这两种选择都会形成对非补贴品的需求，更为重要的是，在 P_2 和 Q' 的情况下，价格还存在一种潜在的向上的拉力，即 P_2 向 P' 移动的趋势，只要政府不再实行暗补，那么这种趋势立即会变成现实。

关于消费者因补贴而增加的购买力在补贴品和非补贴品之间的分配，我们可以用消费者预算线和无差异曲线来说明（李扬，1988），暗补对消费者预算的影响如图 2 所示。

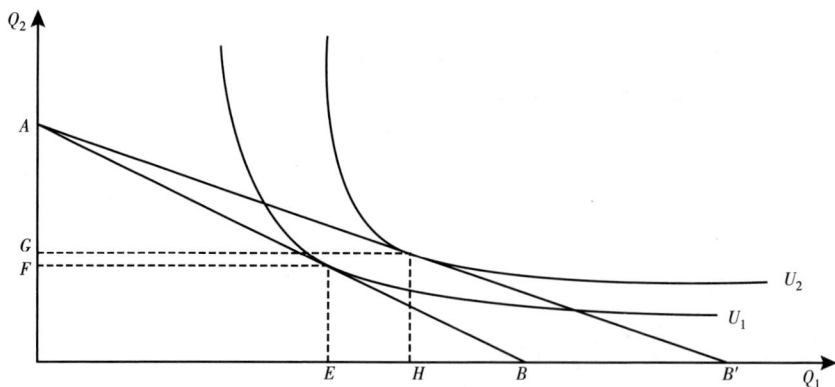

图 2　暗补对消费者预算的影响

图 2 中，AB 线为消费者预算线，$U_1 U_2$ 为无差异曲线，实行暗补后，预算线从 AB 移到 AB'，与无差异曲线 U_2 相交。现在假定，居民把未被补贴品所吸纳的购买力的相对剩余部分全部用于购买非补贴品，这就是说，长期实行财政补贴政策，一方面会使对补贴品的需求不断增长，当其增长到一定程度以后，消费者将把更多因补贴而相对增加的购买力用于购买非补贴品，这

使对非补贴品的需求不断增加，从而引起非补贴价格上涨；另一方面，这也是暗补通货膨胀效应的更为重要的方面，补贴品价格上涨的压力将长期存在，从而产生长期潜在的通货膨胀。如果政府对补贴品价格的限制稍微有所放松，这种潜在的通货膨胀立刻就会公开化。

二　明补的通货膨胀效应

明补是指政府在不实行限制价格的情况下，把支付给生产领域或流通领域的价格损失，直接支付给消费者，以弥补价格上涨造成的消费损失，从而保证消费者的既得利益不受物价上涨的影响。

实践表明，长期较大范围地实行暗补政策，必然引起价格体系的不合理和商品比价的严重扭曲。价格体制的改革，既要理顺这种不合理的价格体系，又不能彻底取消补贴，而影响消费水平，这样就出现了改暗补为明补的现象。二者的区别就在于，在暗补的情况下，只有消费者购买补贴品，生产者或经营者才能得到补贴，而且购买越多，补贴越多；在明补的情况下不管消费者是否购买政府的意向补贴品，其都可以得到相同的补贴，且消费者掌握补贴的支配权。

明补必然表现为居民货币收入的增加，从而引起居民购买力增长。对于这部分增长的购买力，居民既可以用于购买政府的意向补贴品，也可以用于购买非补贴品（如图 3 所示）。

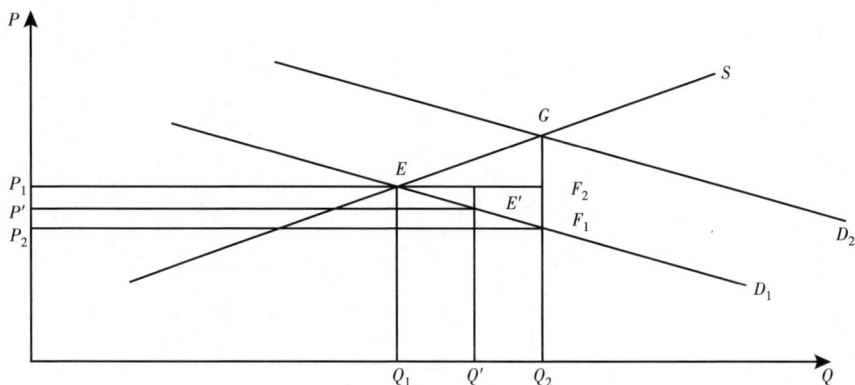

图 3　明补的通货膨胀效应

现假设政府为了调整比价关系或其他原因而实行明补，这样，政府放开在暗补情况下限制的补贴品价格，P_2 恢复到 P_1，居民有支付能力的需求从 Q_2 降到 Q_1，为了使居民的消费水平不受物价上涨的影响，政府向消费者提供 $EP_2P_1F_1 = (P_1 - P_2) Q_2$ 的补贴，这样居民的货币收入增加使需求曲线从 D_1 移到 D_2，于是，居民对政府意向补贴品的需求从 Q_1 回升到 Q_2。然而，居民一旦得到这部分补贴以后，政府对它的投向则失去了控制权，居民往往受"攀比"消费心理以及其他因素的影响，把因补贴而增加的支付能力分成两部分，一部分用于购买政府的意向补贴品，另一部分则用于购买非补贴品，或经过一个暂时的积攒行为即储备以后购买非补品。我国一些家庭省吃俭用攒钱买高档消费品就属于这种情况，这也就是说，Q_1 已经不能再次回升到 Q_2，而只能达到 Q'。

在这里我们同样可以用消费者预算线和无差异曲线来说明（李扬，1988）。明补必然使居民对政府的意向补贴品和非补贴品的需求同时增加。图 4 中各线的意义和图 2 相同。只是由于在明补情况下，在居民货币收入增加以后，明补与暗补支付形式的不同使消费者预算线的变化与图 2 不同，AB 向右平行移到 $A'B'$，明补与暗补一样，使居民对意向补贴品和非补贴品的需求同时增加。在我国这样一个卖方市场的情况下，需求的增长必然会引起物价的上涨。更为重要的是，从图 3 中我们可以看出，在需求为 Q' 时，意向补贴品的价格为 P' 而不是 P_1。这就是说，在政府向居民提供一定量的补贴以后，意向补贴品的价格上涨。这就必然造成一种假象，使消费者认为，

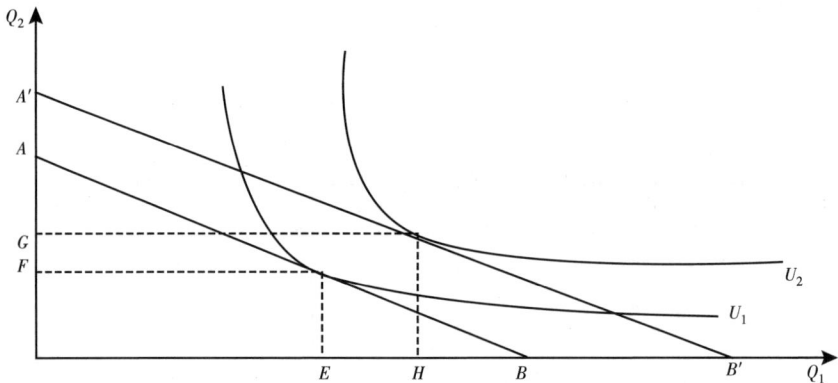

图 4　明补对消费者预算的影响

补贴并没有给他们带来任何好处，同时也使决策者感到，物价上涨又一次使居民的消费水平受到冲击。于是，政府又开始酝酿增加补贴。这样，财政补贴的棘轮效应开始产生。所以，明补的通货膨胀效应总是从放开价格开始，经过物价的上涨——财政补贴增加——物价再上涨这样一个周而复始的过程，使财政补贴一次又一次地增加，物价一次又一次地上涨。

三　财政补贴通货膨胀效应的实证分析

从上面的分析我们可以看出，暗补会引起补贴品价格的上涨和非补贴品价格的上涨。而明补使补贴品和非补贴品价格均有所上涨，二者的区别就在于前者引起的主要是潜在的通货膨胀，而后者则导致了公开的通货膨胀，通过补贴的增加，需求曲线的右移产生通货膨胀恶性循环。1979～1989 年财政补贴情况见表 1。根据苏联、其他东欧国家的经验，用于财政补贴的支出占财政收入的 30% 是最高临界点，达到这个临界点财政便无力承受，而西方资本主义国家如美、法等均将其控制在 2% 左右。但我国在 1979～1989 年短短的 11年，财政补贴占财政收入的比重超过 30% 的竟达 7 年，而其他年份均接近 30%。同时财政补贴的增长速度远远超过了财政收入的增长速度。财政补贴的大幅度增长最终导致零售物价大幅度上升。全国零售物价指数见表 2。

表 1　1979～1989 年财政补贴情况

单位：亿元，%

年份	财政补贴	财政收入	财政支出	财政补贴/财政收入	财政补贴/财政支出
1979	276.4	1103.3	1273.9	25.1	21.7
1980	338.4	1085.2	1212.7	31.2	27.9
1981	441.2	1089.5	1115.0	40.5	39.6
1982	416.5	1124.0	1153.3	37.1	36.1
1983	500.0	1249.0	1292.5	40.0	38.7
1984	484.8	1501.9	1546.4	32.3	31.4
1985	494.8	1866.4	1844.8	26.5	26.8
1986	646.7	2260.3	2330.8	28.6	27.7
1987	734.7	2346.6	2426.9	31.3	30.3
1988	763.0	2587.8	2668.3	29.5	28.6
1989	931.17	2856.8	2930.3	32.5	31.8

资料来源：《中国统计年鉴》（1979～1989 年）。

表 2　全国零售物价指数

指标	1981 年	1982 年	1983 年	1984 年	1985 年	1986 年	1987 年	1988 年	1989 年
物价指数	108.5	110.6	112.3	115.5	125.5	133.1	142.9	164.3	193.9

注：1979 年指数为 100。

资料来源：根据《中国统计年鉴》（1979～1989 年）数据计算得到。

对财政补贴和零售物价指数的变化进行回归分析可得如下结果：

$$Y_t = 52.24 + 0.1390\,X_t$$
$$(8.056)\quad(0.014)$$
$$t = (6.484)\quad(9.999)$$

1989 年物价指数按物价上涨 18.5% 计算，则：

$$R^2 = 0.9174 \quad D \cdot W = 1.312$$

其中：Y_t 为 t 年的零售物价指数，X_t 为 t 年财政补贴。从计算结果看，无论是系数、t 检验值，还是判定系数 R^2 值，均比较好。相关系数值 $R = 0.9578$，说明财政补贴和零售物价指数高度相关。如果我们再用滞后一年的财政补贴和零售物价指数进行回归分析，则可得如下结果：

$$Y_t = 47.30 + 0.1647 X_{t-1}$$
$$(13.002)(0.024)$$
$$t = (3.638)(6.736)$$
$$R^2 = 0.8501 \quad D \cdot W = 1.385$$

X_{t-1} 为滞后一年的财政补贴。从计算结果看，各检验值也比较好，其相关性也很强。

为了说明财政补贴的通货膨胀效应，我们引进通货膨胀的财政补贴弹性系数，它是物价上涨率和财政补贴增长率之比，即：

$$通货膨胀的财政补贴弹性系数 = \frac{物价上涨率}{财政补贴增长率}$$

这样我们根据 1979～1989 年的平均物价上涨率和财政补贴的增长率就可以得到这一系数为 0.53（$= \dfrac{6.85\%}{12.91\%}$），它表明财政补贴每增长 1%，社会零售物价指数就上升 0.53%，这一系数与国际粮食政策研究所对埃及财政补贴的研究结果基本一致（施洛摩·卢特林格等，1986），其研究结果表明，埃及财政补贴每增长 10%，就会使通货膨胀率上升 5 个百分点，即通货膨胀的财政补贴弹性系数为 0.5。

从以上的实证分析可以看出，物价上涨与财政补贴有着密切的关系，这一关系最终表现为物价上涨与财政补贴的相互推进式的惯性运动。财政补贴的逐年增加产生通货膨胀压力，而通货膨胀又进一步导致财政补贴增加。因此，财政补贴成为物价持续上涨的深层动因。作为一种政策选择，无论是暗补还是明补，如果只着眼于就价格论补贴，那么必然引起财政补贴随价格变化的从动运动。在这一运动过程中，政策的实施只能是被动地适应这一过程，而不能产生主动的制约作用。所以，政策着眼的根本点应该在于通过其他途径促使价格体系的合理化和保持物价水平的稳定，比如通过增加供给和降低供给成本等。从短期看，采取上述措施的政策成本可能要大于某一年份的补贴成本，但从一个较长的时期看，选择财政补贴的成本是非常高昂的，它不仅造成国家财政困难，而且还产生补贴的通货膨胀效应，刺激物价的轮番上涨。所以，政府如何更谨慎地使用补贴还是一个有待进一步研究的问题。

参考文献

[1] 李扬：《价格补贴的经济影响》，《经济研究》1988 年第 11 期。

[2] 〔美〕施洛摩·卢特林格等：《埃及食品补贴政策困难与选择》，载《贫穷与饥饿》，世界银行，1986。

论我国外债结构[*]

　　20世纪90年代到来的外债偿还高峰是我国经济发展中面临的一个重大问题，对此理论界展开了认真的讨论，但讨论的重点是如何科学地确定我国外债的适度规模，即外债总量问题，这当然是必要的。我国的外债结构问题也不容忽视。事实上，我国外债偿还高峰的形成正是由外债结构（尤其是外债期限结构）不合理引起的。

一　外债的来源结构

　　外债的来源结构反映了一个国家筹集外债的渠道和方式。我国的外债来源渠道主要有：①外国政府及其金融机构贷款；②国际金融组织贷款；③买方信贷；④国外银行现汇贷款；⑤对外发行债券和股票。在这五种来源方式中最主要的来源渠道是外国政府及其金融机构贷款、国际金融组织贷款和国外银行现汇贷款。外国政府贷款及其金融机构贷款和国际金融组织贷款具有利率低、期限长等特点，但一般附有贷款条件，不易取得；而国外银行现汇贷款利率高、期限短，容易取得但风险比较大。1982～1989年，在我国外债总额中，外国政府及其金融机构贷款和国际金融组织贷款占51.4%，商业性贷款占42.2%，从这一时期外债发展的总的情况来看，优惠性的外国政府及其金融机构贷款和国际金融组织贷款占外债总额的一半稍多。但从各年份具体情况来看（如表1所示），则各年份变化幅度较大。

---

　　[*] 本文原发表于《金融研究》1992年第4期。

表 1　我国外债来源结构

单位：万美元，%

外债来源	1984 年		1985 年		1986 年		1987 年		1988 年		1989 年	
	金额	占比	金额	占比	金额	占比	金额	占比	金额	占比	金额	占比
外债合计	128567	100	270796	100	501457	100	580497	100	648673	100	620570	100
外国政府及其金融机构贷款	72298	56.2	48832	18.0	84130	16.8	79798	13.7	117921	18.2	214902	34.6
国际金融组织贷款	18298	14.2	80430	29.7	134192	26.8	71508	12.3	112295	17.3	100437	16.2
买方信贷	13326	10.4	12648	4.7	17761	3.5	47290	8.1	88822	13.7	64180	10.3
国外银行现汇贷款	12227	9.5	52649	19.4	149489	29.8	257962	44.5	243473	37.5	226943	36.6
对外发行债券和股票	12418	9.7	76237	28.2	115885	23.1	123939	21.4	86162	13.3	14108	2.3

　　1983～1985 年我国外债来源以外国政府及其金融机构贷款和国际金融组织贷款为主，其占 60%～70%，商业贷款所占比重较小，但逐步上升，1986～1989 年商业贷款比重上升到 30%～40%，相应地，外国政府及其金融机构贷款和国际金融组织贷款的比重下降到 40% 左右。从我国外债发展的这一过程可以看出，我国外债来源结构存在如下问题。①外债来源约有 3/4 来自日本、中国香港、新加坡等国家和地区。②商业性贷款比重过大，而且逐年上升。这对于一个处于利用外资的起步阶段的国家来说，是十分不利的，因此，需要进一步拓展国际市场，建立一个合理的外债来源结构，使外债来源均衡分布，避免因国际金融形势的变化而产生借债困难，这就需要调整我国的外债来源结构。一是使外债来源区域多元化，摆脱过分依赖日本市场的局面，向欧美市场逐步扩散。二是争取一定比例的国际金融组织贷款。一些发展中国家十分重视对外借款来源的管理，如印度来自国际金融组织贷款的比重一般为 30% 以上，而我国此时的这一比例只有 10% 左右。提高国际金融组织的借款在外债总额中的比重对降低外债成本和风险，延长还本付息的期限有很大

的益处。三是限制商业性贷款的比例和加强对商业性贷款的管理。商业性贷款利率高（多为浮动利率），偿还期限短，受金融市场波动的影响较大，从而造成贷款成本高、风险大。目前这一比例上升太快，因此需要我们特别慎重。在管理上要加强计划指导，实行全国统一的归口管理，制定有关条例，明确规定使用商业贷款的审批权限、贷款的最高利率和最短还款期限。

因此，我们的政策应该是建立多元化的外债来源渠道，尽可能地争取外国政府及其金融机构贷款和国际金融组织贷款，保持商业性贷款的一定比例并从计划上加以指导和管理。

二　外债的期限结构

外债的期限结构是指各种期限的债务之间的比例关系，期限结构可以根据还款期限的长短进行划分，一般可以分为长、中、短期。长、中、短期债务比例的变化，同样会影响一个国家所借外债的规模。一方面，短期债务一般利率较高，而中长期债务利率较低，因此，长、中、短期外债比例直接影响外债成本，大量短期债务会增加还债成本；另一方面，长、中、短期债务结构是否合理，又会决定一个国家还债高峰到来的时间。如果一国的外债期限结构在时间上能够合理分布，就能够避免还债高峰的出现，从而创造利用外资的宽松环境。相反如果一国的外债期限结构不合理则必然导致偿债时间的集中，造成创汇时间与偿债时间的脱节，形成借新债还旧债的局面，从而降低一个国家承受外债的能力。

我国的外债期限结构如表 2 所示，1984～1989 年，在外债期限结构中中长期外债的比例逐步上升。从 1984 年的 52.5% 上升到 1989 年的 80.0%，短期债务的比例逐步下降，这种变化是可喜的。但是从这里我们也可以看出，1987 年以前由于我国利用外资的经验不足，我国借入了大量的短期外债，从而造成 1992～1995 年的还债高峰。由此可见外债期限结构合理与否，直接影响一个国家利用外资的规模和经济效果。那么什么是合理的外债的期限结构呢？我们认为合理的外债的期限结构应当以中长期债务为主，严格控制短期债务的比例。国际上的一般标准是短期债务占总债务的 25%，在我国一般应将其控制在 20% 以下。

表 2　我国外债期限结构

单位：%

期限	1984 年	1985 年	1986 年	1987 年	1988 年	1989 年
中长期债务	52.5	60.8	73.4	76.0	78.5	80.0
短期债务	47.5	39.2	26.6	24.0	21.5	20.0

资料来源：世界银行债务人报告系统"1989~1990 年世界债务表"。

三　外债的利率结构

外债的利率结构可以从两个角度反映。一是按外债的成本分为高利率债务和低利率债务（包括无息债务）。利率水平的高低与外债的来源有密切关系，外国政府及其金融机构贷款和国际金融组织贷款一般利率较低，而商业性贷款一般利率较高。一个国家的外债总额中，如果利率较低的外国政府及其金融机构贷款和国际金融组织贷款所占比例增大，就能有效地降低外债成本。相反，利率较高的商业性贷款所占比例增大，则必然增加其外债成本。二是按外债的风险分为固定利率和浮动利率。固定利率一经定夺则一般风险较小，而浮动利率则受国际金融市场利率变化的影响，风险较大。如果在一国外债总额中，按浮动利率计息的外债到期利率上升，则会提高外债成本，相反则会降低其外债成本；外债总额中按固定利率筹措的外债到期后，国际金融市场利率会上升，这会相对降低外债成本，相反则会提高外债成本，因此，两种利率各有其优缺点，固定利率排除了国际金融市场利率波动带来的较大风险，但利率较高；而浮动利率则直接受国际金融市场利率波动的影响，风险较大。

按利率风险划分，我国外债利率结构如表 3 所示。1984~1989 年，浮动利率外债占总债务的比重从 21.7% 上升到 41.5%，这无疑增大了我国利用外资的风险，不能不引起我们的重视，因此需要采取以下措施：一是维持固定利率形成的债务占整个债务的一定比例，最低应在 30% 以上，从而降低利率风险；二是在浮动利率中实行多元化政策以增加基础利率的种类，减少外债风险；三是利用国际金融市场常用的利率风险管理手段，如利率互换、利率期货、远期利率协定以及买进利率期限等手段，以适应国际金融市场利率的频繁变动，从而减少利率风险和降低外债成本。

表 3　我国外债利率结构

单位：%

指标	1984 年	1985 年	1986 年	1987 年	1988 年	1989 年
浮动利率外债/总债务	21.7	27.6	27.6	40.0	36.2	41.5

注：不包括一年以内的短期债务。
资料来源：世界银行债务人报告系统"1989~1990 年世界债务表"。

四　外债的币种结构

国际货币市场的变动要求我们在借款的币种选择和总体币种结构的安排上保持合理适当的比例。如果币种结构不合理，当国际金融市场汇率变动时，就可能造成重大损失。由于汇率的浮动，可以借入的外汇有软硬之分。所谓软币就是指趋于贬值的外币，硬币就是趋于升值的外币。如果外债总额中软币外债所占比重较大而硬币外债所占比重较小，就会减少外债的汇率风险损失，降低外债汇率风险成本；相反，则会提高汇率风险成本。

外债币种结构和出口收汇币种结构如表 4 所示，外债的币种主要集中于美元和日元，美元外债约占 30%，日元外债约占 40%，其他币种不足 30%，这反映了我国外债币种结构过于单一。日元基本属于硬币，趋于升值，1986~1988 年我国出口收汇的币种结构中，美元处于第一位，分别占 71.3%、75.3%、77.1%，而日元所占比重则仅分别为 4.8%、4.0%、2.4%。外债币种结构和出口收汇外币结构的差异，使我国所承受的国际金融市场汇率变动的风险很大。调整我国外债的币种结构将是我国对外借款中的一个重大问题。调整的原则是遵循使用货币的原则，使对外借款的币种结构与出口收汇的币种结构保持一致。调整的具体措施：一是根据汇率、利率和国际市场价格的变动，使外债币种结构多样化并合理组合，保持软币和硬币之间具有适当比例；二是使外债币种结构和出口收汇币种结构趋于一致，这可以抵消部分外债机会成本；三是借鉴国际上通用的保值避险措施，如通过对国际金融市场信息的收集、分析和预测，选择合理的币种结构，推广外汇远期买卖，减少外债风险。

表4　外债币种结构和出口收汇币种结构

单位：亿美元，%

| 指标 | 1986 年 | | | | 1987 年 | | | | 1988 年 | | | |
币种	外债	占比	出口收汇	占比	外债	占比	出口收汇	占比	外债	占比	出口收汇	占比
合计	214	100	264	100	302	100	274	100	400	100	297	100
美元	97	45.3	188	71.3	88	29.1	206	75.3	159	39.8	229	77.1
日元	81	37.9	13	4.8	114	37.7	11	4.0	150	37.5	7	2.4
港元	5	2.3	20	7.6	51	16.9	25	9.0	29	7.2	28	9.4
特别提款权	19	8.9	—	—	27	8.9	—	—	29	7.2	—	—
其他	12	5.6	43	16.3	22	7.3	32	11.7	33	8.3	33	11.1

从根本上说，调整外债币种结构要从调整外债来源渠道上入手，改变过分依赖日本的状况，尽快开拓欧美市场，形成债务来源多边化，以便建立合理的外债币种结构。

五　外债的债务人结构

外债的债务人结构反映的是外债借款者结构，国际上一般把外债的债务人分为公共部门、私人部门和金融机构。在我国公共部门的对外举债指政府借债，私人部门借债一般指企业事业单位借债，金融机构借债指某种类型的银行以及其他金融组织的借款，三者举债额占外债总额的90%以上。

从原则上讲，对外借款的债务人不宜过多，这样便于国家从宏观上进行管理，但由于我国外债管理体制的不完善，我国外债债务人在治理整顿以前有170余家。世界银行曾建议我国外债的筹集窗口不宜超过10家，因此，调整我国的债务人结构，压缩债务窗口的数量成为我国合理利用外资的重要环节。当务之急是建立一个权威性的外债管理机构，明确规定哪些部门和机构可以对外举债，以及通过对外借款权限的审批来制止一哄而上的现象。

六　外债的投向结构

一般来讲，一个国家举借外债可以在以下几个方面发挥作用：（1）建立公共设施以及基础产业；（2）建立进口替代产业；（3）建立出口导向产业；（4）弥补财政赤字。根据一些发展中国家的经验，外债的投向总体上有"开发型"和"开发—财政混合型"两大类。"开发型"主要进行固定资产投资，"开发—财政混合型"除搞固定资产投资外，还进口一些原材料和消费品。从行业投向看，有"基础设施型"、"基础设施—出口创汇混合型"和"出口创汇型"。我国的外债投向结构如表5所示。1979~1986年，我国使用的中长期外债总额为206亿美元，其中有50%用于能源、交通等基础设施部门，工业领域约占40%，而用于出口创汇项目的比重仅为20%。1986~1988年用于基础设施部门的投资占44.9%、49.0%、48.7%，用于出口创汇部门的投资上升到30%左右，因此，我国外债的投向结构基本上正在从"基础设施型"向"基础设施—出口创汇混合型"过渡。但外债的投向结构还存在如下问题：一是外债自身的创汇能力有限，由于把40%以上的外债用于基础设施部门，从而出口创汇主要依靠农业和制造业部门，外债的产业投向与创汇部门形成空间距离，使外汇的使用效率降低；二是外债的产业部门投入与国内资金不配套，从而造成外债的创汇能力不高。如何解决上述问题成为我国外债的投向结构中要研究的一个主要问题。我认为确定外债的投向结构首先得确定外债投向的基本原则，在当时的经济形势下，外债投向的基本原则应该是：有利于经济增长，满足国内产业结构调整的要求。因此，外债的投向中还必须有很大一部分被用于基础产业等国民经济"瓶颈"部门；有利于出口创汇以增强我国的偿债能力。对此，应在遵循上述原则的基础上合理调整我国外债的投向结构。

（1）保证一定量的基础设施产业部门的投入，消除产业发展中的瓶颈制约，提高外债投入的社会经济效益。

（2）必须把相当数量的外债投向出口创汇部门以增强偿债能力。

（3）作为出口创汇的一种有效替代形式，必须把一定数量的外债投向进口替代产业。把一定数量的外债投向进口替代产业，可以减少进口用汇的需求，从而使其在一定程度上起到和出口创汇相同的作用。

表 5 我国的外债投向结构

单位：亿美元，%

指标	1986 年		1987 年		1988 年	
	小计	占比	小计	占比	小计	占比
合计	167	100	245	100	327	100
基础设施部门	75	44.9	120	49.0	159	48.7
出口创汇	65	39.0	86	35.1	95	29.1
农、林、牧、渔、水利	6	3.6	6	2.4	7	2.1
科教文卫	4	2.4	7	2.9	8	2.4
其他	17	10.2	26	10.6	58	17.7

注：不包括一年以内的短期债务。

资料来源：根据《1998 年外经统计年报》数据整理得出。

对外债投向的上述调整还应考虑外债的来源结构、利率结构和期限结构的限制。商业性贷款的利率较高，还款期较短，但贷款的方向不受限制，应将其投向出口创汇产业部门；外国政府及其金融机构贷款和国际金融组织贷款期限较长，利率比较低，应将其投向进口替代产业部门，同时将少量投向基础产业部门。

我国国债结构经济分析[*]

改革开放以来，我国逐渐肯定了国债在国民经济发展以及经济运行方面的地位和作用，并借用了大量外债和恢复了内债发行。有关外债结构的问题我曾在另一篇文章中专门做过探讨，这里我们只讨论内债结构问题，所以，本文所说的国债均指内债。

一　国债债种结构分析

我国已发行了各种国债，从种类上看有国库券、国家重点建设债券、国家建设债券、财政债券、特种国债和保值公债，其中占比最大的是国库券（见表1）。从各具体年份看，1981～1986年，债种结构只有单一的国库券，1987年增加了国家重点建设债券，1988年增加了财政债券和国家建设债券，1989年又增加了特种国债保值公债。这样，国债债种结构不断完善，但这些国债的市场性、利率的确定原则以及发行方式都基本相同，没有什么实质性的区别，因此，债种结构存在下列问题：（1）债种结构单调；（2）债种关系模糊，用途不明确。比如，国库券用于弥补赤字和用于建设，两者之间的关系模糊。另外，也未发行过用于满足财政临时周转需要的短期国库券。

由于种类结构单调和债种关系模糊，国债发行不能适应不同机构和不同收入水平的购买者的需要以及满足各部门和个人的偏好要求，因此需要调整我国国债债种结构。（1）除已发行的几种国债以外，增发新的债种，比如除已发行的赤字国债和建设国债外，还可以发行专项国债，如商品住宅国债、电力建设国债、特区建设国债、贫困地区开发国债等，

---

　　* 本文原发表于《财政研究》1993年第10期。

以适应不同持有者的需要。（2）改变债种的模糊关系和规范债种，建议发行短期国库券以将其作为国家筹集短期财政资金的主要手段。由于这种国库券到期时间短，容易脱手，价格波动幅度又不太大，各单位和个人愿意购买。为解决债种关系模糊这一问题，现在的中长期国库券应改用其他名称。（3）明确各种国债的发行目的，即根据不同的目的发行不同种类的国债，并严格执行专款专用。发行财政债券，以弥补经常性预算赤字；发行建设债券，以弥补建设资金不足；发行转换债券，以调整还债高峰和筹措国债偿还基金。

表1　1981～1990年国债债种结构

单位：亿元，%

债种		1981～1986年	1987年	1988年	1989年	1990年	总计	占比
国库券	发行额	299.72	62.87	92.16	56.12	93.28	604.15	68.7
	年末余额	293.73	342.26	412.43	455.41	484.92	484.92	
财政债券	发行额	—	—	66.07	66.07	71.09	137.14	15.6
	年末余额	—	—	66.07	—	137.14	137.14	—
国家建设债券	发行额	—	—	30.65	30.65	5.87	30.65	0.7
	年末余额	—	—	30.65	—	—	5.87	
国家重点建设债券	发行额	—	55.0	55.0	55.0	55.0	55.0	5.7
	年末余额	—	55.0	—	—	—	50.0	
特种国债	发行额	—	—	—	43.7	32.39	76.09	8.7
	年末余额	—	—	—	43.7	76.09	76.09	
保值公债	发行额	—	—	—	87.43	37.4	124.83	14.2
	年末余额	—	—	—	87.43	124.83	124.83	
总计	发行额	299.72	117.87	188.88	187.25	234.16	1027.88	100
	年末余额	293.37	397.26	564.15	738.26	878.87	878.87	

资料来源：《1990年中国金融年鉴》及有关数据。

二　国债期限结构分析

我国国库券开始发行时期限为10年，1985年调整为5年，后又缩短为

3年，其他种类的国债也为3~5年。因此，我国国债以3~5年的中期国债为主，国债期限结构缺乏均衡合理分布。而发达国家则采取长、中、短期相结合的国债期限结构，如美国发行的中长、中短期国债均占有一定的比例，20世纪50年代主要以中长期国债为主，80年代以后则主要以中短期国债为主（见表2）。这种长、中、短期相结合的期限结构，能够满足不同持有者的购买需要，相比之下我国的国债期限结构则存在许多问题：（1）期限结构单调，中期国债短期化，但又缺乏真正的短期国债；（2）国债集中到期，增大了还本付息的负担。因此，这种单一的国债期限结构大大限制了国债的作用范围和作用力度，不利于投资者进行选择，很难满足持有者对金融资产期限多样化的需求。所以，科学地规划国债的期限结构，合理地设计国债的偿还期限，以改变国债期限结构单一化的格局，实现国债期限结构的多样化和均衡化，并且使长、中、短期国债保持合理比例，建立长、中、短期相结合的国债期限结构。

表 2　美国国债期限结构

到期期限	1950 年		1960 年		1970 年		1982 年	
	金额（亿美元）	比重（%）	金额（亿美元）	比重（%）	金额（亿美元）	比重（%）	金额（亿美元）	比重（%）
0～1 年	420	27	700	38	1220	49	3140	46
1～5 年	510	34	730	40	820	33	2220	33
5～10 年	80	5	200	11	230	9	760	11
10～20 年	280	18	130	7	90	4	330	5
20 年以上	250	16	80	4	110	5	370	5
平均到期期限（年）	8.2	—	4.8	—	3.7	—	3.9	—

资料来源：《联邦储备公报》1979 年 3 月；《总统经济报告》1983 年 2 月，第 256 页。

　　（1）短期国债。短期国债的期限为 1 年左右，主要解决财政收入的临时不足问题，推进中央银行的公开市场业务。短期国债的流动性强，其基本是一种"准货币"，对经济活动具有扩张性影响。对于财政资金的运动来说，短期内财政入库和支出的结构可能不相吻合，发生季度、月度上的收支不平衡，发行短期国债可以起到平衡年度内财政收支的作用。

　　（2）中期国债。中期国债的期限可以为 2~5 年，主要用来弥补财政赤字，替换到期国债和筹集中期建设资金，目前我国发行的几种国债基本属于这种类型。

（3）长期和超长期国债。其期限可以为 6～10 年和 10 年以上，主要是为了吸收长期建设资金。随着我国各种社会保障事业的发展，以各类社会保障基金为对象发行 10 年以上的长期和超长期国债，将形成一个稳定的国债资金筹集来源，而目前世界上许多国家将其作为政府国债投资的主要对象。

从总体上讲，长、中、短期国债的发行要根据国家财政资金使用的周转期、市场利率的发展趋势、证券流通市场的发达程度和投资者的投资意向来决定。目前调整国债期限结构的主要方法是，发展长期国债，控制中期国债，增发短期国债，同时还可以采取提前买回已发行的国债和发行转换债，以减轻集中到期的国债偿还压力。

三　国债利率结构分析

利率结构可以从两个方面反映出来，一是从发行国债成本的角度看，有高利率和低利率国债；二是从利率风险角度看，有固定利率和浮动利率国债。我国国债利率基本上是一种"受管理的利率"，因为利率水平并不直接由各经济行为主体和各种经济变量来决定，而是由国家统一厘定，我国国债利率结构如表 3 所示。

表 3　我国国债利率结构

指标		1981 年	1982 年	1983 年	1984 年	1985 年	1986 年	1987 年	1988 年	1989 年	1990 年
国债期限（年）		6～10	6～10	6～10	6～10	5	5	5	3	4	—
国债名义利率（%）	单位	4	4	4	4	5	6	6	8*	15	—
	个人	4	8	8	9	10	10	10	10	14	14
物价指数		3.5	2.9	2.3	4.4	14.1	10.4	13.5	18.5	17.8	2.1
国债实际利率（%）	单位	0.5	1.1	1.7	-0.4	-9.1	-4.4	-7.5	-10.5	-2.8	—
	个人	0.5	5.1	5.7	3.6	-5.1	-0.4	-3.5	-8.5	-3.8	11.9

注：* 正常为该年度三种债券平均利率。

资料来源：《中国金融年鉴》（1981～1990 年）。

我国国债的利率结构存在的主要问题如下。（1）利率结构倒挂，即利率结构的安排与国债期限不相吻合，期限越长，利率越低。这种利率结构从发行人的角度看提高了还本付息的成本。（2）发行利率均为固定利率，在通货膨胀率比较高的情况下，国债的负利率现象比较普遍，例如1984～1989年由于具有比较高的通货膨胀率，国债实际利率均为负数，国债固定利率提高了持有者的风险度，不利于国债的购买。（3）国债利率的确定标准不规范，没有统一的依据，目前主要依据单一的银行存款利率来确定国库券利率。这种单一地盯住银行存款利率来确定国债利率的方法，提高了国债的风险成本。（4）单位购买和个人购买的国债利率水平差距过大。这种不合理的国债利率结构，既不利于国债的发行，又严重影响了购买者的利益，因此，如何实现国债利率结构的合理化成为国债发行中的一个迫切需要解决的问题。

建立合理的国债利率结构，需要调整现存的国债利率结构，可采取如下措施。（1）提高长期国债利率，改变国债期限结构和利率结构倒置的现象，完善利率机制。（2）发行浮动利率国债。在国际金融市场上除传说的固定利率国债以外，还增加了浮动利率国债，其特点是利率按一定期限可重新确定，一般以3～6个月为一期，因而市场利率的变动很少能对债券的资本价值造成威胁，从而保证投资者的收益不受损失。浮动利率国债的出现能在市场利率变动大、通货膨胀走势不明朗的条件下迎合投资者热衷短期资产、力图保值的心理。在我国国债利率水平的确定中可发行"具有上下限的浮动利率国债"。（3）改变国债利率盯住银行存款利率方法。国债利率除依据一定时期的银行存款利率确定外，还应根据通货膨胀水平、市场利率的发展水平、投资者的投资意向和心理状态来确定。如果单一地盯住银行存款利率，则必然使国债利率的变动滞后，这会抑制国债对投资者的吸引力。（4）使单位购买和个人购买的国债具有同一利率水平。

四　国债持有结构分析

国债持有结构可以从两个角度划分，一是新发行国债的持有结构；二是国债余额的持有结构。但不管从哪个角度看，国债的持有者不外乎这样几个：中央银行、专业银行、企事业单位、居民个人和国外持有者等。国债的持有结构就是上述各持有者购买国债的数量比例。中央银行持有国债意味着基础货币量的扩张，专业银行持有国债会相应地减少信贷资金的来源，削弱专业银行的贷款能力。企事业单位持有国债，从货币资金运动的方向来看，会降低企事业单位在商业银行的存款比例，或减少直接投资。居民个人持有国债会减少居民存款或手持现金。国外持有者购买等于我国向国外借款。1981～1989年我国国债的持有结构（新发行国债）如表4所示。自1981年以来，居民个人持有的比例在逐渐增大，截至1991年，在全部新发行国债中，居民个人持有的比例在60%以上。和日本相比，这一比例是极高的，如1975～1979年日本国债发行中，个人持有的比例分别只有6.8%、17.2%、26.6%、21.9%和14.2%，从而反映出我国国债持有结构的单调性：（1）中央银行不承购国债；（2）专业银行过去很少承购，现在只是微量购买，数量有限；（3）国外持有者承购数量少。在一些发达国家，国外持有者持有的国债的比重是很高的。如美国发行的国债，国外持有者持有的比重占20%左右。所有这些都表明，我国国债的持有结构很不合理。因此，需要进一步调整国债的持有结构。

表4　1981～1989年我国国债的持有结构（新发行国债）

单位：%

指标	1981年	1982年	1983年	1984年	1985年	1986年	1987年	1988年	1989年
单位持有	99.8	50	45	45	30	33	33	39	—
居民个人持有	0.2	50	55	55	70	67	67	61	100

资料来源：《中国财政统计》（1950～1988年）和其他资料。

（1）配合货币政策的运用，打破中央银行不能承购国债的框框和对专业银行购买国债的某些限制，放宽贴现政策，使中央银行和专业银行持有一定比例的国债。中央银行持有国债对中央银行控制货币供应量是十分有利的。中央银行通过吞吐国债尤其是短期国债可以调节银根。专业银行放宽贴现政策，持有一定数额的国债既有利于调节其资产结构，又有利于对货币供应量进行调节。所有这些将为中央银行操作公开市场业务打下基础。

（2）配合利用外资政策，保持国外购买者持有一定比例，既有利于我国利用外资政策的实施，又有利于调节国债持有结构。向国外发行债券相对于从国外直接借款来说，可以减少利用外资的苛刻条件和所带来的风险。

（3）保持居民个人持有一定比例的国债。从现有的持有结构来看，居民个人的持有比重占60%左右应该说是合理的。由于经济过热、消费膨胀、社会需求过旺，提高居民个人的持有比重可以将一部分消费基金转化为积累基金，相应地，这可以推迟购买力，有利于缓和社会供需矛盾。一定时期在居民个人的持有比重过低的时候，可以通过增强国债的流动性来提高居民个人的持有比重，也可以通过发行新的更有吸引力的债种提高居民个人的持有比重。

经济平衡发展中货币供应的增长速度[*]

本文旨在通过对现实经济的研究，揭示经济运行正常状态下的适量的货币供应的增长速度以及经济增长速度、货币供应增长速度和物价上涨速度三者的关系，且通过建立适当的货币供应的增长模型分析现实经济运行中三者的偏差和预测未来在平衡经济发展中的适量的货币供应的增长速度和货币政策的选择。

改革开放使中国经济运行的总体环境发生了根本性变化，计划主导型经济朝市场主导型经济转变，非货币化经济向货币化经济转变。市场和货币的复归使经济运行的透明度提高，价格已成为反映经济运行状况的重要信号，它对供给和需求的调节功能日益增强。宏观经济政策体系已经形成，对总供给和总需求的总量平衡和结构平衡问题、平等与效益问题，以及资源的合理配置问题等起到了很好的调节作用。但是，这种宏观调控还没有达到综合调控供求的目的，还没有能够解决中央计划管理任务与中央银行狭义的货币政策相互协调的问题。我国流通中的货币量在 1979 年为 268 亿元，到 1987 年增加到 1456 亿元，货币流和商品流脱轨，现实经济运行中出现了越来越多的新现象、新问题，物价的轮番上涨，人们一向很避讳的通货膨胀再也不允许人们去回避，这一切都要求我们去客观地对待现实，去研究货币供应的增长速度与经济增长速度的关系。

一 货币供应的增长速度对经济增长速度的影响

研究货币供应的增长速度与经济增长速度的关系应该是双向的，一方面

---

* 本文原发表于《兰州经济研究》1989 年第 6 期。

要研究货币供应的增长率对经济增长的影响；另一方面也要研究与经济增长相适应的货币供应的增长速度。

1. 货币投放对经济增长的滞后影响

货币供应量的扩大或收缩对宏观经济有着重要的调节作用。从总量关系来看，货币的供应量要恰好与生产要素结合，以测算经济增长对货币的需求量。一定时期货币的需求量决定货币的投放量，但货币的投放量的增长对经济增长又有着重要影响。这种影响不仅表现在本期货币投放的增长速度上，而且还表现在前期货币投放的增长速度上，即货币投放对经济增长的滞后影响，例如 1984 年货币投放的增长率为 49.5%，经济增长速度（指国民收入增长率）为 13.5%，这是改革开放后经济增长最快的一年，而零售物价指数只上升了 2.8%。1985 年，经济仍保持很高的增长速度，同时零售物价指数增长了 8.8%，1985 年的通货膨胀率比 1984 年增加了 3 个百分点，1985 年也是通货膨胀率上升最快的一年（见表 1）。

表 1　货币投放增长率、零售物价指数、通货膨胀率与国民收入增长率的变化情况

年份	货币投放增长率（%）	零售物价指数	通货膨胀率（%）	国民收入增长率（%）
1983	20.6	101.5	101.0	9.8
1984	49.5	102.8	104.9	13.5
1985	24.7	108.8	107.9	12.3
1986	23.3	106.0	106.3	7.4

资料来源：《中国统计年鉴》（1984~1986 年）。

可见，滞后的货币投放与本期的经济增长以及物价上涨有着重要的关系，一般一期滞后和经济增长的关系更为密切，即 t 期经济增长受 t 期和 $t-1$ 期货币投放的影响。这种关系可表示为：

$$Y_t = a + b_0 X_t + b_1 X_{t-1} \tag{1}$$

其中 b_0、b_1 为货币投放对经济增长的作用系数，当 t 期货币投放变动 1 个百分点，其对本期经济增长的影响力为 b_0，同样，当 $t-1$ 期货币投放变动 1 个百分点，其对本期经济增长的影响力为 b_1。a 为非货币因素对经济增长产生的影响，为了分析问题的方便，我们舍弃非货币因素的影响，把经济

增长看成完全由货币因素作用的结果，设：

$$b = b_0 + b_1 \tag{2}$$

则 b 为总影响力之和，令：

$$W_j = b_j/b \qquad (j = 0,1) \tag{3}$$

则式（1）可表示为：

$$Y_t = a + b(W_0 X_t + W_1 X_{t-1}) \tag{4}$$

其中 $W_0 + W_1 = 1$，即总影响力系数之和为 1。将影响力系数引入模型可使模型动态化，以用于描述不同时期变量之间的依存关系。由于不同时期货币投放的增长速度发生变化，从而其对经济增长的影响力也是不同的，这反映在影响力系数上，W_0、W_1 在前后各期是不同的（见表 2）。

表 2　t 期和 $t-1$ 期货币投放对本期经济增长的影响力系数

年份	经济增长速度（%）	货币增长速度（%）	t 期货币投放对 t 期经济增长的影响力系数	t 期货币投放对 $t-1$ 期经济增长的影响力系数
1983	9.8	20.6	0.42	0.58
1984	13.5	49.5	− 0.37	1.37
1985	12.3	24.7	0.58	0.42
1986	7.4	23.3	0.36	0.64

注：计算过程为将 1983~1986 年经济增长速度和货币投放增长速度代入 $Y_大 = b_o x_t + b_1 x_{t-1}$，相邻两年构成一个方程组解出 b_0，b_1，得出 b，然后分别求得 W_0，W_1。

资料来源：根据相关统计年鉴数据和经过计算得出。

上述资料表明，1984 年货币投放对本年度经济增长产生的影响力是很微小的，而经济增长的更大一部分则是滞后一期货币投放作用的结果。1985年经济增长了 12.3%，其中有 58% 是由本期货币投放增加的。而 42% 是由滞后一期货币投放增加的。上述资料也证明了前面的结论，即前后各期是不同的，也就是说，不同时期的货币投放对经济增长产生的影响是不同的，同时也说明滞后一期的货币投放对经济增长有着很大的影响。

2. 货币投放对总供给和总需求的影响

我们研究货币供应的增长速度对经济增长速度的影响，旨在研究社会总需求对社会总供给的影响。因为在利用市场机制的条件下，整个社会总供给和总需求是由货币价格和货币收入来表示的。货币在经济运行中的作用，使货币流通成为决定总供给和总需求的一个因素，尤其是在总需求超过总供给已成为宏观经济运行的基本特征时。究其原因，除了社会经济运行机制本身的客观原因外，货币投放增长速度过快是一个很重要的主观原因，这就形成了供给与需求之间的矛盾，即货币收入和货币价格之间的矛盾。因为货币投放是形成社会总需求的源泉（如货币主要是通过发放工资、收购农副产品、发放奖金等形式投放的，而这些又最终形成社会购买力即社会总需求，也即货币供应量与社会总需求呈正相关关系），而经济的增长又是决定社会总供给的主要因素。货币投放过多，造成总需求大于总供给，物价上涨，经济难以持续稳定增长；货币投放过少，又会使需求不足，经济增长受到限制，因此，形成与社会总供给相适应的社会总需求水平，就要规划一个与经济增长速度相适应的货币投放的增长速度。货币供应的增长过快，使工业生产出现"过热"现象，消费基金同时以较快的速度增长，从而使消费品市场需求过旺，这又迫使和刺激生产消费品的企业拼命增加生产，扩大供给，但供应的增长速度大大超过了经济所能增长的速度，这使每增加一个单位的货币供应量有超过 1/4（13.5/49.5）的国民收入来增加供给，这必然使社会总需求和总供给在总量上失去平衡，商品供应不足，从而引起物价波动。货币供应的超前增长使需求"早熟"，这是货币供应的超前增长与商品供给的时滞因素引起的社会总供给和社会总需求的矛盾，矛盾的主要方面仍是货币供应的增长速度太快，从而形成社会总需求对社会总供给的压力，因此应把货币的投放量和社会总需求联系起来，在总量上考察总供给与总需求的关系，从而确定货币投放的增长速度，保持整个社会总需求水平和总供给水平达到平衡。

二　经济增长速度对货币供应的增长率的影响

货币供应的增长速度要以经济增长速度为前提，尽管存在货币供应的超前增长（王珏等，1987），但这主要是由物价上涨引起的，因此货币供应的超前增长的幅度在很大程度上是由经济增长速度决定的。

1. 经济增长速度影响货币供应增长的模型

根据马克思的货币流通规律，流通中的货币量由 $M = PQ/V$ 来确定，因此我们研究与经济增长相适应的货币供应的增长率也要以此规律为前提，所以从增长率的角度看，货币供应量的增长率为：

$$\frac{d_M}{M} = \frac{d_Q}{Q} + \frac{d_P}{P} - \frac{d_v}{V}$$

货币供应的增长率 = 经济增长率 + 物价变动率 - 货币流通速度变化率，也即一定时期货币供应的增长速度取决于物价上涨、经济增长、货币流通速度的变化。这里我们假定货币流通速度是稳定的，即 $d_v/V = 0$（在一个很短的时期内的变化是很小的，事实上，根据弗里德曼的计算，1867 ～ 1990 年美国货币流通速度递减）。这只是为了研究问题的方便，所以，货币供应的增长速度取决于两个因素：①一定时期的物价上涨幅度，②国民经济的增长速度。而物价的上涨幅度最终是由货币供应的增长率决定的，因此把这一关系用一模型表示：

$$G' = aP' + bK'$$

G'、P'、K'分别为货币供应的增长率、经济增长速度、物价上涨速度。a、b 为 P'、K'的决定系数，其含义是当一定时期经济增长速度保持不变而物价上涨 1% 时引起的货币供应的增长率为 a；当物价保持不变而经济增长 1% 时引起的货币发行的增长率为 b。为了说明 P'、K'的相对重要性和敏感性，我们还可以引进 Beta 系数说明此问题，定义 a、b 的 Beta 系数为 a'、b'，则：

$$a' = a\sqrt{\frac{\sum P'^2}{\sum g'^2}} \qquad b' = b\sqrt{\frac{\sum K'^2}{\sum g'^2}}$$

$$\sum P'^2 = \sum (P' - \overline{P'})^2$$

$$\sum K'^2 = \sum (K' - \overline{K'})^2$$

$$\sum g'^2 = \sum (G' - \overline{g'})^2$$

$\sum K'^2$、$\sum P'^2$、$\sum g'^2$ 为 K'、P'、G' 的标准差，其结果可表明当 P' 有一个标准差的变化时，g' 有 a' 个标准差的变化，但当 K' 有一个标准差的变化时，G' 有 b' 个标准差的变化，由 a'、b' 的大小可以看出物价上涨和经济增长哪个更为重要，同时也可以看出货币供应对物价上涨和经济增长做出反应敏感程度。

2. 实际资料的验证和预测

货币供应对物价上涨和经济增长的敏感度测算结果见表3。

表3　货币供应对物价上涨和经济增长的敏感度测算结果

年份	G'	P'	K'	g'	p'	k'	P'^2	K'^2	g'^2	$P'K'$	$g'P'$	$g'K'$
1979	26.3	2.0	7.0	2.0	-2.4	-1.8	5.76	3.24	4	4.32	-4.8	-4.8
1980	29.3	6.0	6.4	5.0	1.6	-2.4	2.56	5.76	25	-3.84	8	-12
1981	14.5	2.4	4.9	-9.8	-2	-3.8	4	14.4	96	7.6	19.6	37.2
1982	10.8	1.9	8.3	-13.5	-2.5	-0.5	6.25	0.25	182.3	1.25	33.75	6.75
1983	20.6	1.5	9.8	-3.7	-2.9	1	8.41	1	13.7	-2.9	10.7	-3.7
1984	49.5	2.8	13.5	25.2	-1.6	4.7	2.56	22.1	635.7	-7.52	-40.32	118.44
1985	24.7	8.8	12.3	6.4	4.4	3.7	19.4	13.7	0.16	16.28	1.76	1.48
1986	23.3	6.4	7.4	-1	2.2	-1.4	4.8	1.96	1	-3.08	-2.2	1.4
1987	19.4	7.3	9.3	-4.9	2.9	0.5	8.4	0.25	24.01	1.45	14.21	2.45
$\overline{\sum}$	24.3	4.4	8.8	—	—	—	59.62	61.8	981.21	13.56	12.01	148.46

资料来源：根据历年统计年鉴数据和经过计算得出。

依据上述资料可以得到决定货币供应增长速度的模型为：

$$G' = 0.02P' + 2.78K'$$

这个反映现实的货币供应增长速度的模型说明，当经济增长速度保持不变而物价上涨1%时，货币供应增长0.02个单位，而当 P' 保持不变，经济增长1%时，货币供应增长2.78个单位，从这一关系中我们不难看出，物价上涨不是货币供应增长的原因而是结果，经济增长是真正引起货币供应增长的原因，计算 Beta 系数为：

$$a' = a \sqrt{\frac{\sum P'^2}{\sum g'^2}} = 0.04 \qquad b' = b \sqrt{\frac{\sum K'^2}{\sum g'^2}} = 0.68$$

从 a'、b' 的大小中可以看出，经济增长比物价上涨对货币供应增长的影响更大，同时这也说明经济增长对货币供应的增长做出的反应更为敏感，更为直接。

货币供应量增长的合理界限应当受到经济增长率的影响和制约，因此确定货币供应增长率应以经济增长速度为基础。在平衡发展的经济环境中，国民经济的增长速度应该是平稳的，但是在模型所选时间区间内，经济的增长速度是极不稳定的，物价变动的幅度也很大，用此模型预测未来货币供应的增长速度必然不符合经济增长的要求。因此需要对模型的系数进行修订。物价的变动是货币投放的结果，所以物价对货币供应的影响系数基本上是符合经济增长要求的，而系数 b 却存在偏大的现象，需要修订。

如果我们去掉物价变动的因素，就纯粹的经济增长和货币供应的变化来分析它们之间的关系，则上面模型就可简化为：

$$G' = bk'$$

那么 b 就是货币供应系数，因此确定货币供应的增长速度又转到如何确定系数 b 上，一般地，在一个计划期内货币的供应系数应当是稳定的，那么由它引起的对货币的需求量也是相同的。1979～1987 年货币供应的变化情况见表 4。

表 4　1979～1987 年货币供应的变化情况

年份	货币供应增长速度（%）	经济增长速度（%）	货币供应系数
1979	26.3	7.0	3.76
1980	29.3	6.4	4.58
1981	14.5	4.9	2.96
1982	10.6	8.3	1.30
1983	20.7	9.8	2.11
1984	49.5	13.5	3.17
1985	24.7	12.3	2.01
1986	23.4	7.4	2.59
1987	19.4	9.3	2.09
平均	22.3	8.4	2.65

从改革开放以来的实践看，我国的货币投放量偏大，因此货币供应系数也偏大。从世界各国经济发展和货币供应增长看，1950～1975 年美国货币

供应系数为 2.07，日本为 1.96（见表 5）。从美日经济发展的实际情况看，一般的货币供应系数保持在 2 左右为宜，1985 年是我国经济发展比较平稳的一年，货币供应系数为 2.01，根据这个结论，可确定我国的货币供应系数为 2.0，那么可将上面的模型修订为：

$$Y_t = 0.02P' + 2.0K'$$

如果今后经济增长速度能够保持在 6%～7%，考虑改革引起物价上涨 4%～5%，则货币供应的增长速度保持在 12%～14% 是比较适宜的。

表 5　美国和日本 1950～1975 年货币供应的变化情况

国家	经济增长速度(%)	货币供应增长速度(%)	货币供应系数
美国	3.0	6.2	2.07
日本	9.7	19.0	1.96

三　货币供应控制的基础和货币政策

经济运行的正常状态是总供应能力超过总需求水平的压力经济和与之相反的吸力经济，而要保持这种经济运行的正常状态就必须以稳定的货币供应的增长速度为基础，以良好的货币流的运行为环境，而这又必须以国民经济的平衡发展为保证。这种平衡发展包括两个方面的内容。一是经济增长速度适宜（美国的一些经济学家认为美国经济的增长速度年平均为 3% 比较适宜；韩国的一些经济学家认为韩国经济的增长速度应到年平均 8% 比较适宜），即经济发展速度应该是平稳的，而非大起大落，强调过快的发展速度必然会使整个经济运行的环境发生错位。二是物价基本稳定。确定计划时期货币供应的增长率必须考虑计划时期物价的变动幅度，在整个经济运行过程中，物价稳定与否成为能否保持经济平稳发展的一个重要因素，因此它也必须成为确定经济平衡发展的一个重要内容，二者的结合成为控制货币供应的基础。

在确定了货币供应控制的基础后再去探讨货币供应控制的技术问题，这在理论上是行得通的。以前，人们只就方法论问题，对于更深一步的理论基础问题，人们则很少去问，这就是年年控制货币发行而每年货币发行都超量的原因。控制货币发行的技术问题就是建立适当的货币供应增长模型。货币供应的控制基础是建立货币供应增长的理论依据。这种模型是货币供应量的供给性调控模型，它是根据经济增长的合理需要来确定货币供应量的，它不但能保证经济发展对货币的合理需要，而且有利于防止通货膨胀。同时货币供应控制的基础也是确定货币政策的理论依据。从 1984 年开始，货币政策日益成为平衡经济发展的主要工具，它通过对货币供应量和流通的调节寻找经济发展和货币供应之间的结合点，做到在确保经济平衡发展时保持合理的货币供应增长，并在合理的货币供应增长的前提下，促进经济平衡发展。

货币供应量是西方极为推崇的货币政策的中间目标，在我国，在间接控制手段完善的基础上，中央银行有能力运用综合信贷计划和各种间接控制手段，对整个社会的货币供应量进行控制，因此它可以作为我国货币政策的中间目标，而货币政策的最终目标应该是通过控制货币发行量来影响价格总水平，其主要任务是随着经济增长逐步增加货币发行量以稳定物价，而这最终要归结到如何确定一个合理的货币供应的增长速度上。

中央银行的货币政策只能通过创造一个适宜经济增长的货币环境来促进经济增长。它无力对经济增长的其他因素加以干预。如果把货币政策看成万能的，就将完全忽视采用增加货币供应的手段控制经济的特点和由此带来的局限性，因此，通过货币政策干预经济活动毕竟是有限的，但通过货币政策至少可以确定一个合理的货币供应增长速度，以实现经济增长和物价稳定。

参考文献

［1］王珏等主编《金融体制改革初探》，山西人民出版社，1987，第 297 页。

就业制度市场化演进中的就业
波动机制以及失业问题[*]

随着经济体制的转轨，我国就业制度将由计划就业制度向市场就业制度演进，就业机制的变化使就业成为社会普遍关注的重大问题。本文拟就我国就业制度的市场化演进，经济波动、经济增长与就业的关系以及我国就业动态和隐性失业问题做初步研究，探讨我国就业制度从计划就业制度向市场就业制度过渡中的矛盾与困境、就业波动机制的得失、经济增长方式的转换与就业吸纳能力、失业率的变化和就业趋势，并从中得出有益于政策制定的结论。

一 我国就业制度的市场化演进

（一） 从计划就业制度向市场就业制度过渡

我国传统就业制度的基本特征是计划就业，即政府通过劳动计划来统筹安排全社会的就业，并且对就业过程的指令性计划进行全程控制，因而形成了统包统配的劳动就业形式，使我国的就业制度具有明显的集中性、封闭性和福利性特点。由于计划就业的目标是实现全社会劳动力的完全就业，因而就业的增长通常是由劳动力供给量决定的，与国民经济对劳动力的实际需求只存在微弱的联系。这样计划就业通过统包统配在实现全社会完全就业的同时造成无效就业，另外，隐性失业等在职失业也大量存在。整个社会对劳动力的吸纳实际上处于极度不充分状态，从而产生了完全就业与在职失业的二律背反现象。

---

* 本文原发表于《甘肃社会科学》1996 年第 3 期，合作者为郑超愚。

随着我国经济体制由计划经济体制向市场经济体制的转换，我国就业制度也由传统的计划就业制度向市场就业制度演进，改革的进程基本是沿着就业余量—就业增量—就业存量依次进行的。首先，在传统计划就业框架内解决就业余量问题，提出"三结合"的就业方针，推行劳动服务公司这一新型的社会劳动力管理组织，从而在一定程度上触及了"统包"问题。随后，通过就业双轨制解决就业增量问题，实行劳动合同制。尔后，通过转变企业经营机制和改革传统的固定工制度，着手解决就业中存在的问题，建立与社会主义市场经济制度相适应的以市场配置劳动力资源为主体的现代就业制度。三个阶段就业制度的改革使我国就业的市场化程度不断提高，从而市场开始在我国劳动就业中发挥重要作用。此时，我国社会劳动者依靠市场机制进入就业岗位并接受市场调节的总数已达 1.25 亿人，约占全社会劳动者总数的 22%。其中，乡镇企业从业人员达 343 万人，城镇私营经济与个体经济从业人员达 950 万人。城镇新增就业人员中通过市场就业的比重不断增加，三资企业与城镇私营经济和个体经济的就业比重已由 1979～1981 年的 3.7% 上升到 1992 年的 20.5%，1993 年又有较大幅度的增长。但我们必须看到，就业市场化的进程在不同所有制部门和不同地区是不同步的，而且还受到不成熟的外部条件的制约。从市场经济的总体进程来看，由于就业制度转换的相对滞后，劳动力市场已经滞后于产品市场与资本市场，从而形成了体制转轨过程中由于市场化进程的差异而产生的市场发育的不协调性，因此，加快就业制度的转换是就业市场化的基本要求。

（二）不完全市场就业制度：矛盾和困境

我国目前计划就业与市场就业共存的就业格局将随着体制转型不断发展，朝着扩大市场就业成分的方向演化；劳动就业的市场化程度会不断提高。然而就总体而言，我国仍然呈现一种不完全的就业制度，相对于改革以前的单纯的计划就业制度，这是一大进步，它在一定程度上打破了传统计划就业形成的集中性和封闭性框架，提高了劳动力资源的配置效率，提高了劳动力的流动性。但是，现行不完全市场就业制度仍然受到计划就业和市场就业矛盾的困扰，存在现实的矛盾和困境，主要表现如下。

（1）公有制就业呈刚性状态与非公有制就业呈现强波动。公有制内部的就业存量受体制限制，仍然呈刚性状态。一旦在公有制内部就业就很难失业，因此，公有制内部（名义）就业极其稳定。但对于非公有制就业而言，当经济波动时，有效劳动随经济周期波动而波动，这样就形成了非公有制就业的强波动。从全社会就业来看，公有制就业刚性使劳动者只能进入不能退出，从而社会劳动就业量的调整主要由非公有制经济来承担，这形成了不完全市场就业制度下就业刚性和就业强波动同时并存的局面。

（2）劳动力供给和需求在不同所有制部门的分布具有非对称性。在不完全市场就业制度下，劳动力就业的市场调节领域和非市场调节领域存在劳动力进入和退出的壁垒，相互流动性差，从而形成劳动力供需分布上的非对称性矛盾。从劳动力需求的分布来看，公有制部门劳动力需求相对于其有效劳动需求过剩，非公有制部门劳动力需求因资本相对于劳动要素价格的人为扭曲而不足。从劳动力供给分布来看，非公有制部门集聚的农村相对于公有制部门集聚的城市，人口和劳动年龄人口都增长较快，但由于非公有制部门投资规模小，资本形成能力低，劳动供给过剩。这种劳动力供需结构不平衡和分布的不对称性源于公有制经济领域就业机制转换的滞后和不完全市场就业制度对劳动力市场的分割，只要劳动力供需的非市场调节因素还存在，这种非对称性矛盾就将不可避免。

（3）无效就业阻碍经济结构调整。公有制内部不仅存在大量的隐性失业，而且由于供给结构不能灵敏追踪需求结构，其部分供给在无法通过市场实现时就是无效供给，所对应的劳动投入就属于无效就业。通过银行贷款发放工资维持的就业同时包含了隐性失业和无效就业，对于这种无效就业和隐性失业，不完全市场就业制度很难触及，也就是说，隐性失业和无效就业问题在这种就业制度框架内难以得到解决。无效就业的劳动投入得到工资补偿，缺乏从当前工作中退出的（微观）利益动力。软信贷的约束实际上中断了市场通过比较利益对包括劳动力在内的生产要素结构进行调整的导向作用，从而无效就业对经济结构调整产生阻滞影响。同时不完全市场就业制度阻碍劳动力流动，在资本追逐利润流动条件下，这造成了资本和劳动力配置的错位，一方面进一步加剧了隐性失业和无效就业态势，另一方面不仅阻碍产业结构调整，而且导致产业结构“非均衡”。

二　经济波动、经济增长与就业波动

（一）经济周期中的就业波动机制

我国经济波动的主要原因是社会总需求波动，社会总需求波动直接通过引致总产出波动（而不是实际工资率波动）造成有效就业波动。在因积累和投资迅猛增加引起经济增长的高峰年，伴随着经济增长而出现就业增加和（真实）失业率下降；在经济增长相对减速时，就业下降而（真实）失业率上升，从而形成了由经济波动到就业波动的数量调整传导机制，在生产可能性边界内，总需求扩张而总产出增加，从而劳动力需求增加，进而有效就业量增加。这种经济波动的数量调整传导机制反映了劳动力市场的不完全市场化性质；与总需求膨胀而价格上升，从而实际工资率下降，就业量增加进而总产出增加这种价格调整传导机制相比，数量调整传导机制增强了经济波动对就业量的震动作用，就业量的变化因而也就表现出更强的顺周期性。随着经济体制由双轨制向社会主义市场经济体制过渡的完成和计划就业制度向市场就业制度的转换，我国就业量反映经济波动的调整方式将由数量调整传导机制向价格调整传导机制转换，就业波动也将随之弱化。

针对经济周期中就业率的周期变化，是否存在一个稳定的自然失业率呢？根据自然失业率的表现形态，经济波动中总需求周期波动不会引致自然失业率变化，但是，我国（广义的）经济结构因经济体制转型而剧烈变化，就业结构正在进行以市场化演进为基本内容的结构调整，经济结构的这些变化将对劳动力市场的结构性和摩擦性力量发生影响。从长期来看，结构性失业和摩擦性失业水平将因劳动力市场的完善和发育成熟以及工资刚性的消除而逐步下降。所以，即使存在一个非加速通货膨胀的失业率，也不可能存在一个稳定的自然失业率。据测算，我国这些年来自然失业率在7%~9%变动，在每一次经济波动中，公开失业率的变化都不是很大，但是隐性失业率显示出较强的波动性。

（二）经济增长方式与劳动力吸纳能力

经济增长方式不同必然使市场对劳动力的吸纳能力存在差异。我国主要是依靠外延型的扩大再生产方式来实现经济加速增长的，经济增长方式属于速度型经济增长方式，这也是与数量调整的就业波动机制相适的。经济高速增长时期，例如 1985~1988 年与 1992~1993 年，就业增长速度比较快，社会真实失业率水平比较低，相反，在经济紧缩时期，就业速度相对下降。我们对 1985~1992 年就业量与国民收入的计算分析结果表明，就业量的增加与经济增长高度相关，其相关系数为 0.96，而就业的国民收入弹性为 0.34，即经济增长速度每提高 3 个百分点，就业量就能增加 1 个百分点。与国外经济增长的劳动力吸纳能力相比，现行的速度型经济增长方式吸纳劳动力就业的能力还是比较高的。但受到经济增长方式的转换以及改革和发展中出现的一些趋势性因素的影响，其就业吸纳能力将降低。首先，为抑制通货膨胀而采取的宏观紧缩措施会导致经济增长速度放慢，这将直接减少对劳动力的需求量；其次，经济增长方式由速度型经济增长方式向效益型经济增长方式的转变，（至少在转型时期）将降低就业吸纳能力，而且有可能导致结构性失业和摩擦性失业暂时增加；最后，市场机制调节作用的强化会减少由软银行信贷支持的无效供给，从而减少无效就业，部分无效就业将转化为公开失业或隐性失业。

三　我国就业动态和隐性失业问题

（一）1985 年以来的失业率

我国现行统计制度报告的失业率不能真实反映失业状况，当前统计年鉴上公布的待业率相当于规范意义上的（城镇）公开失业率。从我国的公开失业率动态来看，1985 年是一个分界线，之前的公开失业率存在不断下降的趋势，到 1985 年基本稳定在 1.8%，之后在 1985~1988 年在 2% 徘徊。在就业水平上，这一时期社会新增就业人数大量增加，就业增长率也维持在一个较高的水平上。而从 1989 年开始，公开失业率回升，经过 1990 年和 1991 年的缓慢下降后，1993 年又与 1989 年持平。1993 年全国城镇新增就业人数为 705 万人，而待业人数达到 420 万人，到该年年底失业率上升到 2.6%。从趋势上看，失业率逐步上升，1993 年比 1985 年上升了 0.8 个百分点。但是，上述失业率动态并不能反映我国失业的真实状况，为此，我们以国民收入缺口为基础测算了我国的真实失业水平，其结果是，（真实）失业率与国民收入缺口基本是同步波动的，在国民收入缺口比较小的年份（如1985～1988年），失业水平也比较低；而在国民收入缺口比较大的年份（如1989～1992年），真实失业水平就比较高。同时也可以发现，我国的隐性失业水平是比较高的，1985～1992年的平均水平是4.8%，说明失业公开化的程度是很低的，这也反映出我国公开失业率在指示失业动态方面的不真实性。近年来将近1/3的国营企业处于亏损局面，大部分企业处于开工不足的状态，从而这些企业的劳动力属于在职失业。在经营机制没有完全转换和社会福利保障制度没有建立之前，不仅无效就业难以转化为有效就业，而且无效就业和隐性失业也难以公开，因此，在未来相当长的一个时期，我国仍然将具有较高的失业水平但公开失业率不高。

（二）公开失业与经济波动的非关联性

1985～1993年国民收入缺口是沿着先下降后上升而后再次下降的过程变动的，而此期间公开失业率水平具有缓慢上升的趋势，国民收入缺口和公开失业率水平的变化呈现非相关性，从现实经济运行的角度看，实际上就是公开失业率与经济波动的非关联性。这主要是由以下两个方面造成的。

（1）国民经济中存在隐性失业。由于国有企业职工就业的刚性以及全社会过低的市场就业比重，大部分劳动力很难随经济波动进入或退出工作岗位。在不完全市场就业制度下，由于缺乏必要的失业机制，我国城镇企业特别是国有企业中90%以上的富余人员仍然滞留在企业内部或原有工作岗位上，因此，在经济周期中，总产出的扩大可以通过提高从业劳动力的利用率实现，而总产出的收缩只能造成从业劳动力利用程度下降，却不能把过剩的劳动力推向社会。这样，有效劳动随经济周期的波动主要体现在隐性失业和无效就业的波动上，而公开失业并不受经济周期波动的影响，仍然具有相对稳定性。

（2）农村剩余劳动力从农村向城市转移具有顺周期性。统计报告的待业率只反映城市公开失业水平而没有反映（包括农村在内的）全社会的公开失业水平。在经济周期中，当经济回升时，城市就业机会相对较多，农村剩余劳动力由农村向城市大量转移，城市现代经济部门扩张所创造的工作岗位中的很大一部分由农村劳动力获取。而当经济回落时，城市就业态势恶化，引起农村剩余劳动力由城市向农村倒流。所以，在经济波动过程中，城市就业或失业的变动是在很窄的范围内发生的，由于农村剩余劳动力的平衡作用，城市公开失业和经济波动的关联度降低，而且，我国农村剩余劳动力向城市迁移的顺周期性还造成城市失业水平随经济扩张而不断上升。

（三）我国的就业趋势

我国的就业增长率比较低，而劳动供给的增长却仍然保持很高的速度。此时正处于劳动年龄人口持续增长的高潮期，据有关部门测算，1992年劳动年龄人口占总人口的比重为63.71%，到1995年和2000年，将分别增至63.96%和64.24%，到2010年，该比例会进一步增至67.14%，之后才开始下降，并且于2020年回落到现在的水平。据此推算，在1995年与2000年，新增劳动力数量将分别达到17000万人和22000万人，如果加上隐性失业公开化后的失业人数，那么待安置劳动力数量将在3亿人左右，而同一时期，就业需求只不过为5000万人左右。劳动力供求之间的矛盾使我国未来的就业任务非常严峻。边际失业率很可能高于平均失业率，劳动供给的迅速增长，必然会提高全社会的失业水平。

四　结语

（1）不完全市场就业是我国体制转型时期就业制度的基本特征，随着市场经济体制的逐步建立，这种就业制度将让位于市场就业制度，从而实现劳动力资源配置的市场化，这既是我国就业制度进步的表现，也是我国经济市场化程度提高的主要标志。

（2）市场就业制度的建立意味着隐性失业和无效就业将转化为公开失业，从而我国经济运行中经济波动与公开失业的关联度将提高。

（3）我国就业波动机制正处于由数量调整方式向价格调整方式的转换过程，就业波动机制的转型将有助于稳定经济周期中的就业波动从而有效提升劳动的抗周期能力。

（4）我国经济增长方式转变对劳动力吸纳能力的消极影响需要通过适度技术选择、产业结构调整以及生产要素相对成本合理化来克服，但这并不意味着就业的下降趋势会改变。

（5）应该允许非加速通货膨胀失业的存在，这样一方面可以减轻就业压力；另一方面也有助于形成和完善就业竞争机制，以提高劳动效率和优化劳动力资源配置。

（6）随着就业市场化程度的提高以及围绕就业市场化的社会福利保障制度的建立，社会对公开失业的承受能力逐渐增强，当前5%左右的城镇公开失业率是能够容忍的，可考虑把5%的城镇公开失业率确定为失业调控的目标数值。

西北经济开发区的发展开放
与丝绸之路的复兴[*]

一 20世纪90年代我国区域经济变化的新格局
与西北经济区的发展态势

1. 20世纪90年代是我国向市场经济过渡的关键时期，为适应市场经济发展的要求，我国新的区域经济格局已初步形成。按照专业化分工和区域经济协调发展的原则以及全国统一大市场的要求，参照经济地理和市场联系的状况，20世纪90年代我国的区域经济格局的划分呈现由八大经济区构成的"开"字形网络状态，即（1）东北经济区［包括黑龙江、吉林、辽宁和内蒙古的东部三盟（兴安盟、锡林郭勒盟、哲里木盟）一市］；（2）华北环渤海经济区（包括北京、天津、河北、山东）；（3）长江下游三角洲经济区（包括上海、江苏、浙江）；（4）华南经济区（包括广东、海南、福建、香港、澳门、台湾）；（5）长江中游经济区（包括湖南、湖北、安徽、江西）；（6）西北经济区（包括甘肃、宁夏、青海、新疆、内蒙古西部三旗）；（7）黄河中游经济区（包括陕西、山西、河南、内蒙古中部各盟）；（8）西南经济区（包括云南、广西、贵州、四川、西藏）。

2. 西北经济区全区面积为284.1万平方公里；1991年人口数为4774万人，占全国人口总数的4.1%；1991年全区国民生产总值为707.51亿元，占全国的3.56%；人均国民生产总值为1482元，是全国平均数的85.9%（以上数据指甘、新、宁、青四省份，不包括内蒙古西部三旗）。主要经济特点如下。（1）经济总体发展水平较低，但开发潜力大。西北经济区1991年的国民生产总值在全国八大经济区中居倒数第一，人均国民生产总值排第

---

* 本文原发表于《丝绸之路》1995年第1期，合作者为杨守业。

五。从各省份发展水平看，国民生产总值排序分别为甘肃排第26，宁夏排第29，青海排第28，新疆排第24。虽然此时其开发程度较低，但在未来的发展中，其具有较大的开发潜力。（2）资源丰富，特别是能源品种齐全，拥有石油、天然气、煤炭、电力等多种能源。其中水能在全国占有重要地位，是黄河水系的水能富集区。有色金属、稀有金属、贵金属和盐类等储量在全国具有相当大的优势。（3）自然条件差，生态环境脆弱。西北经济区地处西北内陆干旱地区，全年降雨少，风沙多，自然灾害频发，水土流失和土地沙化严重，生态环境和农业自然条件较差。（4）少数民族比较集中，具有突出的民族经济特色。西北经济区是我国少数民族比较集中的地区，是连接新疆、西藏、宁夏、内蒙古四大民族自治区的核心区。（5）经济发展中的"二元结构"特征较全国其他经济区更突出。西北经济区具有明显的"二元结构"特征，城乡之间、工农之间、轻重工业之间、大中型国营企业与非国营企业之间发展不平衡，产业结构水平过低，既有传统的比重较大的农业部门，又有一批在国内经济中占有一定地位的现代工业部门，特别是一些大型重化工企业在西北经济区的发展中具有举足轻重的地位。

3. 进入20世纪90年代，随着国家开放度的提高和发展重点的西移，西北经济区面临加速发展的机遇和加快开发的艰巨任务。20世纪90年代西北经济区开发的重点如下。

（1）能源开发。加紧进行能源资源的勘探和开发，加快建设龙羊峡、李家峡等大中型水电站，加快对柴达木盆地的石油资源进行开发和利用。以水电开发为龙头，带动多品种新能源开发，把西北经济区建设成全国重要的能源产业密集区。

（2）矿产资源开发。发展石油化工、盐化工、有色金属冶炼和加工。利用柴达木盆地丰富的氯化钾、食盐、锂、镁、硼等，配合水电开发在大电站附近发展钾肥、制碱、有机化工等电化工业和盐化工业。利用甘肃金川的多金属铜镍矿床、白银的铜和铅锌矿，发展有色金属、稀有贵金属工业。利用对石油资源的开发和在兰化、兰炼等石化工业基地的基础上，发展石油化工工业，从而形成若干个各具特色的水电—盐化工基地，水电—铝、水电—镍、水电—铅、水电—锌、水电—铜等有色金属工业基地，石油—石化基地等工业联合生产基地。

（3）建设高原牧业和绿洲农业生产基地。重点建设甘肃、青海、新疆的高原畜牧业生产基地，发展畜牧加工业；重点建设宁夏河套平原、甘肃河西走廊的商品粮生产基地和南疆的棉花、瓜果、甜菜生产基地。

（4）进一步完善亚欧大陆桥沿线的配套建设，加快基础设施的建设步伐，推进向中亚、西亚、中东、东欧开放，加强同中亚各国的贸易往来和经济合作。

4. 加快对西北经济区的开发和建设，是我国进入 20 世纪 90 年代后经济发展的必然选择，具有十分重要的意义。加快对西北经济区的开发建设有利于加快我国资源开发产业的发展，改善我国经济发展中的资源产业结构，优化我国产业结构的配置；有利于促进我国区域经济专业化分工的发展，为东部地区的发展提供后续力量，促进全国统一大市场形成；有利于我国经济开放度进一步提高，加快向中亚、西亚地区开放并进行经济贸易合作；有利于我国民族经济发展，促进各民族团结合作；有利于缩小我国东西部之间的发展差距，改善我国生产力发展的空间布局，培植新的生产增长点。

二　丝绸之路的复兴及西北经济区向西开放与合作

1. 丝绸之路贯穿西北地区全境，对古代西北地区的经济兴衰产生深远影响。古代西北地区的兴衰大致与丝绸之路的兴衰相关，丝绸之路的畅通和繁荣促进了河西地区以及整个西北地区经济的振兴和发展。西北境内的一些贸易重镇的开辟和形成，较大经济综合区的建立都与丝绸之路的繁荣是分不开的。丝绸之路的复兴将为西北经济区走向开发与开放提供重要契机。

（1）丝绸之路在世界文明中的重要作用已被越来越多的有识之士认识，近年来，在国际国内又重新掀起了研究丝绸之路、复兴丝绸之路的热潮，从而使丝绸之路这条古老商路再次成为国际国内各方面关注的焦点。

（2）新亚欧大陆桥的贯通，沟通了西北经济区与中亚、西亚以及欧洲大陆诸国，从而以交通设施的现代化重振丝绸之路，扩大向西开放就成为西北经济区开发开放的重要机会。

（3）20 世纪 90 年代我国区域经济发展重心西移，西北经济区以其丰富的能源资源、矿产资源再次成为国家开发的重点，从而丝绸之路将随着国家开发开放政策的西移重新繁荣和复兴。

2. 复兴丝绸之路，重振丝路经济，重点是利用亚欧大陆桥向西开放。亚欧大陆桥是当今世界上较长的一条经济走廊，这条经济走廊贯穿亚欧大陆，从经济开发的角度看，它有利于将西北经济区同阿富汗、巴基斯坦、伊朗、土耳其、阿拉伯海湾国家、塔吉克斯坦、乌兹别克斯坦、土库曼斯坦、吉尔吉斯斯坦和哈萨克斯坦等连接起来，并向西进一步延伸，和东欧的大部分国家、中欧的一些国家以及西欧、北欧的一部分国家连接起来，从而形成一条巨大的大陆桥辐射带，以为西北经济发展提供有利条件。从目前西北经济区向西开放的重点看，主要向中亚和西亚地区扩大开放，以加强与中亚和西亚各国的经济交往与合作。

3. 繁荣丝绸之路，为中国西北经济区与中亚和西亚经贸合作创造有利的条件。具体体现如下。

（1）具有传统的历史交往联系以及近年来初具规模的经贸合作基础。我国很早就与中亚、西亚的游牧民族进行商品交换，中国的丝绸传入西亚和欧洲腹地。"丝绸之路"作为一条商路正式开通后发挥了重大作用。近年来，中亚、西亚一些国家与我国的经济贸易规模迅速扩大；西北经济区各地主动"走西口"，加快向中亚、西亚开放的步伐。贸易额显著增长，劳务合作迅速发展，相互投资规模日益扩大，从而形成了一定的经贸合作基础。

（2）地缘优势。中国西北经济区与中亚、西亚进行经贸合作的地理条件优越，历史上，新疆与中亚、西亚进行贸易的口岸很多，其中既有陆地口岸，也有水运口岸。亚欧大陆桥重新架起了连接我国西北经济区和中亚各国的桥梁，为相关国家进行政治、文化、经济交流和合作铺平了道路。

（3）文化传统相同，民族宗教相近。这些地区有着相同的文化传统，民族风俗和宗教接近。相同的文化传统等巩固了情感和友谊的纽带。

（4）经济贸易结构互补。中亚、西亚各国和西北经济区在产业结构、技术结构、资源结构等方面存在很强的互补性。中亚各国有实力雄厚的基础工业，但其基本结构属于重工业型、资源型结构，轻加工生产能力不足，西亚各国的基本结构则大多为单一的石化工业结构。西北经济区既有一定的重工业基础，又有较发达的轻纺工业，具有充足的出口货源，可以向中亚、西亚提供急需的轻工业产品、电子产品等。而中亚、西亚的冶金、机械等工业产品便宜，其可以向西北经济区提供钢材、汽车、化肥等产品。在技术结构方面，西北经济区的轻工、纺织、电子产业部门的技术水平虽与先进国家及沿海地区相比有一定的差距，但与中亚大多数国家相比，则处于比较领先的地位，而中亚各国在黑色金属、电力、机械制造、化工等领域具有适合西北经济区现阶段生产力水平的适用性先进技术，从而双方可以利用技术的互补优势合作。

（5）存在良好的合作环境和气氛。中亚各国政局相对稳定，为吸引外资相继开辟了"开发区""自由贸易区"，而且各国经济改革的政策也比较现实。西亚各国贸易环境相对宽松，基础设施良好，这为双方合作提供了良好的环境和气氛。

4. 中国西北经济区与中亚、西亚经济合作的前景。中亚、西亚各国的经济特点决定了其对经济发展的潜在需求具有多样性，对商品、劳务、技术进口具有多重依赖性，因此，西北经济区加强同中亚和西亚各国的合作具有良好前景。从经济发展走势看，随着中亚各国经济进入良性循环发展阶段，我国西北经济区和中亚各国的合作前景也被看好。从西北经济区同中亚各国的经济结构看，中亚各国经济结构仍处于低势区位，双方存在合作基础。

三 加快中国西北经济区开发和繁荣
丝绸之路的对策选择

1. 以深化改革开放为动力，提出新举措，迈出新步伐。西北经济区在全国八大经济区中最为落后，从条件上讲，有诸多不利因素，但从思想上讲，没有什么可左顾右盼的束缚，更应该解放思想，大胆进行超前性改革试验，如在所有制结构、企业制度、乡镇企业发展等领域。国家在政策上应该支持这种改革试验，以缩小东西部的发展差距。

2. 加强统一规划和领导。加快西北经济区开发要作为一项重大工程来抓，建议由国家相关部门牵头，甘、青、宁、新四省份有关部门参加，成立"规划协调领导小组"，确定规划方案和产业开发的方向与重点，协调区域政府行为。同时，建立不同层次的、定期的联席会议制度，加强联系和协调，以推动西北经济区形成整体优势。

3. 制定"高低两点论"的经济发展策略。根据世界上一些发展中国家的经验，经济欠发达地区应该确立"高低论点"的经济发展战略，即一方面从经济欠发达地区的实际出发，发展资金、技术低流量和低层次的产业，特别要发展乡镇企业，转换农村产业结构，从而加快工业化进程；另一方面，要积极学习和引进先进国家和地区的科学技术，瞄准有前途的"高精尖产业"，充分利用"后发"效应，重点培植能够带动经济发展的新的增长点，实现跳跃式发展。只抓"高"不抓"低"，就脱离了经济欠发达地区的实际，忽视了经济发展的基础；只抓"低"不抓"高"，又会使落后地区永远跟在别人的后面从而等距离甚至差距不断扩大地追赶，在国际国内市场上永远缺乏竞争力。"高低两点论"是实事求是与解放思想的辩证统一。奇正结合，有奇无正，就失去了可靠的基础；有正无奇，没有高着，就不可能出奇制胜。我们在选择西北经济区的发展战略时，应在稳步提高整体经济发展水平的同时，有选择有重点地上一些高精尖项目。为此，要注意开发中间技术、高精尖技术等不同层次的技术，以适应开发区内、国内、国际不同层次的市场需要。只有这样才能加快对经济落后地区的发展和开放的步伐。

4. 提高开放度。西北经济区地处我国边陲，相对闭塞。应通过扩大开放来促进开发，在全方位开放的基础上加快向中亚和西亚开放的步伐。首先，进一步扩大沿边开放口岸，向重要的市县镇延伸。其次，将内陆开放的范围从省会城市扩大到亚欧大陆桥一线的重要城镇，使其真正成为对外开放的国际通道，增开陆路运输口岸，建立内陆保税区和保税仓库。再次，开放西北经济区的"丝绸之路"古道，这里有景观众多、内涵丰富的旅游观光走廊和天山天池—吐鲁番—天山 1 号冰川等旅游区。最后，加强对中亚、西亚市场的调研，研究向西亚、中亚开放的模式、开放的步骤及相应的措施，收集整理该区域的市场信息，建立相应的信息网络。

5. 重点培育西北经济区具有带动和辐射作用的经济增长点。从现有的经济发展基础和发展趋势看，西北经济区应该重点培育"一轴双极"的发展格局。亚欧大陆桥通过甘、青、宁、新全境将沿线一系列大中城市连接起来，进而辐射沿线其他地区。"双极"分别是指西北经济区的两大中心城市群，一是以兰州为中心的兰—银—西城市群，二是以乌鲁木齐为中心的乌—

克—伊城市群。兰州是古丝绸之路的重镇，有比较发达的工业基础，位于西宁、银川的中心地带。把兰州培育成西北经济区的经济贸易中心，具有带动宁、青两省份经济发展的扩散效应，从而形成西北经济区东部经济增长极。乌鲁木齐是西北经济区向西开放的桥头堡。以乌鲁木齐为中心，联合伊宁、克拉玛依、塔城、博乐等，把乌鲁木齐建设成为西北经济区的西部的经济商贸中心，形成西北经济区的西部经济增长极。通过"一轴双极"发展格局，带动和促进西北经济区开发开放。

6. 调整产业结构，建立资源综合开发试验区和农业综合开发试验区。此时，从全国经济发展的大局看，国家宏观经济政策的重心向基础产业倾斜，这将有利于加快西北经济区对资源的开发。我们应该抓住这一机遇。首先，在兰—银—西三角区和乌—克—伊三角区建立"资源综合开发试验区"，形成高起点、高水平、有特色的资源开发基地。其次，进一步调整西北经济区的产业结构，改造传统产业，开拓和发展新兴产业，重点建设四大工业基地。（1）水电—盐化工业基地。以黄河上游水电资源开发为龙头，利用柴达木盆地丰富的资源，配合水电的开发，在大电站附近发展电化工业和盐化工业。（2）有色工业基地。利用甘肃金川的多金属铜镍矿床、白银的铜和铅锌矿、柴达木盆地的铜和铅锌矿，以及现有的冶金工业基地发展有色金属、稀有贵金属和多金属及合金的采矿、冶炼、加工业。（3）石化工业基地。发挥西北经济区是我国老石化工业基地的优势，在石油、天然气开发的基础上，围绕兰州、张掖、陇东、乌鲁木齐等石化工业基地，进一步发展有机化工、精细化工、合成氨工业等，规划一批石化后续产业的发展格局。（4）钢铁工业基地。可考虑以此时的酒钢和兰钢为基础，进行改建和扩建，调整产品结构，配套进行钢铁辅料生产，逐步建立钢铁工业基地。最后，在调整工业结构、发展工业基地的同时，积极发展以农牧产品为原料的加工业和绿洲农业，建立农业综合开发试验区。

7. 借鉴沿海特区经验，建立西北经济区的工业特区。其重点可以放在开发能源、资源优势工业上，因此，我们建议西北经济区应重点建设以下三个工业特区。

（1）乌鲁木齐—克拉玛依工业特区。它包括乌鲁木齐、昌吉、石河子、奎屯、沙湾和克拉玛依。它为开发型特区，发展方向是石油工业、石化工业和纺织工业。

（2）格尔木工业特区。它包括格尔木市辖县，它为开发型特区，发展方向是以钾肥和盐化工业为主的化学工业。

（3）兰州西固工业特区。它为振兴型特区，应对原有工业企业进行改造，以振兴老工业基地，重点发展石化工业、乙烯、精细化工等。

第二篇
增长结构与中国区际经济非均衡增长

经济增长结构解析[*]

　　经济增长理论是整个经济学研究的重要课题，基于新古典增长理论、现代经济增长理论，关于经济增长过程的经验规律的研究以及经济增长的因素分析的实证研究开始出现，从而使经济增长理论取得了很大的进展。本文试图在现有经济增长理论研究的基础上，引进结构因素，采用理论分析与实证描述相结合的方法重新解释经济增长过程，并以中国经济增长为背景，研究结构变化对经济增长的影响以及经济增长的结构贡献。

一　经济增长的两种解释

（一）新古典经济增长理论

　　关于经济增长过程存在两种不同的解释。以库兹涅茨为代表的新古典经济增长理论的观点认为，经济增长过程是一种总量增长过程，即在竞争均衡假设条件下，国民生产总值的增长是资本积累、劳动力增长和技术进步长期作用的结果，从而经济增长导源于供给因素，即经济增长过程是与要素投入的变化相联系的。以结构变化为特征的产业间的资源流动则被认为是相对不重要的，因为所有部门的资本和劳动都能带来同样的边际收益，即有 $\eth y_1/\eth l_1 = \eth y_2/\eth l_2 = \cdots = W/P$，$\eth y_1/\eth k_1 = \eth y_2/Ð k_2 = \cdots = P/R$。从而在总量增长和结构变动的关系中，首要的问题被归结为总量增长。自 Abramovitz（1956）、Solow（1956）和 Denison（1962）等进行有关经济增长理论研究的开创性工作以来，新古典经济增长理论有关增长因素的度量分析已经取得

---

　　* 本文原发表于《财经问题研究》1997 年第 11 期。

了长足的发展。在新古典经济增长理论框架中，经济总量增长主要来自资本和劳动投入的增长和全要素生产率的增长，因此，经济增长的总量生产函数就是 $Y = F(K, L, t)$，这里 Y 是国民经济总产出，K 和 L 分别为资本和劳动投入，t 为时间[1]。新古典经济增长理论就是在此框架中估计各要素对增长的相对贡献，而有关结构变化的分析以及结构变化对经济增长的相对贡献的考察就被置于增长的因素分析框架之外。

（二）结构主义经济增长理论

以罗斯托为代表的结构主义经济增长理论者认为，现代经济增长本质上是一个部门变化引起增长的过程，如果说新古典经济增长理论的总量增长是一种均衡增长的话，那么结构主义经济增长则是一种非均衡的增长，即所有部门的资本和劳动所带来的边际收益是不同的，即有 $\delta y_1 / \delta l_1 \neq \delta y_2 / \delta l_2 \neq \cdots \neq W/P$，$\delta y_1 / \delta k_1 \neq \delta y_2 / \delta k_2 \neq \cdots \neq P/R$，从而存在资本和劳动在不同部门的流动。这种结构变化引致的生产要素从低收益部门向高收益部门的流动必然产生结构效益，从而结构因素被认为是影响现代经济增长的重要因素，因此，结构主义经济增长理论在考察结构变量对经济增长的意义的基础上，以新古典经济增长理论的公式为起点，引入结构因素重新解释经济增长过程，其著名的结构主义经济增长函数（H. 钱纳里等，1989）就是：

$$Gy = a_0 + a_1 I/Y + a_2 G_L + a_3 X_3 + a_4 X_A + a_5 X_E + a_6 X_F + a_7 X_D$$

其中：

I/Y 表示投资同 GNP 的比率（资本存量增长的替代变量）；

G_L 表示劳动力的增长；

X_3 表示劳动质量的度量；

X_A 表示劳动或资本自农业转移的变量；

X_E 表示出口增长的度量；

X_F 表示国际收支逆差的度量；

X_D 表示发展水平的度量。

---

[1]　有关时间效果的最简单的假定就是技术进步的希克斯中性假说，即源于既定的资本和劳动组合的技术进步可以提高产出，但并不影响资本和劳动的相对边际产出。

这一增长函数关系式所考察的解释变量除资本和劳动以外，还有资本和劳动的再分配等结构变量，从而结构主义经济增长函数把经济增长看作一个由要素投入和结构变动共同推动的结果。有关对结构变化的分析以及结构变化对经济增长的相对贡献的考察被纳入增长的因素分析框架之中。

（三）新古典经济增长理论和结构主义经济增长理论解释的比较

经济增长的两种解释的区别是显然的。

1. 表现在其全部假设上

新古典经济增长理论假设竞争是均衡的，也就是说，资源都存在长期的有效配置（即达到帕累托优化状态），因而产业间的资本和劳动的转移都不可能增加总产出，从而所有部门的要素收益都等于要素边际生产率，要素市场处于均衡状态。而结构主义经济增长理论假设竞争是非均衡的，即资源配置并非处于帕累托优化状态，从而不同部门的要素收益与其边际生产率之间必然存在系统差异，其结果是资本和劳动在不同部门之间的转移必然引致结构的变化进而导致总产出变化，因此，理论假设的差异是两种有关经济增长观点的实质性区别。

2. 表现在对增长因素的考察上

新古典经济增长理论认为，资本存量增长、劳动的质的提高和量的增加是经济增长过程的重要解释变量。而结构主义经济增长理论认为除上述因素之外，资源再配置引起的结构变化同样是解释经济增长过程的重要变量。这种对增长因素考察的系统差别表现出新古典经济增长理论和结构主义经济增长理论对经济增长研究的视角的差异，新古典经济增长理论将增长的原因限定在供给要素上面，结构主义经济增长理论则将增长原因的分析扩展到包括需求在内的所有方面，从而其对增长过程的分析从方法论的角度看是经济增长理论研究中的新进展。

二　经济增长的结构考察

（一）结构变化与经济增长的关联图式

经济增长的结构主义观点在理论上阐明了结构变量是影响经济增长

的重要解释变量，那么，结构变化是如何引致经济增长的呢？为此我们通过构造一个简化了的结构变化与经济增长的关联图式来解释其内在联系①（如图 1 所示）。

假设某一经济由 X_1 和 X_2 两部门构成，经济增长过程假设从初始状态 I 点开始。在 I 点有国民总产出（$x_1 + x_2$），经过某个时期以后，经济总量发生了变化，这种变化就是经济增长过程。现设定经济结构不发生变化，即 x_1/x_2 保持不变。

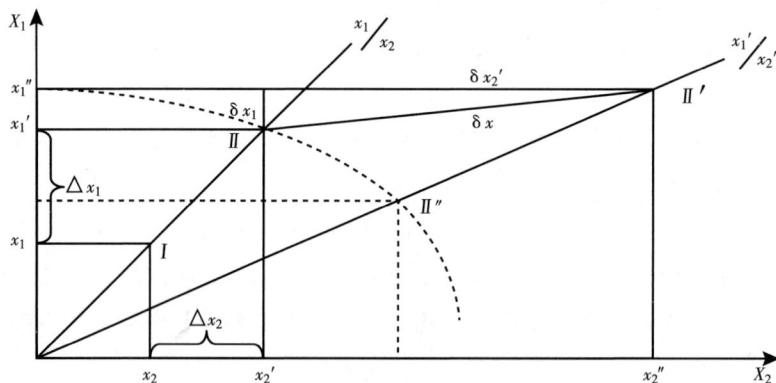

图 1　简化了的结构变化与经济增长的关联图式

经济发展可表现为从 I 点到 II 点的增长过程，其增长率为（$\triangle x_1 + \triangle x_2$）/（$x_1 + x_2$）。此时尽管经济增长，但经济结构并未发生变化，因此，这纯粹是一个经济总量的增长过程。我们设想经济发展并非一个结构不变的静止过程，在这一增长过程中，经济结构发生了某种变化，即由 I 点的结构状态（x_1/x_2）演变为 II' 点的结构状态（x/x_2'），此时，当某一经济增长过程终止时，经济发展所处的状态就不是由 I 点到 II 点，而是由 I 点到 II' 点，在 II' 点有经济增长率（$\triangle x_1'' + \triangle x_2''$）/（$x_1 + x_2$），从而通过比较 II 点和 II' 点经济增长率的差异，我们就可以说明结构变化对经济增长过程的影响。从 II 点和 II' 点的增长率对比看，有如下关系式：

$$(\triangle x_1'' + \triangle x_2'')/(x_1 + x_2) - (\triangle x_1' + \triangle x_2')/(x_1 + x_2) = (\delta x_1 + \delta x_2)/(x_1 + x_2)$$

---

① 该关联图式参考了库恩等关于多部门比较分析的方法，〔美〕H. 钱纳里等《工业化和经济增长的比较研究》，吴奇等译，上海三联书店，1989，第 184 页。

经过适当转换，则有：

$$(\delta x_1 + \delta x_2)/(x_1 + x_2) = \left[(\Delta x^2 + 2\delta x_1 \delta x_2)/(x_1 + x_2) \right]^{1/2}$$

从上式可以看出，II'点的增长速度快于II点（H. 钱纳里等，1989），从而II'点与II点经济增长率的差异主要是由II点、II'点的距离决定的，即由$|\delta x|$的变化决定的，因此，$|\delta x|$的量值（由δx_1和δx_2的欧几里得距离给出）成为反映结构变化影响经济增长速度的重要参数，从而表明结构变化与要素供给的变化一样都是影响经济增长的重要变量。

（二）结构变化引致经济增长例证

从上述结构变化与经济增长的关联图式我们不难看出，引致结构变化的因素必然成为影响经济增长的变量，但在新古典经济增长理论中，人们只是关注资本和劳动投入的变化对经济增长的贡献，而未能将经济增长扩展到结构变迁方面。在结构主义经济增长理论中，经济增长不仅是要素投入的函数，而且还是结构转化的函数，尽管有关结构转化引致经济增长的实证研究还不是那么成熟，但现有的研究足以证明结构转化对经济增长的影响。H. 钱纳里等（1989）对发展中国家经济增长过程的研究表明，引入结构变量显著地说明了不同发展中国家的增长率的差异，在统计意义上，所考察的结构变量均对经济增长过程产生了显著影响。这里我们引入鲁滨孙和费德的实证研究来说明结构因素对增长过程的相对贡献（如表1所示）。

表 1　增长因素的两种研究

因素	1958~1966 年（鲁滨孙）			1964~1973 年（费德）		
	1	2	3	1	2	3
投资（I/Y）	2.90 (59)	2.56 (51)	1.56(31)	4.97 (78)	218 (44)	2.20(34)
劳动（G_L）	1.49 (30)	1.00 (20)	0.95(19)	1.62 (25)	0.89 (14)	1.72(27)
再分配	0.77 (16)	0.90(18)	2.00 (31)	0.50 (8)		
出口	0.70(14)			1.85 (29)		1.96(31)

因素	1958～1966年(鲁滨孙)			1964～1973年(费德)		
	1	2	3	1	2	3
残值	0.56 (11)	0.62 (13)	0.84(17)	−0.18 (3)	0.72 (11)	0.01 (0)
总增长率	4.95	4.95	4.95	6.41	6.41	6.139

注：①列1是只包括 K 和 L 的增长模型；②列2、列3是增加了不同结构变量的模型；③括号中的数字表示占总增长的百分比。

资料来源：H. 钱纳里等（1989）。

鲁滨孙和费德通过对既定时期内影响经济增长的因素的考察表明以下内容。

（1）资本和劳动尽管仍然是影响经济增长的重要因素，但其相对贡献明显发生了变化，而劳动供给几乎不具有统计意义。

（2）结构因素即资源再配置对经济增长具有一定影响，这表明资本和劳动的再配置开始显著影响经济增长。

因此，鲁滨孙和费德的实证研究可以被看作结构变化引致经济增长的经验例证。

三　中国经济增长结构分析

（一）中国经济增长与结构变化：基于模型的数量分析

在上述理论分析和经验例证的基础上实证地考察中国经济增长与结构变化的关系，是我们关注的重要问题。从宏观上研究一国某一时期产业结构的变动及其对经济增长的影响需要借助对结构变化值的测度来分析。为了更好地测度和描述产业结构变化对经济增长的影响，我们利用Chenery 等 （1986）对100多个国家产业结构变动的历史分析方法来描述中国产业结构变化中的经济增长过程。首先我们给出经济增长与结构变化的回归模型：

$$X = a + b\ln Y \tag{1}$$

这里 X 表示各产业部门的产值或就业占国民生产总值或总就业的份额，

Y 表示人均国民生产总值，b 是相对于人均国民生产总值的结构变动的测度。

由于 Chenery 等考察的是随着经济增长变动的产业结构模式，而我们要研究的则是随产业结构变动的经济增长过程，因此，转化上述关系式，则有：

$$Y = e^{-d+cx} \qquad\qquad (2)$$

式（2）中 $d = a/b$，$c = 1/b$，其他符号的含义与上式相同。由式（2）可以得到如下关系式：

$$\triangle Y = e^{\triangle X} \qquad\qquad (3)$$

这里 Y 表示人均国民生产总值指数，$\triangle X$ 是结构变化指数，定义 $\triangle X = \sum |\theta i, t - \theta i, t-1|$，$e$ 则表示结构变化对经济增长的影响，从而可以通过 e 的变化及其符号来反映结构变化对经济增长的影响。利用上述关系式和《中国统计年鉴》提供的统计资料，我们可以实证地描述中国经济增长过程中结构变化及其对经济增长的影响。若把整个观察期分为 1978～1985 年（Ⅰ）和 1986～1994 年（Ⅱ）两个阶段，我们就可以发现不同历史阶段结构变化对经济增长的实际影响。计算结果见表 2。

表 2 结构变化对经济增长的影响结果

阶段	人均国民生产总值指数	结构变化指数		结构变化对经济增长的影响	
		产值结构	就业结构	产值结构	就业结构
1978～1985 年（Ⅰ）	176.2	10.3	16.2	0.50	0.32
1986～1994 年（Ⅱ）	189.5	12.4	13.2	0.42	0.40
1978～1994 年	357.0	16.2	32.4	0.36	0.18

资料来源：根据《中国统计年鉴》（1978～1994 年）数据计算得到。

计算结果表明，从整个时期来看，结构变动（包括产值结构和就业结构）对经济增长都具有正的影响。从阶段变动来看，在阶段Ⅰ和Ⅱ，结构变动对经济增长的影响具有阶段性差异。结构变化指数表明，阶段Ⅱ比阶段Ⅰ更具有高结构变动率。这表明整个时期经济增长的差异是与工业化发展和产业结构变动方向一致的，从而统计资料和变量的数量关系凸显了中国经济增长与结构变动的高度关联性。

（二）中国产业结构变动对经济增长的相对贡献

上述数量关系式只表明结构变动对经济增长的影响是正还是负以及影响大小的变化，并未具体描述结构变化对经济增长的贡献。现在我们具体分析结构变化的贡献度。我们建立如下经济增长的部门分解模型，设 G_y 为某一时期经济增长率，G_{yi} 为部门附加值增长率，q_i 为部门产值份额，则有：

$$G_y = \sum_{i=1}^n q_i \cdot G_{yi} \tag{4}$$

若我们考察的是某一时期经济增长的结构贡献，则 q_i 用 $\overline{q_i}$ 代替，有 $\overline{q_i} = \frac{1}{n} \sum_{i=1}^n q_{it}$，因此，式（4）又可以表示为：

$$G_y = \sum_{i=1}^n \overline{q_i} \cdot G_{yi} \tag{5}$$

这一简化了的经济增长的部门分解模型表明了经济增长率及其结构状态。$\overline{q_i} G_{yi}$ 就是第 i 部门对经济增长的绝对贡献，其相对贡献率可以用下式表示：

$$\theta_i = \overline{q_i} G_{yi} / G_y \times 100\% \tag{6}$$

θ_i 的大小反映了各部门在国民经济中的重要程度，显然它是一个动态指标，在不同时期，随着产业结构的变动，θ_i 发生变化。根据式（5）、式（6），利用中国 1978～1995 年的统计资料测算产业结构变动对经济增长的相对贡献。为了反映和对比不同时期结构变化对经济增长贡献度的差异，我们将该时期划分为 1978～1985 年和 1986～1995 年两个时期，以反映我国经济增长与结构变动的阶段性差异（见表 3）。

计算结果表明，1978～1995 年我国经济增长率为 9.9%，三次产业的相对贡献度分别为 13.5%、55.5% 和 31.0%，经济增长率的部门贡献份额表明，该时期推动经济增长的主要是第二产业，同时也表明，第三产业的贡献份额也较大。1978～1985 年和 1986～1995 年经济增长率均为 9.9%，但其增长的结构差异是显著的，其中最突出的变化是第一产业的贡献份额逐步降低，而第二产业的贡献份额逐步提升，这说明经济增长的结构贡献随时间推移发生变化。

表3　中国产业结构变动对经济增长的贡献度

单位：%

时期	经济增长率	产业结构变动贡献度		
		第一产业	第二产业	第三产业
1978～1985 年	9.9	18.9	49.4	31.7
1986～1995 年	9.9	10.4	60.0	29.6
1978～1995 年	9.9	13.5	55.5	31.0

资料来源：根据《中国统计年鉴》（1978～1995 年）数据计算得到。

（三）小结

（1）中国经济增长与结构变化的数量关系表明，结构变化对经济增长具有正向效应，因此，加速结构转换不仅可以推动经济总量增长，而且还可以影响经济的实际有效增长。1978～1995 年中国经济的高结构变动率与该时期的经济高速增长是相互吻合的。从而我们认为，加速经济增长，不能仅仅依靠要素投入的增加，还要在总量增长的基础上，通过加速结构转换，进而推动经济的快速有效增长，因此，从结构转换的角度促进经济增长方式的转变是现代经济增长的关键。

（2）中国经济增长过程中结构贡献的变化表明，不同产业在经济增长中地位的变化的最显著的特征是经济增长由第一产业份额的下降所引致的相对贡献的减弱和第二、三产业份额的上升引起的相对贡献的增加。这表明，经济增长过程与工业化进程具有高度关联性，因此，推动经济结构完善与促进经济快速发展是完全一致的，同时，结构转变的动态分析还表明，结构转变具有引致加速增长的长期趋势。

参考文献

［1］〔美〕H. 钱纳里等：《工业化和经济增长的比较研究》，吴奇等译，上海三联出版社，1989。

［2］Abramovitz, M. , "Catching up, Forging ahead, and Falling behind," *Journal of Economic History*, No. 7, 1956.

[3] Chenery, H. B. , Robinson, S. , Syrquin, M. , Feder, S. , *Industrialization and Growth* (*New York*: *Oxford University Press*, 1986).

[4] Denison, E. F. , *The Sources of Economic Growth in the United States and the Alternatives before Us* (New York: Committee for Economic Development, 1962).

[5] Friedman, M. , *The Optimum Quantity of Money and Other Essays* (Chicago: Aldine Publishing Company, 1969), p. 125.

[6] MacKinnon, J. G. , "Approximate Asymptotic Distribution Functions for Unit – root and Cointegration Tests," *Journal of Business & Economic Statistics*, No. 12, Vol. 2, 1994, pp. 167 – 176.

[7] Solow, R. , "A Contribution to the Theory of Economic Growth," *Quarterly Journal of Economics*, No. 2, 1956, pp. 65 – 94.

经济增长结构分析：中国案例研究[*]

一　理论准备：经济增长结构解释

关于经济增长过程存在两种不同的解释，一种是以库兹涅茨的理论为代表的新古典解释，另一种是以罗斯托的理论为代表的结构主义解释。前者认为，经济增长过程是一个总量增长过程，即在竞争均衡假设下，国民生产总值的增长是资本积累、劳动力增长和技术进步长期作用的结果，经济增长导源于供给因素。后者认为，经济增长是一个结构转变以及由结构转变引致加速增长的过程，经济增长除了受供给因素影响之外，还受包括需求因素在内的结构变量的影响。

结构主义经济增长理论表明，现代经济增长本质上是由一个部门变化而引起增长的过程，如果说新古典经济的总量增长是一种均衡增长的话，那么结构主义经济增长则是一种非均衡增长。由于非均衡增长过程存在增长要素的边际收益差异，因此必然存在资本和劳动在不同部门之间的转移和流动，这种非均衡发展所引致的生产要素从低收益部门向高收益部门的流动必然产生结构效应，因而结构变量被认为是影响现代经济增长的重要因素。结构主义增长理论在考察结构变量对经济增长的意义的基础上，以新古典经济增长理论的公式为起点，引入结构因素以重新解释经济增长过程，著名的结构主义经济增长函数（H. 钱纳里等，1989）是：

$$G_Y = F(I/Y, G_L, X_3, X_A, X_E, X_F, X_D)$$

其中 G_Y 表示经济增长速度，I/Y 表示投资同国民生产总值的比例（资本

---

　　*　本文原发表于《经济科学》1997 年第 4 期。

存量增长的替代变量），G_L 表示劳动力的增长，X_3 表示劳动质量的度量，X_A 表示劳动或资本自农业转移的度量，X_E 表示出口增长的度量，X_F 表示国际收支逆差的度量，X_D 表示发展水平的度量。

这一增长函数关系式所考察的解释变量除劳动和资本以外，还有资本和劳动的再分配等结构变量，因而该函数关系式表明，结构主义经济增长函数把经济增长过程看作一个由要素投入和结构转变共同推动的结果，从而把有关结构转变的分析以及结构转变对经济增长贡献的考察纳入了增长因素的分析框架之中。

本文正是试图在这种理论分析指导下，通过对中国经济增长与结构转变的考察，建立经济增长与结构转变的相关函数关系式，实证分析和描述中国经济增长与结构转变的数量关系。

二 模型设定：一个修正的经济增长模型

在研究经济增长与结构转变的文献中，钱纳里和赛尔昆因曾经通过历史分析的方法对 100 多个国家的经济增长和结构转变进行了分析，建立了如下回归模型：

$$X = a + b\ln Y \tag{1}$$

这里 X 表示各产业部门的产值或就业占国民生产总值或总就业的份额，Y 表示人均国民生产总值，b 是相对于国民生产总值的结构变动的测度。

由于钱纳里和赛尔昆因考察的是产业结构随着经济增长变动的模式，即在不同的人均国民生产总值水平上，不同国家产业结构水平及其差异，而我们所要研究的是随结构转变的经济增长过程，因此，钱纳里和赛尔昆因经济增长与结构转变模型并不是我们反映结构转变影响经济增长的合意模型。

为了描述结构转变与经济增长之间的数量关系，我们设定如下的结构转变与经济增长函数：

$$G_Y = F(SD) \tag{2}$$

式（2）中 SI 表示结构变化指数，它是对一国产业结构时序变化的测度。通过转化钱纳里和赛尔昆因经济增长与结构转变模型，可以将结构转变与经济增长的函数关系式具体化：

$$G_Y = e^{C \cdot SI} - 1 \tag{3}$$

式（3）中 C 为结构变化的经济增长率的斜率，表示结构变化对经济增长的影响，如果 C 为正值，则表明结构变化对经济增长具有正效应，为负值则表明结构变化对经济增长具有负效应。从而式（3）成为测度一国产业结构变化影响经济增长的函数关系式。

由于我们只关注经济增长过程中的结构变量[①]，至于资本和劳动以及全要素生产率的变化都被置于模型的因素分析之外，因此，从模型结构上看，该模型是一个纯粹的结构性模型，它着重反映经济增长过程中的结构因素，而与此相关的供给因素则被假定是固定的。

关于结构变化指数，在模型中是按照如下定义测度的，设结构变化指数为 SI，则有如下关系式：

$$SI_i = \sum |SI_{i \cdot t} - SI_{i \cdot t-1}| \tag{4}$$

式（4）中 SI_i 代表 i 产业部门在整个产业中的百分比，t 代表不同年份。这种计算结构变化的方法被许多学者采用，如美国布鲁金斯学会高级研究员罗勃特·劳伦斯在 *Can America Compete* 一书中曾采用该产业结构变化指数分析美国产业结构变化率，因此，结构变化指数实际上是对结构变化量值的测度的具体化。

三 实证研究：1978 年以来的中国经济增长过程

1. 中国经济增长与结构转变：历史分析

中国自 1978 年以来的工业化过程的显著特征是高结构变化率，与这种高结构变化率相对应的是高经济增长率。1978 ~ 1994 年中国产业结构变化指数平均为 4.6，而该时期中国经济增长率平均为 9.9%。这种高结构变化与高速增长的现实情况表明，中国经济增长过程已从总量推动转向了结构推

---

① 结构变量涉及需求、贸易、生产和就业等，而在此我们仅考察了结构变量中的生产结构，即广义的宏观产业结构，其他结构变量对经济增长的影响也可以通过建立相应的函数关系进行研究。

动,结构因素成为引致和加速增长的重要变量。

为了反映结构变化引致增长的阶段性差异,我们把 1978～1994 年结构转变与经济增长的过程划分为 1978～1985 年(Ⅰ)和 1986～1994 年(Ⅱ)两个阶段,从而通过两个不同时期经济增长过程说明结构变化对经济增长的影响(见表 1)。资料表明,阶段Ⅱ比阶段Ⅰ具有高结构变动率,这表明在同样的要素投入水平上,要素投入结构改变引起的产业转变开始引致和加速经济增长,因而结构转变的快慢成为解释经济增长速度快慢的重要因素。

表 1　中国产业结构变动与经济增长情况

年份	产业结构			时期	结构变化指数	经济增长指数
	第一产业	第二产业	第三产业			
1978	28.1	48.2	23.7	1978～1985 年	10.2	193.7
1985	28.4	43.1	28.5	1986～1994 年	14.8	211.49
1994	21.0	47.3	31.8	1978～1994 年	16.0	445.6

资料来源:《中国统计年鉴》(1979～1995 年)。

从结构变化指数与经济增长速度趋势(见图 1)来看,除个别年份外,大部分时间里经济增长速度与结构变化指数的走势较为吻合,这表明,结构变化指数与经济增长速度之间存在数量上的依存关系,而这种依存关系正是我们在前述模型中的函数关系。

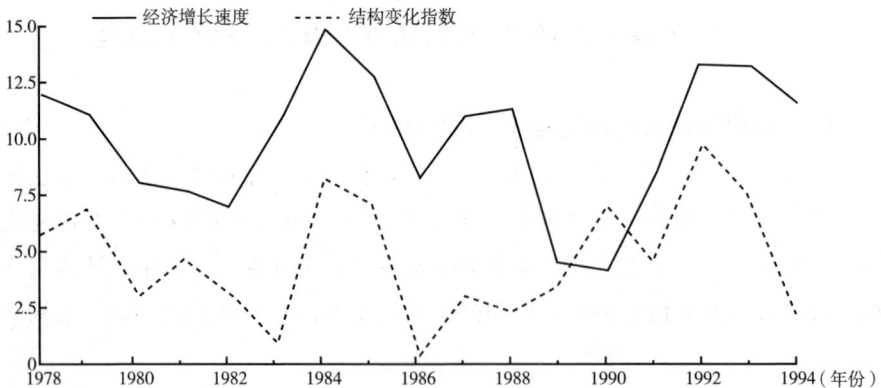

图 1　结构变化指数与经济增长速度趋势

2. 统计分析：中国经济增长的结构转变的数量关系

利用上述结构转变与经济增长的函数关系式，我们可以从统计上分析结构变化对经济增长的影响（见表2）。

表2　结构变化对经济增长的影响

时期	结构变化指数	经济增长率(%)	结构变化影响
1978～1983 年	3.9	7.8	1.29
1984～1990 年	4.0	9.7	2.31
1990～1994 年	5.9	12.1	1.94
1978～1994 年	4.6	9.8	2.03

注：①结构变化指数指按三次产业计算的某一时期的结构指数；②经济增长率指按不变价格计算的以 1978 年为基础的经济增长率。

资料来源：根据《中国统计年鉴》（1979～1995 年）数据整理得到。

统计分析表明，1978～1994 年中国宏观经济结构变化的速度加快，从而该时期经济增长速度也在不断加快。两者的对应关系显示出结构变化与经济增长的一致性。1984～1990 年结构变化指数为 4.0，该时期经济增长率为9.7%，结构变化影响为 2.31，这表明该时期结构变化加速增长，事实表明，该时期也是我国工业化加速发展的时期。产业结构的高度化与高结构变化率使经济具有高增长率。1990～1994 年结构变化指数为 5.9，该时期经济增长率为 12.1%，结构的高转化率与经济的高增长率是一致的，该时期结构变化对经济增长的影响有所减弱，但总体影响仍然很大。从整个时期来看，结构变化对经济增长具有正向效应，结构变化影响为 2.03，经济增长率为 9.8%，这表明经济结构转变具有引致和加速增长的长期趋势。

四　结论

现代经济增长理论的研究已从单纯的要素分析转入结构分析，结构转变对经济增长的影响是经济增长理论研究的新领域。本文通过对经济增长与结构转变之间的相互关系的研究得出如下结论。

（1）结构主义经济增长理论在解释经济增长的原因时通过强调结构效应而充分地细化了经济增长过程，从而把结构变量引入经济增长过程，这引起了经济增长函数的"转型"。根据本文的研究，在设定结构变量为宏观产业结构变化指数时，可以建立新的经济增长函数，从而可以把经济增长函数具体化。

（2）中国经济增长与结构变化的数量关系表明，结构变化对经济增长具有正向效应，因此加速结构转变不仅可以推动经济总量增长，而且还可以影响经济的实际有效增长。1978～1994年中国的高结构变化率与该时期的经济高速增长是吻合的。

（3）中国宏观产业结构转变与经济增长研究的理论意义在于，转变经济增长方式在经济增长理论中表现为经济增长函数的转换，即由新古典的、强调要素投入的经济增长函数转变为结构主义的、强调结构因素的经济增长函数，因此，我们认为促进经济增长的关键是建立依靠结构转变加速增长的有效增长途径，即通过加速结构转换，推动经济快速有效增长。从结构转换的角度促进经济增长方式的转变，是现代经济增长的基础。

参考文献

［1］〔美〕H. 钱纳里等：《发展的型式1950—1970》，李新华等译，经济科学出版社，1988。

［2］〔美〕H. 钱纳里等：《工业化和经济增长的比较研究》，吴奇等译，上海三联书店，1989。

［3］周振华：《现代经济增长的结构效应》，上海三联书店，1991。

制度内生性区际经济非均衡增长假说[*]

中国经济体制转型以来的地区经济增长表现出高速增长中的区际经济非均衡增长，省与省之间、区域之间经济增长差异的拉大成为中国总体经济增长的重要特征。对此进行理论和实证的分析成为区域经济研究的重要内容，但此时的研究所依据的理论仍然是一般的区域经济增长理论和经济发展理论，由于中国经济转型时期地区经济增长的制度环境和制度结构的特殊性，这种一般的理论规范很难解释特定的区际经济非均衡增长现象，因此，在现有理论研究的基础上引入特定的制度转型因素并将制度经济学和区域经济增长理论进行整合从而在此基础上进行区域经济增长的制度分析，就可以解释中国经济体制转型以来的区际经济非均衡增长现象。本文在经济增长制度解释的基础上，通过对中国渐进式制度变迁的描述，将制度因素看作经济增长的内生变量从而构建制度内生的区际经济非均衡增长的理论框架，以解析中国经济转型以来的区际经济增长差异。

一 制度转型与经济增长：制度分析

1. 经济增长的制度解析

（1）制度：经济增长的内生变量

现代经济增长理论对经济增长的研究都是基于制度给定的理论假定而分析经济增长的事实，即把制度因素作为一个外生变量而研究相对稳定的制度框架下的经济增长过程。这是因为作为经济增长背景的市场制度的基本结构

＊ 本文为笔者博士学位论文《中国区际经济非均衡增长研究——制度内生性假说及其检验》第一章内容，1999。

已经成熟而且相对稳定。但是对于制度转型和市场化进程中的中国经济增长而言，制度因素始终是一个无法舍去的重要因素，因此，中国经济转型时期的经济增长分析必须将制度作为内生变量而加以考察。原因如下。

第一，制度环境和制度结构的变迁引致中国经济转型时期经济增长的基础性制度安排（Foundational Institutional Arrangement）的变迁，其最为显著的变化是经济增长的体制环境由传统的计划经济体制向市场经济体制转变。按照一般的制度变迁理论，制度经济学将制度划分为两个范畴，即制度环境与制度结构，制度环境是一系列基本的经济、政治、社会及法律规则的集合，它是制定生产、交换以及分配规则的基础。制度安排是支配经济单位之间可能合作与竞争的规则的集合（Davis，1971）。中国经济转型的过程使经济增长的制度环境由传统的计划经济下的集中决策、集中生产和分配转变为市场经济下的分散决策、分散生产和市场交换，从而制度结构相应地由缺乏合作与排斥竞争转向市场基础上的分工合作与市场竞争。制度转型引致的经济增长的制度环境与制度结构的变迁使中国经济体制转轨以来经济增长的基础性制度安排发生重大变化，市场经济制度的逐步确立为经济增长创造了相应的制度基础，从而使中国经济转型以来的经济增长与制度变迁相互依存，一方面，制度变迁促进了经济增长；另一方面，国民经济的持续高速增长又促进了制度转型。因此，研究中国经济转型以来的经济增长，必须把制度因素作为一个内生变量进行考察。

第二，经济转型时期的制度安排以及制度结构是经济资源，从而制度变迁成为经济增长的重要源泉。现代经济增长理论认为经济增长取决于要素投入，从而资本、劳动和技术等生产要素是经济增长的主要源泉。这样，现代经济增长理论就将制度因素排除在了经济增长的因素分析之外，在制度结构相对稳定时期，这种取舍或许是可行的，但在经济转型时期，一方面制度变迁通过经济增长制度结构的改变影响经济增长的要素形成，从而使资本、劳动和技术等生产要素的规模不断扩大并使其潜能得以更大的发挥；另一方面，制度转型通过改变要素的激励机制而不断提高生产要素的效率，从而制度变迁引致的制度结构的激励机制也就成为经济增长的重要源泉（保罗·J.扎克，1995）。制度将成为经济增长的一种资源并在很大程度上决定其他因素的投入及其效率，因此，经济转型时期的制度因素内生于经济增长过程，制度安排及其利用程度成为经济增长的重要内生变量。

第三，经济体制转型的过程也是一个制度创新的过程，而经济增长又是制度创新的结果。新古典经济增长理论强调经济增长中技术创新的重要性，但在体制转型时期我们还必须看到，引致经济增长的因素除了技术创新以外还有制度创新，在制度创新的推动下，经济增长率必然得到提升。中国经济的转型过程同时也是一个制度创新的过程，因此，制度创新也就成为推动转型时期经济增长的重要内生变量。

（2）制度变迁与经济增长

新制度经济学在很大程度上是对马克思主义生产关系与生产力理论的另一种表述。马克思主义认为，一方面，生产力决定生产关系，有什么样的生产力就有什么样的生产关系与之相适应，即生产、技术的变迁决定了制度变迁；另一方面，生产关系对生产力又有反作用，当生产关系适应生产力发展要求时，生产关系就能推动生产力的发展，反之，就阻碍生产力的发展，即制度是影响经济增长的重要因素之一。新制度经济学对制度变迁与经济增长的研究有独特之处，即运用主流经济学的理论去分析制度的构成和运行，并发现制度变迁和制度安排对经济增长的决定作用。以诺斯（D. North）、科斯（R. Coase）、威廉姆斯（Williamson）以及阿尔钦（A. A. Alchain）等为代表的西方新制度经济学家，通过对制度变迁方式的研究进而对增长与发展的关系进行了有效的制度解释。新制度经济学的研究表明，以国别的增长与发展史作为考察对象的经济增长过程与制度的推力有着重要的关系，这也正是西方世界兴起的原因。对经济增长进行统计研究的美国经济学家库兹涅茨（Kuznets，1971）在对促进经济增长的各种原因进行分析的基础上，也发现了制度在经济增长中的作用。另外，从库兹涅茨对经济增长的定义中我们可以看出，制度及制度的调整是一个国家经济增长的基础。从上述论述中我们可以看出，有效制度安排和制度调整是经济增长的重要基础，这主要是基于制度对经济增长所形成的"推力"。另外，从制度变迁的角度看，制度变迁的过程也是一个制度创新的过程，正如我们所论述的，在没有技术创新的情况下，制度创新作为经济增长的内生变量也影响着经济增长过程。道格拉斯·C. 诺斯（D. C. North，1968）对1600~1850年海洋运输生产率变化的研究表明，尽管海洋运输技术没有大的变化，但由于海洋运输变得更完善和市场经济变得更完善，因此，船运制度和生产制度变得更完善，从而降低了海洋运输成本，最终使海洋运输生产率提高。诺斯指出，在没有发生技术变化的情况下，通过制度创新亦能提高生产率和实现经济增长。林毅夫（1992）关于中国农业的研究也很好地演示了从生产队到家庭联产承包责任制的制度变迁对产出和生产率增长做出的贡献。因此，我们可以看出，制度与经济增长之间具有内在的一致性。制度通过提供有效的激励和约束而成为影响经济增长的重要因素，制度变迁与经济增长之间有着重要的内在逻辑关系。

2. 中国的制度转型与经济增长绩效

（1）制度转型的方式

制度转型的方式实际上是一个制度演进的逻辑问题，按照"二分法"理论，制度转型的方式可以分为激进的制度变迁方式和渐进的制度变迁方式。从演进渐进学的角度来看，渐进式的制度变迁相当于演进式的制度变迁（Evolutionary Change），而激进式的制度变迁相当于革命性的制度变迁（Revolutionary Change）。中国实际上是沿着渐进式的制度变迁轨迹演进的，这种制度变迁方式的特点如下。①沿着从局部到整体的改革路径进行制度转型，由农村经济组织制度的变迁开始，到城市经济体制的改革以及以后的全面改革便是这种改革顺序的表现。局部性改革导致一个明显的二元市场结构出现，即存在一个居主导地位的大规模的传统（国有）部门和一个迅速成长的新兴（非国有）部门，从而它打破了原有的制度结构和经济结构的均衡状态，并通过局部改革开放的叠加实现了整个体制的变迁和发展模式的转换。②中国的主导变迁大多不是在全国范围内同时展开的，而一般是从较小范围内的试验开始，并在取得成果的基础上加以局部推广，由点及面，进而在全国范围内推广实施（林毅夫、蔡昉、李周，1994）。这种主导变迁的方式将市场化限定在一定范围之内，通过试点改革积累经验，然后在更大范围内进行改革以逐步实现整体市场化。③在改革的空间上实施区域渐进的制度变迁方式，从沿海地区逐步推向内陆地区，从而改革在地区层次上呈现区域渐进和梯度推进的特征。这种制度变迁的方式使中国的总体制度变迁具有不同于"大爆炸"（Big Bang）的激进式的制度变迁的特征。

（2）中国制度转型时期的经济增长绩效

制度变迁方式的差异决定了经济增长绩效的差异，渐进式的制度变迁使我国获得了自1978年以来最有活力和最良好的经济增长记录，这被称为经济增长的"中国之谜"（Nolan，1993）。

中国制度转型的经济绩效首先表现在持续高速的经济增长上，我国进行制度转型以来的良好经济增长记录和早在20世纪60年代就实施改革的苏联/俄罗斯和其他东欧国家具有明显差异，表1给出的经济增长率的国别差异反映了不同的改革绩效。资料表明，整个20世纪80年代和90年代初期，中国不仅有正的经济增长率，而且平均经济增长率接近10%；而苏联/俄罗斯及其他东欧国家则出现负增长格局。一般的改革理论认为，中国在制度转型时期能够保持经济高速增长，与中国独特的制度转型方式不无联系，在渐进式的制度变迁下，增量部门的改革使中国在经济转型时期获得了"计划外的增长"（Growing out of the Plan）（张军，2016），非国有部门的进入形成的市场竞争压力使"计划外的增长"同时带动了"计划内的增长"。另外，中国转型时期的经济增长绩效同时也表现为经济效率的极大提高。据测算，改革前（1953~1978年）中国的全要素生产率（TFP）表现为负增长（其中1953~1957仅为0.77%，对渐进增长的贡献为8.7%），而1979~1989年中国的全要素生产率的增长率及贡献率提高到2.48%和28.5%（杨坚白，1991）；1990~1995年的全要素生产率的增长率及其贡献率进一步提高到7.1%和32.2%（孙敬水，1996）。用全要素生产率表示的经济效率在国有部门，1980~1984年为1.8%，到1988~1992年则提高到2.5%；而非国有部门则一直保持在7%左右（Jefferson，Rawski，1994）。经济效率的提高是总体经济增长率提升的重要原因，而这一切都与中国的制度转型及其渐进式的制度变迁方式密切相关，因此，渐进式的制度变迁与经济增长的一致性关系表明，制度转型不仅可以消除低效，而且还可以在制度变迁中使经济增长达到一个较高的水平。

表1　中国和苏联/俄罗斯、其他东欧国家的经济改革绩效

国别	1986~1989年	1990年	1991年	1992年
中国	8.7	4.1	7.7	12.8
苏联/俄罗斯	2.4	-2.0	-9.0	-19.0
保加利亚	5.2	-11.6	-22.7	-7.9
捷克斯洛伐克	1.6	-3.0	-15.5	-5.0
匈牙利	1.4	-4.0	-10.5	-4.6
波兰	2.7	-11.7	-7.7	-1.5
罗马尼亚	-0.9	-7.1	-13.4	-10.2

资料来源：Sachs，Woo（1994）；转引自张军（2006）。

二 中国制度转型的区际差异与区际经济非均衡增长

在中国进行制度转型以来，社会经济领域发生了三大变化，一是传统计划经济向市场经济转变；二是封闭经济向开放经济转变；三是所有制结构由单元向多元转变。这三大变化对中国的总体经济增长产生了重大影响。就制度转型的总体进程而言，在地区层次上，上述三大变化具有不均衡性，表现出极大的地区差异。这是制度转型在地区层次上渐进演进的一种反映。

1. 渐进式制度转型进程的区际差异

中国制度转型的总体特征表现为渐进式的制度变迁，而这在区域空间上表现为制度变迁的区域渐进和梯度推进。

（1）制度变迁区域渐进的背景条件

中国地区间社会经济发展的非均衡性是制度转型区域渐进和梯度推进的重要原因，从自然地理条件来看，我国地区间的自然条件差别甚大，东部沿海地区的自然条件相对优越，地理区位得天独厚，但资源相对匮乏；中西部地区属于内陆地区，资源条件优越，但自然条件和区位条件较差。由于自然地理条件极大地决定了一个地区的经济发展基础，因此，制度转型的过程在区域选择上必然倾向于自然地理条件相对优越的地区。从社会经济制度差异的角度来看，由于历史文化传统的因素，在历史上，东部沿海地区就是中国民族工业的发祥地，具有传统的商业发展基础，传统的商品经济和市场基础较为优越。在传统的计划经济时代，东部地区也是计划经济体制中经济绩效表现较佳的地区，无论是上海的国有工业体系还是江浙的农业集体经济体系，都处于全国的领先地位。而中西部地区则以小农经济和自然经济为主，商品经济和市场基础薄弱，因此，制度转型的障碍在内陆地区甚于沿海地区。从区域开放条件来看，东部沿海地区具有优越的区位条件、开放的意识和文化背景，从而制度转型中的对外开放必然首先从沿海地区开始。正是上述社会经济发展的非均衡和制度转型条件的区域差异决定了中国制度转型过程的区域渐进和梯度推进。

（2）制度变迁进程的区际差异

中国制度变迁的方式、路径、规模与速度在东部沿海地区和中西部地区存在巨大差异，相比较而言，东部地区制度变迁的程度远远高于中西部地区，从而形成中国制度变迁的区际差异。

中国渐进性的制度变迁所决定的制度转型的区域渐进和梯度推进方式决定了制度转型进程的区际差异。从计划经济向市场经济的转型过程来看，在20世纪80年代末期，有些沿海地区（例如广东）已经具有一种准市场经济，而大多数内陆地区仍然表现出计划占主导地位的经济形态（张维迎，1997），从而中国地区间的市场化程度随制度转型的进程表现出巨大的区际差异。东部沿海地区市场化的总体水平显著高于中西部地区，商品市场、要素市场的从无到有大大地提高了市场的总体发育程度。从封闭经济向开放经济的转变过程来看，中国对外开放是一个典型的由局部均衡带动的制度扩散的渐进过程，在改革的起步阶段，中国选择东部沿海地区为对外开放的战略重点，除了在开放的需求方面东部沿海地区的比较利益较大以外，在开放的供给方面，东部沿海地区具有较大的比较优势，从而区域开放率先从东部沿海地区开始，逐步波及内陆地区。东部地区发挥率先开放的先导作用，特别是经济特区（SEZs）和沿海开放城市使东部沿海地区具有较高的开放度。而中西部地区由于开放进程相对滞后，不仅使经济开放的总体水平较低，而且使开放层次相对较低。制度转型进程的区际差异使所有制结构的转变在地区层次上存在较大的差异，这样，中国总体制度变迁的渐进性与制度变迁的区域渐进和梯度推进方式引致了中国制度转型进程中市场化程度、开放进程和所有制结构的区际差异。

2. 制度安排与制度创新的区际差异

（1）制度安排的区际差异

中国制度转型的渐进进程和区域梯度推进方式在操作的技术上表现为制度安排的地区选择性和区际差异性。在自上而下的供给主导型制度变迁方式中（杨瑞龙，1993），中国制度变迁的总体特征表现为纵向推进、区域渐进和试点推广。制度供给主体只在制度供给的潜在收益大于供给成本的地区实施制度变迁并形成相应的制度安排，东部沿海地区由于较为优越的区位优势，往往比内陆地区容易获得政府制度变迁的制度安排。内陆地区往往不具备这些条件从而较少获得政府制度变迁的制度安排，这样就形成制度变迁在区域层次上的政府制度供给和制度安排的歧视。中国进行制度转型以来，制度变迁中政府制度安排的区际差异表现如下。①市场化转型的制度安排差异。中国制度转型中一些重要市场制度的确立在地区选择上向沿海倾斜，例如股票市场和上市公司大都集中在沿海地区，截至 1995 年 4 月底，全国已有的上市公司中，东部地区约占 70%。②所有制结构调整的制度安排差异。东部沿海地区在政府制度允许的所有制结构调整中始终走在中西部地区的前面，例如，在国家首次确立的现代企业制度试点的 100 家企业中，东部沿海地区就占了 60 家，而西部地区仅有 17 家；再如，国有企业的股份制改造中，63% 的改制企业集中在东部地区，而西部地区仅占 5.5%。③开放制度安排的区际差异。中国改革开放的地区选择从东部沿海地区开始，从而沿海地区集中了所有的经济特区、大部分的开放城市和开发区，并且享受特殊的政策和制度优惠。例如，放宽沿海地区利用外资项目的审批权限；提高和增加沿海地区的外汇使用额度和外汇贷款；增加沿海地区的财政留成比例；在税收、国家直接投资等方面进行制度安排和提供优惠政策。④财税制度安排的区际差异。中国制度转型时期的"分灶吃饭"的税收制度安排和分权化的财税体制改革总体上有利于东部沿海地区（王绍光，1997）。从上述制度安排的区际差异可以看出，东部沿海地区在所有的制度转型和政府制度安排方面先于中西部内陆地区。

（2）制度创新的区际差异

中国制度安排的区际差异只是制度转型中制度变迁区际差异的一部分，另外其还涉及制度创新的区际差异。一个地区制度创新的程度取决于其主观和客观条件，从主观条件上讲，制度变迁中正式和非正式的制度安排具有路径依赖（Path Dependence）的性质，一个地区特定的历史文化、传统习俗、价值观念等正式的和非正式的制度安排与制度变迁起点的差异，决定了制度变迁具有较强的路径依赖特征，即形成"制度的历史决定性"。东部沿海地区追求本地区经济快速增长和响应获利机会进行制度创新的动机往往强于中西部内陆地区，从而中西部内陆地区的制度创新受制度安排惯性的限制和制度创新动机的影响，表现出制度创新动力不足。从客观条件上讲，国家权力中心为制度创新设置严格的进入壁垒，即利益主体只有得到权力中心的授权才能进行制度创新（杨瑞龙，1994），这极大地影响了一个地区的制度创新程度。从这两个层次来看，东部沿海地区和中西部内陆地区的制度创新程度是不同的。由于东部沿海地区是制度变迁的先导地区，制度变迁基本上进入良性循环的轨道，而由于中西部地区受制度变迁的主客观条件的限制以及存在制度变迁的进入壁垒，制度变迁被锁定（Lock in）在某种劣化状态，从而东部沿海地区制度创新的程度远远高于中西部内陆地区，形成制度创新的区际差异。东部地区在市场化和市场体系建设、所有制结构变革、价格体制变革、企业制度创新、价值观念更新、企业家精神培养等一系列制度创新上都取得了巨大成功。中西部地区在上述各方面的制度创新缓慢，且水平较低。这种制度创新的区际差异最终也影响到了各地区的经济增长，从而形成经济增长的区际差异。

3. 制度转型中的区际经济非均衡增长

中国制度转型的过程同时也是区际经济非均衡增长的过程，在市场化的制度变迁中，中国总体经济增长绩效得到了很大提高，经济增长率和以全要素生产率表示的经济效率在制度转型的各个阶段都有不同幅度的提升，经验分析和国际比较分析表明，中国制度转型以来的高速经济增长记录和经济增长绩效与制度变迁有密切的联系，制度变迁促进了中国的总体经济增长。但我们也注意到，制度转型以来的高速经济增长又伴随着区际经济增长差异的扩大，地区经济增长率的差异是显著的。表2给出了制度转型以来的地区经济增长率。1979～1986年，东部地区的经济增长率比中部地区高出0.71个百分点，比西部地区高出0.63个百分点。但到1987～1996年，东部地区的经济增长率比中部地区高出2.55个百分点，比西部地区高出3.02个百分点，经济增长率的区际差异在两个时期呈不断扩大趋势。为什么地区经济增长差距如此之大，现有的经济增长理论是否能够解释经济增长的区际差异呢？我们的答案是主流经济学的经济增长理论并不能满意地解释经济增长的区际差异，因此，寻求解释中国制度转型时期的区际经济增长差异必须考察中国特定的（China-Specific）和地区特定的（Regional-Specific）因素，从制度变迁的角度引入制度因素，建立新的分析框架以研究中国转型时期的区际经济非均衡增长问题。

表2 经济增长率的区际差异（1979～1996年）

单位：%

时间	合计	东部	中部	西部
1979 年	8.17	7.13	9.07	9.78
1980 年	8.69	10.52	7.02	6.12
1981 年	5.99	6.29	6.78	3.54
1982 年	9.74	9.72	9.32	10.66
1983 年	10.24	9.30	12.07	9.85

续表

时间	合计	东部	中部	西部
1984 年	14.62	15.30	13.97	13.67
1985 年	14.38	15.52	11.25	16.76
1986 年	7.03	7.70	6.24	6.31
1987 年	11.09	11.70	9.69	11.17
1988 年	10.63	12.07	8.20	10.28
1989 年	4.19	3.92	4.54	4.51
1990 年	4.81	5.06	4.16	5.12
1991 年	8.51	10.57	4.67	8.43
1992 年	15.53	18.29	12.65	10.96
1993 年	16.77	19.43	13.97	12.20
1994 年	14.81	16.38	13.81	10.39
1995 年	13.11	14.12	12.71	9.64
1996 年	11.91	11.91	13.04	9.75
1979~1986 年	9.82	10.14	9.43	9.51
1987~1996 年	11.06	12.24	9.69	9.22
1979~1996 年	10.51	11.30	9.57	9.35

注：合计未包括海南和西藏。

资料来源：陈家海（1998）。

三 制度内生性区际经济非均衡增长：一个假说

1. 假说的提出

1978 年中国进行制度转型以来，总体经济增长水平不断提升，但同时，我国地区经济增长也日益分化。在过去 10 多年里，对这种区际经济非均衡增长的研究文献不断涌现，各种假说、各种解释和观点大大丰富了中国区域经济增长和发展理论，不断提高了人们对区际经济非均衡增长的认识水平，因此，这种研究在很大程度上增强了经济理论对区域经济增长现象的解释能力。但是，现有的理论并不能完整地解释中国制度转型以来的区际经济非均衡增长现象，这是因为现有的理论很少考察制度转型时期区域经济增长的特定制度背景，即制度转型时期的区域经济增长的制度环境和制度结构，从而对区域经济增长的分析遵循新古典增长理论，即从区域经济增长的要素禀赋、区位差异、技术变化等角度分析区际经济增长的差异，而忽略了制度转型时期地区经济增长中的制度内生性及制度资源在地区分布上的非均衡性对地区经济增长的影响，因此，完整地解释制度转型时期的区际经济非均衡增长必须考察制度的内生性及其对地区经济增长的影响。

前述分析表明，中国制度转型时期地区经济增长的制度环境和制度结构是非均质的，在渐进式制度变迁方式下，不仅存在制度转型进程的区际差异，而且还存在制度安排和制度创新的区际差异。这样，根据上述分析，我们就可以提出如下命题。

命题1：制度安排及其利用程度是经济增长的内生变量，经济增长的差异可以用制度安排及其利用程度的差异来解释。

命题2：制度转型进程的区域渐进引致制度结构的区际差异，从地区结构上看，内陆地区的传统计划体制衰减速度比较缓慢，从而新的市场经济体制的形成滞后；而沿海地区则相反。

命题3：制度创新的地区分布不均衡，沿海地区往往是制度创新的先导地区。在制度创新和经济增长潜力相吻合的地区，有较高的经济增长速度。

命题4：制度转型进程决定经济增长模式的区际差异，沿海地区基本上具有以市场导向为主的经济增长模式；而内陆地区则具有以计划导向为主的经济增长模式。

上述命题表明，在制度转型时期，制度内生于经济增长过程，是经济增长的重要内生变量。现在，我们设存在区域1和区域2，区域经济增长的制度环境和制度结构由制度转型的渐进特征内生地决定了区域1是市场机制居主导地位的地区，而区域2仍然是计划体制居主导地位的地区，从而区域1的经济增长模式属于市场型经济增长模式，而区域2仍属于传统型经济增长模式，且两类地区增长模式的转型是渐进的和不同步的，区域1的转型速度快于区域2。从而，经济增长环境的差异和制度转型速度的不同必然产生经济增长过程的区际非均衡性，其表现是，区域 2 因制度安排的滞后和制度创新的不足出现经济增长收缩或增长不足；区域 1 因国家制度安排优势和制度创新的加速引致资源配置效率提高。因此，根据上述命题和推理就可以提出中国制度转型时期制度内生性区际经济非均衡增长假说。

2. 假说的生产函数解释

制度内生性区际经济非均衡增长假说由于引入了制度变量，因此，用现有的新古典生产函数不能构造地区经济增长函数，故需要对新古典生产函数进行扩展以解释制度转型中的区际经济非均衡增长。

假定以下内容。

（1）中国经济增长的制度环境为二元混合体制，沿海地区随制度转型的进程逐步向市场经济体制过渡，而内陆地区仍然具有计划占主导地位的传统经济体制。

（2）每个地区的要素投入是非均质的，且有劳动投入 L、资本投入 K 和制度资源 S。

（3）制度安排的数量和制度效率存在地区差异。

（4）存在两类制度结构不同的地区——地区 1 和地区 2，设地区 1 为沿海地区，地区 2 为内陆地区。

（5）存在市场竞争的非完全性。

在上述假定下，我们建立反映区际经济非均衡增长的扩展生产函数：

$$Y = F(L, K, S) \tag{1}$$

具体化两类地区的扩展生产函数，则可分别表示为：

$$Y_{Reg1} = A_1(t) L_1^{\alpha 1} K_1^{\beta 1} S_1^{\gamma 1} \tag{2}$$

$$Y_{Reg2} = A_2(t) L_2^{\alpha 2} K_2^{\beta 2} S_2^{\gamma 2} \tag{3}$$

上式中 Y_i（$i = 1, 2$）是两地区以不变价格计算的产出，K_i 是两地区的资本存量，L_i 是两地区的劳动供给，S_i 是两地区的制度供给。

资本、劳动和制度的供给约束分别为：

$$L = L_1 + L_2$$

$$K = K_1 + K_2$$

$$S = S_1 + S_2$$

$$\alpha_1 P_1 Y_1 / L_1 = B_L(t) \alpha_2 P_2 Y_2 / L_2 \tag{4}$$

$$\beta_1 P_1 Y_1 / K_1 = B_K(t) \beta_2 P_2 Y_2 / K_2 \tag{5}$$

$$\gamma_1 P_1 Y_1 / S_1 = B_S(t) \gamma_2 P_2 Y_2 / S_2 \tag{6}$$

从而式（4）、式（5）、式（6）中的 B_L、B_K 和 B_S 分别为两地区间的边际劳动生产率之比、资本边际生产率之比和制度边际生产率之比，即：

$$MPL_i = \partial(P_i Y_i) / \partial L_i = \alpha_i P_i Y_i / L_i \tag{7}$$

$$MPK_i = \partial(P_i Y_i) / \partial K_i = \beta_i P_i Y_i / K_i \tag{8}$$

$$MPS_i = \partial(P_i Y_i) / \partial S_i = \gamma_i P_i Y_i / S_i \tag{9}$$

在完全市场竞争和不存在制度约束的均衡条件下，有：

$$B_K = MPK_1 / MPK_2$$
$$B_L = MPL_1 / MPL_2$$
$$B_S = MPS_1 / MPS_2$$
$$MPL_1 = MPL_2, MPK_1 = MPK_2, MPS_1 = MPS_2$$

从而使 $B_L = 1$，$B_K = 1$，$B_S = 1$。

现在根据假定，在制度转型中存在制度的非均衡性，且存在 R_1 地区的制度供给总量和制度效率大于 R_2 地区，故而有：$B_L > 1$，$B_K > 1$ 和 $B_S > 1$，即 $MPL_1 > MPL_2$，$MPK_1 > MPK_2$ 和 $MPS_1 > MPS_2$。

这样，由上述扩展生产函数就可以证明，在制度转型的进程中，由于存在制度的非均质性和制度安排与制度创新的区际差异，从而地区传统要素和制度资源的边际生产率出现差异，由这种边际生产率差异进一步导致地区经济增长率差异。因此，制度转型时期的区际经济增长差异是制度内生作用的结果，即制度内生的区际经济非均衡增长。

参考文献

［1］〔美〕保罗·J. 扎克：《产权与增长》，边际译，《经济研究》1995 年第 3 期。

［2］陈家海：《中国经济增长中的地区结构：1978—1996》，《上海经济研究》1998

年第 8 期。

［3］林毅夫：《制度、技术与中国农业发展》，格致出版社、上海三联书店、上海人民出版社，1992。

［4］林毅夫、蔡昉、李周：《中国的奇迹：发展战略与经济改革》，上海三联书店、上海人民出版社，1994。

［5］孙敬水：《TFP 增长率的测定与分解》，《数量经济技术经济研究》1996 年第 9 期。

［6］王绍光：《分权的底线》，中国计划出版社，1997。

［7］杨坚白：《速度・结构・效率》，《经济研究》1991 年第 9 期。

［8］杨瑞龙：《论我国制度变迁方式与制度选择目标的冲突及其协调》，《经济研究》1994 年第 5 期。

［9］杨瑞龙：《论制度供给》，《经济研究》1993 年第 8 期。

［10］张军：《“双轨制”经济学：中国的经济改革（1978－1992）》，上海三联书店、上海人民出版社，2016。

［11］张维迎：《对〈不确定条件下一揽子改革的设计〉一文的评论》，载王洛林、龙永图、李京文主编《现代企业理论与中国经济改革》，社会科学文献出版社，1997。

［12］Davis L．，D. C. North，"Institutional Change and American Economic Growth：A First Step toward a Theory of Institutional Innovation," *Journal of Economic History*，No. 30，1971。

［13］D. C. North，"Source of Productivity Change in Ocean Shipping," *Journal of Political Economy*，No. 10，1968。

［14］Jefferson G．，Rawski, T．，"Enterprise Reform in Chinese Industry," *Journal of Perspectives*，No. 2．，Vol. 8，1994.

［15］Nolan, P．，"China's Post Maoist Political Economy：A Puzzle," *Contributions to Political Economy*，No. 12，1993.

［16］Sachs, J．，Woo, W．，"Structural Factors in the Economic Reform of China, Eastern Europe and the Former Soviet Union," *Economic Policy*，4，1994.

［17］Simon Kuznets，*Eonomic Growth of Nations-Total Output and Production Structure*（Cambridge，Massachusetts：The Belknap Press of Harvard University Press，1971）．

区际经济非均衡增长假说的实证检验[*]

转型时期的区域经济增长带有明显的制度增进性质，即制度转型既是经济增长的源泉，同时也是区际经济增长差异扩大的因素，将制度转型作为一个过程来考察，我们就会发现在区域之间存在明显的制度演进和制度转型的速度与进程的差异，正是由于这种差异，地区间发展和增长更加不平衡，本文在提出假说的基础上实证检验中国区际经济非均衡增长过程，根据制度内生性非均衡增长假说，将外生的制度因素内生化为相关的制度变量，以检验这些制度因素对地区经济增长的不同影响。

一 区际经济增长差异与制度变量

（一）假说检验的基础：制度变量的选择

在对新古典区域经济增长分析中，一个基本的理论假定是制度给定，即制度因素是一个外生变量，这是因为作为经济运行背景的制度框架——市场经济制度的基本结构已经成熟，比较稳定。但对于处于制度变迁和市场化进程中的中国经济而言，制度因素则是一个无法舍去的重要因素，必须作为一个内生变量加以考察。为了能够具体地描述和检验制度转型的方式、进程和速度对区际经济增长差异的决定作用，我们选择非国有化水平（NSOW）、开放度（ORL）和市场化程度（MRL）作为制度变量来实证检验制度因素对中国转型时期的区际经济增长差异的影响。

---

* 本文为笔者博士学位论文《中国区际经济非均衡增长研究——制度内生性假说及其检验》第二章内容，1999。

1. 市场化程度

市场化程度反映经济增长制度环境的变化，中国经济体制改革的渐进性就决定了中国经济市场化进程也具有渐进的性质。在区域经济发展中，中国总体市场化进程的渐进性必然表现为区域经济市场化程度的非均衡性，再加上区域经济发展的非同质性和政策区域化的差异，就决定了区域经济发展中市场化程度的差异。因此，将制度因素对区域经济增长的影响表现为市场化程度的区际差异对区域经济增长的决定过程，就可以在统计和计量技术上描述制度转型对地区经济增长的作用。

2. 非国有化水平

非国有化水平的地区差异是地区所有制结构变化的重要内容，也是反映一个地区改革深入程度的重要指标。中国经济体制改革过程基本上是一个非国有经济逐步发展壮大的渐进过程，一般地，某地区非国有经济份额越高，表明其受传统的计划体制控制和约束的程度越小，经济的市场化程度也就越高（周民良，1997）。因此，非国有化水平可以在一个很大的范围内解释区际经济增长的差异。把制度转型对地区经济增长的影响表现为非国有化水平的影响，就可以测度和量化制度因素对区际经济非均衡增长的作用。

3. 开放度

中国经济转型同时包含对外开放，对外开放的过程实际上是经济增长环境变迁的过程，开放度可以描述一个地区的经济增长过程对外部环境的依赖程度。经济体制改革之初，一个地区的开放度即外向化程度完全是由制度因素决定的，如经济特区（SEZs）和沿海开放城市。随着经济体制改革的深化，开放度受制度转型因素的影响在减弱，但最初的开放度所决定的经济增长制度环境和影响不可能很快消除，因而开放度也成为一个制度变量，从而影响和决定经济增长的区际差异。现有的理论研究表明，开放度不同，区域经济增长速度不同。基本态势是开放度越高和外向化进程越快的地区，其经济增长率也就越高。引入开放度变量就可以测度经济转型的进程中外向化的制度变迁对区际经济增长的影响。

（二）制度变量的计量及其数据资料

制度变量的可计量性是实证检验的基础，为了具体地描述和检验制度转型对区域经济增长的影响及制度转型与区域经济非均衡增长的数量关系，我们给出制度变量的计量方式和计算结果。在此依据如下定义具体测度市场化程度、非国有化水平和开放度。

1. 市场化程度

其用各地区反映市场化变化的指标合成，但在实际测度中，考虑到各地区资料的易获得性，仅用投资的市场化指数表示，即用全社会固定资产投资中"利用外资、自筹投资和其他投资"三项投资占总投资的比重来表示。由于这部分投资不同于国家预算内投资和国内贷款投资，其投资行为基本由市场来决定，同时，这部分投资也反映了地区经济发展对市场化资本形成和中央计划资本形成的依赖程度的地区差异，因此，它可以大致反映地区市场化作用的强度。

2. 非国有化水平

其用各地区非国有经济的份额表示，即用各地区非国有经济增加值占国民生产总值的比重表示。但由于统计数据的限制，我们只能用总产值数据来反映地区非国有化程度。

3. 开放度

其即经济运行的外向化水平，衡量一个国家或地区开放度的通行指标是对外贸易比率，即出口总额占国内生产总值的比率或进出口总额占国内生产总值的比率，它反映一个国家或地区参与国际贸易和国际分工的程度，因此，本文用各地区出口值与其国内生产总值的比率表示开放度。

根据上述定义，我们可以测度 1994 年影响地区经济增长的制度变量（见表1），进而可以描述制度转型的区际差异。其余年份所运用的数据资料将根据已公开的各种统计资料获得。

表1　影响地区经济增长的制度变量（1994 年）

地区	非国有化水平	开放度	市场化程度
全国平均	65.93	19.60	68.83
辽　宁	57.25	13.47	73.41
河　北	67.19	7.89	73.09
北　京	55.63	19.41	71.33
天　津	64.74	20.59	72.33
山　东	75.51	11.06	72.08
江　苏	80.05	8.81	73.04

地区	非国有化水平	开放度	市场化程度
上 海	57.63	22.51	77.35
浙 江	83.94	15.99	89.50
福 建	68.03	39.92	71.90
广 东	78.31	83.03	80.75
广 西	57.11	12.57	60.91
东部平均	66.28	28.83	73.74
黑龙江	30.72	15.41	60.25
吉 林	37.65	12.92	66.42
内蒙古	34.63	7.68	62.96
山 西	56.33	10.30	66.01
河 南	65.23	4.69	64.24
安 徽	81.24	6.37	60.43
湖 北	55.62	6.06	54.74
湖 南	55.55	8.02	67.47
江 西	62.85	6.4	58.83
中部平均	53.31	8.54	62.37
陕 西	42.06	8.88	56.37
甘 肃	30.01	4.61	60.26
宁 夏	29.28	6.11	50.71
四 川	62.88	5.31	61.49
云 南	28.57	9.08	68.47
贵 州	30.23	6.03	55.55
青 海	15.96	8.04	40.26
新 疆	24.75	8.34	46.01
西部平均	31.69	9.45	57.05

资料来源：根据《中国统计年鉴 1995》数据计算整理得到。

二 市场化区际差异与区际经济非均衡增长：假说检验（I）

（一）渐进式制度变迁下的市场化区际差异

1. 市场化的含义

所谓市场化，是指我国从传统的计划经济向市场经济过渡的过程，其主要内容包括：①资源配置由主要靠计划转变为基本上靠市场；②建立和形成统一、开放、竞争和有序的市场体系；③形成产权明晰、自主经营和自负盈亏的市场主体（马建堂、吕秀丽，1994）。概言之，市场化是指资源配置方式由政府行政分配向市场调节的转化。如果从经济活动的层次上定义市场化，那么，从微观层次来看，市场化意味着任何一种产品或要素交易的集合从政府管制（价格、产量、利润和进出自由等）转变为市场协调。从宏观层次上看，市场化意味着全社会有更多的资源配置活动，从由政府支配转变为由市场调节（盛洪，1992）。上述市场化的定义，只说明了市场化含义的一个方面，着重强调市场化的结果，即资源配置过程的市场行为。研究制度转型过程中地区差异，从市场化的角度看还有一个市场化进程的差异，这是由制度转型的进程和区域渐进的推进方式所决定的，因此，市场化的基本含义既包括资源配置由政府管制转变为市场协调的过程，同时还包括资源配置方式的市场行为是一个由计划向市场的逐步转变过程。这两个过程的差异又形成市场化程度的差异，因此市场化程度的基本含义主要体现在市场配置资源的功能在整个社会范围内发挥作用的程度上（周振华，1998）。

中国经济转轨过程实际上是一个经济运行机制由计划向市场转变的市场化过程，市场化作为经济制度改革的主要内容，成为中国经济制度转型的主要判断依据。市场化程度的提升成为加速经济增长的重要制度因素，也是中国经济转型时期经济高速增长的制度源泉。由于中国的市场化过程是一个渐进的制度转型过程，在地区层次上其最为明显的特征是制度转型的区域渐进和梯度推进，因此，在地区层面上，市场化是不同步和非均衡的，存在市场化水平和市场化进程的区际差异。

2. 市场化程度的区际差异

在经济转型过程中，中国的总体市场化程度得到了很大提高，但在地区层次上存在市场化的区际差异。对地区市场化程度的识别可从市场化广度、市场化深度和市场化基础三个方面进行（周振华，1998），从市场化发展动态看，这三个方面的变化速度是不同步的，在经济转型的不同阶段，某一方面的变化可能比较显著，而其他方面的变化相对较小。通常，在市场化的初始阶段，市场关系和市场交易的范围拓展居主导地位。当市场化广度扩张到一定程度以后，市场化深度拓展加速，整个市场向内涵型方向转变，从而市场化的总体进程加快，市场化程度不断提高（周振华，1998）。对中国经济转型过程中的地区市场化程度差异的判断也可以从上述三个方面进行。

从地区层次来看，中国地区市场化程度的差异不仅表现为市场化广度的差异，而且表现为市场化深度的差异，东部地区由于相对优越的区位条件和市场化基础，再加上是改革开放的先导地区，从而在市场化广度上达到相当规模，但市场化深度还不够。由于改革开放进程的相对滞后和市场化基础的相对不足，中西部地区的市场化广度和深度均低于东部地区，从而市场化的总体水平存在依东、中、西三大地区递减的动态演进特征，这样就形成中国市场化区际差异。表2反映了中国经济转型时期各地区的市场化进程得分及位次。资料表明，沿海地区的经济市场化得分明显高于内陆地区，市场化进程得分大于零的地区均为东部沿海地区（陈述云、吴小钢，1995）。从省份来看，广东、福建两省的市场化进程得分大大高于其他省份，其经济市场化进程和达到的深度是其他省份不能比的。排在后面的是内蒙古、新疆、青海、贵州和云南等，这些地区由于经济体制改革滞后，经济市场化基础薄弱，再加上国有经济成分比重大，因此，市场化进程相对滞后。

从东、中、西三大地区来看，经济市场化进程依次呈梯度递减，东部地区由于处于改革开放的试验区，总体经济市场化进程较快，而中西部地区的市场化进程则相对滞后。可见，中国经济转型过程中的地区市场化进程存在明显的差异。

表2　中国各地区市场化进程得分及位次

单位：分

位次	地区	得分	位次	地区	得分
1	广　东	2.58	16	江　西	－ 0.29
2	福　建	2.42	17	河　南	－ 0.30
3	浙　江	1.40	18	湖　南	－ 0.34
4	江　苏	1.35	19	四　川	－ 0.43
5	天　津	1.11	20	广　西	－ 0.56
6	上　海	1.17	21	陕　西	－ 0.65
7	辽　宁	0.89	22	黑龙江	－ 0.81

位次	地区	得分	位次	地区	得分
8	北　京	0.72	23	甘　肃	−0.96
9	海　南	0.58	24	宁　夏	−1.00
10	山　东	0.56	25	内蒙古	−1.04
11	河　北	−0.02	26	新　疆	−1.30
12	山　西	−0.21	27	青　海	−1.32
13	安　徽	−0.26	28	贵　州	−1.34
14	吉　林	−0.27	29	云　南	−1.37
15	湖　北	−0.29			

资料来源：陈述云、吴小钢（1995）。

（二）市场化区际差异对区域经济增长的影响

中国经济转型过程中的总体市场化进程的地区差异对中国区际经济非均衡增长的影响是显著的，现有的研究表明，随着市场化改革的深入，新的经济运行机制即市场机制对经济增长发挥日益重要的作用。据估计，中国1979～1992 年经济增长中约有 14% 来自市场化改革的贡献（卢中原、胡鞍钢，1993）。田晓文（1997）的研究也表明，我国在 1978 年以后的经济增长有 25% 归因于物质资本投入的增加，33% 归因于人文资本投入的增加，42% 可归因于市场化引致的生产效率的提高。一般来说，市场化程度作为制度变量对区际经济非均衡增长的影响是由以下两方面决定的。

第一，市场化可以提高资源的配置效率，从而市场化程度的区际差异所决定的市场效率水平就同时决定了区际经济增长差异。如图 1 所示，横坐标表示随着经济运行市场化程度的提高而形成的市场效率水平，纵坐标表示资源投入总量，直线 L 表示经济增长轨道，其斜率由资源投入量与市场效率水平的比率决定。G_1、G_2、G_3 表示经济增长的等量曲线，它由资源投入水平和市场效率水平交互作用决定的经济增长率的所有可能组合形成，且有 $G_1 < G_2 < G_3$。在资源投入一定的情形下，随着市场化程度的提高，市场效率水平提升，从而资源配置效率的提高使经济增长的等量曲线不断外移。显然，有较高市场化程度的地区，就有较高的资源配置效率和较好的经济增长表现。在地区层次上，依地区市场化程度的差异，在市场效率水平不断提升的过程

中，沿海地区的市场效率水平提升的速度快于内陆地区，从而沿海地区经济增长的等量曲线向外扩展的速度就快于内陆地区，这使沿海地区的资源配置效率高于内陆地区。因此，地区市场化程度的差异决定的资源配置效率的差异就引致了地区经济增长的差异。

第二，市场化程度的提高可以加速要素流动，在市场经济条件下，要素的区际流动受追求高收益率的动机支配，其往往由边际收益率低的地区流向边际收益率高的地区。沿海地区由于市场化程度的提升，从而边际收益率的提高使其的要素吸纳能力增强，在要素流动性不断加强的条件下，资源由内陆地区不断流向沿海地区。这样，沿海地区由于吸纳要素能力的提高，经济增长率不断提升，出现沿海与内陆地区的经济增长率差异。

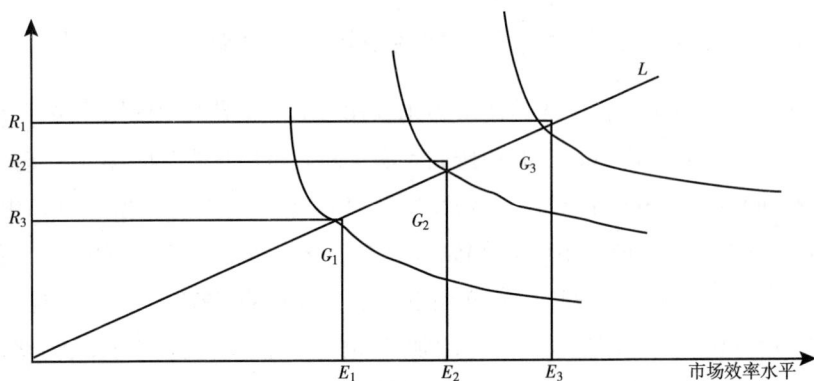

图 1　不同区域的资源配置效率差异

（三）跨地区经济增长市场化影响的实证检验

实证检验市场化程度的差异对区际经济增长的影响可从地区经济增长率与其市场化水平的数量关系上进行。截面资料表明，1994 年全国平均的经济增长速度为 11.6%，而东、中、西三大地区分别为 15.8%、13.4% 和 10.4%，而以投资的市场化程度表示的三大地区市场化水平则分别为 73.74、62.37 和 57.07。显然，三大区域的经济增长率和市场化水平依次呈梯度递减，如果进行跨地区的图示说明（如图 2 所示），则地区经济增长率和市场化水平呈现相互依存的数量对比关系。在市场化水平低的区域，经济增长率相对较低，而在市场化水平高的区域，经济增长率相对较高。

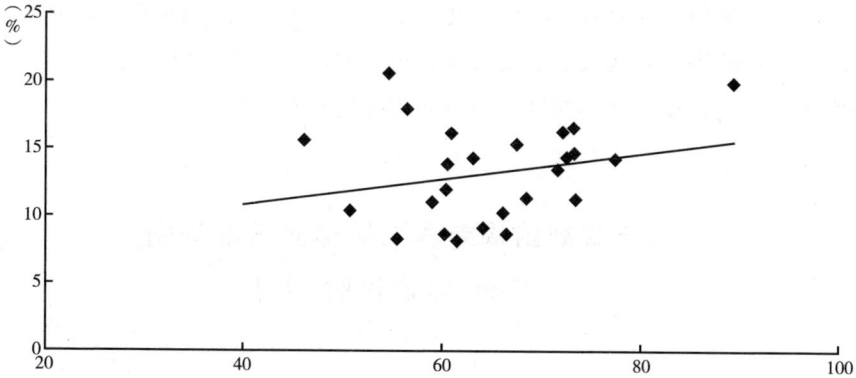

图 2　地区经济增长率与市场化水平的关系

现在把市场化水平作为影响地区经济增长率的内生因素，以各地区的经济增长率为因变量，运用 Eviews 软件进行运算，则有如下计量结果。

全国的计量结果为：

$$G_y = 2.3375 + 0.1699MRL$$
$$\quad (0.5662)(2.7279)$$
$$R^2 = 0.2100 \quad D.W = 1.6065 \quad F = 7.4414$$

引入地区虚拟变量的计量结果为：

$$G_y = 0.1894MRL + 1.8349E + 0.7067M - 0.6824W$$
$$\quad (9.6865) \quad (1.0809)(1.9735)(-0.4446)$$
$$R^2 = 0.4525 \quad D.W = 1.3346 \quad F = 6.8875$$

依东、中、西三大地区的计量结果如下：

$$东部：G_y = 19497 + 0.1878MRL$$
$$\quad (0.1946)(1.3879)$$
$$R^2 = 0.1615 \quad D.W = 1.2887 \quad F = 1.9263$$

$$中部：G_y = 40.5555 - 0.4348MRL$$
$$\quad (1.9389)(-1.2993)$$
$$R^2 = 0.1947 \quad D.W = 1.9855 \quad F = 1.6087$$

$$西部：G_y = 4.3319 + 0.0980MRL$$
$$\quad (1.4175)(1.7812)$$
$$R^2 = 0.3459 \quad D.W = 1.7798 \quad F = 3.1728$$

计量回归结果表明，跨地区经济增长与市场化水平之间存在很强的线性依存关系,回归方程式表明,市场化程度对区域经济增长的影响是显著的。市场化程度的提升对区域经济增长具有正向效应。这就在数量关系上进一步证实了市场化程度的差异对区际经济非均衡增长有着显著的影响。

三 所有制结构差异与区际经济非均衡 增长:假说检验(Ⅱ)

(一)所有制结构转变:转型时期的动态考察

中国经济转型在所有制领域最为显著的变化就是所有制结构的转变,在经济转型之初的传统计划经济下,所有制结构表现为单一的国家所有制形式,这种单一的所有制结构形式的初始安排无论是在发达地区还是在欠发达地区,在沿海地区还是在内陆地区都大同小异,不存在所有制结构在制度安排上的重大差异。但是,改革开放以来,随着计划经济体制向市场经济体制的过渡,所有制结构在地区层次上发生了不同幅度的变化,并且表现出不同的态势和特征,从而使区域之间的所有制结构出现较大差异。

表3给出了三大地区所有制结构,从表3可以看出,所有制结构的区际特征是,在以东部地区为代表的发达地区的所有制结构中,国有经济的比重在不断下降,非国有经济的比重不断上升,其边际变化速度远远超过了以中西部地区为代表的欠发达地区。1984年,东、中、西三大地区所有制结构中非国有经济比重分别为28.50%、19.38%和11.96%。1995年,东、中、西三大地区所有制结构中非国有经济比重分别为72.66%、56.49%和45.29%,东部和中部非国有经济比重超过了国有经济。三大地区的非国有化水平之间的差距随着体制转型的进程开始缩小,但差距仍然很大。1991~1995年三大地区非国有化水平表现为:东部为50.80%,中部为37.90%,西部为26.50%。可见,进入20世纪90年代,不同地区的所有制结构的差异仍然很明显。由于所有制结构的转变受制度转型区际差异的影响不可能在短期内消除,因此,所有制结构的差异将长期存在,但这不是稳态的。

表3　三大地区所有制结构

单位：%

时间	地区	国有工业	非国有工业
1984 年	东部	71.50	28.50
	中部	80.60	19.38
	西部	88.04	11.96
1990 年	东部	64.89	35.11
	中部	77.76	22.24
	西部	84.02	15.98
1993 年	东部	52.83	47.17
	中部	72.42	27.58
	西部	82.01	17.99
1995 年	东部	27.34	72.66
	中部	43.51	56.49
	西部	54.71	45.29
1991～1995 年	东部	49.20	50.80
	中部	62.10	37.90
	西部	73.50	26.50

注：全部数据基于独立核算工业企业当年价格工业生产总值得出。

资料来源：《中国统计年鉴》（1986～1996 年）。

（二）所有制结构与经济增长来源

1. 所有制结构对经济增长来源的总体解释

从经济增长的角度看，要素投入是经济增长的基本来源，一个地区在某一时期的经济增长速度主要由其要素投入的数量及其要素生产率来解释。但在经济转型时期，要素投入及其要素生产率对经济增长的影响还受制度环境的制约。所有制结构是影响经济增长的重要制度因素，从而，以所有制结构为主要表征的产权制度必然成为解释转型时期经济增长的重要变量。如果以工业增长速度代表经济增长，则从表4中可以看出，中国工业增长与所有制结构之间存在一定的数量依存关系。

表4表明，在1978～1995 年的经济增长（工业增长速度）来源中，国有工业的来源在不断减少，而非国有工业引致的增长在不断提升。1978 年，中国工业增长的82.0%可以由国有工业增长来解释，而非国有工业仅可解

释经济增长来源的 16.0%。但是到 1995 年，这种经济增长的来源结构发生
了逆转，工业增长的 76.3% 可以由非国有工业增长来解释，而国有工业仅
可解释经济增长的 23.7%。

从资源配置效率与经济增长的关系看，所有制结构转型对经济增长的影
响是由所有制结构转变形成的资源配置效率的提升引致的，根据郭克莎
（1994）的研究，中国制度转型以来的资源配置效率随着所有制结构的转变
而不断提升。如果我们把这种所有制结构引致的资源配置效率提升与工业增
长的关系扩展到总体经济中，则其结论仍然是一致的。可见，研究转型时期
的经济增长、寻求经济增长的所有制结构解释是基本的着眼点。

表 4　中国工业增长的所有制来源

单位：%

年份	国有工业	非国有工业
1978	82.0	16.0
1979	86.7	13.3
1980	56.5	43.5
1981	52.7	47.3
1982	70.2	29.8
1983	63.7	36.3
1984	45.2	54.8
1985	43.7	56.3
1986	45.3	54.7
1987	49.0	51.0
1988	47.5	52.5
1989	52.5	47.5
1990	37.8	62.2
1991	43.7	56.3
1992	32.5	67.5
1993	35.5	64.5
1994	16.0	84.0
1995	23.7	76.3

注：1992 年以前的数据见张军（1996），1993～1995 年数据根据《中国统计年鉴 1997》计算得
到。计算公式见张军（1996），$S = (X_n - X_{n-1})/(Y_n - Y_{n-1}) \times 100\%$，$S$ 指某一所有制部门在某一年
的产出增长占该年工业总产出增长的份额；X 指某一所有制工业的产出；Y 指工业总产值。

2. 所有制结构与经济增长来源的转移—份额分析

上述所有制结构对经济增长来源的总体解释就研究的角度而言，仍然是从整体出发的，并未说明整体与部分的差异，同时也并未说明增长来源是如何分解的。现在我们利用转移—份额分析方法分解经济增长的来源并研究经济增长的区际差异。

设定如下转移—份额计算公式：

$$G_r = (G_r - G_{rn}) + (G_{rn} - G_n) + G_n \tag{1}$$

$$G_{rn} = \sum_{i=1}^{2} \beta_r^i G_{rn}^i \tag{2}$$

其中，G_r 指 r 地区工业增长率，G_{rn} 指按全国平均增长率计算的 r 地区经济增长率，G_n 指全国平均的工业增长率，$i = 1,2$ 分别为国有部门和非国有部门，β_r^i 指 r 地区的 i 部门比重，G_{rn}^i 指 i 部门按全国增长率计算的 r 地区的经济增长率。

在式（1）中，$(G_r - G_{rn})$ 表示由于其他因素的地区经济增长，$(G_{rn} - G_n)$ 表示由于所有制结构转变引致的经济增长，G_n 表示全国经济增长速度对地区经济增长速度的贡献。根据式（1），利用《中国统计年鉴》提供的资料经过计算得到相应结果（见表5）。

表5表明，所有制结构在区际经济增长的贡献中存在明显的差异，而这种差异又表现出相应的对应关系。具体来看，以 $(G_r - G_{rn})$ 表示的其他因素引致的经济增长在地区分布上没有什么规律可循，因此，通过对经济增长的所有制结构进行转移—份额分析，我们就可以得出如下结论：所有制结构转变与地区经济增长之间存在完全的对应关系，即所有制结构转变较快从而非国有经济比重较高的地区具有较快的经济增长速度。

表5　中国工业增长的转移—份额分析（1991～1995年）

单位：%

地区	$G_r - G_{rn}$	$G_{rn} - G_n$	G_n
北　京	-3.9	-1.5	16.7
天　津	-0.1	0.6	16.7
河　北	-2.5	0.6	16.7
辽　宁	-6.1	-0.7	16.7

地区	$G_r - G_{rn}$	$G_{rn} - G_n$	G_n
上 海	− 1. 8	0. 1	16. 7
江 苏	3. 9	2. 2	16. 7
浙 江	− 1. 7	6. 5	16. 7
福 建	3. 8	1. 7	16. 7
山 东	− 0. 9	2. 5	16. 7
广 东	1. 7	5. 5	16. 7
广 西	0. 7	− 0. 1	16. 7
海 南	0. 6	0. 7	16. 7
山 西	− 7. 1	− 1. 2	16. 7
内蒙古	− 3. 3	− 4. 4	16. 7
吉 林	− 4. 6	− 2. 4	16. 7
黑龙江	− 6. 0	− 4. 7	16. 7
安 徽	1. 2	2. 1	16. 7
江 西	− 2. 9	− 2. 2	16. 7
河 南	1. 2	− 0. 4	16. 7
湖 北	− 0. 3	− 0. 2	16. 7
湖 南	− 5. 5	− 0. 1	16. 7
四 川	− 1. 3	− 0. 4	16. 7
贵 州	− 2. 1	− 4. 8	16. 7
云 南	− 0. 2	− 4. 8	16. 7
西 藏	3. 0	− 5. 3	16. 7
陕 西	− 1. 8	− 4. 5	16. 7
甘 肃	− 5. 2	− 3. 5	16. 7
青 海	− 3. 8	− 4. 5	16. 7
宁 夏	− 0. 3	− 4. 8	16. 7
新 疆	1. 5	− 5. 1	16. 7

资料来源：根据《中国统计年鉴》（1992～1997 年）数据计算得到。

（三）工业所有制结构转变的效应与国有部门和非国有部门的效率差异

1. 所有制结构转变的效应

所有制结构转变效应包括两个层次：一是所有制结构转变中非国有部门比重的提高对总体经济增长的效应；二是非国有部门效率增进效应或自动效应（肖耿，1997）。

关于非国有部门比重提高对总体经济增长的效应在有关经济增长来源的

转移—份额分析中已经涉及，在此不再重复。我们的重点是说明非国有部门比重的提高导致的所有制结构转变如何对国有部门产生效率增进效应。

市场经济中经济效率的提高主要来自市场竞争效应，中国传统的计划经济体制之所以缺乏效率，一个主要原因是排斥市场，从而也排斥竞争，同时，高度单一的所有制结构也难以形成竞争。改革开放以来，非国有部门发展的直接后果是市场主体的多元化和竞争的形成，从而国有部门的发展就遭遇非国有部门的竞争，中国经济变得更加具有竞争力了。关于所有制结构转变引致的竞争效应，国内外学者都做出了分析。诺顿（Naughton，1992）的研究证明，中国的国有部门一直享受政府保护的垄断权，而这种垄断权在改革后被严重削弱，其直接原因是非国有部门的"进入"在产品市场上形成竞争，导致国有部门盈利下降，而更进一步的结果是国有部门预算约束的改善，因此，在国有部门效益下滑的同时，其效率的不断提高应完全归功于非国有部门的效率增进效应。刘小玄、郑京海（1998）对国有企业效率的决定因素的研究表明，非国有企业在市场竞争中对国有企业产生的竞争压力是促进国有企业提高效率的重要原因；肖耿（1997）通过对国有部门和非国有部门进行回归分析发现，国有工业产出的增长与非国有工业的比例正相关。国内外的研究表明，所有制结构的转变通过对国有部门形成竞争压力而提升了国有部门的效率，从而这也解释了为什么改革开放以来，中国国有部门的效益不断下滑，但其效率不断提升。

所有制结构转变的效应在地区层次上对区际经济增长的影响仍然是通过非国有化比重的变化来反映的，由于各个地区非国有化进程存在巨大差异，发达地区由于非国有化水平的迅速提升，特别是非国有经济中乡镇企业（TVEs）的发展，不仅产生了扩张效应，而且通过对国有部门形成竞争压力产生了强大的自动效应，而欠发达地区由于非国有化水平提升速度缓慢不仅使其扩张效应比较小，而且对国有部门的自动效应也比较小，从而非国有部门的总和效应必然在地区间存在差异，这正是引致转型时期区际经济非均衡增长的深层原因。肖耿的研究表明，非国有工业比重较大的省份，往往与较高的国有部门的全要素生产率（TFP）联系在一起。肖耿（1997）通过对国有部门TFP关于常量和非国有部门比例的回归结果证实，包括26个省份在内的样本数据在1982~1990年存在计量上的线性关系，它表明，在跨地区的国有部门和非国有部门与区域总体经济增长中，存在所有制结构转变对经济增长的正向效应。如果以资产份额反映工业所有权结构，计算非国有部门资产份额增长与 GDP 增长的相关系数（$r=0.981$），则二者高度相关（卓勇良，1995），即非国有部门资产份额上升与全国 GDP 增长具有正相关关系。如果计算1993 年我国各省份的非国有部门资产份额与 GDP 的相关关系，则 r 为 0.665，经过调整（扣除新疆）后为 0.712。这进一步表明，具有较多非国有部门的省份，往往具有较高的经济增长率。上述研究从不同侧面证实了所有制结构转变无论对总体经济增长而言还是对区际经济增长来说，都具有正向效应。

2. 国有部门与非国有部门的效率差异

所有制结构差异引致区际经济增长差异的背后是不同部门的效率差异，所有制结构在地区分布上的差异只是表面现象，而真实的原因是国有部门和非国有部门的效率差异。中国经济转型的过程也是部门产出效率差异的形成过程，由于在转型过程中形成的非国有部门特别是乡镇企业是在传统的计划经济体制外生成的，其是受市场规律支配的纯经济部门，其能够存在的原因是其具有硬的预算约束，相对于国有部门而言，预算约束度的差异决定了受市场体制调节的程度。这样，国有部门和非国有部门的效率因预算约束度的不同而不同。如果运用 TFP 表示部门产出效率，在时间序列中我们就可以清楚地看到，国有部门 TFP 增长率不断下降而非国有部门 TFP 不断提升（见表6）。这样，所有制结构转变对区域经济增长的影响就表现为：当某区域生产率上升较快的所有制部门比重上升而生产率上升较慢的所有制部门比重下降时，必然在总体上促进某一地区经济增长，从而产生区际的经济增长差异。因此，国有部门和非国有部门效率差异是所有制结构转变中解释区际经济增长差异的基本因素。

表6　工业部门所有权结构与 TFP

单位：%

时间	TFP 年增长率	对工业产出贡献	国有工业 TFP 年增长率	对工业产出贡献	集体工业 TFP 年增长率	对工业产出贡献	其他工业 TFP 年增长率	对工业产出贡献
1981~1992 年	33.5	35.2	1.42	22.3	6.61	10.56	27.7	27.7
1981~1985 年	—	—	1.16	39.7	5.23	4.24	18.2	18.2
1986~1988 年	—	—	0.35	6.1	5.89	16.98	36.1	36.1
1989~1992 年	—	—	0.07	1.4	8.75	14.77	28.6	28.6

资料来源：郭克莎（1994）。

（四）区际经济非均衡增长与工业所有权结构的计量分析

1. 所有制结构与区际经济非均衡增长

关于所有制结构转变的效应以及所有制结构对经济增长来源的解释和转移一份额分析表明，所有制结构与区际经济非均衡增长之间存在理论和经验的内在逻辑关系。在理论上我们已经说明了区际经济增长的来源可以用制度因素来解释，即所有制结构及内生的国有部门和非国有部门的效率差异是转型时期经济增长的制度源泉。那么，区域经济非均衡增长就必然是制度转型速度差异的结果，如图3所示，跨地区的经济增长与所有制结构之间存在密切的线性关系，这种线性关系与经验的经济增长完全吻合。按照新古典经济增长理论，这种区际经济增长的非均衡性应该随经济增长过程而趋于收敛，但中国区际经济增长的非均衡性否定了这种理论的解释能力，因此，中国制度转型时期的区际经济非均衡增长很难在新古典经济增长理论框架下进行解释，因而必须寻求传统的要素供给之外的因素来解释转型时期的区域经济增长过程，即所有制结构。

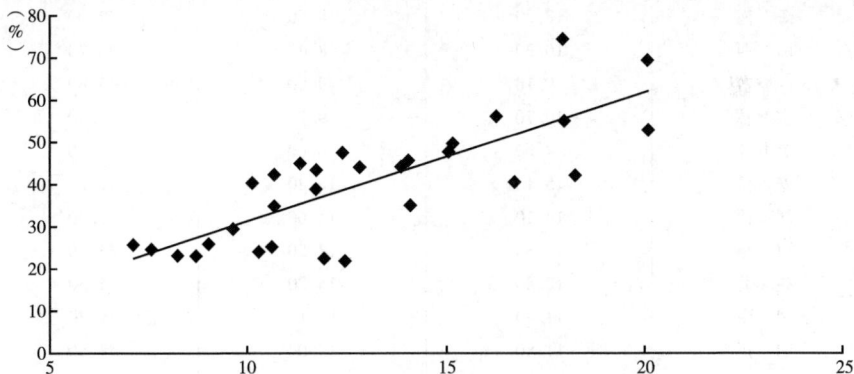

图3　跨地区经济增长率与非国有化水平的关系

2. 区际经济非均衡增长与所有制结构的计量分析

在上述分析的基础上，我们利用《中国统计年鉴》提供的资料进一步描述所有制结构与区际经济非均衡增长之间的数量依存关系。表7中，经济增长率依东中西地区边际递减，这与所有制结构的区域分布形成鲜明对照。现在以经济增长率为因变量，非国有化水平为自变量，以东部地区、中部地区和西部地区为虚拟变量，运用OLS进行线性回归（见表8），1991~1995

经济发展、区际非均衡增长与债务风险

年跨地区经济增长与非国有化水平之间存在很强的线性依存关系,回归分析的统计检验和计量检验均比较显著,因此,区际经济非均衡增长在很大程度上可以用所有制结构进行解释。

表 7　1991~1995 年跨地区经济增长率与所有制结构

单位:%

地区	经济增长率	工业增长率	非国有化水平
北　京	11.80	11.30	37.90
天　津	12.40	17.20	47.60
河　北	15.00	14.80	47.60
辽　宁	10.70	9.90	41.80
上　海	14.10	14.80	45.00
江　苏	17.90	22.80	54.50
浙　江	17.90	21.50	73.90
福　建	20.00	22.20	52.70
山　东	16.30	18.30	56.10
广　东	20.00	23.90	69.40
广　西	16.70	16.40	40.50
海　南	18.20	18.60	42.00
山　西	10.20	18.40	40.20
内蒙古	9.10	9.00	25.80
吉　林	10.70	9.70	34.40
黑龙江	7.60	6.00	24.30
安　徽	15.10	18.80	49.20
江　西	14.10	11.60	35.30
河　南	13.80	17.50	43.30
湖　北	12.80	16.20	44.30
湖　南	11.40	11.10	44.70
四　川	11.80	15.00	43.20
贵　州	8.70	9.80	23.30
云　南	10.60	11.90	24.80
西　藏	12.50	15.40	21.70
陕　西	9.70	10.40	29.40
甘　肃	10.30	8.00	23.80
青　海	7.10	8.40	25.50
宁　夏	8.30	11.60	23.70
新　疆	11.90	13.10	22.80

注:经济增长率、工业增长率用 1990 年不变价格计算,非国有化水平用以 1990 年不变价格计算的国有工业和非国有工业产值估算。

资料来源:《中国统计年鉴》(1992~1996 年)。

124

所有制结构与经济增长的计量分析表明，经济增长与所有制结构转变之间存在明显的线性依存关系，如果把地区虚拟变量考虑进去，则这种可解释的程度还会进一步提高，因此，所有制结构与区域经济增长的数量关系从定量的角度更加证实了其与区际经济增长差异之间的依存关系。

表 8　经济增长率与非国有化水平的回归结果

因变量 （经济增长率）	(1)		(2)	
	1991~1995 年	1995 年	1991~1995 年	1995 年
常量	4.5484 *	8.0980	—	—
	(3.6185)	(0.07.2)		
非国有部门比例	0.2105 **	4.8523 *	0.1651 **	0.0751
	(7.0114)	(2.3419)	(3.7476)	(1.5504)
东部	—	—	7.5304 **	7.5169 *
			(3.2430)	(2.2177)
中部	—	—	5.3895 **	8.3502 **
			(2.9631)	(3.0971)
西部	—	—	5.7219 **	7.7523 **
			(4.1763)	(4.0001)
R^2	0.6371	0.1638	0.6831	0.1755
$D \cdot W$	1.9047	1.8280	1.7401	1.8470
F	49.1589	5.4848	18.6788	1.8447

注：①括号里的数字为 t 检验值；②*、** 表示分别通过 5% 和 1% 的显著性检验。

四　开放度差异与区际经济非均衡增长：假说检验（Ⅲ）

（一）中国地区开放进程与开放度的区际差异

中国制度转型的另一个重要内容是对外开放，我国自 1978 年以来的对外开放一直采用分阶段实施和分地区推进的渐进模式（杨全发，1998）。我国的对外开放是一个由点及面的渐进过程。这种对外开放进程和开放制度安排的地区差异决定了中国转型时期的开放度具有区际差异。从总体上看，中国的对外开放度自改革开放以来有了很大的提高，1984 年到 1995 年，我国的对外贸易比例从 17% 提高到 40%，对外金融比例从 1.6% 提高到 25.6%，对外投资比例从 0.45% 提高到 5.4%，从而我国开放度的总体水平从 7.4% 提高到 25.3%（李翀，1998）。在地区层面，由于开放进程的地区差异，地区开放度存在很大的区际差异，沿海地区的开放度远远高于内陆地区。1995 年，东部沿海地区的开放度为 23.8%，而中部和西部地区的开放度则分别为 8.88% 和 9.45%。

现有的理论研究表明，开放度不同，地区经济增长速度不同，其基本态势是外向化进程越快的地区，其经济增长率也就越高。一般来说，开放度的差异由于以下原因而影响地区经济增长。一是对外贸易规模的扩大对地区经济增长的影响，其中主要是出口贸易的经济增长效应；二是参与国际分工对地区经济增长中的技术进步和管理水平的影响，沿海地区由于便利的开放条件和较高的外向化水平，技术进步的速度大大快于内陆地区；三是对企业效率的影响，出口企业的效率由于受国际市场竞争的影响而比内销企业高（栗树和，1995），同时，开放度的提升和国际市场的竞争对国有企业的效率也具有显著的积极作用（刘小玄、郑京海，1998）。正是由于开放度所决定的地区对外贸易规模的扩大和参与国际分工程度的提高以及企业效率的提升，这些地区经济增长。

埃米利（Emery，1967）的实证研究表明，一国出口贸易规模的扩大与该国的经济增长有着显著的相关性。巴拉萨（Balassa，1978）通过其构造的出口扩展生产函数（Export-augmented Aggregate Production Function）以及费德（Feder，1982）对该生产函数的修正突出地表明出口促进经济增长。国内学者对出口的经济增长效应也做了大量的研究，杨全发（1998）利用 Balassa 和 Feder 模型对中国 1985～1994 年各地区出口与经济增长的关系做了实证分析，得到如下估计式：

$$G_y = 0.081 + 0.910G_l + 0.401G_i + 0.073G_x$$
$$(4.305) \quad (2.490) \quad (7.339) \quad (2.203)$$
$$R^2 = 0.709 \quad D.W = 2.759 \quad F = 20.334$$

该回归结果显示，出口增长（G_x）与 GDP 增长（G_y）之间呈正相关关系，t 统计值通过了 5% 的显著性检验，表明各地区出口扩张起到了推动经济增长的作用。表 9 表明，沿海地区的出口与经济增长呈显著正相关，而内陆地区的出口则基本不对地区经济增长产生影响。

表 9　沿海和内陆地区经济增长的出口效应

地区	C	G_l	G_i	G_x	R^2	$D.W$	F
沿海	0.60 (2.711)	1.844 (5.875)	0.427 (5.613)	0.066 (2.609)	0.946 —	2.378	41.091
内陆	0.167 (4.122)	-0.165 (-0.258)	0.240 (1.968)	-0.051 (-0.717)	0.515 —	2.937	4.946

资料来源：杨全发（1998）。

陈建勋（1992）的研究进一步证实了出口对不同区域经济增长的显著作用，其将中国划分为东、中、西三大地区，运用格兰杰（Granger）因果检验法将各地区生产总值对出口总值进行回归，以观察地区出口对地区经济增长的影响，其采用的样本期为 1979～1989 年。结果表明，东部地区的出口对经济增长有正的影响，而中部及西部地区的出口不影响该地区的经济增长。假设一个地区的经济部门分为出口部门和非出口部门，则其经济增长由出口部门增长和非出口部门增长构成。现在利用广东和甘肃的资料进行对比分析，以观察出口对两个不同类型地区的经济增长的影响（见表 10）。

表 10 表明，1978～1990 年，广东的 GDP 平均增长率为 12.4%，比全国平均数高 3.6 个百分点，出口部门的发展对地区经济增长具有重要的影响。同期，甘肃的 GDP 平均增长率为 8.2%，比全国的平均增长率稍低 0.6 个百分点，甘肃和广东的 GDP 增长率相差 4.2 个百分点，出口部门的发展对区际经济非均衡增长具有重要影响。

表 10　广东、甘肃和全国国内生产总值分解（1978～1990 年）

单位：%

地区	广东			甘肃			全国		
	GDP	EPP	NEP	GDP	EPP	NEP	GDP	EXP	NEP
总增长	12.4	20.6	5.0	8.2	26.0	7.8	8.8	17.1	3.3
权重	—	0.22	0.87	—	0.009	91.99	—	0.05	0.96
GDP 增长中部门所占相对量	—	37.4	62.5	—	2.9	97.1	—	19.9	80.0
GDP 增长中部门所占绝对量	—	4.6	7.8	—	0.234	7.966	—	1.7	7.0

资料来源：甘肃省的数据根据《甘肃统计年鉴 1991》数据得出；广东和全国的资料来自迈克尔·贝尔等（1994）《中国在市场经济的门槛上》（中文版），国际货币基金组织《不定期刊物》选编，第 107 期。

计算公式为：

$$GDP_t = NEP_t + EXP_t$$

其中，EXP 表示出口部门的国内产值，NEP 是非出口部门的国内产值。在经验分析中，前者由国内生产总值减去后者得出。现考虑经济中的两个生产时期——t 和 $t+1$，则国内生产总值的增长率可表示为：

$$GDP_t + 1/GDP_t - 1 = (NEP_t + 1 + EXP_t + 1)/GDP_t - 1 =$$
$$\alpha(NEP_t + 1/NEP_t - 1) + \beta(EXP_t + 1/EXP_t - 1)$$

其中，$\alpha = NEP_t/GDP_t$，表示时期 t 中非出口产品在全部国内生产总值中所占的份额，$\beta = EXP_t/GDP_t$，表示时期 t 中出口品在全部国内生产总值中所占的份额。公式中的第一项表示非出口部门增长对国内生产总值增长所起的作用，这可以假定为没有出口部门的经济增长率。第二项表示出口部门对国内生产总值增长所起的作用，从而依此公式就可以计算一个地区的出口部门和非出口部门对经济增长的影响。

（二） 开放度与地区经济非均衡增长的计量检验

开放度与地区经济增长的实证分析表明，开放度与区际经济非均衡增长之间存在理论和经验的内在逻辑关系，在理论上我们已经说明了地区经济增长的来源可以用开放度所表示的制度变量解释，现在我们用计量检验的方法进一步说明开放度与区际经济非均衡增长的关系。我们引用《中国统计年鉴》提供的资料进行检验，如图 4 所示，跨地区的经济增长率与开放度之间

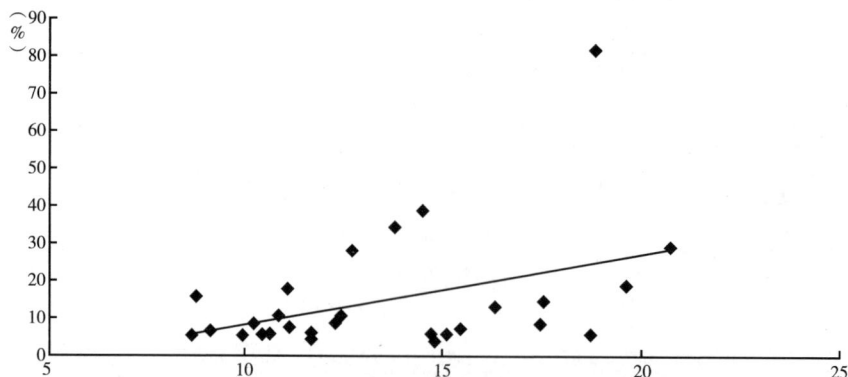

图 4　跨地区开放度与经济增长率的关系

存在密切的线性关系。

现在我们在此基础上运用计量技术进一步论证开放度与区际经济非均衡增长的数量依存关系。以各地区经济增长率为因变量，以开放度为自变量，通过回归方程式 $G_y = C + aORL$ 对 29 个省份 1993 ~ 1995 年的数据进行普通最小二乘法（OLS）分析，这样就可以得出如下估计式：

$$G_y = 12.0686 + 0.0926ORL$$
$$(14.7502)(2.3869)$$
$$R^2 = 0.1742 \quad D \cdot W = 1.3432 \quad F = 5.6974$$

回归方程式的统计检验和计量检验均比较显著，t 统计值通过了 5% 的显著性检验，表明开放度与区域经济增长之间存在数量依存关系，开放度的提高起到了推动地区经济增长的作用。现在我们进一步引入地区虚拟变量说明开放度的差异与区际经济非均衡增长的关系，得到如下回归估计方程：

$$G_y = 0.0203ORL + 15.3539E + 12.8460M + 9.9471W$$
$$(0.5109) \quad\quad (12.1298) \quad (13.4271) \quad (9.9835)$$
$$R^2 = 0.4671 \quad D \cdot W = 1.2127 \quad F = 7.3043$$

计量方程的系数均合乎假说要求，开放度的系数虽然也大于零，与地区经济增长率呈正向关系，但统计值不够显著，未能通过 5% 的显著性检验。地区虚拟变量完全通过了 5% 的显著性检验。回归方程表明，开放度的区际差异对地区经济增长的影响是显著的，从地区虚拟变量的系数可以看出，地区因素是解释区际经济增长差异的重要变量，而这种地区因素正是由区际开放度差异形成的。如果进行跨地区的年度分析，则结论基本上是相同的，因此，计量回归的数量关系表明，区际经济非均衡增长也可以在很大程度上用开放度的区际差异进行解释。

五　假说检验的综合分析及其结论

在上述有关制度检验的基础上，我们建立一个包括三个制度变量的扩展模型来分析区际经济非均衡增长的制度影响，设模型为 $G_y = F(NSOW, ORL, MRL)$，在数量分析中我们具体化模型：

$$G_y = a_1NSOW + a_2ORL + a_3MRL + u$$

通过上述方程就可以检验各制度变量对区际经济非均衡增长的影响。现根据 1995 年统计资料运用 OLS 计算（见表 11），计量回归结果表明，就全国经济增长而言，非国有化、开放度、市场化水平等制度变量对地区经济增长的影响是显著的。回归方程的系数大于零表明制度变量对地区经济增长均具有正向边际影响。这表明，随着国有化水平的提高、开放度的提高，以及市场化程度的提升，制度变量的变化均可以加速地区经济增长。在这里需要指出的是，由于我们进行的是跨地区的年度分析，因此分析结论必然受到限制，如果我们把分析的时间拉长，则结论的准确性会提高。

表 11　跨地区经济增长与制度变量的回归结果

地区	$NSOW$	ORL	MRL	R^2	$D.W$	F
全国	0. 1288 * (3. 8359)	0. 0508 (1. 4214)	0. 0894 * (3. 0956)	0. 5136	2. 0414	14. 2534
东部	0. 2191 * (2. 6964)	0. 0414 (1. 2374)	0. 0038 (0. 0503)	0. 5765	2. 4221	6. 1263
中部	0. 2252 * (7. 0837)	0. 1586 (0. 8279)	0. 0111 (0. 0762)	0. 5041	2. 1189	7. 1144
西部	0. 0377 (1. 2315)	0. 3399 * (6. 8678)	0. 1041 * (5. 0511)	0. 8383	2. 6195	15. 5528

注：①括号内的数字为 t 检验值；②＊表示通过 5% 的显著性检验。

在上述分析的基础上，我们可以得到如下结论。

（1）在区域经济增长的传统因素一定的条件下，体制转型内生的制度因素作为影响经济增长的非传统因素可以在很大程度上解释经济增长的区际差异。非国有化水平、开放度和市场化程度等制度变量是体制转型时期影响区际经济非均衡增长的重要因素。

（2）由于影响和决定经济增长的传统因素受制度环境的影响具有不同的产出效率，因此，先行制度变迁的地区往往具有加速增长的趋势，这也是区域经济增长差距不断扩大的主要原因。要缩小和消除区际经济增长差距，只能通过加速改革。可供选择的路径必然是加快改革和制度转型的步伐，尤其是加快内陆地区改革和体制转型的速度，以改善经济增长的制度环境，从而促进区域经济均衡发展。

（3）由于存在国有经济和非国有经济的效率差异，因此，加快非国有经济的发展进而提升非国有化水平，可以在整体上促进一个地区的经济增长。就相对落后的中西部地区而言，通过非国有化还可以打破国有经济的垄断，促进竞争，从而提高国有经济的总体效率。

（4）开放度的提高不仅意味着经济活动空间的扩大，同时还意味着通过外向化可以实现技术的外溢和管理水平的提高；市场化程度的提高则是资源总体配置效率提高的主要途径。实证分析表明，开放度和市场化程度对制度变迁较落后的中西部地区具有更现实的意义。

（5）随着制度变迁的不断加快，制度变量对不同区域的影响不同。

参考文献

［1］陈建勋：《中国大陆区域出口和经济成长之研究》，《台湾经济专论》，1992。

［2］陈述云、吴小钢：《我国地区经济市场化程度的比较研究》，《数量经济技术经济研究》1995 年第 1 期。

［3］郭克沙：《中国所有制结构变动与资源总配置效应》，《经济研究》1994 年第 4 期。

［4］李翀：《我国对外开放程度的度量与比较》，《经济研究》1998 年第 1 期。

［5］栗树和：《中国经济增长的源泉和潜力》，载北京大学中国经济研究中心《经济学与中国经济改革——北京大学中国经济研究中心经济学前沿系列讲座》，上海人民出版社，1995。

［6］刘小玄、郑京海：《国有企业效率的决定因素：1985～1994》，《经济研究》1998 年第 1 期。

［7］刘小玄、郑京海：《国有企业效率的决定因素：1985～1994》，《台湾经济研究》1998 年第 1 期。

［8］卢中原、胡鞍钢：《市场化改革对我国经济运行的影响》，《经济研究》1993 年第 12 期。

［9］马建堂、吕秀丽：《中国经济的市场化进程——15 年改革举措的回顾》，《经济研究》1994 年第 7 期。

［10］盛洪：《市场化的条件、限度和形式》，《经济研究》1992 年第 11 期。

［11］田晓文：《双向纯增量模型——以新的理论估计中国经济增长》，《经济研究》1997 年第 11 期。

［12］肖耿：《产权与中国的经济改革》，中国社会科学出版社，1997。

［13］杨全发：《中国地区出口贸易的产出效应分析》，《经济研究》1998 年第 7 期。

［14］张军：《中国改革的经济学解释》，载吴敬琏等著《渐进与激进——中国改革

道路的选择》，经济科学出版社，1996。

［15］ 周民良：《论我国的区域差异与区域政策》，《管理世界》1997 年第 1 期。

［16］ 周振华：《我国市场化的现实基础重构、进程特点及程度衡量》，《上海经济研究》1998 年第 9 期。

［17］ 卓勇良：《工业产权结构变动的实证分析——兼论国有企业的改革》，《浙江学刊》1995 年第 4 期。

［18］ Naughton, Barry, "Implication of the State Monopoly on Industry and Its Relaxation," *Modern China*, Vol. 18, 1992, pp. 14 – 41.

［19］ Emery, R. , "The Relation of Exports and Economic Growth," *Kyklos*, No. 2, 1967, pp. 470 – 486.

［20］ Balassa, B. , "Export and Economic Growth: Further Evidence," *Journal of Development*, No. 5, 1978, pp. 181 – 189.

［21］ Feder, G. , "On Exports and Economic Growth," *Journal of Development Economics*, No. 4, No. 1, 1982, pp. 49 – 53.

中国区际经济增长与生产率：
一个赶超模型的计量分析[*]

按照新古典经济增长理论，区际经济增长过程存在某种趋同倾向，即发达地区由于资本积累的不断增加，其累积的经济增长速度在边际收益递减规律的作用下将趋缓，而不发达地区将出现加速增长，形成经济增长过程的"β趋同"或"δ趋同"[①]。中国区际经济增长过程是否存在这种趋势则是近年来人们研究区际差异中最为关注的一个问题（宋学明，1996；魏后凯，1997）。本文试图通过新古典经济增长理论关于经济增长收敛性的描述，在F. Targetti 和 A. Foti（1997）计量模型的基础上分析中国工业化地区和非工业化地区的经济增长过程，进而分析中国区际经济增长和生产率的收敛性。

一 新古典经济增长理论与经济增长的收敛性

自索洛（Solow，1956）进行关于经济增长的开创性工作以来，新古典经济增长理论在解释经济增长过程方面得到了理论和经验的检验（尽管存在很大部分索洛剩余无法在新古典框架下得到解释）。按照新古典经济增长理论，一个国家或地区经济增长的差异主要是由其资本—劳动比例（K/L）的差异决定的，初始资本—劳动比例低的国家或地区在经济增长过程中往往具有加速增长的趋势，而初始资本—劳动比例高的国家或地区具有某种收敛趋势。这一过程可用索洛模型得到说明，假设储蓄率、人口增

---

[*] 本文原发表于《经济科学》1998 年第 3 期。

[①] 巴罗（Barro）和萨拉 – 依 – 马丁（Xavier Sala-Marlin）从严格的计量角度将趋同区分为"β趋同"与"δ趋同"，β趋同又可分为"绝对β趋同"和"条件β趋同"，β趋同指计量经济学上人均 GDP 增长与初始时期人均 GDP 水平具有负相关关系；δ趋同指各国间实际人均 GDP 差距随时间流逝而绝对缩小。

长率和技术进步率是外生给定的，经济增长过程由两种要素投入引致，即资本和劳动，且资本和劳动的边际产出等于其价格，从而依据 C—D 生产函数得到：

$$Y(t) = A(t)K^{\alpha}(t)L^{1-\alpha}(t) \qquad 0 > \alpha < 1 \qquad (1)$$

这里 Y 是产出，K、L 分别表示资本和劳动，A 是技术水平，劳动和技术进步按如下规则决定：

$$L(t) = L(0)e^{nt} \qquad (2)$$

$$A(t) = A(0)e^{gt} \qquad (3)$$

n 和 g 分别表示 L 和 A 的增长率，假设 AL 表示有效单位劳动，其增长率为 $(n+g)$。

现在定义 k 为有效单位劳动 AL 的资本—劳动比例，即 $k = K/AL$，从而有[①]：

$$k(t) = sk^{\alpha}(t) - (n+g+\delta)k(t) \qquad (4)$$

k 表示资本—劳动比例的变化率，s 和 δ 分别表示储蓄率和折旧率，如果经济具有均衡稳态增长路径，则必有 $k=0$，从而经济增长过程中凸显 k 趋于稳态增长路径下的均衡资本—劳动比例为 k^{*}，则有：

$$k^{*} = [S/(N+G+\delta)]^{\alpha-1} \qquad (5)$$

式（5）表明稳态增长路径下的资本—劳动比例与储蓄率正相关，而与劳动增长率负相关。在现实的经济运行中，当实际的资本—劳动比例为 k^{*} 时，实际经济增长为：

$$\mathrm{dln}y/\mathrm{d}t = s\alpha k^{\alpha-1}(t) - (n+g+\delta)^{\alpha} \qquad (6)$$

在 $\delta=0$ 的情形下，稳态增长按照索洛模型为外生的技术进步率和人口

---

① 假如我们研究的简单经济是封闭经济，正如索洛在论文中所说的那样，因此必有 $I=S$，资本存量的变化为 $\Delta K = I - \delta K$，假定储蓄为 S，且有 $S = I = sY$，则 $\Delta K = sY - \Delta k$，两边同除 L，则有 $\Delta K/L = Sy/L - \Delta k/L = SK^{\alpha} - \Delta k$，假定 K/L 按比例增长就可以得到 $\Delta K/k = \Delta k/L - \Delta L/L = \Delta k/K \times K - (n+g)$，因而 $\Delta K = (\Delta k/k)$，两边同除 L，则 $\Delta K/L = (\Delta k/k) \times K/L + (n+g) \times K/L = (\Delta k/k) \times k + (n+g) \times k = \Delta K = \Delta k (n+g) \times k$，因此，$k^{0}(t) = sk^{\alpha}(t) - (n+g+\delta)k(t)$。

增长率增长，如果所有地区都具有同样的技术进步率和过去增长率，则经济增长或人均产出增长趋向均衡稳态增长路径。但是在未达到稳态增长路径的情况下，实际增长与稳态增长将按某一速度收敛或发散。按索洛模型可得到如下增长模型：

$$\mathrm{d}\ln y(t)/\mathrm{d}t = v(\ln y^* - \ln y(t))$$
$$v = (n + g + \delta)(1 + \alpha) \tag{7}$$

这里 y^* 是稳态增长时的产出水平，v 是实际增长趋向于稳态增长的收敛（发散）系数，而 $[\ln y^* - \ln y(t)]$ 表示人均产出水平与稳态增长时的人均产出水平的缺口，即生产率缺口。这样我们就按照索洛模型得到了关于经济增长的一般收敛过程模型，即：

$$\ln y(t) - \ln y(0) = (1 - e^{vt})\ln y^* - (1 - e^{vt})\ln y(0) \tag{8}$$

式（8）表明初始状态的产出水平与经济增长之间存在负相关关系，即存在计量经济学上的收敛关系，它说明具有相同的稳态均衡增长的经济体系如果处于不同的远离均衡状态的初始状态时，就将具有不同的趋向于稳态均衡的增长速度。这是新古典经济增长理论关于经济增长趋同的理论描述，它表明区域间的经济增长在外生的技术进步给定的条件下，按照 v 水平趋近或收敛。

二 赶超模型对收敛性的解释

索洛模型表明经济增长具有某种趋同的速度，而趋同的速度由 v 给出，人均产出缺口由 $\ln y^* - \ln y(t)$ 给定，如果我们把稳态增长时的人均产出水平 y^* 看作工业化地区的经济增长水平，$y(t)$ 看作欠工业化地区的经济增长水平，对此可以通过赶超（Catchingup）模型（Abramovitz, David, 1996; Gomalka, 1987）描述工业化地区和欠工业化地区经济增长的赶超过程，即新古典增长中的收敛过程。这里我们利用 Verspagen（1991）定义赶超模型：

$$G = \ln(yl/yf) \tag{9}$$

在式（9）中，G 表示工业化地区和欠工业化地区的技术缺口，yl 是工业化先导地区的人均产出水平，yf 表示欠工业化地区的人均产出水平。这样式（9）表明工业化地区和欠工业化地区经济增长之间存在一个人均产出水平缺口，按照新古典经济增长理论，这一经济增长缺口随着经济增长过程的技术溢出效应而不断缩小，从而工业化地区和欠工业化地区的经济增长逐步趋近，人均产出水平的缺口将不断缩小，即 $G \to 0$。

现在我们在定义产出缺口的基础上，引用 F. Targetti 和 A. Foti 建立的计量模型来说明经济增长随人均产出缺口变化的趋同过程。首先我们给出 F. Targetti 和 A. Foti（1997）的计量模型：

$$pr = r + \Phi q + \eta \ln GAP + \Phi I/Q \tag{10}$$

这里 pr 表示生产率增长率，q 表示经济增长率，GAP 表示式（9）定义的技术缺口即人均产出缺口，I/Q 是投资率。利用式（10）就可以检验经济增长和人均产出缺口之间的变化过程，从而判断经济增长是趋同还是发散。F. Targetti 和 A. Foti 利用该模型检验了 OECD 国家、拉美国家和东亚国家之间经济增长过程的趋同趋势，结果表明，OECD 国家的经济增长在 1950～1980 年存在显著的收敛趋势，而拉美国家的经济增长并未严格表现出收敛趋势，但东亚国家的经济增长存在较为显著的收敛性。工业化地区的经济增长率和生产率水平见表1。

表1　工业化地区的经济增长率和生产率水平

地区	生产率增长率		经济增长率		生产率水平		
	1980～1990 年*	1990～1995 年	1980～1990 年	1990～1995 年	1980 年	1990 年	1995 年
北京	2.1	7.2	9.4	8.0	2874.0	3533.6	4996.3
天津	2.6	9.9	7.5	11.2	2668.0	3440.9	5511.7
上海	3.7	5.2	7.8	17.5	4295.2	6196.0	7976.6
江苏	8.7	7.1	11.1	16.0	1140.7	2615.0	3690.4
浙江	5.1	17.0	12.0	18.4	961.5	1578.5	3462.6
福建	10.3	9.5	10.8	21.7	892.5	2379.8	3746.6
山东	6.6	6.9	10.5	16.8	944.2	1788.0	3477.6
广东	7.8	10.0	12.5	13.3	1037.8	2203.1	3616.0

注：* 实际为 1981～1989 年增长率；表中数据均按 1980 年不变价格计算。

资料来源：《中国统计年鉴》（1991～1996 年），中国统计出版社，1991～1996 年。

三 中国区际经济增长与生产率：工业化地区和欠工业化地区分析

针对中国区际经济发展水平，按工业化标准可分为三类地区，一是以上海、北京、天津、辽宁等为代表的老工业化地区，二是以江苏、浙江、广东、山东和福建等为代表的新兴工业化地区，三是除此之外的欠工业化地区。如果仅从工业化水平考虑，我们又可把新老工业化地区合并为工业化地区[①]。这样，中国的区域经济类型按工业化的标准基本可分为工业化地区和欠工业化地区两大类。两类地区的经济增长和生产率特征存在巨大的差异，以江苏、浙江、山东、福建、广东、上海、北京、天津等为代表的工业化地区，无论从经济增长率的平均水平还是从生产率的角度来看都显示出经济增长的先导作用和较高的发展水平，而欠工业化地区的经济增长率和生产率则普遍表现为较低水平。欠工业化地区经济增长率和生产率水平见表2。

表2 欠工业化地区经济增长率和生产率水平

地区	生产率增长率（%）		经济增长率（%）		生产率水平*		
	1980~1990年	1990~1995年	1980~1990年	1990~1995年	1980年	1990年	1995年
河 北	3.9	13.2	7.3	12.9	1004.0	1467.3	2737.8
山 西	3.6	7.2	8.5	9.0	1074.0	1522.8	2155.6
内蒙古	5.9	8.3	10.1	10.6	933.0	1661.2	2478.0
辽 宁	1.9	12.0	9.4	10.5	1846.2	2220.6	3912.5
吉 林	3.0	8.9	9.3	10.6	1249.3	1673.3	2564.4
黑龙江	5.5	13.8	11.6	12.7	1054.7	1803.6	3442.4
安 徽	2.3	15.7	8.5	12.6	690.3	864.4	1805.9
江 西	3.2	3.3	9.3	10.8	889.4	1221.1	1686.7
河 南	7.9	6.3	10.2	9.0	782.3	1186.5	1610.6
湖 北	5.6	8.2	9.4	9.7	1003.4	1728.4	2560.8
湖 南	4.1	5.0	8.3	7.1	799.0	1195.0	1527.4

---

① 按照 H. 钱纳里等人对"准工业化国家和地区"的比较研究，有关准工业化的标准被简单归结为3类。a. 人均 GNP 在 350 美元左右。b. 制造业产业占 GNP 的比例为18%，人均附加值为60美元。c. 工业制成品出口额占出口总额的比例为20%，人均 GNP 为 15 美元左右。

续表

地区	生产率增长率（%）		经济增长率（%）		生产率水平*		
	1980～1990 年	1990～1995 年	1980～1990 年	1990～1995 年	1980 年	1990 年	1995 年
广　西	2.6	16.9	7.2	16.3	635.5	817.1	1788.8
四　川	3.1	11.9	9.0	13.6	693.4	936.7	1645.5
贵　州	4.2	4.0	10.1	6.5	543.4	823.3	1009.3
云　南	6.0	8.5	10.8	11.0	600.2	1077.1	1623.3
陕　西	4.0	2.7	9.7	4.9	822.2	1222.2	1398.2
甘　肃	2.3	3.7	9.4	5.3	928.4	1170.3	1404.2
青　海	3.8	3.8	7.5	5.7	1125.9	1631.4	1964.6
宁　夏	3.9	7.4	10.4	10.5	1026.5	1507.8	2152.3
新　疆	8.1	9.9	11.1	12.0	1.39.8	2268.4	3643.5

注：* 该指数以 1980 年全国平均生产率水平为 1000 点，各地不同年份在此基础上比较得出。

资料来源：《中国统计年鉴》（1991～1996 年），中国统计出版社，1991～1996 年。

从表 1、表 2 可以看出，中国工业化地区和欠工业化地区的经济增长与生产率水平之间存在很大差异，这种差异在工业化和经济转型的过程中是否表现出某种规律性是我们关注的焦点，下面我们将运用新古典经济增长理论和赶超模型描述和说明中国经济增长过程中区际非均衡增长的趋势及其所表现出的特征。

四　中国区际经济增长的收敛性：基于模型的计量分析

中国工业化地区和欠工业化地区的经济增长表现出明显的非均衡状态，在我们划分的两个时期都表现出了这种特征。现在我们来观察工业化地区和欠工业化地区的经济增长趋势，用变异系数描述工业化地区和欠工业化地区的生产率变动情况。从表 3 可以看出，在 1980～1995 年，工业化地区和欠工业化地区的经济增长和生产率差距存在不断扩大的趋势，1980 年的变异系数为 0.2928，到 1990 年变为 0.3023，1995 年扩大为 0.3703。从最大值与最小值比率（MM）看，1980 年为 3.41，到 1990 年缩小为 2.78，但 1995年又扩大为 3.85，总的趋势仍呈扩张态势，可见中国区际经济增长的收敛性并不显著。为什么会出现这种经济增长与生产率差距不断扩大之势呢？从转型经济的角度看，这可能存在另外的因素引致中国转型时期经济增长的非均衡态势不断加剧。据我们以往的研究分析，这种因素是制度因素，如果剔除制度影响，中国区际经济增长和生产率则可能符合索洛模型关于经济增长的假说。现在我们运用计量技术再实证分析中国区际经济增长态势。

表3　1980～1995年中国地区间相对生产率水平

地区	1980 年	1990 年	1995 年
河北	44.05	43.25	60.00
山西	47.17	44.84	47.27
内蒙古	40.98	49.02	54.35
辽宁	81.30	65.36	85.8
吉林	54.95	49.26	56.24
黑龙江	46.30	53.19	75.50
安徽	30.30	25.64	39.59
河南	34.36	34.96	35.31
湖北	44.05	51.02	56.15
湖南	35.09	35.34	33.49
广西	27.86	24.10	39.22
四川	30.49	27.62	36.22
贵州	23.81	24.27	22.31
云南	36.32	31.85	35.00
陕西	36.10	36.10	30.66
甘肃	40.82	34.48	30.8
青海	49.50	48.08	40.08
宁夏	45.04	45.04	47.20
新疆	45.66	67.11	79.91
江西	39.06	35.97	36.98
均值	41.66	41.33	47.10
变异系数	0.2928	0.3023	0.3703
MM	3.41	2.78	3.85

注：以工业化地区为100。

以下的计量分析是运用 F. Targetti 和 A. Foti 计量模型通过 TSP 软件并运用中国数据进行计算得到的结果。

1980～1995 年：

$$pr = -12.0359 + 1.2174q + 0.1661(I/Q) + 2.0701\ln GAP$$
$$(-4.5727)(7.4053)(3.3384)\qquad(1.5071)$$
$$R^2 = 0.6332 \quad D.W = 1.7475 \quad F = 23.4393$$

1980～1990 年：

$$pr = -7.6056 + 0.8261q + 0.0967(I/Q) + 1.9261\ln GAP$$
$$(-2.2262)(2.6150) \quad (1.0756) \quad\quad (1.2937)$$
$$R^2 = 0.4499 \quad D.W = 2.0588 \quad F = 4.3622$$

1990～1995 年：

$$pr = -9.4622 + 1.29691q + 0.1311(I/Q) + 0.8379\ln GAP$$
$$(-1.4066)(7.6941) \quad (0.9087) \quad\quad (0.4094)$$
$$R^2 = 0.7531 \quad D.W = 2.5184 \quad F = 20.3213$$

上述计量结果表明，以 $\ln GAP$ 表示的工业化地区和欠工业化地区的经济增长并未出现某种趋同倾向，统计检验的不显著[①]说明工业化地区和欠工业化地区的经济增长和生产率只存在微弱的赶超趋势，经济增长和生产率的缩小速度非常缓慢，这正好和前面的变异系数表现出的结果相同。

现在我们再运用索洛模型转化的反映地区生产率缺口变化的一般收敛模型进行检验，结果见表 4。结果表明，中国区际经济增长存在某种微弱的收敛趋势，但收敛速度非常缓慢。由于存在阶段性的收敛速度差异且表现为递减趋势，因此，中国地区间经济增长差异仍呈现不断扩大之势。

表 4　中国区际经济增长的收敛性

	1980～1990 年	1990～1995 年	1980～1995 年
C	1.0882*	0.7512	1.8729**
	(1.8672)	(1.3296)	(2.3560)
$\ln y(0)$	0.9076**	0.9569**	0.8570**
	(10.8565)	(12.5605)	(7.5159)
R^2	0.8123	0.8531	0.6727
$D.W$	1.3699	1.5696	0.9335
SER	0.2032	0.1856	0.2771
F	117.8642	157.7664	56.4892
V	0.0097	0.0088	0.0102
Obs	28	28	28

注：括号里数字为 t 检验值；*、**、*** 分别表示 $p < 0.05$、$p < 0.025$ 和 $p < 0.01$。

[①]　三个方程中 $\ln GAP$ 的 t 统计量检验的显著性水平分别为 90%、75% 和 75% 以下，相对来说第一个时期的收敛性强于第二个时期的收敛性。

　　新古典经济增长理论表明，区际经济增长过程存在某种收敛趋势，我们运用该理论和一个赶超模型实证检验了中国的区际经济增长过程，结果表明，中国工业化地区和欠工业化地区的经济增长并未表现出显著的趋同趋势，而计算的区际经济增长收敛系数也表明这种收敛趋势很微弱。这就表明，中国区际非均衡增长态势在现有的增长理论中很难得到解释，这种新古典经济增长理论和中国经济增长状况的不一致并不能证伪新古典经济增长理论关于经济增长收敛的假说，而只能从中国经济转型的特殊制度背景中寻求解释。这一论证过程将在我们以后的研究中通过扩展新古典经济增长模型，建立包含转型时期制度变量的增长模型来进行说明。

参考文献

［1］宋学明：《中国区域经济发展及其收敛性》，《经济研究》1996 年第 9 期。

［2］魏后凯：《中国地区间经济增长及其收敛性》，《中国工业经济》1997 年第 3 期。

［3］Abramovitz, M., David, P. A. "Convergence and Deferred Catch – up: Productivity Leadership and the Waning of American Exceptionalism," *The Mosaic of Economic Growth*, 1996, pp. 21 – 62.

［4］F. Targetti, A. Foti, "Growth and Productivity: A Model of Cumulative Growth and Catching up," *Cambrige Journal of Economics*, No. 21, 1997.

［5］Gomalka, S., "Catching – up," in Eatwell, J., Milgate, M., Newman, P., eds., *A Dictionary of Economics* (London: The Palgrave Macmillan, 1987).

［6］N., Gregory Mankin, David Romer, David N. Well, "A Contribution to the Empirics of Economic Growth," *The Quarterly Journal of Economics*, May, 1992.

［7］Solow, R, "A Contribution to the Theory of Economic Growth," *Quarterly Journal of Economics*, 1956.

［8］Verspagen, B., "A New Empirical Approach to Catching up or Faling behind," *Structural Change and Economic Dynamics*, Vol. 2. No. 2, 1991.

中国经济增长区际差异的制度解析 *

    区域经济增长按照一般的发展理论取决于其资源禀赋和比较优势，因而区际经济增长差异也是由其内生的构成要素来解释的。但在转型经济条件下，由内生的要素构成差异决定的区际经济增长差异还会受到转型经济下外生的制度变量的影响，因此，从制度环境和制度影响的角度研究区际经济增长差异的决定因素就具有现实意义。本文试图通过引入影响区际经济增长的制度因素来实证地分析制度变量对区域经济增长的影响。

一 区际经济增长差异与制度变量

    为了能够具体地描述制度因素对区际经济增长差异的决定作用，我们选用非国有化水平（NSOW）、开放度（ORL）和市场化程度（MRL）三个变量反映制度因素对区际经济增长的影响。

1. 非国有化水平

    中国经济体制改革基本上是一个非国有经济逐渐发育壮大的渐近式改革，一个地区非国有经济份额的不同反映了其受制度影响的差异。一般来说，某地区非国有经济份额越高，表明其受计划体制控制和影响的范围越小，经济的市场程度也就越高（周民良，1997），因此，非国有化水平在一个很大的范围内可以解释区际经济增长的差异。研究也表明（栗树和，1995），非国有化可以加速经济增长，从而非国有化进程越快的地区，经济增长率越高。从理论上来说，非国有化对区际经济增长差异的决定是由以下两个原因引致的：第一，非国有经济由于硬的预算约束，其效率比国有经济

---

  * 本文原发表于《经济理论与经济管理》1998 年第 1 期，合作者为胡乃武。

高（林毅夫，1995）；第二，非国有化可以打破国有经济的垄断，从而降低国有经济的无效率（栗树和，1995）。正由于上述两个原因，非国有化水平作为制度因素可以决定区际经济增长差异。

2. 开放度

在经济体制改革之初，一个区域的开放度即外向化程度完全是由制度因素决定的（例如经济特区和沿海开放城市），随着经济体制改革的深化，开放度的差异受制度因素的影响减弱，但最初的开放度的差异所决定的经济增长制度环境的差异和影响不可能很快消除，理论研究表明，由于开放度不同、区域经济增长速度不同，其经济增长率也就越高。一般来说，外向化或开放度的差异由于以下两个原因可以影响区际经济增长。第一，参与国际分工的不同可以影响一个区域经济增长中的技术进步水平和管理水平，由于便利的开放条件和较高的外向化水平，沿海地区技术进步的速度大大快于内陆地区；第二，出口企业的效率由于受国际竞争的影响而比内销企业高（栗树和，1995）。

3. 市场化程度

市场化程度反映经济增长制度环境的变化，中国经济体制改革的渐进性决定了中国经济市场化进程具有渐进性。在区域经济发展中，这种总体市场化进程的渐进性必然表现为区域经济市场化程度的非均衡性。现有研究表明，随着市场化改革的深入，新的经济运行机制即市场机制，对经济增长发挥着日益重要的作用。据估计，中国1979～1992年国民生产总值增长中约有14%来自市场化改革的贡献（卢中原、胡鞍钢，1993）。一般来说，市场化程度作为制度变量对区际经济增长的影响是由以下两个方面决定的。第一，市场化可以提高资源的配置效率，从而市场化程度的差异就决定了不同区域资源配置效率的差异；第二，市场化程度的提高可以加速要素流动。

二　跨地区经济增长制度影响的实证分析

1. 制度变量的计量及其截面数据资料

我们引入制度变量定性分析区际经济中制度因素的影响。

（1）非国有化水平。用各地区非国有经济份额表示，即各地区非国有经济增加值占其总增加值的比重。

（2）开放度，用各地区的出口值与其国内生产总值的比率表示。

（3）市场化程度。用各地区反映市场化变化的指标合成，在实际测算中，考虑到各地区资料的易获得性，我们仅用投资的市场化指数表示，即用全社会固定资产投资中"利用外资、自筹投资和其他投资"三项投资的比重来表示。由于这部分投资不同于国家预算内投资和国内贷款投资，其基本由市场导向决定，因此可以大致反映地区市场化作用的强度。

依据上述定义，我们可以测算出各地区的制度变量（如表1所示）。

表1　1994年影响各地区经济增长差异的制度变量

地区	经济增长率(%)	非国有水平	开放度	市场化程度
全国平均	11.6	65.94	19.60	68.83
辽宁	11.2	57.25	13.47	73.42
河北	14.9	67.19	7.89	73.09
天津	14.3	64.74	19.41	72.33
北京	13.5	55.63	20.59	71.33
山东	16.2	75.51	11.06	72.08
江苏	16.5	80.05	8.81	73.04
上海	14.3	57.63	22.51	77.35
浙江	20.0	83.94	15.99	89.5
福建	21.8	68.03	39.92	7119
广东	19.0	78.31	83.03	80.75
广西	16.0	57.11	12.57	60.91
海南	11.9	49.97	30.70	69.2
东部平均	15.8	66.28	23.83	73.74
黑龙江	8.7	30.72	15.41	60.25
吉林	14.3	37.65	12.95	66.42
内蒙古	10.1	34.63	7.68	62.96
山西	9.1	56.33	10.30	66.01
河南	13.8	65.23	4.69	64.24
安徽	20.6	81.24	5.37	60.43
湖北	15.3	55.62	6.06	54.74
湖南	11.0	55.55	8.02	67.47
江西	18.0	62.85	6.4	58.83

续表

地区	经济增长率(%)	非国有水平	开放度	市场化程度
中部平均	13.43	53.31	8.54	62.37
陕西	8.6	42.06	8.88	56.37
甘肃	10.4	30.01	4.61	60.26
宁夏	8.2	29.28	6.11	50.71
四川	11.4	62.88	5.31	61.49
云南	11.6	28.57	9.08	68.47
贵州	8.4	30.23	6.03	55.55
青海	8.2	15.96	8.04	40.26
新疆	10.9	24.75	8.34	46.01
西藏	15.6	21.44	28.62	46.01
西部平均	10.37	31.69	9.45	57.05

资料来源：根据《中国统计年鉴1995》数据计算整理得到。

2. 区域经济增长与制度变量的数量关系

如表 1 所示，各地区经济增长存在很大的差异，而与这种经济增长差异密切相关的则是其制度变量的巨大差异。资料表明，经济增长速度从东到西依次递减，1994 年全国平均增长速度为 11.6%，而东中西三大地区分别为 15.8%、13.43% 和 10.37%，与这种经济增长速度区域差异相对应，各地区非国有化水平、开放度和市场化程度同样具有巨大差异，按东中西顺序，上述三项制度变量依次为：非国有化水平为 66.28、53.31 和 31.69；开放度为 23.83、8.54 和 9.45；市场化程度为 73.74、62.37 和 57.05。可见，区际经济增长差异的变化与制度因素按区域层次的依次变化完全吻合。从而从现象层面可以看出，制度因素的变化程度可以决定区际经济增长差异。

从各项制度变量与各地区经济增长的关系看，同样可以得出上述结论，下面我们分别检验各项制度变量对区域经济增长的影响。

①非国有化水平。我们用非国有化水平与经济增长速度指标进行跨地区回归，计算结果显示（见表 2），非国有化水平可以在一定程度上反映区域经济增长速度的差异。

②开放度。我们用开放度和经济增长速度指标进行跨地区回归，结果显示，开放度可以在一定程度上解释区域经济发展问题。

③市场化程度。表1表明，市场化进程与经济增长之间存在显性关系，越是市场化进程快的地区，就越具有较高的经济增长速度。市场化程度与经济增长速度之间可以找出某种线性依存关系，计算结果表明（见表2），市场化程度可以在一定程度上解释跨地区经济增长速度的差异。

表2　跨地区经济增长速度与非制度变量的单因素回归分析

	$COEF$	C	R^2	$D.W$	F
$NSOW$	0.1485 (5.6663)	5.8750 (4.1148)	0.5342	1.5787	32.1073
ORL	0.1045 (2.4146)	11.9410 (13.0751)	0.1723	1.5138	5.8302
MRL	0.1699 (2.7279)	2.3375 (0.5662)	0.2100	1.6065	7.4414

注：括号内数字为 t 检验值。

3. 制度变量对区域经济增长影响的实证分析

通过上述检验分析，我们可以确定每一制度变量都能在一定程度上解释区际经济增长的差异。现在我们利用公式 $GR = A_1 SOW + A_2 ORL + A_3 MRL$，进行跨地区线性回归，计量结果表明（见表3），就各地区经济增长而言，制度变量的影响是明显的，回归系数显示，制度变量对经济增长均具有正向边际影响。这表明，随着非国有化水平的提高、开放度的提高，以及市场化程度的提升，制度变量的变化均可以加速区域经济增长。

表3　跨地区经济增长与制度变量的回归结果

地区	$NSOW$	ORL	MRL	R^2	$D.W$	F
全国	0.1288 (3.8359)	0.0508 (1.4214)	0.0894 (3.0956)	0.5136	2.0414	14.2534
东部	0.2191 (2.6944)	0.0414 (1.2374)	0.0038 (0.0503)	0.5765	2.4221	6.1263
中部	0.2252 (7.0837)	0.1586 (0.8279)	—	0.5041	2.1189	7.1144
西部	0.0377 (1.2315)	0.3397 (6.8678)	0.1041 (5.0511)	0.8383	2.6195	15.5528

三　简要结论

通过对区际经济增长差异与制度影响的实证分析我们可以得到如下主要结论。

（1）在区域经济增长的内生因素一定的条件下，外生的制度因素作为影响经济增长的非传统因素可以在很大程度上解释经济增长的区际差异。非国有化水平、开放度和市场化程度等制度变量是转型时期经济增长区际差异的显著决定因素。

（2）影响和决定经济增长的传统因素受制度环境的影响从而导致具有不同的产出效率，因此，先行制度变迁的地区往往具有加速增长的趋势，这也正是区域经济增长差异不断扩大的主要原因。要缩小和消除区域经济增长差异，只能通过改革。可供选择的路径必然是加快改革和制度创新的步伐，尤其是加快落后地区改革和经济转型的速度，以改革其增长的制度环境，促进区域经济均衡发展。

（3）由于存在国有经济和非国有经济的效率差异，因此，加快非国有经济的发展进而提升非国有化水平，可以在整体上促进一个地区的经济增长。相对落后的中西部地区而言，通过非国有化还可以打破国有经济的垄断，促进竞争，从而提高国有经济的竞争效率。

（4）外向化不仅意味着经济活动空间的扩展，同时还意味着可以实现技术的外溢和管理水平的提高。市场化程度的提高是总体资源配置效率提高的主要途径。

（5）随着制度变迁的不断加快，制度变量对不同区域的影响不同。

参考文献

[1] 栗树和：《中国经济增长的源泉和潜力》，载北京大学中国经济研究中心《经济学与中国经济改革——北京大学中国经济研究中心经济学前沿系列讲座》，上海人民出版社，1995。

[2] 林毅夫：《中国的经济改革与经济学的发展》，载北京大学中国经济研究中心

《经济学与中国经济改革——北京大学中国经济研究中心经济学前沿系列讲座》，上海人民出版社，1995。

[3] 卢中原、胡鞍钢：《市场化改革对我国经济运行的影响》，《经济研究》1993 年第 12 期。

[4] 周民良：《论我国的区域差异与区域政策》，《管理世界》1997 年第 1 期。

制度转型与区际经济非均衡增长[*]

中国经济体制转型以来的地区经济增长表现为高速增长中的区际经济非均衡增长，省与省之间、区域之间经济增长差异的拉大成为中国总体经济增长的重要特征。对此进行理论和实证的分析成为区域经济研究的重要内容，但研究所依据的理论仍然是一般的区域经济增长理论和经济发展理论，由于中国经济转型时期地区经济增长的制度环境和制度结构的特殊性，这种一般的理论规范很难解释特定的区际经济非均衡增长现象。本文通过对经济增长的制度分析和中国渐进式制度变迁的描述，试图进一步解释中国经济转型以来的区际经济增长差异。

一 制度转型与经济增长：制度分析

（一）制度：经济增长的内生变量

现代经济增长理论对经济增长的研究都是基于制度给定的理论假定来分析，即把制度因素作为一个外生变量而研究相对稳定的制度框架下的经济增长过程。这是因为作为经济增长背景的市场制度的基本结构已经成熟而且相对稳定。但是对于制度转型和市场化进程中的中国经济增长而言，制度始终是一个无法舍去的重要因素。因此，对中国经济转型时期的经济增长分析必须将制度作为内生变量加以考察。

第一，制度环境和制度结构的变迁引致中国经济转型时期经济增长的基础性制度安排的变迁，其最为显著的变化是经济增长的体制由传统的计划经

＊ 本文原发表于《教学与研究》1999 年第 8 期。

济体制向市场经济体制转变。按照一般的制度变迁理论，制度经济学将制度划分为两个范畴，即制度环境与制度结构，制度环境是一系列基本的经济、政治、社会及法律规则的集合，它是制定生产、交换以及分配规则的基础。制度安排是支配经济单位之间可能合作与竞争规则的集合。中国经济转型的过程使经济增长的制度环境由传统的计划经济体制下的集中决策、集中生产和分配转变为市场经济体制下的分散决策、分散生产和市场交换，从而使制度结构相应地由缺乏合作与排斥竞争转为市场基础上的分工合作与市场竞争。市场经济制度的逐步确立为经济增长创造了相应的制度基础，从而使中国经济转型以来的经济增长与制度变迁相互依存，一方面，制度变迁促进了经济增长，另一方面，国民经济的持续快速增长又促进了制度转型。因此，研究中国经济转型以来的经济增长问题，必须把制度因素作为一个内生变量进行考察。

第二，经济转型时期的制度安排以及制度结构是一种经济资源，从而制度变迁成为经济增长的重要源泉。现代经济增长理论认为经济增长取决于要素投入，从而资本、劳动和技术等生产要素是经济增长的主要源泉。这样，现代经济增长理论就将制度因素置于经济增长的因素之外，如果是在制度结构相对稳定时期，这种取舍或许是可行的，但在经济转型时期，一方面制度变迁通过经济增长制度结构的改变影响经济增长的要素形成，从而使资本、劳动和技术等生产要素的规模不断扩大并使其潜能得以更大限度地发挥；另一方面，制度转型通过改变要素的激励机制而不断提高生产要素的效率，从而制度变迁引致的制度结构的激励机制也就成为经济增长的重要源泉，制度将成为经济增长的一种资源，在很大程度上决定其他因素的投入及其效率。因此，经济转型时期的制度因素内生于经济增长过程，制度安排及其利用程度成为经济增长的重要内生变量。

第三，经济体制转型的过程也是一个制度创新的过程，而经济增长又是制度创新的结果。新古典经济增长理论强调经济增长中技术创新的重要性，但在体制转型时期我们还必须看到，引致经济增长的因素除了技术创新以外还有制度创新，在制度创新的推动下，经济增长率必然得到提升。中国经济的转型过程同时也是一个制度创新的过程，因此，制度创新也就成为推动转型时期经济增长的重要内生变量。

（二）经济增长制度分析

对制度变迁与经济增长的相互关系进行开拓性研究的是马克思，新制度经济学在很大程度上是对马克思主义生产关系与生产力理论的另一种表述。马克思主义认为，一方面，生产力决定生产关系，有什么样的生产力就有什么样的生产关系，亦即生产、技术的变迁决定了制度变迁；另一方面，生产关系对生产力又有反作用，当生产关系适应生产力发展要求时，生产关系就能推动生产力的发展，反之，就会阻碍生产力的发展，亦即制度是影响经济增长的重要因素之一。因此，制度经济学关于制度变迁与经济增长关系的研究也是马克思主义生产关系理论的重要内容。但是，现代新制度经济学对制度变迁与经济增长的研究有独特之处，亦即运用主流经济学的理论去分析制度的构成和运行，并发现制度变迁和制度安排对经济增长的决定作用。以诺斯、科斯、威廉姆斯以及阿尔钦等人为代表的西方新制度经济学家，通过对制度变迁方式的研究，对增长与发展的关系进行了有效的制度解释。新制度经济学的研究表明，以国别的增长与发展史作为考察对象，经济增长过程与制度的推动力有着重要的关系，这也正是西方世界兴起的原因，同时，也解释了世界各国经济增长的差异是由各个国家有效制度安排的差异造成的。

对经济增长进行统计研究的美国经济学家库兹涅茨，其在对促进经济增长的各种原因进行分析的基础上发现了制度在经济增长中的作用。库兹涅茨对经济增长的定义表明，制度及其制度的调整是一个国家经济增长的基础。从上述论述中我们可以看出，一方面，有效的制度安排和制度调整是经济增长的重要基础，这主要是基于制度对经济增长所形成的"推力"；另一方面，从制度变迁的角度看，制度变迁的过程也是一个制度创新的过程，正如我们所论述的，在没有技术创新的情况下，制度创新作为经济增长的内生变量也影响着经济增长过程。

道格拉斯·C. 诺斯对 1600～1850 年海洋运输生产率变化的研究表明，尽管海洋运输技术没有大的变化，但由于海洋运输系统变得更完善和市场经济体制变得更完善，因此，船运制度和生产制度也变得更为完善，从而降低了海洋运输成本，最终使海洋运输生产率提高。诺斯指出，在没有发生技术变化的情况下，通过制度创新亦能提高生产率和实现经济增长。

G. W. Scully 比较研究 115 个国家 1960～1980 年的经济增长率，以检验经济增长与制度因素间可能存在的相关性，结果表明，制度框架对经济增长率和经济效率有着重大影响，将不同制度框架下的经济增长率进行比较，可以发现，有效制度框架下的经济增长率要比低效制度框架下的经济增长率高。

林毅夫关于中国农业的研究也很好地演示了从生产队到家庭联产承包责任制的制度变迁对产出和生产率增长做出的贡献。

从经济增长差异与制度变迁和制度创新的关系中我们可以看出，制度与经济增长之间具有内在一致性。制度通过提供有效的激励和约束机制而成为影响经济增长的重要因素，因此，制度变迁与经济增长之间有着重要的内在逻辑关系。

二 中国的制度转型与经济增长绩效

（一）制度转型的方式

制度转型的方式实际上是一个制度演进的逻辑问题，按照"二分法"理论，制度转型的方式可以分为激进的制度变迁方式和渐进的制度变迁方式。从演进渐进学的角度来看，渐进式的制度变迁相当于演进式的制度变迁，而激进式的制度变迁相当于革命性的制度变迁。中国实际上是沿着渐进式的制度变迁的轨迹演进的，这种制度变迁方式的特点如下。（1）在改革的顺序上沿着从局部到整体的改革路径实施制度转型，改革由农村经济组织制度的变迁开始，到城市经济体制的改革以及以后的全面改革，便是这种改革顺序的表现。局部性改革产生了一个明显的二元市场结构，即一个居主导地位的大规模的传统（国有）部门和一个迅速成长的新兴（非国有）部门，从而打破了原有的制度结构和经济结构的均衡状态，并通过局部改革开放的叠加实现了整个体制的变迁和发展模式的转换。（2）中国的主导变迁大多不是在全国范围内同时展开的，而一般是从较小范围内的试验开始，并在取得成果的基础上加以局部推广，由点及面，进而在全国范围内推广实施。这种主导变迁的方式将市场化限定在一定范围之内，通过试点改革积累经验，然后在更大范围内进行改革以逐步实现整体市场化。（3）在改革的空间上实施区域渐进的制度变迁方式，从沿海地区逐步推向内陆地区，从而改革在地区层次上呈现区域渐进和梯度推进的特征。这种制度变迁的方式使中国的总体制度变迁具有不同于"大爆炸"（Big Bang）的激进式的制度变迁的特征。

（二） 中国制度转型时期的经济增长绩效

制度变迁方式的差异决定了经济增长绩效的差异，渐进式的制度变迁使我国获得了自1978年以来最有活力和最良好的经济增长记录，这被称为经济增长的"中国之谜"。

中国制度转型的经济绩效首先表现在持续高速的经济增长上。我国进行制度转型以来的良好经济增长记录和早在20世纪60年代就实施改革的苏联/俄罗斯和其他东欧国家具有明显差异。整个20世纪80年代和90年代初期，中国不仅有正的经济增长率，而且平均经济增长率接近10%；而苏联/俄罗斯及其他东欧国家则出现负增长格局。一般的改革理论认为，中国在制度转型时期能够保持经济高速增长，与中国独特的制度转型方式不无联系。在渐进式的制度变迁模式下，一方面，增量部门的改革使中国在经济转型时期获得了"计划外的增长"，非国有部门的进入形成的市场竞争压力使"计划外的增长"同时带动了"计划内的增长"。而另一方面，中国转型时期的经济增长绩效同时也表现为经济效率的极大提高。据测算，改革前（1953～1978年）中国的全要素生产率表现为负增长（其中1953～1957年仅为77%，对渐进增长的贡献为87%），而1979～1989年中国的全要素生产率的增长率及贡献率分别提高到2.48%和28.5%，1990～1995年的全要素生产率的增长率及其贡献率又进一步提高到7.1%和32.2%。用全要素生产率表示的经济效率在国有部门，1980～1984年为1.8%，到1988～1992年则提高到2.5%；而非国有部门则一直保持在7%左右。经济效率的提高是总体经济增长率提升的重要原因，而这一切都与中国的制度转型及其渐进式的制度变迁方式密切相关，因此，渐进式的制度变迁与经济增长的一致性关系表明，制度转型不仅可以消除低效，而且还可以在制度变迁中使经济增长达到一个较高的水平。

三 中国制度转型的区际差异

在中国进行制度转型以来，社会经济领域发生了三大变化：一是传统计划经济体制向市场经济体制转变；二是封闭经济向开放经济转变；三是所有制结构由单元向多元转变。这三大变化对中国的总体经济增长产生了重大影响。就制度转型的总体进程而言，在地区层次上，上述三大变化具有不均衡性，表现出极大的地区差异。这是制度转型在地区层次上渐进演进的一种反映。

（一）渐进式制度转型进程的区际差异

中国制度转型的总体特征表现为渐进式的制度变迁，其在区域空间上表现为制度变迁的区域渐进和梯度推进。这种渐进式的制度变迁所决定的制度转型的区域渐进和梯度推进方式决定了中国制度转型进程的区际差异。从计划经济体制向市场经济体制的转型过程来看，在 20 世纪 80 年代末期，有些沿海地区（例如广东）已经具有一种准市场经济，而大多数内陆地区仍然表现出计划占主导地位的经济形态，从而中国地区间的市场化程度随制度转型的进程表现出巨大的区际差异。东部沿海地区市场化的总体水平显著高于中西部地区，商品市场、要素市场的从无到有大大地提高了市场的总体发育程度。从封闭经济向开放经济的转变过程来看，中国对外开放是一个典型的由局部均衡带动的制度扩散的渐进过程，在改革的起步阶段，中国选择东部沿海地区为对外开放的战略重点，除了在开放的需求方面东部沿海地区的比较利益较大以外，在开放的供给方面，东部沿海地区也具有较大的比较优势，从而区域开放率先从东部沿海地区开始，逐步波及内陆地区。东部地区发挥率先开放的先导作用，特别是经济特区和沿海开放城市的迅速发展，使东部沿海地区具有较高的开放度。而中西部地区由于开放进程相对滞后，不仅使经济开放的总体水平较低，而且使开放层次相对较低。制度转型进程的区际差异使所有制结构的转变在地区层次上存在较大的差异，这样，中国总体制度变迁的渐进性与制度变迁的区域渐进和梯度推进方式引致了中国制度转型进程中市场化程度、开放进程和所有制结构的区际差异。

（二）制度安排的区际差异

中国制度转型的渐进进程和区域梯度推进方式在具体操作上表现为制度安排的地区选择性和区际差异性。在自上而下的供给主导型制度变迁方式中，中国制度变迁的总体特征表现为纵向推进、区域渐进和试点推广。制度供给主体只在制度供给的潜在收益大于供给成本的地区实施制度变迁并形成相应的制度安排，东部沿海地区由于较为优越的区位优势，往往比内陆地区更易获得政府制度变迁的制度安排。内陆地区往往不具备这些条件从而较少获得政府制度变迁的制度安排，这样就形成制度变迁在区域层次上的政府制度供给和制度安排的歧视。中国进行制度转型以来，制度变迁中政府制度安排的区际差异表现如下。（1）市场化转型的制度安排差异。中国制度转型中一些重要市场制度的确立在地区选择上向沿海倾斜，例如，股票市场和上市公司大都集中在沿海地区，截至1995年4月底，在全国已有的上市公司中，东部地区约占70%。（2）所有制结构调整的制度安排差异。东部沿海地区在政府制度允许的所有制结构调整中始终走在中西部地区的前面，例如，在国家首批确立的现代企业制度试点的100家企业中，东部沿海地区就占了60家，而西部地区仅有17家；国有企业的股份制改造中，63%的改制企业集中在东部地区，而西部地区仅占55%。（3）开放制度安排的区际差异。中国改革开放的地区选择是从东部沿海地区开始的，从而沿海地区集中了所有的经济特区、大部分的开放城市和开发区，并且享受特殊的政策和制度优惠。例如，放宽沿海地区利用外资项目的审批权限，提高和增加沿海地区的外汇使用额度和外汇贷款，增加沿海地区的财政留成比例，在税收、国家直接投资等方面进行制度安排和提供优惠政策等。（4）财税制度安排的区际差异。中国制度转型时期的"分灶吃饭"的税收制度安排和分权化的财税体制改革，在总体上有利于东部沿海地区，从上述制度安排的区际差异可以看出，东部沿海地区在所有的制度转型和政府制度安排方面先于中西部内陆地区。

（三）制度创新的区际差异

中国制度安排的区际差异只是制度转型中制度变迁区际差异的一部分，另外其还涉及制度创新的区际差异。一个地区制度创新的程度取决于其主观和客观条件。从主观条件上讲，制度变迁中正式和非正式的制度安排具有路径依赖的性质，一个地区特定的历史文化、传统习俗、价值观念等正式的和非正式的制度安排与制度变迁起点的差异，决定了其制度变迁具有较强的路径依赖特征，即形成"制度的历史决定性"。东部沿海地区追求本地区经济快速增长和响应获利机会进行制度创新的动机往往强于中西部内陆地区，从而中西部内陆地区的制度创新受制度安排惯性的限制和制度创新动机的影响，表现出制度创新动力不足。从客观条件上讲，国家权力中心为制度创新设置严格的进入壁垒，即利益主体只有得到权力中心的授权才能进行制度创新，这极大地影响了一个地区的制度创新程度。从这两个层次来看，东部沿海地区和中西部内陆地区的制度创新程度是不同的。由于东部沿海地区是制度变迁的先导地区，制度变迁基本上进入良性循环的轨道，而由于中西部地区受制度变迁的主客观条件的限制以及存在制度变迁的进入壁垒，制度变迁被锁定在某种劣化状态，从而东部沿海地区制度创新的程度远远高于中西部内陆地区，形成制度创新的区际差异。东部地区在市场化和市场体系建设、所有制结构变革、价格体制变革、企业制度创新、价值观念更新、企业家精神培养等一系列制度创新上都取得了巨大成功；中西部地区在上述各方面的制度创新缓慢，且水平较低。这种制度创新的区际差异最终也影响到了各地区的经济增长，从而形成经济增长的区际差异。

四　制度转型中的区际经济非均衡增长

中国制度转型的过程同时也是区际经济非均衡增长的过程。在市场化的制度变迁过程中，中国总体经济增长绩效得到了很大提高，经济增长率和以全要素生产率表示的经济效率在制度转型的各个阶段都有不同幅度的提升。经验分析和国际比较分析表明，中国制度转型以来的高速经济增长记录和经济增长绩效与制度变迁有密切的联系，制度变迁促进了中国的总体经济增长。但我们也注意到，制度转型以来的高速经济增长又伴随着区际经济增长差异的扩大，地区经济增长率的差异是显著的。表1给出了制度转型以来的地区经济增长率。

1979～1986年，东部地区的经济增长率比中部地区高出0.71个百分点，比西部地区高出0.63个百分点。但到1987～1996年，东部地区的经济增长率比中部地区高出2.55个百分点，比西部地区高出3.02个百分点，经济增长率的区际差异在两个时期呈不断扩大的趋势。为什么地区经济增长差距如此之大，现有的经济增长理论是否能够解释经济增长的区际差异呢？我们的答案是主流经济学的经济增长理论并不能令人满意地解释经济增长的区际差异，因此，寻求解释中国制度转型时期的区际经济增长差异必须考察中国特定的和地区特定的因素，从制度变迁的角度引入制度因素，建立新的分析框架以研究中国转型时期的区际经济非均衡增长问题。

表 1   1979～1996 年经济增长率的区际差异

单位：%

时间	合计	东部	中部	西部
1979 年	8.17	7.13	9.07	9.78
1980 年	8.69	10.52	7.02	6.12
1981 年	5.99	6.29	6.78	3.54
1982 年	9.74	9.72	9.32	10.66
1983 年	10.24	9.30	12.07	9.85
1984 年	14.62	15.30	13.97	13.67
1985 年	14.38	15.52	11.25	16.76
1986 年	7.03	7.70	6.24	6.31
1987 年	11.09	11.70	9.69	11.17
1988 年	10.63	12.07	8.20	10.28
1989 年	4.19	3.92	4.54	4.51
1990 年	4.81	5.06	4.16	5.12
1991 年	8.51	10.57	4.67	8.43
1992 年	15.53	18.29	12.65	10.96
1993 年	16.77	19.43	13.97	12.20
1994 年	14.81	16.38	13.81	10.39
1995 年	13.11	14.12	12.71	9.64
1996 年	11.91	11.91	13.04	9.75
1979～1986 年	9.82	10.14	9.43	9.51
1987～1996 年	11.06	12.24	9.69	9.22
1979～1996 年	10.51	11.3	9.57	9.35

注：合计未包括海南省和西藏自治区。
资料来源：陈家海（1998）。

五　简要结论

自 1978 年进行制度转型以来，总体经济增长水平不断提升，但同时，我国地区经济增长也日益分化。其根本原因在于：制度转型时期地区经济增长中的内生性因素及制度资源在地区分布上的非均衡性对地区经济增长产生很大影响。因此，完整地解释制度转型时期的区际经济非均衡增长必须考察制度变迁的区际差异及其对地区经济增长的影响。根据上述分析，我们可以得出如下结论。

（1）制度转型时期的区域经济增长带有明显的制度增进性质，亦即制度转型既是经济增长的源泉，同时也是区际经济增长差异扩大的因素。

（2）中国制度转型时期地区经济增长的制度环境和制度结构是非均质性的，在渐进式的制度变迁方式下，不仅存在制度转型过程的区际差异，而且还存在制度安排和制度创新的区际差异。

（3）制度安排及其利用程度是经济增长的内生变量，经济增长的差异可以用制度安排及其利用程度的差异来解释。

（4）制度转型过程的区域渐进引致制度结构的区际差异，从地区结构上看，内陆地区的传统计划经济体制衰减速度比较缓慢，从而新的市场经济体制的形成滞后；而沿海地区则相反。

（5）制度创新的地区分布不均衡，沿海地区往往是制度创新的先导地区。在制度创新与经济增长潜力相吻合的地区，有较高的经济增长速度。

（6）制度转型过程决定经济增长模式的区际差异，沿海地区基本上具有以市场导向为主的经济增长模式；而内陆地区则具有以计划导向为主的经济增长模式。这种经济增长模式的差异最终决定了经济增长速度的区际差异。

（7）中国制度转型在区际变化速度的不同引致各区域经济增长环境的差异，先行制度变迁的地区往往具有加速增长的趋势，这也是区域经济增长差异不断扩大的主要原因。要缩小和消除区际经济增长差异，只能通过加速改革。可供选择的路径必然是加快改革和制度转型的步伐，尤其是加快内陆地区改革和体制转型的速度，以改善其经济增长的制度环境，从而促进区域经济均衡发展。

参考文献

［1］陈家海：《中国经济增长中的地区结构：1978—1996》，《上海经济研究》1998年第 8 期。

［2］ 林毅夫：《制度、技术与中国农业发展》，格致出版社、上海三联书店、上海人民出版社，1992。

［3］ 〔美〕保罗·J. 扎克：《产权与增长》，边际译，《经济研究》1995 年第 3 期，第 3～13 页。

［4］ 〔美〕库兹涅茨编著《现代经济增长》，戴睿等译，北京经济学院出版社，1989。

［5］ 孙敬水：《TEP 增长率的测定与分解》，《数量经济技术经济研究》1996 年第 9 期。

［6］ 王绍光：《分权的底线》，中国计划出版社，1997。

［7］ 杨坚白：《速度·结构·效率》，《经济研究》1991 年第 9 期，第 36、37～44 页。

［8］ 杨瑞龙：《论我国制度变迁方式与制度选择目标的冲突及其协调》，《经济研究》1994 年第 5 期，第 10、40～49 页。

［9］ 杨瑞龙：《论制度供给》，《经济研究》1993 年第 8 期，第 45～52 页。

［10］ 张军：《"双轨制"经济学：中国的经济改革（1978－1992）》，上海三联书店、上海人民出版社，2016。

［11］ D. C. North, "Source of Productivity Change in Ocean Shipping," *Journal of Political Economy*, No. 10, 1968.

［12］ G. W. Scully, "The Institutional Framework and Economic Development," *Journal of Political Economy*, No. 3, 1988.

［13］ G. Jefferson, T. Rawski, "Enterprise Reform in Chinese Industry," *Journal of Perspectives*, No. 2, 1994.

所有权结构转变中的区际经济非均衡增长[*]

中国转型时期的区际经济增长带有明显的制度增进性质，即制度转型既是地区经济增长的源泉，同时也是区际经济增长差异扩大的因素。将制度转型作为一个过程来考察，我们就会发现在区域之间存在明显的制度演进和制度转型的速率与进程的差异，正是由于这种差异，地区间发展和增长更加不平衡，本文试图以所有权结构演进的过程为背景，将经济转型中非国有化程度作为变量引入区际经济增长过程，以考察所有权结构转变对区际经济非均衡增长的影响。

一 所有权结构转变：转型时期的动态考察

经济转型在所有权领域最显著的变化是所有权结构的转变，在经济转型之初的传统计划经济体制下，所有权结构表现为单一的国有工业所有权形式，这种单一的所有权结构的初始安排无论是在发达地区还是在欠发达地区都是相同的，不存在所有权结构在制度安排上的地区差异。但是，改革开放以来，随着计划经济体制向市场经济体制的过渡，所有权结构在地区层次上发生了不同幅度的变化，并且表现出不同的态势和特征，从而使区域之间的所有权结构出现差异。统计资料显示，1984～1995 年，东、中、西三大地区所有权结构的特征是，在以东部地区为代表的发达地区的所有权结构中，国有工业的比重不断下降，非国有工业的比重不断上升，其边际变化速度远远超过了以中西部地区为代表的欠发达地区。进入 20 世纪 90 年代，不同地区间的所有权结构的差异仍然很明显。由于所有权结构的转变受制度转型在

---

　　* 本文原发表于《中国人民大学学报》1999 年第 1 期。

地区间差异的影响不可能在短期内消除，因此，所有权结构的差异将长期存在，但不是稳态的。

二 所有权结构与经济增长来源

1. 所有权结构对经济增长来源的总体解释

从经济增长的角度看，要素投入是经济增长的基本来源，一个地区在某一时期经济增长速度主要由其要素投入的数量及其要素生产率来解释。在经济转型时期，要素生产率对经济增长的影响还受制度环境的制约。所有权结构是影响经济增长的重要制度因素。如果以工业增长速度代表经济增长速度，我们可以从表 1 中看出中国工业增长的所有制来源情况。

表 1　中国工业增长的所有制来源情况

单位：%

年份	国有工业	非国有工业
1978	82.7	16.0
1979	86.7	13.3
1980	56.6	43.5
1981	52.7	47.3
1982	70.2	29.8
1983	63.7	36.3
1984	45.2	54.8
1985	43.7	56.3
1986	45.2	54.7
1987	49.0	51.0
1988	47.5	52.5
1989	52.5	47.5
1990	37.8	62.2
1991	43.7	56.3
1992	32.5	67.5
1993	35.5	64.5
1994	16.0	84.0
1995	23.2	76.3

资料来源：张军（1996）；《中国统计年鉴》（1993～1995 年），中国统计出版社，1994～1996。

表 1 表明，在经济增长（工业增长速度）来源中，国有工业的来源在不断缩小，而非国有工业引致的增长在不断提升。1978 年，中国工业增长

的 82.7% 可以由国有工业增长来解释，而非国有工业仅可解释经济增长来源的 16.0%。但是到 1995 年，这种经济增长的来源结构发生了逆转，76.3% 可以由非国有工业增长来解释，而国有工业仅可解释 23.2%。如果我们把这种工业增长与所有权结构的关系扩展到总体经济中，则其结论仍然是一致的。可见，研究转型时期的经济增长，寻求其制度源泉是一个基本的着眼点。

2. 所有权结构与经济增长来源的转移—份额分析

上述所有权结构对经济增长来源的总体解释就其研究的角度而言，仍然是从整体出发的，并未说明整体与部分的差异，同时也并未说明增长来源是如何分解的。现在我们利用转移—份额分析方法分解经济增长的来源并研究经济增长的区际差异。

设定如下转移—份额计算公式：

$$G_r = (G_r - G_{rn}) + (G_{rn} - G_n) + G_n \qquad (1)$$

$$G_{rn} = \sum \beta_r^i G_{rn}^i \qquad (2)$$

其中，G_r 表示 r 地区工业增长率；G_{rn} 表示按全国平均增长率计算的 r 地区经济增长率；G_n 表示全国平均的工业增长率；$i = 1，2$ 分别为国有工业部门和非国有工业部门；β_r^i 表示 r 地区的 i 部门比重；G_{rn}^i 表示 i 部门按全国增长率计算的 r 地区经济增长率。在式（1）中，$(G_r - G_{rn})$ 表示由于其他因素的地区经济增长，$(G_{rn} - G_n)$ 表示由于所有权结构转变引致的经济增长，G_n 表示全国经济增长速度对地区经济增长速度的贡献。根据式（1），利用《中国统计年鉴》提供的资料经过计算得到相应结果（见表 2）。

表 2　中国工业增长的转移—份额分析（1991~1995 年）

单位：%

地区	$G_r - G_{rn}$	$G_{rn} - G_n$	G_n
北　京	− 3.9	− 1.5	16.7
天　津	− 0.1	0.6	16.7
河　北	− 2.5	0.6	16.7
辽　宁	− 6.1	− 0.7	16.7
上　海	− 1.8	0.1	16.7

地区	$G_r - G_{rn}$	$G_{rn} - G_n$	G_n
江 苏	3.9	2.2	16.7
浙 江	-1.7	6.5	16.7
福 建	3.8	1.7	16.7
山 东	-0.9	2.5	16.7
广 东	1.7	5.5	16.7
广 西	0.7	-0.1	16.7
海 南	0.6	0.7	16.7
山 西	-7.1	-1.2	16.7
内蒙古	-3.3	-4.4	16.7
吉 林	-4.6	-2.4	16.7
黑龙江	-6.0	-4.7	16.7
安 徽	1.2	2.1	16.7
江 西	-2.9	-2.2	16.7
河 南	1.2	-0.4	16.7
湖 北	-0.3	-0.2	16.7
湖 南	-5.5	-0.1	16.7
四 川	-1.3	-0.4	16.7
贵 州	-2.1	-4.8	16.7
云 南	-0.2	-4.8	16.7
西 藏	3.0	-5.3	16.7
陕 西	-1.8	-4.5	16.7
甘 肃	-5.2	-3.5	16.7
青 海	-3.8	-4.5	16.7
宁 夏	-0.3	-4.8	16.7
新 疆	1.5	-5.1	16.7

资料来源：根据《中国统计年鉴》（1991～1996年）数据计算，中国统计出版社，1992～1997。

表2表明，所有权结构在区际经济增长的贡献中存在明显的差异，而这种差异又表现出相应的对应关系。具体来看，以（$G_r - G_{rn}$）表示的其他因

素引致的经济增长在地区分布上没有什么规律可循，在经济增长较快的东部地区和经济增长较慢的中西部地区既有具有正效应的省份，也有负效应的省份，因此，这种转移—份额因素并没有地区特征。但是，以（$G_{rn} - G_n$）表示的由所有权结构转变引致的增长则表现出明显的地区特征，因此，通过对工业增长的所有权结构进行转移—份额分析，我们就可以得出如下结论：所有权结构转变与地区经济增长之间存在完全的对应关系，即非国有工业比重较高的地区具有较快的经济增长速度。

三 所有权结构转变的效应与国有部门和非国有部门的效率差异

1. 所有权结构转变的效应

所有权结构转变效应包括两个层次，一是所有权结构转变中非国有部门比重的提高对总体经济增长的效应；二是非国有部门的效率增进效应或称为自动效应（肖耿，1997）。

关于非国有部门比重的提高对总体经济增长的效应在有关经济增长来源的转移—份额分析中已经涉及，在此不再重复。我们的重点是说明，非国有部门比重的提高导致的所有权结构转变如何对国有部门产生效率增进效应。

市场经济中经济效率的提高主要来自市场竞争效应，中国传统的计划经济体制之所以缺乏效率，一个主要原因是排斥市场，从而也排斥竞争，同时，高度单一的所有权结构也难以形成竞争。改革开放以来，非国有部门发展的直接后果是市场主体的多元化和竞争机制的形成，从而国有部门的发展就遭遇非国有部门的竞争，中国经济从而随所有权结构转变而变得更加具有竞争力。关于所有权结构转变引致的竞争效应，国内外学者都做了分析。诺顿的研究证明，中国的国有工业一直享受政府保护的垄断权，而这种垄断权在改革后受到严重削弱，其直接的原因是非国有部门的"进入"在产品市场上形成竞争，导致国有部门盈利水平下降和在金融上的压力，而更进一步的结果是国有部门预算约束改善（Naughton，1992）。因此，在国有部门效益下滑的同时，其效率的不断提高应完全归功于非国有部门的效率增进效应。肖耿通过对国有部门和非国有部门进行回归分析发现，国有部门产出的增长与非国有部门的比例具有正相关关系。国内外的研究表明，所有权结构的转变通过对国有部门形成竞争压力而提高了国有部门的效率，从而这也解释了为什么改革开放以来，中国国有工业部门效益不断下滑，但效率不断提高。

所有权结构转变的效应在地区层次上对区际经济增长的影响仍然是通过非国有化比重的变化来反映的。各个地区非国有化进程存在巨大差异，发达地区由于非国有化水平的迅速提升不仅产生了扩张效应，而且通过对国有部门形成竞争压力又产生了强大的自动效应；欠发达地区由于非国有化水平提升速度缓慢不仅使其扩张效应比较小，而且对国有部门的自动效应也比较小，从而非国有部门的总和效应必然在地区间存在差异，这正是引致转型时期区际经济非均衡增长的深层原因。肖耿的研究表明，非国有工业比重较大的省份，往往与较高的国有部门的全要素生产率（TFP）联系在一起。肖耿通过对国有部门 TFP 关于常量和非国有部门比例的回归结果证实，包括 26 个省份在内的样本数据在 1982～1990 年存在计量上的线性关系，它表明，在跨地区的国有部门和非国有部门与区域总体经济增长中，存在所有权结构转变对经济增长的正向效应（肖耿，1997）。如果运用资产份额反映工业所有权结构，计算非国有工业资产份额增长与 GDP 增长的相关系数（$r=0.981$），则二者高度相关，即非国有部门资产份额上升与全国 GDP 增长具有正相关关系。如果计算 1993 年我国各省份的非国有部门资产份额与 GDP 的相关关系，则 r 为 0.665，经过调整（扣除新疆）后为 0.712（卓勇良，1995）。这进一步表明，具有较高比重非国有部门的省份，往往具有较高的经济增长率。上述研究从不同侧面证实了所有权结构转变无论对总体经济增长而言还是对区际经济增长来说，都具有正向效应。

2. 国有部门与非国有部门的效率差异

所有权结构差异引致区际经济增长差异的背后是不同部门的效率差异，所有权结构在地区分布上的差异只是表面现象，真实的原因是国有部门和非国有部门的效率差异。中国经济转型的过程也是部门产出效率差异的形成过程。由于在转型过程中形成的非国有部门是在传统的计划经济体制外生成的受市场规律支配的纯经济部门，其能够存在的原因是其硬的预算约束，相对于国有部门而言，预算约束度的差异决定了其受市场体制调节的程度。这样，国有部门和非国有部门的效率因预算约束度的不同而不同。如果以 TFP 表示部门产出效率，在时间序列中我们就可以清楚地看到，国有部门 TFP 增长率不断下降而非国有部门 TFP 增长率不断提升（见表3）。这样，所有权结构转变对区域经济增长的影响就表现为：当某区域生产率上升较快的所有制部门比重上升而生产率上升较慢的所有制部门比重下降时，必然会在总体上促进某一地区的经济增长，从而产生区际的经济增长差异。因此，国有部门和非国有部门效率差异是所有权结构转变中解释区际经济增长差异的基本因素。

表3　工业部门所有权结构与 TFP

单位：%

时间	TFP 年增长率	对工业产出贡献	国有工业TFP 年增长率	对工业产出贡献	集体工业TFP 年增长率	对工业产出贡献	其他工业TFP 年增长率	对工业产出的贡献
1981～1992 年	33.5	35.2	1.42	22.3	6.61	10.56	27.7	27.7
1981～1985 年	—	—	11.6	39.7	5.23	4.24	18.2	18.2
1986～1988 年	—	—	0.35	6.1	5.89	16.98	36.1	36.1
1989～1992 年	—	—	0.07	1.4	8.75	14.77	28.6	28.6

资料来源：郭克莎（1996）。

四　区际经济非均衡增长与所有权结构的计量分析

关于所有权结构转变的效应以及所有权结构对经济增长来源的解释和转移—份额分析表明，所有权结构与区际经济非均衡增长之间存在理论和经验的内在逻辑关系。在理论上我们已经说明了区际经济增长的来源可以用制度因素来解释，即所有权结构及内生的国有部门和非国有部门的效率差异是转型时期经济增长的制度源泉。

在上述分析的基础上，我们利用《中国统计年鉴》提供的资料在数量上进一步描述所有权结构与经济增长的非均衡性之间的关系。统计资料显示，在 1991～1995 年，经济增长率依东中西地区边际递减与所有权结构的区域分布形成鲜明对照，现在运用计量回归分析技术并以经济增长率为因变量，以非国有化水平为自变量，以东部地区、中部地区和西部地区为虚拟变量进行线性回归。计算结果表明（见表4），1991～1995年跨地区经济增长与非国有化水平之间存在很强的线性依存关系，回归分析的统计检验和计量检验均比较显著，因此，区际经济非均衡增长在很大程度上可以用所有权结构进行解释。

表4　经济增长率与非国有化水平的回归结果

因变量 （经济增长率）	（1）		（2）	
	1991～1995年	1995年	1991～1995年	1995年
常量	4.5484 （3.6185）	8.0980 （0.0702）	—	—
非国有部门比例	0.2105 （7.0114）	4.8523 （2.3419）	0.1651 （3.7476）	0.0751 （1.5504）
东部	—	—	7.5304 （3.2430）	7.5169 （2.2177）
中部	—	—	5.3895 （2.9631）	8.3502 （3.0971）
西部	—	—	5.7219 （411763）	7.7523 （410001）
R^2	0.6371	0.1638	0.6831	0.1755
$D \cdot W$	1.9047	1.8280	1.7401	1.8470
F	49.1589	5.4848	18.6788	1.8447

注：括号里的数字为 t 检验值。
资料来源：根据《中国统计年鉴》（1991～1995年）数据计算得出。

参考文献

［1］郭克莎：《地区工业所有制结构变动及其与工业发展的关系》，《经济学家》1996年第4期。

［2］肖耿：《产权与中国的经济改革》，中国社会科学出版社，1997。

［3］张军：《计划外的自由化：中国的渐进改革为什么能够成功》，载徐滇庆等主编

《中国国有企业改革》，中国经济出版社，1996。

［4］卓勇良：《工业产权结构变动的实证分析——兼论国有企业的改革》，《浙江学刊》1995 年第 4 期。

［5］Naughton，"Implication of the Statemonopoly on Industry and Its Relation，" *Modern China*，No. 18，1992.

第三篇
资本市场与危机型公司重组

危机型公司重组的理论解析与案例分析[*]

一 危机型公司重组：中国资本市场的特殊重组现象

1. 概念界定

危机型公司是指公司陷入某种危机状态，它是一个比较宽泛的概念。从一般意义上讲，危机型公司既可能是由于公司经营不善或债务危机出现财务亏损，使公司陷入危机状态；也可能是由于突发性事件而使公司形象受损引致经营危机，使公司陷入危机状态；还可能是由于市场环境的改变使公司陷入战略危机，如此等等。在诸多原因引发的危机中，最常见的就是经营性亏损引发的生存危机，我们所说的危机型公司主要也就是指财务上陷入连年亏损或由于巨额亏损出现净资产低于注册资本的公司，并且指上市公司中的危机型公司。

深沪两市股票上市规则规定，如果某上市公司出现财务状况或其他状况异常，则投资者难以判定公司前景，权益可能受到损害，交易所有权对该公司股票交易实行特别处理。上市公司的财务状况异常包括如下情况：最近两个会计年度审计结果显示的净利润均为负值；最近一个会计年度审计结果显示其股东权益低于注册资本，即每股净资产低于股票面值；注册会计师对最近一个会计年度的财务报告出具无法表示意见或否定意见的审计报告；最近一个会计年度经审计的股东权益扣除注册会计师、有关部门不予确认的部分，低于注册资本；最近一份经审计的财务报告对上年度利润进行调整，导致连续两个会计年度亏损；经上海证券交易所、深圳证券交易所或中国证监会认定为财务状况异常的。据此判断，如果一家上市公司出现上述情况之

---

* 本文为笔者于 2002 年写的工作论文，未发表。

一，我们就认为该公司陷入了危机状态，从而属于危机型公司。

上市公司被特别处理之后，公司股票简称前被冠以"ST"字样，以区别于其他股票；在交易规则中，危机型公司股票报价的日涨跌幅限制由原来的10%降低为5%。不过，"特别处理"不是对于上市公司的处罚。因此，上市公司在被特别处理期间的权利和义务不变。

依现行的制度规则，我们所说的危机型公司就是被监管部门特别处理的上市公司（ST公司）和连续三年亏损而被暂停交易的上市公司（PT公司）。1998年5月，深圳证券交易所和上海证券交易所出现了首批被特别处理的上市公司。此时，沪市被特别处理的A股股票有20只，B股有2只，深市被特别处理的A股股票有24只，B股有5只，两市共计51只。

2. 中国资本市场危机型公司重组现象

中国资本市场的发展过程中，上市公司数目不断增加，市场规模不断扩大。2000年我国上市公司超过了1000家，到2001年底，上市公司达到了1154家，其中A股上市1130家。伴随着上市公司规模的不断扩大，公司重组现象也日渐频繁。1997年两市发生重组的公司为137家，占所有上市公司总数的比重为18.39%，到了2000年，发生重组的公司达到778家，比重上升到71.51%（见表1）。其中影响最大的当属危机型公司的重组。

表1　我国上市公司重组概况

单位：家，%

指标	1997年	1998年	1999年	2000年
沪市重组公司家数	54	123	465	417
深市重组公司家数	83	94	202	361
两市重组公司合计	137	217	667	778
上市公司总家数	745	851	949	1088
重组公司所占比重	18.39	25.50	70.28	71.51

资料来源：任庆和、王化成《我国上市公司重组的问题及对策》，《经济理论与经济管理》2001年第8期。

中国上市公司的重组有着同一般市场经济国家所不同的特殊之处。由于上市制度、政府关系、重组动因等方面的特殊性，我国上市公司重组有很大一部分是围绕"保壳保配,借壳买壳"来进行的。其中,危机型公司往往成为重组方的一大目标,危机型公司重组在上市公司重组中占有较大的比重。控股权易手的危机型公司重组情况见表2。

表2 控股权易手的危机型公司重组情况

公司简称	重组方	重组方式	重组状态
ST 恒泰	浙江华立集团	70%的债务剥离、资产出售和吸收合并	正在进行重组
ST 成百	成都友鹏实业、深圳正汇投资	股权转让	2001年10月终止,正在寻求新的重组方
ST 重机	沪东中华造船	股权转让、债权置换	已完成
ST 高斯达	昆明天和实业集团	股权转让、资产抵偿债务	正在进行重组
ST 黄河科	陕西广播电视局	股权转让、债务匹配等额资产转移	正在进行重组
ST 北特钢	路桥集团	股权转让、资产负债剥离	正在进行重组
ST 吉发	香港华润集团	股权转让	正在进行重组
ST 达声	新疆宏大房地产	股权转让、资产注入	正在进行重组
ST 深华源	深圳沙河实业集团	股权转让、资产置换	已完成
ST 中华	华融资产管理公司	股权拍卖	已完成
ST 新都	深圳瀚明投资有限公司	股权转让	正在进行重组
ST 中侨	大连柏兴房地产发展有限公司	股权转让、资产置换	正在进行重组
ST 国货	上海华馨投资	股权转让、资产置换、资产托管	已完成
ST 张家界	上海鸿仪投资发展有限公司	股权转让	已完成
ST 猴王	江苏新中期集团	股权转让、资产负债剥离、资产托管	正在进行重组
ST 红日	广西索芙特股份有限公司	股权转让、资产置换	已完成
ST 宏业	深圳凯瑞达实业有限公司	股权转让	已完成
PT 红光	广东福地科技总公司	无偿受让公司全部国有股的股权	已完成
PT 永久	上海中路集团	股权转让、资产置换	正在进行重组
PT 网点	上海新世界集团	股权转让、资产置换	已完成

3. 危机型公司重组动因

从发达国家资本市场的实践来看，一家上市公司如果连续出现亏损而面临摘牌时，一般情况是不会被重组的。而我国则不同，几乎每一家危机型公司都会进行重组，力图通过重组创造利润，保住上市资格，实现所谓的多赢。

在发达的资本市场，公司上市制度实行注册制，上市与否主要取决于公司是否达到了上市的标准。而我国的情况就比较特殊，政府对公司能否上市影响极大，尤其是在股票上市核准制推行之前，一家公司能否上市，什么时候上市，发行多少股票，发行筹集资金多少等在很大程度上由监管层决定。另外，我国的上市公司分红极少，股权融资成本非常低廉，因此上市公司在资本成本上又有着非上市公司不可比拟的优势。此外，地方政府可以通过国有企业上市摆脱自身包袱，也有动力给上市公司创造良好的环境，其一般都会给予税收、土地、用工等方面的优惠政策，这也使对公司上市具备了更大的诱惑力。

在这种情况下，"壳资源"对未上市企业就很有吸引力，其势必要以各种方式来充分利用"壳资源"。在法律不完备的背景下，重组方借壳上市后很容易通过非等价交易、"报表重组"、利益转移等重组行为实现上市圈钱的目的。危机型公司重组的实质就是利用上市公司这个"壳"来从证券市场获取低成本的资金。通过重组对"壳资源"进行重新配置，利用重组的机会来抢夺"壳资源"、维护"壳资源"和继续充分利用"壳资源"，不仅符合地方政府的利益，也符合非上市企业的愿望。

因此，对非上市公司而言，重组危机型公司可以达到上市的目标；对地方政府而言，通过重组危机型公司可以实现壳资源的重新配置，缓解危机型公司破产或下市引致的一系列危机。

二 危机型公司重组中利益相关者及其行为分析

1. 危机型公司重组中的利益相关者

危机型公司重组过程中涉及的利益相关者主要有重组方、债权人、大股东、地方政府、流通股东等。

在危机型公司的重组中，重组方是其中的关键角色，没有重组方的介入，重组就根本无法展开；由于危机型公司债务一般都十分沉重，因此债权人在重组中的地位较为重要，没有债权人的协作，重组的难度非常大；大股东掌握了上市公司较多的股份，重组方启动重组的目的就是成为新的大股东，因此如何获取原大股东的全部或部分决定性股份就是重组中的一个重要问题，这自然离不开与大股东的谈判；地方政府作为上市公司所在地的管理者，对上市公司的"壳资源"十分关注，这一方面是出于社会安定的考虑，另一方面是出于经济发展和财政收入的现实压力。因此，危机型公司重组中利益相关各方的行为对重组能否成功十分重要。

2. 重组方的行为分析

在危机型公司重组中，重组方是一个关键的利益相关者，重组过程主要是由重组方推动的，包括重组方案策划、与各相关利益方谈判、协调各类中介机构、与有关管理部门沟通等。

重组方对危机型公司重组的根本目的就是获取上市资格。重组方一般自己难以上市，或者能够上市也需要等待数年，因此，通过重组的方式迅速入主已上市公司，进入资本市场实现圈钱的目的。此外，通过重组过程，非上市的公司可以大大扩大知名度，即使重组不成，也相当于做了一次全国性的广告，如果涉及的是投资者关注的危机型公司，则广告效应更是巨大。因此，仅此两项，重组方就可名利双收了。

至于重组方的重组成本，一般情况下不会很大。就已经发生的一系列重组案例来看，重组方付出的主要是优势业务，但是对于一家希望上市的公司来说，自身的优势业务迟早会注入上市公司，这实际上并不能算是一项成本。在重组谈判过程中，地方政府出于稳定政局的考虑，往往要求妥善安置危机型公司的员工，重组方可能会因此而付出一部分代价。但相对于重组后的收益而言，重组的成本永远低于重组的收益，即重组危机型公司的净收益总是大于零。为了实现重组收益的最大化，重组方在重组的过程中与其他利益主体的博弈成为重组过程的重要内容。

3. 债权人的行为分析

危机型公司一旦摘牌，公司价值就会迅速下降，持续生存的机会极为渺茫。对债权人来说，要从严重资不抵债的危机型公司收回债权的可能性也微乎其微。与其一文不名，不如冒险重组，如果重组成功，则还有收回债权的机会。一般地，由于危机型公司的债务数量、债权人结构不同，债权人在危机型公司的重组中通过债务打折（部分债务豁免）、债务延期、债务转移等进行重组，在获取部分债务重组收益的同时，可能会有较大的债务重组损失。理性的债权人一般愿意参与重组。但在重组初期，由于债权人对债权回收寄予过高的期望且不轻易做出让步，因此重组过程中与债权人的谈判较为困难；随着重组工作的推进，债权人最终都会以较大的债务折扣为重组成功奠定基础。

4. 大股东的行为分析

危机型公司的大股东一般都是国有企业。由于我国公司上市的初衷是实现国有企业脱空，因此国有企业通过重组实现了部分资产上市。但由于改制重组不彻底，国有企业作为大股东在股份公司上市后以各种名义占用了大部分募集资金，成为公司上市的最大受益者，上市公司成为大股东的提款机。对于陷入危机的上市公司，很多国有大股东自身没有能力对其进行改造重组，因此只能拱手相让，当然在股权的转让过程中，最大限度地榨取"壳资源"的经济价值自然也就是大股东"最后的晚餐"。

5. 地方政府的行为分析

地方政府在重组中起着重要的作用。由于相当一部分的危机型公司的大股东被地方政府的国资公司管理，因此地方政府在很大程度上可以决定是否转让国有股或国有性质的法人股，同时地方政府在重组过程中牵线搭桥，在帮助危机型公司寻找重组方中也扮演了重要的角色。对于某些重组方案，地方政府还可以给重组方一定的优惠措施，如对"非等价交易"进行补偿等。

通常来说，由于地方政府将本地有多少家上市公司视为政绩之一，因而对上市公司的壳资源比较重视，由于声誉机制的作用，地方政府不希望看到自己辖区内发生上市公司摘牌现象。此外，一旦上市公司被摘牌，往往也就意味着相当数量的下岗职工等待地方政府安置，这也是地方政府最头痛的大问题。在重组与摘牌之间，地方政府一般倾向于前者，保住声誉和维持社会稳定对政府来说是优先目标。

当然，地方政府为表现重组的诚意，都会在重组的条件方面做出一些让步，比如接手部分债务、豁免部分债务、承担某些责任、划拨某些权益等，从而地方政府在危机型公司的重组中都要分摊较大的成本，但重组成功可以为地方政府带来间接的重组收益。因此，地方政府在危机型公司的重组中往往扮演"输血者"的角色。

三 危机型公司重组中利益相关者博弈分析

1. 博弈论的分析视角

博弈分析已成为现代经济理论中最重要的分析方法。这种分析方法的前提假设是，每一参与方都是理性的经济人。通过博弈达到利益均衡成为不同利益主体的重要行动策略。在完全信息静态博弈中，纳什均衡是博弈中每个参与方，各出一种策略组合，其中每个参与人的策略都是针对所有其他参与方的策略组合的最佳反应。"最佳反应"使该策略带给采用它的参与人的利益或效用最大化。危机型公司重组中利益相关者的博弈实质上就是寻找实现利益均衡的行动策略，即在既定的博弈规则约束下，针对其他参与人的策略，选择使自己利益最大化的策略。

从危机型公司重组中利益相关者的行为分析可知，对于危机型公司而言，重组对利益相关各方来说都是比较理性的选择。但是，个体理性并不一定保证集体理性，博弈论中的"囚徒困境"就是一个最为经典的例证。对于危机型公司重组来说，理性的利益相关各方会不会同时都选择重组呢？

由于危机型公司重组涉及的利益相关方较多，我们主要对以下两类博弈进行分析。

2. 危机型公司重组中的利益相关者博弈分析

（1）重组方与地方政府和公司股东的博弈分析

重组方与地方政府和公司股东的博弈是基于对壳公司的价值认识而形成的对公司控制权的博弈。在完全信息静态博弈假定下，重组方与地方政府和公司股东之间的博弈主要围绕重组方的意愿努力、地方政府对重组成本的分摊（输血）和公司股东主要是大股东的股权让步。设重组方的意愿努力为λ，地方政府对重组的成本分摊为δ，大股东在公司控股权方面的让步为φ，λ、δ和φ是收益的函数，则λ、δ和φ成为博弈的重要参数。

在重组方的意愿努力λ一定的条件下，重组方进行重组的前提是其重组的净收益大于零，因此，博弈的支付函数为：

$$\pi = f(\lambda, \delta, \varphi, \phi)$$

ϕ为预期重组成功的概率。

我们用简单的支付矩阵（见表3）表示重组方与地方政府和公司股东的博弈过程及其可实现的均衡。

表3　重组方与公司股东和地方政府的博弈

重组方		公司股东和地方政府	
		不让步	让步
	不重组	(0,0)	(0,0)
	重组	(-1,1)	(2,2)

在这一博弈中，重组方的行动策略是（重组，不重组）；公司股东和地方政府的行动策略是（让步，不让步）。如果公司股东和地方政府选择让步的幅度满足重组方的要求（达到δ和φ参数水平），则重组方选择重组；在预期重组成功的概率一定的条件下，重组方的净收益假定为2，公司股东和地方政府的净收益也为2。如果公司股东和地方政府选择让步的幅度不能满足重组方的要求，重组方选择不重组，则双方的收益均为0。因此博弈的结果肯定是在公司股东和地方政府选择让步的幅度满足重组方要求的情况下，双方达成重组协议。很显然，（重组，让步）是重组方与公司股东和地方政府实现纳什均衡时的行动战略，相应的收益是（2，2），因此，这是一个纳什均衡。通过博弈重组方与公司股东和地方政府的支付函数满足各自的收益要求。

（2）公司股东和重组方与债权人的博弈分析

公司股东和重组方与债权人的博弈主要是基于债务的豁免或折扣比率的博弈，在完全信息静态博弈假定下，公司股东和重组方与债权人就公司重组中债务处理与债权人谈判，由于债务重组是公司重组能否成功的关键，因此，债务豁免或折扣往往是公司重组中最为困难的问题。在地方政府对重组的成本分摊和大股东在公司控股权方面的让步一定的条件下，债权人在公司重组中对债务豁免或打折η，取决于公司股东和重组方对重组的努力程度γ和重组成功的预期ϕ。

公司股东和重组方对重组的努力程度γ为：

$$\gamma = g(\lambda, \delta, \varphi)$$

则债权人的支付函数为：

$$\mu = f(\gamma, \eta, \phi)$$

表 4 是博弈双方的支付矩阵。

表 4　债权人与公司股东和重组方的博弈

		债权人	
		不打折	打折
公司股东和重组方	不重组	(0,0)	(0,0)
	重组	(−1,1)	(2,2)

在债权人与公司股东和重组方的博弈中，债权人的行动策略是（打折，不打折）；公司股东和重组方的行动策略是（重组，不重组）。在公司股东和重组方选择重组的情况下，如果债权人选择打折并且打折的比率满足重组要求的条件下，重组可能成功，则公司股东和重组方的预期收益为 2，债权人的预期收益为 2，（重组，打折）是双方唯一的选择，这也是一个纳什均衡，参与重组的各方可以实现利益最大化。

利益相关方的博弈分析表明，地方政府对重组的输血，控股股东对控股权的让步，债权人对债务的豁免或折扣和重组方的重组意愿及其努力等是危机型公司重组中利益相关方博弈的焦点，各方能否在博弈中达成一致是危机型公司重组成功的关键。

四　危机型公司重组案例分析

1. 案例之一：新中期重组 ST 猴王

（1）重组背景

猴王股份自 1993 年上市至 1998 年，账面盈利状况十分正常，每股收益均维持在 0.10 元以上，净资产收益率也保持在 8% 以上。这期间猴王股份似乎业绩比较优良，经营也比较正常。但是，由于改制重组不彻底，公司治理结构不规范，猴王股份实际上只是大股东猴王集团的一个融资窗口而已，甚至连属于自己的资产都不明确。猴王集团通过上市公司这个窗口，大肆融资，疯狂扩张，导致巨额亏空。2000 年底，资产总额才 3.7

亿元的猴王集团贷款本息已高达 14.18 亿元。由于为集团公司提供担保和借款，再加上各种往来款项，2001 年 2 月 27 日猴王集团宣告破产后，猴王股份损失超过 10 亿元，成为一家严重资不抵债的上市公司。由于连续两年亏损，2001 年 3 月 7 日起实施特别处理，"猴王 A"变成了"ST 猴王"。

（2）重组方案

ST 猴王重组的主要问题是解决猴王集团破产后暴露出来的巨额债务和注入新的主营业务，因此重组就离不开老股东、债权人的损失处理和重组方的寻找，同时地方政府在重组中也需要做出较大的让步。

重组方案的要点为：债权人豁免 ST 猴王 70% 的债务，最终保留的债务不超过 3 亿元；地方政府接手 ST 猴王的部分资产和对猴王集团的债权，同时转移部分对猴王集团的担保责任，最终的目的是制造出一个比较干净的"壳"；非流通股股东以象征性价格将 50% 的股权转让给重组方，地方政府的所有股权以成本价转让给重组方，从而重组方成为第一大股东；重组方获得股权后，注入不低于 3 亿元的资产，并输送利益，保证 ST 猴王 2001 年盈利（见图 1）。

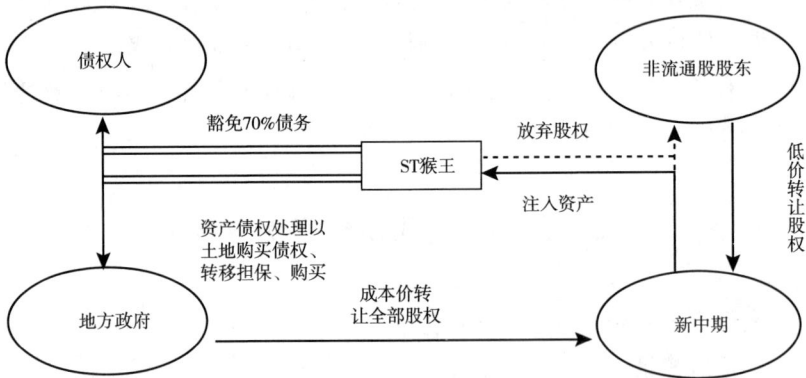

图 1　重组方案示意

（3）利益相关者的博弈与重组成本分摊

ST 猴王的重组过程中，利益相关者的博弈充分体现在地方政府和大股东的让步和债权人的债务打折。地方政府在重组中的成本分摊总计约 8 亿元，大股东以象征性价格转让全部非流通股，债权人豁免 70% 的债务，重组方在得到这些让步的同时将通过注入部分资产和收益，达到重组上市的目标。博弈过程中各利益相关者的成本分摊情况见表5。

表5　重组过程中各利益相关者的得失

利益相关者	所得	所失
重组方 新中期	以每股0.1元的价格获得非流通股股东50%的股权，出售新大都50%的权益（账面净资产为5381万元，确定转让价为10125万元）	2001年江苏新大都公司的利润 注入部分资产
债权人	预期回收30%的债权	70%的债权豁免
大股东 夷陵国资	ST猴王的大部分无效资产	承接猴王集团对ST猴王的债务20540万元，用政府划拨土地清偿 以1850万元收购ST猴王的7家子公司（合并净资产为-10006万元） 以980万元收购"猴王"商标 以1587万元收购焊丝厂49%的权益
地方政府	保住了上市公司的壳 地方政府的声誉	以1916亩土地（经评估总价值为2.3亿元）清偿夷陵国有资产管理公司所欠公司债务；承接ST猴王对宜昌市商业银行的13401万元负债；重组成本分摊总计约8亿元
非流通股股东	重组成功后50%股权期望收益	以象征性价格转让50%的股权
流通股股东	重组成功后的期望收益	流通性风险

2. 案例之二：长城资产管理公司重组PT渝钛白

（1）重组背景

"渝钛白"在股份制改造前是重庆市最大的一家中外合资企业，原名重庆渝港钛白粉有限公司，成立于1990年9月，注册资本为1400万美元，由重庆化工厂与香港中渝实业有限公司各持50%股份。1992年5月更名为重庆渝港钛白粉股份有限公司，获准新增发行人民币普通股股票3600万股。

渝钛白上市之初就没有过人的表现，上市第一年的净资产收益率也不过8%，第三年降到了1.71%，1996年就陷入了亏损，1998年亏损额高达3.5亿元，数倍于历年盈利之和。由于连续两年亏损，1998年4月30日渝钛白被特别处理，1999年7月5日被停牌。

相对于证券市场上层出不穷的大股东掏空上市公司现象，渝钛白的亏损还比较真实，基本上属于上市公司自身的原因，主要是财务负担过重。由于首次公开上市融资所筹集的资金不足，生产状况达不到设计标准（包括产品质量和产量），从而导致公司达不到盈亏平衡点，出现经营性亏损。

（2）重组方案

"渝钛白"的亏损在很大程度上是由于财务费用和固定资产折旧费用过高，而项目本身发展前景被十分看好，因此重组的思路是通过债务剥离和资产剥离降低两项费用，尽快实现盈利，争取再融资成功。

由于重组涉及巨额债务剥离问题，因此必然离不开主要债权人长城资产管理公司。重组的第一步就是股权的转移，由重庆国有资产管理局无偿接手并列第一大股东香港中渝实业有限公司 28.68% 的股权，然后再将这部分股权和自身的 28.68% 一并无偿转让给长城资产管理公司，同时将当初剥离出"渝钛白"后剩下的空壳公司重庆化工厂全部股权也无偿划拨给长城资产管理公司。

长城资产管理公司随后在重庆化工厂和"渝钛白"之间进行资产和债务重组。重庆化工厂承接"渝钛白"1.68 亿元的资产及所欠长城资产管理公司的 7.48 亿元债务。"渝钛白"在资产转让后，又将其中价值 1.13 亿元的资产以 640 万元的年租金回租使用。

同时，在地方政府的协调下，"渝钛白"与除农行以外的其他 9 家金融机构签订了债务重组协议，获得债务重组收益 1382 万元。

通过债务转让和资产出售、回租，"渝钛白"极大地减少了财务费用和固定资产折旧费用，2000 年实现 351 万元的盈利，恢复上市。

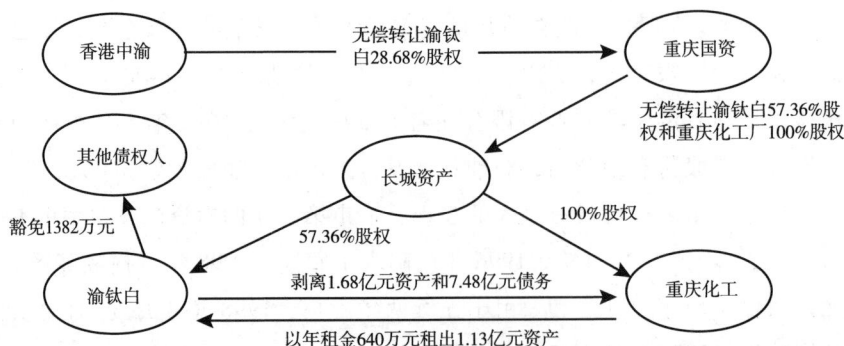

图 2　重组方案示意

（3）利益相关者的博弈与重组成本分摊

长城资产管理公司作为债权人兼重组方，在与地方政府（大股东）的博弈中，通过债权豁免得到了地方政府（大股东）在资产和上市公司股权方面的让步，实现了其重组目标。博弈过程中各利益相关者的成本分摊情况见表6。

表6　重组过程中各利益相关者的得失

利益相关者	所得	所失
重组方兼债权人长城资产管理公司	获得"渝钛白"7456.52万股股份和评估价值1.68亿元的资产	"渝钛白"7.48亿元债权
大股东重庆国资局	解决了职工安置等社会问题	"渝钛白"7456.52万股股份，即无偿转让"渝钛白"57.36%股权；重庆化工厂100%股权
其他债权人	剩余债权的预期收益	豁免1382万元

3. 案例之三：三联集团重组 PT 郑百文

（1）重组背景

郑百文的前身是郑州市百货文化用品公司，通过重组于1996年公开上市。郑百文上市后仅仅维持了2年，共计盈利不足1.3亿元，而后陷入巨额亏损状态，1998年和1999年两年亏损14.6亿元，从而于1999年开始实行特别处理，公司股票简称 ST 郑百文，从2001年3月起被暂停上市，股票简称变更为 PT 郑百文。

（2）重组方案

重组方案首先需要解决郑百文对信达资产管理公司的巨额债务问题，具体安排如下："信达"将持有的对"郑百文"的19.5亿元债权转让给"百文集团"和"三联集团"，其中"百文集团"以3亿元的代价承接5亿元，由郑州港澳新城提供担保；"三联集团"以3亿元的代价承接14.5亿元，并豁免"郑百文"14.5亿元的债务，条件是"郑百文"全部股东无偿将50%的股份过户给"三联集团"，"三联集团"重组后获得的股份作为承接"信达"14.5亿元债务的质押。"信达"豁免"郑百文"1.5亿元债权。

在解决了债务问题后，重组面临的是"郑百文"机体再造问题，具体安排如下："郑百文"剩余的资产和负债由"百文集团"全盘接手，其中资产 9.7 亿元，负债 5.9 亿元，差额部分 3.8 亿元形成"郑百文"对"百文集团"的债权；"三联集团"将价值 4 亿元的优质资产注入"郑百文"，其中 2.5 亿元与"郑百文"对"百文集团"的债权置换，剩余 1.5 亿元作为"三联集团"对"郑百文"的债权（见图 3）。

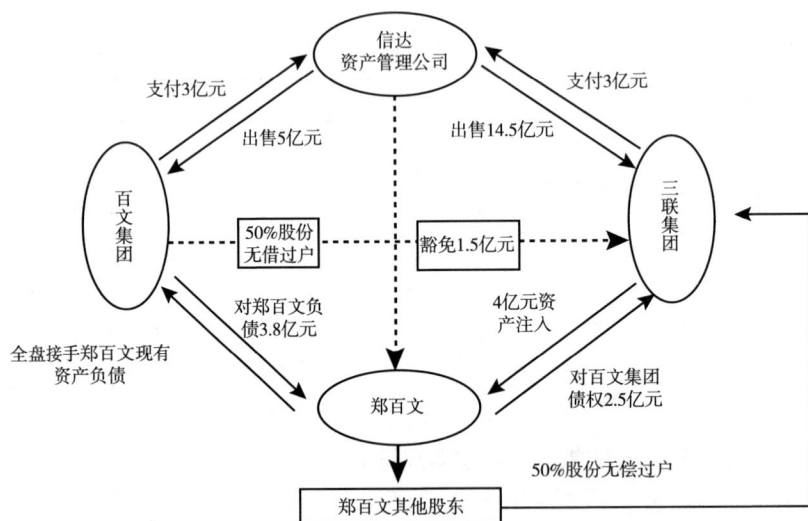

图 3　重组方案示意

（3）利益相关者的博弈与重组成本分摊

ST 郑百文的重组过程充分体现了不同利益主体的博弈行为，三联集团作为重组方在获得债权人的部分债务豁免和大股东对重组的实质性支持的条件下，通过在现金和资产注入方面的付出，获得了非流通股股东和流通股股东 50% 的股权，实现了预期重组上市的目标（现在看重组能否成功不取决于其他利益相关者而取决于监管部门）。博弈过程中各利益相关者的成本分摊情况见表 7。

表 7　重组过程中各利益相关者的得失

利益相关者	所得	所失
重组方 三联集团	获得 5000 万股流通股和 4524 万股法人股，获得百文集团 2.5 亿元和郑百文 1.5 亿元债权	支付给"信达公司"3 亿元现金，注入郑百文 4 亿元资产
债权人 "信达公司"	百文集团现金 3 亿元和三联集团现金 3 亿元	对郑百文的 21 亿元债权

利益相关者	所得	所失
大股东 百文集团	郑百文账面价值 3.8 亿元的资产	对"信达公司"负债 3 亿元，对三联集团负债 2.5 亿元，对郑百文负债 1.3 亿元，郑百文 1444 万股股份
非流通股股东	重组成功后剩余 50% 股权的预期收益	无偿转让 50% 的股权
流通股股东	重组成功后剩余 50% 股权的预期收益	无偿转让 50% 的股权

4. 小结

从上述三个案例的简单分析来看，危机型公司重组过程中债权人承担了较大的成本，ST 猴王和 PT 郑百文的债权人分别豁免了上市公司大约 70% 的债务，PT 渝钛白的债权人转移了上市公司的主要债务，实际上是豁免这部分债务。

地方政府作为主要的利益相关方，在重组过程中也承担了较大的成本。ST 猴王案例中，地方政府通过转移债务和担保、收购资产等方式，付出了 8 亿元的代价；PT 渝钛白案例中，地方政府无偿划拨了所拥有的上市公司的全部股权和非上市公司的 100% 股权。

重组方事实上承担的成本并不大。ST 猴王案例中，重组方新中期低价收购股权付出了部分成本，此外还通过托管的方式向上市公司输送了部分利益。PT 郑百文的重组方山东三联集团支付给信达资产管理公司 3 亿元资金，注入郑百文 4 亿元资产，合计 7 亿元，获得债权 4 亿元，获得流通股票 5000 万股、非流通股票 4500 万股，实际上承担的成本几乎为零。

从危机型公司重组的案例来看，有一个特点值得注意，那就是从自身实力来看，危机型公司的重组方并不是实力很强的企业。究其原因，无非重组方自身直接上市的可能性和对资本运作的好恶程度不同。对实力强的企业来说，当前形势下资金供给较为宽松，上市融资的紧迫性不强，此外这类公司较专注实业经营，主营业务经营良好，对资本运作的兴趣不大。而对于热衷于危机型公司重组的重组方企业，一般在自身领域内竞争能力并不是很强，知名度不高，资金压力较大，对重组上市公司的需求较为强烈，但由于实力的制约，这些企业对重组失败的承受能力有限，因此无法为重组承担很大的成本。

五 危机性公司重组前景展望

1. 制度变迁对危机型公司重组的影响

(1) 上市制度变革对危机型公司重组的影响

我国股份公司上市在很长时间内实行核准制,公司能否上市主要由管理层决定。公司上市的行政色彩非常浓厚,而且,在长期的实践中,能够顺利上市的一般都是国有企业,非国有企业即使业绩再好,要想挤进上市公司也是"难于上青天"。

核准制实施后,上市规则的变化有利于公司直接上市,因此,通过并购和重组"壳公司"的方式寻求间接上市的需求逐步减少。

(2) 关联交易规则变化对危机型公司重组的影响

我国上市公司重组中,非实质性的"报表重组"远远多于实质性重组。这些"假重组"得以进行的重要原因就是上市公司关联交易规则相对宽松。相当多的重组方通过关联交易,高价出售上市公司的资产,转让债务,注入所谓的优质资产,短期内将上市公司的业绩粉饰一新,成为"绩优股"。

暂行规定对于上市公司重组中常用的通过资产出售、债权转让和委托管理实现重组收益的方式分别做出了详细的规定。这些严格的财务规定对"报表重组"来说,影响十分巨大。因此,重组方想继续通过关联交易为危机型公司创造利润从制度规则上来看已经不可能。

(3) 退市制度变化对危机型公司重组的影响

2002 年 1 月 1 日起实行的新办法在暂停上市和终止上市的批准权限、批准程序、股票交易等方面进行了重要修改。新办法取消了宽限期申请的有关程序,公司连续三年亏损,其股票即暂停上市。暂停上市后第一个半年度公司仍未扭亏,交易所将直接做出终止上市的决定。

由于退市会涉及中小股东利益损失、影响社会稳定,在以前退市机制尚不明确的情况下,各地政府都鼓励盘活"壳资源",使其重获生机。重组方也有相对充足的时间对其进行重组,因此,危机型公司重组的可能性较大,现在,新的退市制度已经确定,危机型公司重组的可能性会大幅下降。

2. 危机型公司重组的前景展望

随着我国资本市场游戏规则的变迁,"壳资源"的价值也发生了较大的变化，除部分非上市公司为缩短上市时间或绕开某些政策规制等原因而采用买壳上市的方式外，资本市场上对"壳资源"感兴趣的重组方越来越少。作为潜在的"壳资源"的供应方，危机型公司的重组价值也相应降低。

对于未来的危机型公司重组，重组方的选择余地会更大，重组方在重组博弈中的主动性增强，从而其他利益相关方处于被动地位。与任何交易一样，占据主动权的一方总会在交易中获得更多的利益，重组方在重组过程中付出的代价将有所降低。而债权人、大股东和地方政府如欲完成重组，则要分摊更多的重组成本，这是一个必然的趋势。

国有金融企业改制上市模式研究[*]

一 国有金融企业改制上市的背景

我国的国有金融企业主要涉及银行、保险、信托、证券、期货等几大类，从资产总量的角度来看，银行和保险企业占了其中的绝大部分，而其中又以中、农、工、建四大银行，中国人寿和中国人保两大保险公司为主。到 2001 年底，这四大银行和两大保险公司的资产总额达到了 132464 亿元。

国有金融企业在我国的国民经济发展中起着重要作用，即使在资本市场迅速发展的 20 世纪 90 年代，四大国有商业银行的巨额信贷仍然支持了数以万计的各类非金融企业的生产经营，对我国经济总量的迅猛增长做出了巨大的贡献。但是，近年来国有金融企业面临股份制商业银行和外资银行的激烈竞争，几十年一贯的计划经济体制下形成的种种弊端使得它们处境艰难。

1. 体制困境

进入 20 世纪 90 年代以来，随着股份制金融企业、外资金融企业不断发展壮大，我国国有金融企业在国内市场一统天下的格局发生了较大的变化，市场占有率连年下滑。就银行业来看，国内四大国有独资商业银行只占了 70% 左右的市场份额，10 家股份制商业银行所占市场份额在 30% 左右。就保险行业来看，2001 年中国人保保费收入为 508 亿元，占全国财产险市场份额的 74%。2001 年中国人寿保费收入达到 812 亿元，占全国寿险市场的 57%。

与国内股份制金融企业相比，国有金融企业在体制上存在较大劣势。国

---

* 本文来自《中国上市公司基本分析》，中国财政经济出版社，2003。

有银行产权不明晰、自主权未到位，国有商业银行的唯一所有者是国家，其损失最终将由国家通过财政来承担，同时，政府目标的多元化造成银行除追求利润最大化外还承担着许多政策性任务。

国有商业银行的公司治理结构和内部控制制度存在巨大的缺陷。在组织体系上银行管理层级过多，采用与行政层级对应的总分行体制，过长的管理链条加上国有商业银行过大的规模使得总行对下级分支机构的控制力很弱。在人事安排和激励制度上，国有银行沿用了很多政府机构的方式从而缺乏有效的激励和约束，劳动、人事、分配权的总量控制大部分仍比照现行政事业单位，银行高层人员的任命和职务提升与行政级别挂钩，人才选拔和任命机制扭曲，这些制度安排造成了国有商业银行更像一个政府机构，与真正的商业银行相去甚远。在银行业务的经营方式上，产品供求定价仍按计划经济的模式进行，内部经营机制缺乏动力。由于外部总量控制再加内部机制改革没有根本性展开，经营机制依然滞留在计划经济模式下，责权利关系模糊，有责无权，有权无责，责权不匹配，从而企业员工动力不足，活力不够，缺乏积极性和创造性。

2. 外部冲击

中国加入 WTO 标志着中国银行业正式对外资银行开放，虽然目前外资金融机构在我国设立分支机构的数量不少，但它们的经营仍然受到较大的限制，比如外资银行基本上不能经营人民币业务，外资人寿保险公司不能经营团体险，因此外资金融企业的市场占有率并不高。100 多家外资银行的分行或办事处的业务在国内市场大概只占 2% 。但是，与外资金融企业相比，国有金融企业的竞争力明显不足。

就银行业来看。在盈利能力上，中外金融机构的差距非常明显。在美国排名前四的银行是花旗集团、美洲银行、大通曼哈顿集团、第一银行公司，其人均利润分别是 50130 美元、47070 美元、82280 美元、50380 美元；在法国排名前四的银行是农业信贷集团、巴黎国民银行、兴业银行、国民互助信贷银行，其人均利润分别是 43730 美元、33180 美元、34270 美元、26250 美元。在我国，工、农、中、建四大国有银行人均利润分别是 740 美元、180 美元、2100 美元和 3150 美元；净资产收益率分别为 2.8% 、0.2% 、5.1% 和 7.6% 。

按照入世的有关协议，两年后外资银行在中国可以经营人民币业务，5

年后外资银行享受国民待遇。根据国外的经验，一般外资银行在发展中国家占 30% 的市场份额，在转型的国家占 50% 的市场份额。国有商业银行未来面临的竞争形势十分严峻。

3. 资本充足率限制

中国已经加入 WTO，国有商业银行必须遵循通行的国际准则，其中最为核心的是最低资本充足率的要求，即《巴塞尔协议》根据加权风险资产计算资本充足率的方法和最低资本充足率的要求。为了与国际通用标准接轨，我国规定，商业银行的资本充足率必须达到 8%。由于这是最低要求，因此国有商业银行要实现上市，最基本的条件是资本充足率达到或超过 8%。由于资本充足率是资本与加权风险资产的比例，因此提高这一比例必须通过提高资本额和降低风险资产规模来实现。根据我国国有银行目前资产扩张的情况来分析，四大国有商业银行的资本充足率经严格计算应在 5% 左右，这大大低于国际上著名的大银行（见表 1）。

表 1　我国国有商业银行资本充足率

单位：亿美元，%

指标	一级资本	总资产	资本资产比例	资本充足率
工商银行	227.92	4929.83	4.72	4.75
中国银行	170.86	827.30	4.46	8.50
建设银行	138.75	3058.56	4.54	3.79
农业银行	159.71	2625.70	—	1.44
世界前六平均	407.85	7818.12	5.34	11.35

资料来源：根据英国《银行家》2001 年 7 月数据整理。

4. 不良资产包袱沉重

中国国有商业银行通过建立资产管理公司已剥离了 1.4 万亿元的不良资产，但就是在这种情况下，国有商业银行仍为不良资产问题所困。庞大的不良资产使其难与外资银行展开竞争，也严重阻碍了四大国有商业银行的改革步伐。如何消化和处置国有金融企业的不良资产，提高资产质量，成为国有商业银行改制重组的重要制约因素。截至 2001 年 9 月末，中国四大国有独资商业银行不良贷款达到 1.8 万亿元，不良贷款比例达到 26%。从不良资产率比较来看，国外商业银行的不良资产率远远低于我国的水平，花旗银行不良贷款率为 1.9%，汇丰银行为 5.2%，德意志银行为 1.4%，渣打银行为 4.8%，美洲银行仅为 1%。而我国四家国有银行中即使是不良贷款率最低的中国建设银行，2002 年第一季度不良贷款比例也高达 18.43%。

5. 改制上市是国有金融企业的必然选择

面临内外交困的国有金融企业，正在苦苦探寻生存发展的可行途径。改制上市成为必然选择。美国道琼斯 30 种工业股票指数构成中，金融股就占了 10%。标准普尔 500 家最大上市企业中，也有 70 家是金融类企业。目前在纽约证券交易所上市的银行约有 900 家，上市银行占到上市公司总数的 30% 左右。从全球证券市场来看，商业银行上市非常普遍，国际上著名的大银行如花旗银行、汇丰银行、德意志银行等都是上市银行。在海外证券市场上，金融股以其回报稳定、股本规模大等特点，成为市场稳定的重要力量。随着我国资本市场的发展，上市银行已成为资本市场的重要成员，国内上市的商业银行已有深圳发展、浦东发展、民生银行、招商银行四家，其他一些股份制商业银行也正在积极准备上市。

对于国有银行来说，上市可以借助新股发行迅速提升核心资本充足率，进而增强防范风险的能力，从而提高盈利能力。更为重要的是，银行上市有利于现行银行机构体制的改革。通过上市，实现所有权和经营权的分离，完善银行法人治理结构，规范银行经营行为，确保银行存款和负债风险社会化和分散化，使得社会和存款人乃至借款人、投资人等来共同承担银行运作的风险。

对于国有保险公司来说，上市可以大幅度增加资本金，提高上市保险公司的承保能力；提高风险抵抗能力；提升公司品牌形象，增强国际竞争力；提高上市保险公司经营活动的透明度，强化外部监管；有利于提高资本运作效率。此时国内的股份制保险公司新华人寿、泰康人寿等都在准备上市。

二 国有金融企业的改制模式

国有金融企业的改制是我国国有企业改制的重要组成部分，由于国有金融企业的特殊性，因此其改制重组的模式也必然有其特殊性，为了更好地研究国有金融企业的改制模式，在此先介绍一般国有企业的改制重组的典型模式，并以中国移动为案例进行说明。

1. 一般国有企业改制上市模式：分拆上市

中国资本市场的上市主体仍然是国有企业，尽管民营经济和其他成分的经济有了长足的发展，但典型的改制上市问题仍然主要是指一般大型国有企业的改制上市问题，其标准模式是分拆上市。不论是代表中国大型石化产业的中国石化、中国石油，还是代表中国通信产业的中国移动、中国电信等，改制重组和上市的典型模式都是通过分拆重组方式实现上市。实事求是地说，采用分拆重组后发行上市这种模式，尽管会带来改制重组不彻底，上市结构复杂，上市公司与控股股东之间存在大量的关联交易等一些负面影响，但它的确是国企改制工作的一项重要经验。依靠这种模式，许多目前尚不具备整体上市的大型国企实现了改制上市的目标，也成功地从国内外资本市场筹措了大量的资金，实现了股权结构多元化和建立了相对完善的公司治理结构。

我们以中国移动的改制上市为案例说明一般国有企业的重组上市模式。中国移动集团公司是通信产业中的大型国有企业，与国有商业银行都属于国有独资公司，资产规模都比较大，各地区的分支机构盈利水平有较大差距，具有一定的代表性。

1997年，中国移动在香港成立中国移动（香港）公司，并将广东、浙江两省的移动资产注入香港公司。1997年10月，中国移动（香港）公司在香港联交所上市，融资额达42亿美元。上市后通过一系列的资本运作，逐步收购母公司在其他省份的移动资产。此时，中国移动集团公司进入上市公司的省份的业务量和用户数占比为70%～80%，而集团公司只拥有1/4到1/3左右的资产（见表2），从而通过"分拆上市、反向收购"，逐步实现了整体上市的目标。

表2　中国移动分拆上市、反向收购过程

单位：亿元

时间	资产进入方式	上市资产	收购价值	融资额
1997年10月	IPO	粤、浙	—	42
1998年6月	收购	苏	29	—
1999年10月	收购	闽、豫、琼	64	17.4（股票） 6（债券）

时间	资产进入方式	上市资产	收购价值	融资额
2000 年 10 月	收购	京、津、沪、辽、鲁、冀、桂	328.4	68.66(股票) 6.9(债券)
2002 年 6 月	收购	皖、赣、渝、川、鄂、湘、陕和晋	668	58(配股) 204(股票)

2. 国有金融企业改制重组模式

国有金融企业与其他国有企业一样，在资产、负债和所有者权益上存在较为复杂的关系，而且它们的规模又远远大于一般的国有企业，因此对它们进行现代企业制度改造将是一项庞大的系统工程。简单来说，在改制过程中首先要注意这样几个问题。

第一，清产核资，界定国有股权。为避免国有资产流失，必须认真清理债权债务，合理界定产权。

第二，合理解决不良资产问题。如果不良资产过多，在吸收法人股东、个人股东入股时，其入股价格会比较低。

第三，理顺股权结构。国有金融企业股份制改造后应建立多元化的股权结构，在保证国家控股的前提下，吸收境内外战略投资者入股，形成产权明晰的股权结构。

至于国有金融企业改制的模式，目前各方意见不一，争议较大，具体来说，包括几种模式。

（1）不留存续公司的整体改制模式

不留存续公司的整体改制模式是在维持国有商业银行完整性的前提下，将国有商业银行改造为股份制商业银行。国有金融企业总行或总公司作为一级法人，各省资产作为分行或分公司。这种模式基本上和各金融企业当前的状况相似，区别在于企业类型，即由现在的国有独资银行转变为股份制商业银行，当然国有资本仍然为大股，企业性质由国有独资变为国有控股。

整体改制的过程实际上是在剥离核心资产中的不良资产后，将国有独资商业银行改造为股份制商业银行。整体改制在产权改造过程中，通过引入战略投资者来实现股权多元化，合格的战略投资者既包括境外的战略投资者，也包括境内民营战略投资者。

这种改制模式的优点在于，它对银行体系冲击最小，保持各金融企业的资产、业务的完整性，有利于保持各企业的品牌价值和竞争力，改制带来的不稳定因素较少，较为稳妥。一旦改制成功，过去的规模不经济就可能转化为规模上的优势，使得改制后的银行在竞争中处于较为有利的地位。缺点是改制力度较小，企业整体资产状况和盈利能力不够理想。

（2）保留存续公司的整体改制模式

保留存续公司的整体改制模式实际上是按照好银行/坏银行的模式将国有商业银行分解为经营优质资产的商业银行和经营不良资产的管理公司，同时将经营优质资产的好银行改造为股份制商业银行。改制过程表现为，总行或总公司成为存续公司，将原来的资产按一定标准进行剥离，不良资产由存续公司接收，优质资产作为存续公司的出资，吸收其他战略投资者出资，设立新的股份制商业银行，存续公司成为新企业的控股股东，以保持公司的国有性质。新的股份制商业银行为一级法人，采取总分公司的形式进行经营管理。这种改制模式沿用了传统的国有企业改制上市的老办法，即把国有企业中的优质资产剥离出去上市，然后让存续的劣质资产控股上市公司。

这种改制模式能够保持各金融企业的资产、业务的相对完整性和原企业的品牌价值和竞争力，改制带来的不稳定因素较少，与上一种模式相比，更能提高股份制企业的资产质量和盈利能力，并提高其信用等级，更容易达到上市标准，在实践中也应用较多，操作起来也有经验。这种模式的缺点是存续公司控股改制后的股份制商业银行，存续公司和股份制公司之间可能产生大量的关联交易。

（3）按地域分拆的母子公司模式

分拆重组是近年来国有商业银行改制中讨论最多的改制重组模式，分拆改制有两种形式，一是按地域标准进行的分拆，二是按业务标准进行的分拆。

按地域标准进行分拆，既可以按照大区拆分，也可以按照省份分拆，但结果都是以总行或总公司成为母公司，各大区或省份分支机构改造成为独立的子公司，由母公司控股，同时有条件的子公司吸收其他战略投资者实现股权多元化改制成为股份制商业银行。在我国证券市场发展早期，这种模式在国有企业改制上市实践中较为普遍，相当多的国有企业通过这种方式将优质资产剥离出来，改造为股份制公司，最终达到上市的目的。

在我国，国有商业银行都是按照省份设立的，如果按照省份分拆，既不会破坏原有银行业务上的连续性和历史完整性，也不会破坏原有大银行的全国网络功能；同时，这种拆分还可以减少大银行规模过大、管理半径过长的弊端。

分拆重组后，原总行成为一家金融服务公司，成为这些省级银行的服务中心，集中提供信用卡、支付系统和联行服务，省级银行之间的资金往来仍使用原有的系统。但原总行与各省级银行之间已不再是原先的隶属关系，而是独立经营、自负盈亏的商业合作关系。分拆重组应当遵循的一个原则是，不能实行一刀切的方式实现全面股改。原则上应该是成熟一家改制一家。对没有完成股改的省级银行在真正成为独立的商业银行之前的过渡期中，将继续由总行进行管理，但总行的作用仅仅限于对这些银行进行业务上的管理、协调和监督，而不能对这些银行的资金进行跨行之间的调度和划拨。

但是，分拆重组无法避免原总行与股份制商业银行之间的大量关联交易，这些关联交易无论从数量和金额上还是频繁和复杂程度上都将是前所未有的，其在向证券监管机构和海外投资者解释和披露关联交易这个问题上遭遇重大的挑战和困难，同时，也可能对商业银行的利益共有人尤其是广大储户带来重大不利影响。

（4）按业务分拆的金融控股公司模式

国有商业银行按业务进行纵向分拆重组，将银行的新业务或者具有成长性的业务，如信用卡业务、个人消费信贷业务、中间业务等进行分拆，设立子公司单独运行，从而将总行改制为综合性的金融控股集团公司，这也成为国有商业银行改制重组的一种选择。近年来除农业银行外的三大国有银行在混业经营上纷纷进行了卓有成效的探索和实践，有些取得了成功。例如，中国银行重组了"中银亚洲"，并通过其香港"中保国际"进入保险领域；工商银行和建设银行通过收购友联银行及通过控股中金公司，将业务顺利拓展到投资业务领域等。因此，对国有商业银行按业务进行分拆重组，并构建具有金融控股公司性质的银行集团具有了现实基础。

在总行或总公司改造成为金融控股公司的基础上，对集团内的部分控股子公司进行股份制改造，争取盈利并上市的模式为未来分业监管架构下的混业经营奠定了基础。其优点是可以将股份制改造和经营模式的转变相结合，既能够引进战略投资者，又能够开展新业务。一些股份制金融机构如中信、光大、平安等和非金融企业集团如海尔、鲁能等，在组建金融控股公司方面已先行一步。此外，金融控股公司模式在上市方面也较为灵活，可以根据自身需要和市场环境，灵活安排上市进度。

但这种按业务分拆的改制重组模式仍然无法回避集团公司与控股子公司的大量关联交易，也必将为未来上市带来大量的难题。同时，不利于金融企业业务发展的完整性，违背了客户对金融服务多样化的需求。比如银行的票据、信用卡、结算和信贷等业务如果被分割成独立的子公司，那么对于非金融企业来说，在获取其一揽子金融服务时就可能较为不便。同时，金融控股公司模式对不同业务之间的管理和协调要求也非常高。

三　国有金融企业的上市模式

事实上，国有金融企业的上市与改制是一个问题的两个方面，如何改制必然考虑到未来上市的要求。本文把改制和上市分开来讨论，主要是考虑到国有金融企业尤其是国有银行的上市可能是一个比较长的过程，在实际上市之前，企业改制有可能会出现变化，比如由整体改制变为金融控股公司形式，或者是整体改制演化为母子公司形式。

上市模式的内容取决于上市主体的选择和上市地点的选择。当前，理论界和金融界对此存在不同意见。

1. 上市主体选择

整体上市还是分拆上市？这是有关国有金融企业尤其是银行上市争论最多的问题之一。对于资产规模不大的保险企业来说，整体上市从市场承受能力来看是不成问题的，而且整体上市有利于企业机制的全面转换，所以对保险企业整体上市意见比较一致。而对国有银行则不同，即使资产规模较小的农业银行，资产总额也在中国人寿的 10 倍以上，如此巨大的资产该不该整体上市，各方意见不一。

很多人认为，由于国有金融企业规模巨大，资产质量不高，短期内整体上市的难度可能比较大。对于银行来说，尽管改制上市的最终目的是在全行建立起现代商业银行制度，银行整体上市可以极大限度地推进银行体系和投融资体制改革，但面临的主要难点是整体上市需要将一个银行的全部真实情况展示在投资者面前，特别是不为外界所知的准确的不良资产规模将是一个明显的"黑窟窿"，这恐怕难以为政策管理层所接收。因此，银行整体上市不可行，一种可行的方案是将几家效益好的省级分行合并在一起组成一家独立的银行先上市，上市后内部改制加强，进一步提高经营效益，然后再将其余分行逐步并入。这种向中国移动学习的做法，已经为海外投资者所熟悉和认同，同时也能极大促进总行提升管理能力。

但是，也有人认为，分拆上市的一个主要弊端是它避重就轻，难以做到通过上市而对中国银行业的运营环境产生良好影响。分拆上市的另一个弊端是，需要很长一段时间才能将上市完成并在全行建立起现代银行制度。这与我国经济快速发展的要求显然不相适应，也不能应对入世后外资银行在国内迅速扩张的局面。

我国现行证券法规对国内银行上市的政策约束条件是：盈利记录、资本充足率、不良贷款率和中国人民银行制定并公布的一些监管比例的要求。如果用一个规范的证券市场监管环境来考量，并考虑与国际银行上市监管政策惯例相符合，则在上述条件中，较为关键的政策约束条件是盈利记录和资本充足率，因此在整体上市的选择下，如何提高银行的盈利能力和资本充足率成为关键因素。

事实上，整体上市的困难也不像通常想象的那么大，比如建行或中行上市，像高盛、摩根士丹利这样的国际一流投资银行肯定愿意做主承销，并且肯定能将上市完成。因为国外投资者看中国的银行，最重要的是看潜力，而不看现在怎么样。

2. 上市地点选择

上市地点的选择也是争议较多的一个话题。

有人认为，国有金融企业的首次上市应该在海外。首先，从市场容量考虑，国内股市承受力有限，难以容纳超大盘的国有金融企业，尤其是国有银行，无论是与印度等发展中国家在海外上市的银行比较，还是用现金流折现的方法计算，国内整体上市的市场容量都难以承接。以工商银行为例，截至 2001 年 1 月末，工商银行总资产为 3.88 万亿元，相当于 2002 年深沪两地股票总市值的 97%。按照《巴塞尔协议》的要求，假定其资本充足率达到最低 8% 的要求，那么上市前的总股本为 3104 亿元。假定发行 15% 的流通股，上市后溢价 10 倍（不大可能有这么高的溢价倍率），总市值将达到 3.1 万亿元，流通市值达到 4650 亿元。而 2001 年一年，深圳、上海两个市场的总融资量才 900 亿元。如果一下子就融资 4650 亿元还是比较困难的，并且对整个一级和二级市场都会产生不良的影响。而国外上市则不存在容量的问题。其次，到海外上市也是从对上市公司的市场监管的规范程度、股票期权和其他内部激励措施的可操作性等方面考虑的。在这些方面，在国内上市显然不如国外。鉴于国有金融企业上市不仅仅是为了融资以补充资本金，还要改变经营机制，因此到海外上市是顺理成章的。首次上市后，在内部激励机制建成、运作符合市场监管规范后，当然可在国内股市进行二次上市。

但是，也有人不同意在境外上市，认为境外上市并非明智之举。首先，境外投资者在购买银行股票时，在不十分熟悉和了解的情况下，不一定会买中国的银行股票。其次，如果为了上市而上市，势必以低价发行，既得不到溢价发行的好处，还会导致国有资产流失。再次，在海外注册上市，其是以当地独立法人子公司出现的。这就意味着原分行离开了母体，从法律角度来看，母体也就是总行对其上市的子公司不负全权责任，因此其可信度将受到一定影响。最后，国有独资商业银行在境外分拆上市，不可避免地会对母体在国内上市产生冲击和带来负面影响。

3. 可行的上市模式

结合上市主体和上市地点的不同选择，我们可以给出国有金融企业几种上市模式，当然，这些上市模式仅仅是从理论的角度来进行探讨的，实际的上市模式可能没有这么复杂。

（1）境外整体上市

整体改制后的国有金融企业，可以在香港或纽约等地股市实现境外上市。这种模式非常适合中国人寿和中国人保两大保险公司。如果银行的不良资产率和资本充足率达到上市标准，整体上市也是比较彻底的上市模式，遗留问题较少，透明度较高。但这种模式对上市企业的要求较高，而且发行股票的价格不会太高，后续融资较为便利，但融资成本较高。

（2）境外分拆上市

对于母子公司或金融控股公司改造后的股份制子公司，可以在香港或纽约等地实现境外上市。这种模式比较适合于急于上市的国有银行，中国移动的模式可以参考。

（3）国内整体上市

整体改制后的国有金融企业在今后国内资本市场发展到一定规模后，可以在国内整体上市，这种模式适合于不急于上市的国有金融企业。国内上市的好处是发行溢价可能相对较高，有利于提高银行的资本充足率，但后续融资相对不便。

（4）国内分拆上市

对于母子公司或金融控股公司改造后的股份制子公司，可以采取在国内资本市场上市的方式。国内分拆上市是最为可行的上市方式。

（5）境内外同时整体上市

整体改制后的金融企业既想利用境外资本市场融资便利，又要充分获取发行溢价，就可以考虑境内外同时上市，但这种模式需要更多的中介服务，上市成本较高。

（6）境内外分拆上市

在按地域进行分拆改制后，符合所在地上市要求的股份制子公司可以分别上市。国内子公司可以在国内股市上市，境外子公司可以在当地股市上市。比如中国银行集团可以将其国内外分支机构整合为中国银行、中银香港和中银海外三大子公司，分别在内地、香港和纽约上市。

（7）境外买壳上市

对于改制进程比较慢、短期上市比较困难的国有金融企业，不妨通过境外买壳、反向收购的方式逐渐实现上市目的。

4. 小结

根据上述分析，从提升我国国有商业银行竞争力和整体转换经营机制的角度，在上市主体的选择上我们倾向于整体上市，其改制重组的模式应该是在对现有国有商业银行的核心资产中的不良资产进行剥离的基础上，将国有商业银行整体改制重组为股份制商业银行并在境外上市。

四 国有金融企业改制上市案例分析

此时，国有金融企业的改制上市都已经进入了启动阶段，尤其是国有保险公司，由于在资料获取上存在较大的难度，本文主要以在香港公开上市的中银香港为分析对象，基本介绍其改制上市情况，并做简要的分析。

1. 中银香港改制上市

中银香港的重组始于 2001 年 10 月。考虑到中银香港的重组是一个巨大的工程，中国银行为此专门成立了重组上市指导委员会，分设 13 个工作小组，每个小组都有总行、中银香港、投资银行、律师参加。在重组过程中，先后有 68 家著名金融咨询公司、6 家大的律师事务所参与其中，这为中银香港真正按照国际惯例重组奠定了坚实的基础。

重组的第一步是理顺股权关系。原来中银集团的股权结构相当复杂，这次重组明确把中银香港分行、其他七家内地成立的银行（广东省银行、新华银行、中南银行、金城银行、国华商业银行、浙江兴业银行和盐业银行）的香港分行以及在香港注册的两家独立银行（华侨商业银行和宝生银行）整合为一家独立的香港持牌银行，中银集团持有的其他两家独立银行（南洋商业银行和集友银行）和一家信用卡公司（中银信用卡公司）的股权也进入新组建的中银香港。

重组的第二步是组织机构重组。中银香港精简内部机构，一级部门从 295 个减少到 16 个，总经理室成员从 149 人减少到 30 人。在组织机构重组过程中，最为关键的是对公司治理结构的改造。中银香港组建了新的董事会，特别选择了 5 位在国际金融业知名的专家担当独立董事，其中一位独立董事还担当了稽核委员会的主席，董事会下设稽核委员会、薪酬委员会和风险管理委员会。风险管理部门不再像过去那样向行长负责，而是向董事会直接报告。对于旗下的网点机构，中银香港重新进行合理布局，避免了内部的过度竞争，同时还根据国际银行业的惯例，完全按前台、中台、后台的方式对业务流程进行再造，大大降低了运行成本。

重组的第三步是资产的重组，这也是历来企业重组的重要一环。中银香港重组中明确了一个概念，即只能做核心银行业务，非银行业务全部剥离出去，大幅度降低不良资产率。过去中银集团共有 100 多家金融公司，从事投资、房地产等非银行业务。中银香港邀请国际金融机构对资产质量进行了严格的审视，将这些业务全部剥离。

通过重组，中银香港基本上建立了现代商业银行制度，结构合理，管理科学，运作规范。2001 年 10 月 1 日，中银香港正式揭牌，总资产约 8200 亿港元，存款总额和贷款总额分别为 6200 亿港元和 3320 亿港元，资产规模在香港银行业位居第二，为香港三大发钞行之一。

2002 年 7 月 15 日，中银香港开始公开招股，认购结果大大出乎人们的意料，整体认购超额 7.5 倍，其中机构投资者超额认购 4.5 倍，香港零售部分超额认购 26.5 倍，最终总售股 22.98 亿股，每股定价为 8.5 港元，集资总额为 195 亿港元，其中香港发售占 3.5 成，国际配售则占 6.5 成。7 月 25 日，中银香港在港交所挂牌交易。

2. 对中银香港模式的简要分析

中银香港的重组，就是将已有的商业银行业务进行有机整合，通过合并重组降低经营成本，提高经营效率和市场竞争力。从中银香港改制上市的过程来看，分拆上市是比较迅速的上市模式，但是这种改制模式对其他三家银行是否有参考价值呢？

从中银香港的重组基础来看，中国银行是将其在香港的分行和其他几家内地成立银行的分行及另外两家香港注册银行重组成一家独立银行，重组的成功在很大程度上源于中国银行在香港多年苦心经营打下的基础，其他三家银行恐怕难以做到这一步。

从资产剥离方式来看，中银香港虽然资产比较优良，但仍有 400 多亿元不良资产，为此中国银行专门在境外注册了一家资产管理公司并承接了 74 亿元，中国银行还亲自接收了 150 亿元，这才使中银香港的不良资产率下降到 10% 以下。如果整体改制的话，四大国有银行中任何一家都需要处理数千亿元的不良资产，这恐怕也难以在短期内实现。

从重组的工作量来看，中银香港改制过程动用了 68 家著名金融咨询公司、6 家大的律师事务所，耗时一年多，用于重组的费用高达 9.37 亿港元，小小的中银香港尚且如此，对于任何一家国有银行来说，更是不小的工作量。

从新银行的组织结构来说，中银香港可谓动了大手术，建立了比较科学、完善、健全的现代银行制度，国有银行的重组能不能有这么大的力度很难说。

五　国有金融企业改制上市前景预测

在我们所说的两类国有金融企业中，保险公司由于资产规模相对较小、资产质量相对较高，因此改制的难度也相应较小。此时中国人寿和中国人保已经进入了改制的后期阶段，改制方案估计很快就能在国务院通过。国际金融巨头对我国保险市场一直比较看好，中国人寿和中国人保作为我国寿险和财险市场的两大巨头，相信能够吸引较多的战略投资者。因此，这类国有金融企业无论是在国内资本市场上市还是在国外资本市场上市，难度都不会很大。

对于国有商业银行而言，改制上市的难度相对大多了。而且，对国有商业银行来说，不同的改制上市模式对上市进度的影响也不同。

首先我们来看整体改制上市。衡量银行资产风险质量的主要指标就是资本充足率和不良资产率，这也是影响银行上市的关键指标。国际银行界普遍遵循的《巴塞尔协议》提出，商业银行的资本充足率应该不低于8%，核心资本充足率不低于4%，但是，我国的四大国有商业银行距此均有一定的距离。根据资产扩张的情况来分析，四大国有商业银行的资本充足率严格计算应在5%左右。

考虑到国内上市的要求相对境外上市低，我们不妨看看国有银行达到国内上市标准的可能性及其时间。我国国内上市的银行有深圳发展银行、浦东发展银行、民生银行和招商银行四家，由于深圳发展银行上市早在1989年，参考价值较小，因此我们主要参考后三家银行（见表3）。

表3　2001年中期三家上市银行的资本充足率和不良资产率

单位：%

指标	上市时间	资本充足率	不良资产率
浦东发展银行	1999 年	12.71	6.77
民生银行	2000 年	15.31	1.30
招商银行	2002 年	13.74	11.54
平均	—	13.92	6.54

资料来源：摘自各家银行2001年中报。

从表3可以看到，三家上市银行的资本充足率平均为13.92%，不良资产率为6.54%。我们假定四大国有银行上市的标准可以适当降低，资本充足率为8%，不良资产率为10%。抛开资本充足率，我们主要关注不良资产率。考虑到国有银行在中国人民银行等的要求下、在自身追求上市的压力下，对新增贷款的管理比较严格，管理技术有所提高，因此假定新增贷款的不良资产率可以从 10% 逐年下降一个百分点。1985 年至2002 年底，四大国有商业银行贷款从 6000 亿元上升到 7 万亿元。

从表 4 看到，在上述假定条件下，国有银行不良资产率需要经过 9 年才能下降到 10% 以下，而且，值得注意的是，我们在这里假定了新增贷款的不良资产率每年都有一个百分点的下降，实际上这很难实现。因此，9 年内国有银行的不良资产率下降到 10% 以下是有难度的，从而整体改制上市的时间不会短。

表 4　商业银行不良资产率情况

单位：亿元，%

指标	1 年	2 年	3 年	4 年	5 年	6 年	7 年	8 年	9 年
新增贷款不良资产率	0.1000	0.0900	0.0800	0.0700	0.0600	0.0500	0.0400	0.0300	0.0200
当年贷款存量	1.1800	1.3924	1.6430	1.9388	2.2878	2.6996	3.1855	3.7589	4.4355
当年贷款新增部分	0.1800	0.2124	0.2506	0.2957	0.3490	0.4118	0.4859	0.5734	0.6766
当年新增不良资产	0.0180	0.0191	0.0201	0.0207	0.0209	0.0206	0.0194	0.0172	0.0135
原有不良资产	0.2537	0.2717	0.2908	0.3109	0.3316	0.3525	0.3731	0.3925	0.4097
当年不良资产	0.2717	0.2908	0.3109	0.3316	0.3525	0.3731	0.3925	0.4097	0.4233
当年不良资产率	23.03	20.89	18.92	17.10	15.41	13.82	12.32	10.90	9.54

资料来源：根据笔者假设测算得到。

从四大国有商业银行的盈利情况看，2001 年四大国有商业银行的盈利总额为 200 亿元，其资产情况如表 5 所示。

表5 四大国有商业银行资产及其收益率

单位：亿元，%

银行	资产	权益	税前利润	净资产收益率（税前）
工商银行	43389	1912	61.25	3.2
农业银行	25280	1331	11.0	0.8
中国银行	33616	2184	109	5.0
建设银行	27649	1201	51.9	4.3

资料来源：四大国有商业银行2001年年报。

从盈利记录来看，只有资产规模较小的建设银行和中国银行的净资产收益率较高，勉强满足上市前三年盈利的要求。但盈利条件可能基于如下原因而发生逆转，一是其账面利润难以通过外部以体现真实利润（即资产质量、收入、支出核算真实和客观基础上的利润）为评价基础的效益审计程序，一旦通过实际评估，必然产生利润的挤出而导致国有商业银行的账面盈利处于难以确定的状态；二是账面利润会因贷款损失准备金计提政策变化而发生改变，国有银行贷款损失准备金计提政策与国际银行机构通行的贷款损失准备金计提标准之间存在较大的差距。我国已上市银行计提贷款损失准备金的方法主要有两种，一种是参照港澳地区的做法（如民生银行），即正常贷款和关注贷款两类资产为零准备，其他三类贷款资产分别按20%、50%和100%的比例计提贷款损失准备金；另一种是采取"备抵法"（如浦东发展银行），其计提方法是一块依据财政部现行政策规定，按贷款余额的1%差额提取，另一块呆账贷款按账面余额100%一次性足额提取。考虑到我国已加入WTO，贷款准备计提应采取与国际银行业一致的做法。如以第一种方法计算，1999年3家国有商业银行应补提贷款损失准备金总计大约为5238亿元，如果不考虑不良资产剥离因素，则应补提约1500亿元，从而三家银行的税前盈利将发生逆转，很难符合上市对盈利记录的要求。

因此整体改制重组上市在就如何剥离非核心资产中的不良资产和降低不良资产率方面，以及提升盈利能力方面还有很长的路要走。

如果采取分拆上市模式，我们认为，通过捆绑沿海几个经济发达地区分行的资产（如浙江、上海、江苏等省份），短期内就可以成立一家区域性股份制银行，采用中国移动的上市模式，估计2~3年内就可以达到上市目的。

而对于分拆业务新成立股份制公司，比如信用卡公司或票据公司，如果在国内上市，那么根据证监会的要求，国有企业和有限责任公司必须改制成规范化的股份有限公司并运行一年以后方可申请公开发行股票，因此这些分拆公司改制成股份公司，从理论上来说，只要有一年的时间就可以上市。如果在境外上市，由于国外投资者对国有银行整体上的看法可能存在不利的方面，从国有银行分拆出来的公司可能会面临银行信用等级的下降，能不能被境外投资者认可还是一个问题，何况这些公司刚刚成立，缺乏可资研究的财务资料，相信短期内上市也不大可能。

因此，我们认为，国有金融企业中，保险企业改制上市可能在近年内完成，其采用的方式基本上就是整体改制、境外上市；而国有商业银行的改制上市进程可能比较慢，在改制重组模式上将采取对现有国有商业银行的核心资产中的不良资产进行剥离的基础上，将国有商业银行整体改制重组为股份制商业银行，并在境内外资本市场同时上市。

国有企业经理人员股票期权激励机制[*]

引　言

国有企业采取的一系列"放权让利"的改革措施，目的在于调整国家所有者和企业之间的利益分配结构，并向企业经营者和生产者倾斜，以诱导其生产性努力，生产积极性带来的经济增长又为构建与激励相容的产权结构和治理结构提供了有利条件。但是，随着市场竞争的加剧，在不进行经济结构调整和引入创新机制的条件下，单个企业的生产性努力所能获取的利润增长空间越来越小，而政府对企业的"软预算约束"没有根本改变，使企业从分配性努力中获利变得相对容易，就导致了对分配性努力的激励。这一结果使所有者的利益受到了企业经营者和生产者等"内部人"的侵害。（1）缺乏企业家市场和经营者的筛选及其退出机制，从而缺乏对经营者的外部约束。（2）缺乏对经营者的有效激励机制，经营者谋求在职期间的收益最大化。同时，改革的深化造成经营者对控制权预期不稳定，加剧经营者行为的短期化。（3）国家所有者无法对经营者实行全面的严格监控，在缺乏充分竞争环境和企业家市场的条件下，很难确定企业的实际绩效及其中包含的经营者贡献。所以，现阶段国有企业内部改革的重点，是解决好经营者的激励与约束问题。

为了适应从计划向市场的转型，大中型的竞争性国有企业都将改造成具有现代企业特征的微观主体，与私人独资企业或计划经济体制下的国有企业相比，现代企业最核心的要素是法人财产所有权相对独立和企业内部独特的

---

　　* 本文原发表于杨瑞龙主编《国有企业治理结构创新的经济学分析》，中国人民大学出版社，2001。合作者为方敏博士。

治理结构。内部治理的主要作用在于协调企业不同产权主体之间的经济利益矛盾，克服或减少代理成本。在西方现代企业治理结构的制度创新中，与经理人员持股一样，股票期权也是一种广泛使用的长期激励方式。它把经营者的个人利益与企业未来价值挂钩，形成对经营者（代理人）的长期激励和约束。

那么，这一激励机制是否具有普适性？它是否可以用于国有企业的经理人员？是否有助于解决改革过程中因经营者利益不断强化而产生的代理成本问题、行为短期化问题以及"内部人控制"问题？这是一个无论在理论上还是在实践中都具有现实意义的课题。

本文试图提供一个研究国有企业经理人员股票期权激励机制及其方案设计的初步框架。其中涉及的主要问题包括：股票期权的激励机制、西方股票期权的经验、国有企业试行股票期权的各种方案及其比较、股票期权方案设计的原则和要点等。

一　股票期权激励机制与效应

（一）概述

股票期权起源于 20 世纪 70 年代的美国，是为解决现代企业中的"代理问题"而提出的。根据现代企业理论，风险与收益的对称关系在企业中表现为剩余索取权与剩余控制权的分配（相当于契约规定）。如果经营者的行为及其努力程度无法完全预测，则赋予经营者对剩余成果的索取权是使其为企业价值最大化而努力的最佳方式，或者至少通过参与企业剩余的分享来提高其对所有者利益的关心程度，这就是股权激励的基本含义。但股权本身并不能避免经理人员采取损害企业长远利益来获得股价的短期上升，或者放弃长期有利但对近期股价不利的发展计划。消除这种短期行为的有效办法，是在经理人员的报酬结构中引入反映企业价值增长的远期因素。于是金融衍生市场中的期权被运用到企业的股权激励机制中。股票期权是给予经理人员在将来某个时间购买企业股票的权利，从期权中获利的条件是企业股票价格超过其行权成本即股票期权的执行价格，并且股价升值越大，获利越多。经理股票期权（Executive Stock Options，ESO）正是适应这一要求而形成的特有的对管理者的激励机制。

（二）股票期权的内在激励机制

期权在金融衍生品交易市场上是作为独立的标的而存在的，但是用于企业内部激励的股票期权本身并不被作为交易的对象。在大多数情况下，经理人员获得股票期权不需要额外付费，也就是说期权的价格（通常表现为手续费）为零。这似乎给人一种印象，经理人员是风险规避或"负赢不负亏"的，企业的股票期权实际上减少了受益人的风险。但是，股票期权的激励作用显然不在于减少经理人员的风险。假定 S 代表股价，E 代表行权价，$S-E$ 反映了受益人获得的期权的内在价值（Intrinsic Value）。即使行权价格等于股票价格，期权仍然具有激励作用，因为其依靠的主要是期权的时间价值（Time Value）。当 $S=E$ 时，股票期权的内在价值为 0，其所有的价值（也就是激励）全部为时间价值，它意味着在"等待期"中股价的变动仍然可能超过行权价格。虽然 $S=E$ 是一种特别的或极端的情况，但它表明期权时间价值的存在激发了经理人员提高股票价值的努力。

上述分析可以扩展出三个影响经理人员获得期权时间价值的结论。（1）期权指向的股票价格特征对于期权的激励强度是重要的。股价波动幅度越大，股价超过行权价格的概率越大，买权方（经理人员）获利的机会越大，激励强度也就越大。这也是高科技行业广泛使用股票期权的一个重要原因。这类企业都具有高风险、高成长性的特点，期权的时间价值对其具有充分的吸引力。一些产业与行业的股价对于经济信号（如利率）的敏感度较强，其股价波动也会较大，使用期权的效果要好于股价预期稳定的企业（如零售企业、电信等垄断企业）。（2）授权期和行权期的规定对于股票期权的激励作用具有重要影响。在相对较长的时间里，股价变动的概率大，对期权的时间价值会产生较强烈的作用。但是，如果期权具有抵押性或者只能在某个固定的到期日行使的话（被称为"欧式期权"），则一些因素也可能对时间价值起抵消作用，如授权期出现了发放股利的情况等。所以"欧式期权"的激励强度对于授权期和行权期的长短较不敏感。这也告诉我们，如果股票期权具有一个类似于"二级市场"的退出机制，则其激励作用会更强。（3）企业在设计期权激励契约时，买方（受益人）与卖方（作为股东代表的董事会）对未来股票价格的预期是不同的，这就给行权价格的确定带来了很大的不确定性。同时我们假定经理人员（代理人）具有信息上的优势，即其预期更可能接近股价的真实水平，那么对委托人来讲，理论上对其最为有利的能够带来最大激励的行权价格，应该是使期权的时间价值最大化。

（三）股票期权在现代企业中的运用与效应

股票期权作为使经理们的报酬与业绩挂钩并满足长期激励要求的激励方式，在西方越来越多的现代企业中得到了运用。美国投资者责任研究中心鲁克斯顿对 1997 年标准普尔 1500 家企业的一份研究报告显示，使用股票期权激励计划的企业在市值超过 100 亿美元的公司中比例高达 89%，中型和小型企业的比例分别为 69% 和 70%。同时，股票期权数量在公司总股本中所占比例也在逐年上升，20 世纪 70 年代，大多数公司股票期权计划允许收益人购买的全部股票数量一般只占公司总股本的 3% 左右，到 90 年代达到 10%，有些计算机公司高达 16%。标准普尔 500 家企业总裁名下的既得期权价值达到了 420 万美元（中位数）。而其获得的期权如果按增值 10% 计算，价值中位数就超过了 680 万美元。另据《财富》杂志对美国 282 家中型企业的调查，1985～1997 年经理薪酬的构成明显地由工资向股票期权倾斜。1985 年工资占薪酬总额的比例为 52%，1997 年降到 28%，相反，1985 年股票期权收入占工资总额的比例为 8%，1997 年上升到 42%。

股票期权作为一种激励机制，其效应是明显的：（1）薪酬结构的调整使经理人员的报酬与公司业绩挂钩，鼓励经理人员更多地关注公司的长期发展，而不仅仅将注意力集中在短期财务指标上，从而有效地克服了经营者的短期行为；（2）股票期权对人力资本价值的体现，使经营者有机会参与企业剩余所有权的分配，实现了经营者与公司利益和股东利益的统一，强化了公司价值的最大化与股东价值的最大化。对股权与企业业绩之间的实证检验表明，股票期权激励与公司业绩及股东机价值最大化正相关。Mehran 的研究证实，CEO 的股权利益、持股比例与反映企业业绩的指标（托宾 Q 值、ROA 值）之间存在正相关关系。

因此，无论是理论还是实践都表明，股权激励和股票期权激励对于现代企业的效率都具有重要和积极的作用，这也是国有企业引入股票期权激励机制的基本依据。

二 国有企业股票期权激励模式及其比较

(一) 国有企业实行股票期权激励机制的背景与制度环境

从激励机制的角度来看，国有企业传统薪酬结构僵硬，平均主义色彩浓厚。改革以"工资—效率"假说为基础，通过提高工资和奖金对经营者和生产者实施激励。由于工资基金受到政策的限制，奖金（特别是以承包制为代表的"利润分成"）成为主要的激励手段。结果基本工资占薪酬总额的比例越来越小。决策权和分配权越是下放，利润分成的比例越高。要使这一报酬激励机制良性运转，企业家才能的竞争性市场价格和企业业绩与企业家贡献的考核技术是必不可少的条件，否则就会出现严重的代理问题并导致由生产性努力向分配性努力转移。利润分成诱发的短期行为迫使国有企业必须建立对经理人员的长期激励机制，股权激励和股票期权的实践由此产生。

但是总体来讲，虽然中央和各地方政府允许经营者持股和进行股票期权的试点，但当前国有企业对股票期权激励的探索仍然缺乏基本的制度环境。

1. 基本政策与法律保障

此时在我国尚没有任何一部类似于美国国内税务法则的国家法律以规范股票期权活动，也缺乏类似于美国证券交易法中关于股票期权行权与交易的法律条款。因此，我国的股票期权制度实验基本上可以说是在法律真空中运作的。虽然上海市先后在 1996 年与 1999 年出台了关于企业经营层持股的全国第一个地方性政策，但是这些政策没有得到关于股票期权基本框架的法律认证，同时在许多方面与国家现行的法律与政策相冲突，因此其有效性尚难确认。而另外的一些实验如武汉国有资产经营公司的方案基本上是在无法可依的情况下出台的。

2. 股票发行政策与股票回购政策的限制

现行股票发行政策不允许预留新发行股份的做法，使上市公司无法通过正常的增资扩股获得实施期权计划所需的股票来源。对上市公司除减资以外不得从二级市场回购可流通股份的规定堵住了上市公司取得可流通股的另一可行渠道。另外，现行政策限制国家股与法人股的上市流通，使上市公司无法通过国家股转让或国家股红股赠予、配股权转让等手段获得可流通的股票。

3. 经营层持股与出售的政策性限制

政策性限制降低了期权的流动性，对股票期权的激励作用会产生负面影响。

实践往往具有超前于理论政策的创造性和适应性，很多国有企业在实行股票期权激励的过程中探索出了几种具有代表性的模式。

（二）国有企业股票期权的模式及其比较

1. 上海模式

（1）适用范围、激励对象和激励主体。上海市期股激励的范围是国有独资企业、已改制的国有资产控股的有限责任公司和股份有限公司。市体改办的意见包括了董事和经理人员，并规定主要经营者（董事长、总经理）必须持大股；公司其他高级职务人员（如董事会秘书、财务负责人及党委正副书记、工会主席等）原则上要求持股；担任董事的知名人士和专家可以不持股。国有资产经营公司的激励主体是组织部门和国有资产管理部门；下属国有独资企业激励主体是资产经营公司；国有控股企业的激励主体是股东会或国资办；对总经理的激励主体是企业董事会。

（2）股份来源。①新组建的公司，经营者采取认购新增股份的办法持股；②国有企业（或集体企业）改制时，经营者可以认购增量股份，也可以协议受让其他投资方的股份；③已经改制的公司，经营者可以通过增资扩股或国家股、红股、转配股等股权转让的方法持股；④上市公司的经营者可以通过增资扩股，红股、转配股的转让以及二级市场购入股份的办法持股。

（3）经营者持股的获取方式和资金来源。①国有独资企业可以根据经营业绩给予经营者年薪总额 0.6～1 倍的特别奖励，但必须延期兑现，在任期间每年可以 10%～30% 的比例转让、兑现。如果任期未满而主动要求离开企业，其拥有的特别奖励应作适当扣减。②国有控股公司经营者持股的获得方式包括：在一定期限内经营者用现金以约定价格购买股份；经营者以赊账、贴息或低息贷款购买股份；经营者获得岗位股份（即干股）；经营者获得特别奖励的股份。

（4）经营者所持股份的转让和兑现。经营者任期届满，其业绩指标经考核、认定达到双方契约规定，可以按最近评估的净资产值作为价格进行转让，也可保留一定比例的股份参加企业正常年度分红。

上海模式在上市公司和非上市公司中得到了实践，如海螺（集团）公司的经营者和员工持股，埃通公司的经营者群体持股，仪电控股首创的"仪电股"及上海贝铃公司的"虚拟股票期权"等。其中上市公司中试行的经营者群体通过特定保管人持有本公司流通股票的做法，灵活地突破了现行有关股票发行及交易的规定。

2. 北京模式

企业经营者根据与出资人签订的期股认购协议，以既定的价格认购期股、分期补入认购资金。经营者的出资额一般不得少于 10 万元，所持期股一般以其出资额的 1~4 倍确定。经营者的期股每年所获的红利全部用于偿还认购期股的资金，超过部分自动转入下年，不足的部分要用其原来已有的股份的红利补充，再不足的话就需用现金补足。经营者任期届满若不再续聘，经考核其业绩指标达到双方协议规定的水平，可于 2 年后将其拥有的期股按届满当时评估的每股净资产值变现，也可保留。假如经营者任期为 3 年，所持期股是其出资持股的 1 倍，经营者如果想在任期届满后使这份期股成为实股，企业每年的净资产收益率至少必须达到 16.67%，期股的收益和出资所购得股份的收益才能抵补每年可得股份。如果达不到上述净资产收益率，那么每年经营者还得拿出现金来补足应缴纳资金。

上海的股份期权在任期结束后就可以兑现，但北京必须延期两年才能兑现，这对经营者行为的约束更大。由于经营者必须用股票的收益来清偿认购额，因此实施股票期权的时间越短，对企业年净资产收益率的要求就越高，对经营者的压力很大。但是从经营者承担的风险来看，上海埃通公司规定如果最终完不成规定的净资产收益率，不但期股不能变现为实股，而且连每年抵补进去的部分也会"血本无归"。而北京市的做法是，即使最终完不成规定的净资产收益率，但只要每年拿现金抵补，届满后期股照样可以变为实股。相对而言，北京的做法风险要小一些。

3. 泰达模式

泰达集团是天津开发区主要的企业载体，公司聘请财务顾问设计了一套将奖励资金股票化，短期激励长期化，以流通股做奖励，以现金做处罚的激励机制。

（1）管理机构。公司成立了激励机制管理委员会，由三个监事会成员和两个外部成员（分别是公司常年财务顾问和常年法律顾问）构成。为防止考核和奖励方案被管理层控制，委员会直接对股东大会负责，平时向董事会汇报，决议需要四人同意方可通过。

（2）资金来源和股票来源。经董事会及股东大会同意，泰达集团和泰达股份共同出资设立奖励基金，集团占42%，股份公司占58%，每年的奖励金额不多于每年净利润的2%。基金以激励对象名义在二级市场上购买泰达公司的流通股并归激励对象持有。

（3）持有期。持有期从半年到三年不等。高级管理人员只需持有半年即可转让，骨干员工须持有三年方可转让。持有奖励股票者离开公司后半年方可转让其股票。

（4）奖励金额。奖励总额根据全年业绩计算。

（5）奖励股票额的确定和购买价格。以个人的名义在二级市场上购买与个人奖励金额等值的股票，购买价格按照年报公布后30日内，考核结果计算完成后的第 X 个工作日当日的平均价格。

泰达股份的《激励机制实施细则》是我国 A 股上市公司实施股权激励措施的第一部"成文法"。和上海、北京的做法比较起来，泰达的方案并未实行"期股"，而是以个人名义在二级市场购买公司的流通股。虽然这样的设计绕开了股票来源的障碍，但是它毕竟与股票期权不同，所以不得不通过对股票持有期的限制来达到长期激励的目的，即高管人员所持流通股在任期内必须冻结。泰达模式的一个缺陷在于奖励以金额计算而不是以股票数额计算。比如，甲在1998年奖励金额为 M，股价为 P，换算成股票数额就是 M/P；乙在1999年奖励金额为 $2M$，而股价为 $3P$，股票数额是 $2M/3P$。虽然乙的业绩优于甲，但其得到的股票额少于甲。这可能导致受奖人员将股价做低的倾向，从而损害公司及股东利益。另外，用奖励基金按二级市场的价格购买股票使得泰达模式的激励成本较高。

4. 武汉模式

武汉国资公司将所属全资、控股企业法定代表人的年薪收入分为基薪收入、年功收入和风险收入三部分。

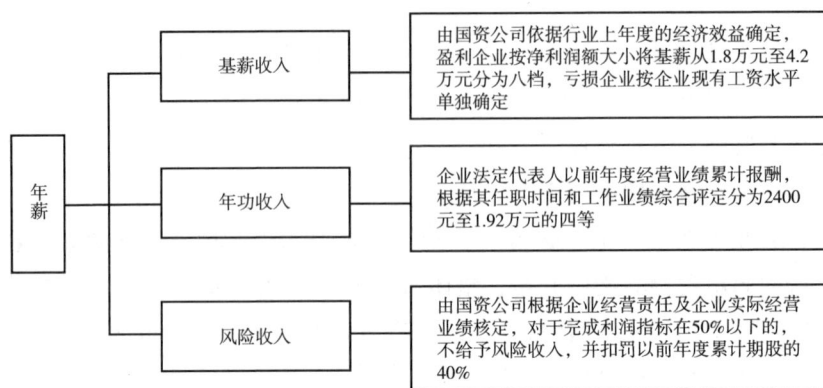

图 1 "武汉模式"示意

（1）风险收入中的 30% 以现金方式当年兑付，其余 70% 转化为股票期权。

（2）国资公司利用自己开设的专用法人股票账户，以留存的 70% 的风险收入在二级市场上按该企业年报公布后一个月的市场均价购入该企业股票（不足购入 100 股的余额以现金支付）。同时由企业法定代表人与国资公司签订股票托管协议，期股到期前，股票由国资公司代管并由国资公司行使表决权，未到期股票不能上市流通，但企业法定代表人享有分红、转配股的权利。

（3）购入的股票在第二年国资公司下达企业业绩评定书后的一个月内，返还相当于上年度 30% 风险收入的期股给企业法定代表人，第三年以同样方式返还 30%，剩余的 10% 累计留存直至离任。以后年份期股的累计与返还依此类推。

（4）经返还的股票，企业法定代表人拥有完全所有权，可将到期期股变现或继续持有。但变现价格须为业绩考核后一个月的平均价。

武汉模式的"期股"实际上只是股票奖励的分期套现，而不是真正意义上的股票期权。从其方案的内容来看，激励对象仅限企业法定代表人，范围过小，不利于带动企业高级管理人员的积极性。把 70% 的风险收入转化为股票是一种强制持股的做法，缺乏法律依据，也缺乏受奖人的心理支持。国资公司从二级市场上购买的价格和持股人的转卖价格均为一个月的平均价格，这个价格与实际交易价格的差额也不易处理。

（三）国有企业股票期权激励机制的特点与过渡性

综合现有各种模式的具体做法，我国实施股票期权制度的案例呈现许多不同于国际规范和惯例的特点。

首先，现行的股票期权激励机制实际上兼企业改制与激励于一体，这种股票期权计划与股票奖励计划、股票购买计划、股票持有计划和股票延期支付计划无异。其原因在于国有企业往往希望借助实行股票期权或期股等方式来完成改制和产权结构调整。

国有企业的改制首先要解决历史遗留问题，特别是企业的历史积累中各要素贡献的分割问题，以便为企业未来的治理构筑合理化的平台。对于市场竞争性的国有企业来说，建立一个开放的、流动的产权结构是改制所要完成的重要任务之一。这不仅是扩大资本规模的需要，同时也有利于降低单一国有资本所承担的代理风险，实施更有效的激励。但是如何让国有企业的经理人员获得一定数量的股权呢？一种方式是从企业资本存量中分离出一部分作为对经营者人力资本贡献的补偿。但是这种方式得不到（测量要素贡献的）技术上的支持，并容易引起利益分配的矛盾，导致对"公平"的持久争论。另一种方式是经理人员以自有资金购买企业的股份，但是在购买价格和经营者持股的数量等问题上仍然无法回避"公平"问题，而且受其自身资产存量的限制，希望经理人员直接购买大量企业股票是不现实的。既要保证经理人员获得能够产生较强激励效果的足够数量的股权，又要避免因分割存量资产引起的矛盾，一种变通的做法就是着眼于增量或企业未来的股权，即赋予经理人员股票期权。与此同时，采取"期股"或延期支付的方式又起到了一种"杠杆"作用，相当于变相地为经理人员融资，使其具有购买能力。

其次，西方成熟的股票期权是一种选择权，而不是一种义务。受益人可以在未来某个时期因股票市价高于期权的执行价格而行权，也可以因股价低于执行价而放弃行权。但是在国有企业现行的股票期权激励中，期权不仅是一种权利，同时也是带有一定强制性的义务，具体表现为对经理人员的奖励特别是风险收入的奖励全部转化为股票期权。而且，经理人员在行权中受到业绩的约束，实际上相当于"业绩期权"。有必要对股票期权附加严格的业绩条件和行权约束吗？这个问题取决于资本市场的有效性。股票期权的激励作用在于促使经理人员关心企业股票价值的提升，经营者的绩效、企业内在价值与股票市场价格是否一致依赖资本市场的有效性。但是我国资本市场不发达，股价与企业真实业绩和长期发展价值之间的关联度低，在这种条件下，如果单纯以股价作为评价企业业绩并激励经理人员的标准，无异于淡化业绩与激励的联系。所以我们看到在实际中几乎所有实行股票期权的企业都以每股净资产来确定期权的价格，或者以企业净资产的增长为行权的约束条件。

以上两个特点是在条件不成熟的情况下对国有企业经理人员实施长期激励的变通机制，与规范意义上的股票期权相比具有过渡性，也具有合理性。但是这些做法也可能造成股票期权激励对经理人员失效的问题。如果期股或股票奖励计划保证的只是获得股票，而获得股票本身能够带来足够的收益（由于资本市场的缺陷），那么股票奖励计划的受益人便不会关心企业的发展，甚至出现"逆向选择"的问题，即追求股票期权的经理人员并非风险偏好者，并不是一个真正的企业家。特别是当市场的投机性很强的时候，受益人获得股票并将其兑现的冲动会更加强烈，即使对行权期做出限制，经理人员仍然可以采取短期化行为抬高股价，以股票获得为目的的期股计划或期权计划有可能导致另一种方式的分配性努力。

三　国有企业股票期权设计的原则与重点

（一）设计股票期权的原则

国有企业实行股票期权的根本目的在于对经理人员实施长期的激励，但是国有企业本身还处于转换机制的过程当中，产权结构、公司治理等问题突出。另外，实行规范的股票期权激励的外部条件还不成熟，各种规则和相关法律尚未建立，资本市场的运作很不规范。因此，对于股票期权的近期方案设计来说提出以下原则是必不可少的。

1. 改制与激励相结合，治理机制与报酬激励机制相结合

一方面应该利用股票期权着眼于未来、在融资方面具有的"杠杆"作用来增加企业主要经营者的持股份额，从而达到产权结构改造的目的。另一方面，内部治理的低效会抵消报酬激励机制的作用，特别是当"内部人控制"较为严重甚至薪酬委员会不独立、外部董事与经理人员构成关系集团的时候。因此，改制必须为剩余索取与剩余控制对称、激励与约束对称构筑一个合理的平台。

2. 对经理人员的激励机制与对经理人员的选拔机制相结合

企业治理中关于经营者的问题包括两个方面，一是经营者的选择，二是经营者的激励。我们通常在讨论经营者持股和股票期权的时候都假定第一个问题已经解决。但是这一假定对于国有企业来讲是不成立的。实际上，经营者选择的有效性往往决定了持股计划和股票期权计划的有效性。一个风险厌恶者对于现金收入的偏好就会大于股权，而对持股的偏好又强于期权。所以，股票期权的激励作用仅当对象是一个承担风险并通过创新提高企业的内在价值的企业家，而不是一个单纯的所有者时才是真正有效的。特别是对于在计划经济体制下成长并在转轨过程中得到分配性努力的既得利益的经理人员来说，他们比起真正的企业家更像是风险厌恶者。

3. 期权激励与业绩约束相结合

由于股价反映的企业真实价值失真，有必要在实施股票期权计划的过程中以企业的真实业绩为标准，不同企业可以根据自身特点制定一个反映业绩的考核指标体系，制定股票期权的约束条件。

4. 实行股票期权激励机制必须考虑行业特点，不同行业、企业实行股票期权激励机制的效果不都非常明显

根据我们对期权激励机制的分析，高成长性、高风险性的行业与企业实行股票期权的激励作用明显好于成熟并且发展平稳、股价稳定的行业或企业。

（二）股票期权设计的重点

1. 授予对象

可给予经营层、科技人员和有突出贡献的企业职工股份奖励。就我国实施期权计划的一些案例来看，授予股票期权的对象以公司的经营层为主，有少数的案例以企业的法人代表与党委书记为对象，核心的科技人员尤其是创业的科技人员在高科技企业中是股票期权的主要授予对象，但是在其他行业，科技人员并未受到重视。

股票期权不能等同于一般的分配计划，更不应该成为广泛受益的福利计划。对股票期权的受益人应做明确的限制，只能是对企业价值具有不可分离的提升作用的人员，经理人员尤其是公司的首席执行官通常是股票期权激励的主要对象。在具有高成长性的新兴企业和高科技企业中，对技术人员提供股票期权激励也正在受到越来越多公司的重视。

2. 股票来源

通过原来的股东转让股权是成本最低的一种方式，尤其是在股东数量较少、股权比较集中的情况下。国有企业的大股东毫无例外都是国家，因此在政策规定的范围内，任何实现国有股、法人股转让的做法都是可行的途径。以下方法有政策的支持或已有先例：（1）国家股股东所送红股预留；（2）减持国家股并向公司内部职工配售；（3）国家股股东以现金分红并购买股份作为预留；（4）上市公司送股计划中的预留部分；（5）以具有独立法人资格的职工持股会甚至以自然人的名义购买可流通股份作为实施股票期权计划的股份储备。

虽然通过职工持股会这种特殊机构获得所需股份的方式尚无先例，但具有探讨与应用的价值。以下三种方式可行且成本较低：（1）上市公司国家股股东向上市公司职工持股会转让部分国家股股份；（2）上市公司国家股股东或法人股股东放弃配股并向上市公司职工持股会转让配股权；（3）通过定向增发新股，然后由定向对象向公司职工持股会转让新股。

3. 行权价格

对于股票期权的设计来说，这是最为关键的因素。我国企业在行权价格的确定方面基本上采取了国际通行的方法，即以股票市场价格作为定价的基础。

非上市公司股票期权的行权价没有相应的股票市场价格作为定价基础。美国的非上市公司通常采用的方法是对企业的价值进行专业评估以确定企业每股的内在价值，以此作为股票期权行权价与出售价格的基础。我国一些非上市公司在实施股票期权计划和股票奖励计划时，一般将每股净资产值作为主要的甚至是唯一的依据。一些企业股票期权的行权价格干脆就被定为普通股票的面值，上海埃通公司就是一个典型的例子。

为了将公司的业绩指标与行权价联系起来，行权价可以被设计为一种可变的行权价。美国的许多企业采用重新定价的办法以适应市场价格的变化，或者出于特定的动机对初始的行权价格进行修订。这样，行权价格根据未来时期特定的财务指标的变化而变化。我国由于股票价格的变化可能无法正确反映公司的业绩，因此按股价定价的方法可能削弱股票期权的激励效果。可行的方法是在行权价格确定与股票出售价格的确定上进行某种设计，不以期权授予时的市场价格为唯一的基础，同时应当采取非市场价值评估的方法予以修正，或者在未来股价出现与公司业绩走势严重背离时根据市场价格失真程度重新修订行权价格。值得注意的是，行权价格不应频繁修正，否则经营者无法准确预期期权的未来价值，这可能导致期权效果无法产生甚至带来反向激励。

4. 授予期与授予数量

正如在前面分析期权激励机制时指出的，行权期对期权的时间价值和行权价格具有直接的影响。这种影响反映在行权价格中就是要考虑在授予期（"等待期"）和行权期当中影响股价发生波动的各种条件（经济走势、股本结构变化、股利发放情况等）。对于即将上市的企业而言，如果授予期或行权期跨越了上市前后，则上市本身带来的股价变动应该成为行权价格的组成部分（升水定价）。

股票期权数量与以下因素相关。一是企业的规模即总股本的数量以及股票期权占总股本的比例。困难在于确定一个能够与激励产生最大正相关效应的股权比例。比例太小无助于改造公司治理并产生足够强度的刺激，比例太高则会降低持股与业绩之间的关联程度。二是企业自身的特点，特别是物质资本与人力资本的相对重要性。对于人力资本起决定作用的高科技创业企业来说，期权的数量可以达到很高的比例。三是应该分解授予对象的责任和职位，按其对企业总体业绩的重要程度设计股票期权数量的不同档次。

四　结语

股票期权是对企业高层代理人实行的一种报酬激励。从横向关系来看，它只是广义的公司治理中的一个方面。实行股票期权并不意味着其可以取代公司治理其他方面的制度建设。在很大程度上股票期权激励机制的发挥有赖企业开放、流动的产权结构，透明清晰的内部控制，健全的外部规制以及有效的资本市场和竞争性的企业家市场。

当股票期权从一般持股中独立出来并发展为面向未来、面向长期的激励机制时，它就确立了自身在现代经济中作为激励企业家行为的重要作用，这对于包括中国在内的转轨国家尤其重要。后转轨经济中最稀缺的资源并不是物质要素而是企业家，一种在竞争中和市场条件下才能得以自由发展的要素。对于大多数国有企业的经营者来说，"跳进市场经济的大海学游泳"的过程实际上是培养、筛选企业家的过程，股票期权或许能够促进这一过程加快发展。

股市泡沫的破灭会影响经济增长吗?[*]

"泡沫"是一种经济现象,即指在一个连续的金融运作过程中,一种或一系列资产价格的连续上升并随最初的价格上升而产生的对远期价格上升的预期,导致某种交易对象的价格严重脱离其内在价值的经济现象。股市泡沫即股票价格与其内在价值的差异以及对这种差异的预期。关于中国股市是否存在泡沫,这在 2001 年上半年还只是一个在理论界争论的问题,但 2001 年下半年以来,中国股市的走势演绎了一个"泡沫"破灭的变化过程。股市的上升通道变成了下跌行情,沪深两市大盘连续下挫。一时之间,股市泡沫破灭的声音不绝于耳,很多人就此认为,股市泡沫的破灭将严重拖累宏观经济,影响到国民经济的增长态势。那么,股市泡沫的破灭真的会影响 GDP 增长轨迹吗?

一 资本要素对中国经济增长的拉动作用

中国经济在由计划经济向市场经济的转轨过程中,一直保持较高的增长速度,GDP 连续多年以两位数高速增长,堪称世界经济增长历史上的一个奇迹(见图 1)。

经济发展的基本因素无非劳动力、土地、资本和技术等生产要素。分析中国经济增长的支持因素,资本的作用不容忽视。

作为一个典型的发展中国家,我国劳动供给非常充分,甚至严重过剩,劳动力成本极其低廉。当然,高素质的劳动力仍然数量较少,但相对于经济处于发展初级阶段的中国来说,劳动密集型产业才是经济快速增长的带动

---

 * 本文为笔者于 2001 年写的工作论文,未发表。

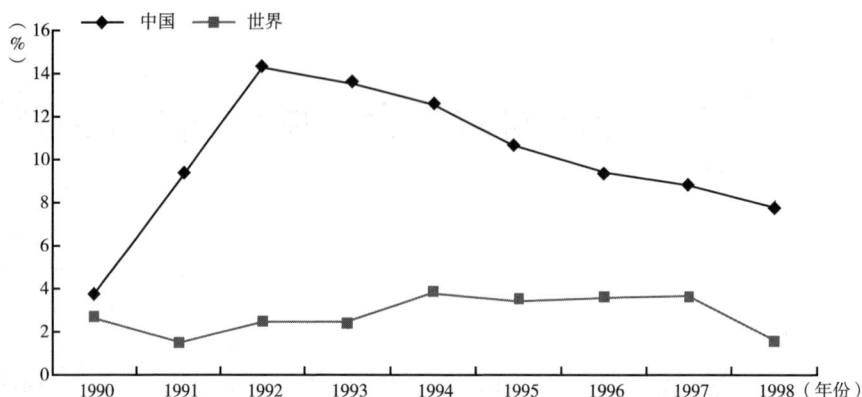

图 1　中国和世界的 GDP 增长率比较

点，高素质劳动者的短缺在一定时期内不会阻碍经济的高速增长。土地也不是一个难题。虽然中国人口众多而导致人均土地面积不多，但对于土地绝对存量极大的中国来说，发展现代工业所需的土地是完全不用担心的，而且土地的利用几乎可以不用花费很大的成本，尤其是在经济发展的初期，相当数量的土地由政府出面解决。相反，资本的短缺才是中国面临的主要障碍。正如发展经济学家们所说的那样，发展中国家的难题是如何在一个人均资本存量不高的国家，迅速地积累起经济发展所必需的大量资本，全面推进传统社会向现代工业社会转型。

我们可以对资本的作用做一个定量分析。我们利用的生产函数是柯布—道格拉斯生产函数，即 $Y = AKaLb$，其中 Y 为总产出，A 为生产技术水平，K 为资本，a 为资本产出弹性，L 为劳动力，b 为劳动力的产出弹性。为分析的简单起见，我们假定生产的规模收益不变，即 $a + b = 1$。在函数两边同除 L，得 $Y/L = A (K/L) a$，对该函数两边取对数，得：

$$\ln(Y/L) = \ln A + a \ln(K/L)$$

我们利用的数据是中国 1981 年到 1999 年的统计数据，Y 用 GDP，K 用固定资产投资，L 用劳动人数。将历年数据代入公式，可以计算得出 a 的值为 0.833，即经济增长的 83.3% 可用资本因素解释。虽然这种计算方法相当粗略，而且存在很多问题，但我们大体上可以由此进行判断，资本对于我国的经济增长起着非常重要的作用。

二 我国企业融资结构的变动趋势

作为经济增长主要动力源的资本的来源结构有了很大的变化。在相当长时间里，我国企业的资金几乎全部来源于银行，即融资结构是间接型的。

到了20世纪90年代，这种情况发生了一些变化。随着证券市场的发展，股市融资额有了很大的增长，1990年股市融资额仅为9.2亿元，到了2000年就增长到1536亿元（见表1）。来自股市的资金开始在企业的资金来源中占有一定的比重，完全的间接型融资结构逐渐解体，直接融资发展势头良好。

表1　1990～2000年股市融资额及年增长率

单位：亿元，%

指标	1990 年	1991 年	1992 年	1993 年	1994 年	1995 年	1996 年	1997 年	1998 年	1999 年	2000 年
融资额	9.2	12.3	93.6	346.0	112	95.6	337	951	735	809	1536
年增长率	—	33.7	661	270	−67.7	−14.5	252	182	−22.7	10.2	89.7

资料来源：巨潮资讯网，http://www.cninfo.com.cn。

另外，银行的贷款增长速度出现了减缓的势头，尤其是1998年以来，由于亚洲金融危机的影响和银行加强风险管理，贷款的增长速度前所未有地下降，2000年增长率更是惊人地下降到6.0%（见表2）。

表2　金融机构历年贷款额及年增长率

单位：亿元，%

指标	1990 年	1991 年	1992 年	1993 年	1994 年	1995 年	1996 年	1997 年	1998 年	1999 年	2000 年
贷款额	15166	18044	21615	26461	39976	50544	61156	74914	86524	93734	99371
年增长率	—	19.0	19.8	22.4	51.1	26.4	21.0	22.5	15.5	8.3	6.0

资料来源：《中国统计年鉴》（1991～2001年），中国人民银行网站（http://www.pbc.gov.cn）。

股市融资增长速度和银行贷款增长速度如图2所示。

不过，就绝对量而言，股市融资额仍无法与银行贷款额相比，即使是

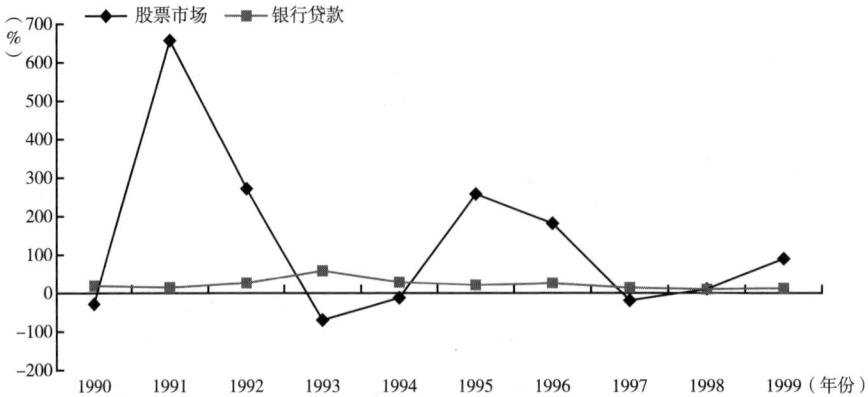

图2 银行贷款增长速度和股市融资增长速度比较

2000年股市融资额创纪录地实现1500多亿元，其也只是银行贷款额的零头而已。但从我国融资的发展趋势和国外发达国家的经验来看，直接融资的份额在今后一个时期里一定会持续增长。

三 股市融资与银行贷款的产出效率差异

同样的资金，由不同的经济主体来使用的话，其产出可能大不一样。

我国的上市公司虽然大部分是由国有企业改制而来的，国有企业的一些通病不同程度上仍然存在，但是上市公司毕竟还是我国企业中的佼佼者，其生产经营相对于一般企业来说，业绩更好一些。相对来说，我国大部分非上市企业的资金利用效率就低一些。

如果我们假定上市公司扩张的资金来源全部是股市融资，而非上市企业只能通过银行贷款获取业务扩张所需的资金，那么我们很容易得出这样一个推断：股市融资对上市公司的扩张活动起着支撑作用，融资越多，上市公司的扩张越快，相同的资金所能带来的产出就越多，对整个社会的贡献就越大。

四 股市行情是影响股市融资能力的关键因素

股市作为直接融资的一个重要渠道，对上市公司的资本扩张和生产经营起着非常重要的作用。公司一旦发现新的投资项目，或者是现有项目的市场前景被看好，则需要扩大生产规模，那么如何筹措资金就会成为公司面临的一个问题。一般来说，上市公司留存收益不会很大，仅仅凭着自有资金是无法满足庞大的资金需求的。银行贷款对于企业来说，资金成本较高，而且其很难贷到长期性的大笔资金。在相同条件下，股市筹资就成为上市公司扩大生产经营规模的主要选择。

但是，一方面，企业在决定采用直接融资方式之后，对于何时实施也是有选择的，另一方面，市场对企业融资的价值判断在不同时期是不会相同的。根据一般情况（主要是指发行价格由企业和承销商根据市场行情自主决定），在股市行情看好、股价节节攀升时，公司发行股票就比较有利，相同的股票数量可以募得更多的资金。相反，股市行情惨淡、股价不断下跌时，公司发行股票就非常不利，相同数量的股票所筹得的资金就比较少。因此，公司股市筹资的一个决定性因素可能就是市场行情。托宾 Q 理论所说的其实也就是这样的道理。

从国外发达国家的股票市场发展经验来看，市场行情好时，公司上市发行股票确实比较积极，这一方面是由于此时托宾 Q 值较高，另一方面是由于市场对新增股票的吸纳能力较强。我国的股市扩容规模虽然受政府控制程度很大，但基本情况其实也与此类似，股价上升快时，新股发行速度就相应较快一些。

当然，影响公司股市融资的因素绝不止市场行情这一点，还有其他很多因素，比如公司战略选择、法律法规、上市进程安排计划等，但我们对股市整体表现更为重视，因为这直接关系到整个股市的筹资能力，特别是现在新股发行、配股和增发时都会参考当前市场的市盈率。当然，在目前的中国，股市行情对公司上市融资的影响还不是非常及时，滞后性更为明显，但从更长的时期来看，股市行情的影响仍是决定性的。

五　对股市筹资额变化对经济增长的影响的分析

2000 年以来，在世界经济不景气、全球主要股市表现不佳的背景下，中国股市的行情被看好，沪深股市大幅攀升，股指屡创新高。在这样的市场环境中，公司上市融资也非常积极。但是，2001 年下半年开始，股市出现跳水，股市大幅度下跌。这样的市场行情对公司的融资必然产生不利影响。股市的下跌还会不会持续？上市公司如果无法从股市融得资金，那么其扩张活动必将停滞（假定上市公司的资本性扩张活动所需的资金来源于股市，公司发行股票的目的就是为投资项目筹资）。在这种情况下，GDP 会受到什么样的影响？

我们假定资本的产出弹性就是上文计算得出的 0.833，股市下跌引起筹资额减少 260 亿元，那么 GDP 就会直接减少 216.6 亿元；假定筹资额减少 500 亿元，那么 GDP 就会直接减少 416.5 亿元；假定股市 9 月开始无法筹到资金，筹资额与 2000 年相比减少 700 亿元，那么 GDP 就会直接减少 583.1 亿元（摩根士丹利的研究报告指出，从最极端的情况分析，如果股市下挫一半的话，市场自由流通的市值损失就约为 1200 亿元，约合GDP 的 11%，财富缩水的负面效应最大为 0.55%）。由此可见，股市下跌通过对上市公司的筹资能力的影响，从而对国内生产总值也会产生一定的影响。

即使企业来源于股市的资金减少额可以通过间接融资渠道得到补充，从而企业部门的融资总额没有发生变化，那么，股市融资的减少对产出有没有影响呢？在这种情况下，按照我们上文的分析，不同的资金来源具有不同的生产效率，股市筹资的效率比银行筹资的效率更高一些，这样的话，即使筹资总额不变，只要筹资结构发生了变动，社会总产出还是会受到一定的影响的。股市筹资额的减少必定会使总产出有所下降。

六 股市泡沫破灭对消费的影响

随着我国股市规模的不断扩大和股民数量的持续增长，股市对经济的影响已不能局限于投资方面的直接效应，还必须考虑到股市的财富效应。

从居民的财产结构来看，可以分为两个类别，即实物财产和金融财产，其中后者包括货币、银行存款、债券、股票以及其他各种有价证券。我国居民在相当长的一个时期里，金融财产主要就是银行存款和货币，证券的比重微不足道。近几年来，随着股市的蓬勃发展，这种格局发生了很大的变化，股票等有价证券的比重大幅度上升。

根据经典的消费理论，决定居民消费能力的因素主要就是收入水平，而收入除了当期的工资、奖金、津贴等之外，还有财产性收入，比如租金收入、利息收入、资本利得等，因此股票价格的涨落就会影响到居民的收入水平，或者说财富水平。居民持有的股票价格上涨，就会使其感到所拥有的财富增多，自己更加富有了，于是消费就会相应增加。当然，由于边际消费倾向递减规律，消费增加的幅度赶不上财富增长的速度。相反，如果居民持有的股票价格下跌，就会使其感到所拥有的财富减少，自己不如以前富有了，于是消费就会相应减少。

当前我国沪深两市开户的股民已经超过 6400 万人，考虑到很多股民同时在沪深两市开户，因此实际买卖股票的人数肯定不到 6400 万人，但绝对不会少于 3200 万人。考虑到一般的家庭就开一个户，按每个家庭 4 个人计算，股市涉及的人数不少于 1.2 亿人，因此股市的涨落影响面非常大。2001 年 6 月以来，沪市跌去了 400 个点；深圳成指也泻去了 1000 个点，流通股部分跌掉近 3000 亿元，相当于居民存款的 4.3%，平均每人缩水 10000 元。假定居民的平均消费倾向是 0.6，那么流通股市值缩水 3000 亿元就会减少消费 1800 亿元，如果沪市跌到 1000 点的水平，深圳成指跌到 2000 点的水平，那么中国流通股市值就会缩水一半多，如果按缩水 10000 亿元计算的话，由此引致的消费减少额将达到 6000 亿元。

这种算法肯定偏大，因为没有考虑到其他因素，比如其他财富的数量和消费习惯的作用，所以我们不妨再换一个角度来看一看，或许这样的计算更接近实际的数字。

此时我国居民储蓄存款大约为 7 万亿元，股票市值在高点时为 2 万亿元，一年的居民收入按国内生产总值的一半计为 4.5 万亿元，不算其他各项财富，那么居民的财富总值为 13.5 万亿元。股市市值跌去 3000 亿元，居民财富总量还有 13.2 万亿元，如果股市市值跌去一半，那么居民的财富总值为 12.5 万亿元。

当然，这仅仅是理论上的推算而已，真正的财富效应有多大，恐怕谁也不能精确计算，而且，可以肯定的是，实际的效应肯定比上述分析小很多，毕竟构成中国普通股民财富总额的并不以股票市值为主，而且中国人的消费观总体来说还是比较谨慎的，纸面上的价值可能无法让股民真正以此为计算消费支出规模的依据。因此，股市泡沫的破灭带给居民消费的实际冲击可能并不是很大。

七　小结

随着中国资本市场的发展壮大，股市在国民经济中的作用日益重要。一个健康的股市对中国经济的持续、稳定发展无疑具有积极的促进作用。相反，投机严重、交易混乱不堪、内幕欺诈盛行迟早会损害股市自身的良性发展，进而影响到国民经济全局。就目前的股市而言，我们无法肯定它是健康的，泡沫问题肯定存在，只是泡沫成分有多大的问题，而不是有没有的问题，这一点只需要简单看一下上市公司历年来的业绩和分红报告即可。

从股市泡沫破灭对资本市场的影响而言，泡沫破灭后的挤出效应将更凸显中国股市的投资价值。因为在一个基本面推动的资本市场，股票价格的下跌将使股市的投资价值凸显而提升股票的流动性，促进股票市场的健康发展。

从股市的长远发展和国民经济的良性发展来说，泡沫的破灭未尝不是一件好事，虽然短期内股市的不振必然影响到股市的筹资能力，影响到股民的消费支出水平，进而影响到整个国民经济。但从上面的粗略估计来看，股市泡沫的破灭对整体经济不会造成很大的冲击，无论是从投资方面还是从消费方面来看，都是如此。

增发融资的股价效应与市场前景[*]

一 增发融资成为新的融资方式

上市公司通过 IPO 融资后，其持续融资方式不断创新，配股融资、增发新股融资、可转债融资等已经成为上市公司再融资的主要方式，其中增发新股作为一种新的融资方式在近年来普遍受到上市公司的青睐。国外实践表明，国外上市公司再融资的方式也经历了从配股融资到增发融资的过程，1935 年到 1955 年，美国证券市场上市公司主要采取比例配售方式进行再融资，但 1963 年到 1981 年，采取比例配售方式融资的次数明显减少（1980 年和 1981 年分别仅有 5 家和 3 家公司实行比例配售），与此同时，增发新股逐渐成为美国上市公司再融资的主要方式。英国上市公司再融资方式的变化存在同样的趋势，1986 年前，英国法律规定比例配售是上市公司再融资的唯一方式，但 1986 年新的法规开创了通过增发实现再融资的新方式。在加拿大、欧洲和大部分亚太地区国家的证券市场中，配股融资仍然是主要再融资方式，但增发融资的趋势已经凸显。

1999 年 7 月，上菱电器的成功增发标志着中国上市公司单一的再融资格局已被打破。继配股融资后增发新股融资成为上市公司再融资的新的金融工具。到 2000 年底，已有 24 家上市公司实施了增发融资，共募集资金 220 亿元，增发已成为上市公司再融资的一个新渠道。进入 2001 年后，增发出现了一种"泛滥"的势头，截至 2001 年 9 月已有 35 家公司提出了增发预案，20 家公司实施了增发。增发作为一种新的融资方式在我国上市公司再融资格局中已经居于比较重要的地位。

---

* 本文原发表于《金融研究》2002 年第 5 期，合作者为胡乃武教授、张海峰。

二 我国上市公司增发的历史回顾

我国的上市公司增发始于 1998 年，近年来得到了快速发展。根据增发的背景、方法和适应法规的不同，我国上市公司的增发过程大致可分为这样几个阶段。

第一阶段是 1998 年到 1999 年下半年的纯粹资产重组型增发。1998 年，管理层同意上海三毛、深惠中（现华联控股）、太极实业、申达股份、上海医药、新钢钒等 7 家上市公司在进行重大资产重组的同时，通过增发募集资金用于收购优良资产和实施重大技术改造。1999 年又有真空电子、中关村因资产重组实施了增发。这一阶段，发行价格普遍较低，发行方式上普遍采取了向老股东配售和向社会公众上网定价发行相结合的方法。

第二阶段是从 1999 年底至 2000 年 5 月的混合资产重组型增发。对于这一阶段的增发，产业转型仍是主要目的，如纵横国际、经纬纺机、上实联合等，但已不限于资产重组的范围，如深康佳、东大阿派、风华高科、托普软件等上市公司增发募集资金是为了巩固行业地位，提升发展后劲；而吉林化工、招商局等上市公司增发募集资金则是为了偿还贷款、改善资本结构。在这一阶段，增发这种募集资金的形式已逐渐为市场所接受，一些上市公司在发行方式和发行价格的确定上也做了一些新的尝试，如开始采用网下询价、网上询价的方式确定发行价格，减少向老股东配售的比例，增加向证券投资基金配售比例的发行方式等，这些尝试的直接结果是发行价格普遍提高，与二级市场的价格差距逐步缩小。

第三阶段是从 2000 年 5 月至 2002 年 4 月的有限开放型增发。此阶段中以下三类上市公司可以增发新股：（1）符合上市公司重大资产重组有关规定的公司；（2）具有自主开发核心技术能力、在行业中具有竞争优势、未来发展有潜力的公司；（3）股本不规范（包括纯 B 股公司）要求改进的公司。这实际上是向大多数上市公司开放了增发这一融资渠道，因此很快引起了增发热潮。这一阶段，增发的发行方式和发行价格的确定也逐步市场化，许多上市公司的增发价格与二级市场价格相差无几。

第四阶段是从 2002 年 4 月开始的全面开放型增发。其中最重要的变化如下。（1）可以通过增发募集资金的上市公司不再限于原有规定的几类，原则上是全体上市公司。（2）实施增发的上市公司必须满足一定的条件，如前3年加权的净资产收益率超过6%，且发行后当年加权净资产收益率仍高于6%；或者前3年加权净资产收益率不高于6%，但确有发展前景且发行后当年净资产收益率不低于前一年度水平。（3）对增发后募集资金的使用方向和盈利状况的事后监督加强。从这一规定可以看出，管理层已将增发作为与配股同等重要的融资方式看待，并且由于增发新股可以避免国有股、法人股不参与配股的矛盾，有利于提高上市公司的流通股比例，改善上市公司的股权结构，可以预期，增发有逐步替代配股成为上市公司再融资的最主要方式的趋势。对上市公司而言，新的增发办法向全部公司打开了"增发"的大门，并且募集资金的数量可以远高于配股，因此大受欢迎。

三 增发效应的理论分析

我国上市公司增发的历史不长，但增发的市场反应经历了由投资者认可到不认可的转变过程，1998年和1999年的增发融资和重大资产重组相关，因此，增发新股融资是非正常经营公司再融资的重要途径，由于有资产重组的概念作为铺垫，因此通常被认为是利好。但随着增发融资的规范，正常经营公司的增发融资已被认为是市场利空。一些研究表明，1999年及2000年的增发公告的负面效应明显小于2001年。在最近二级市场行情下跌的过程中，所有上市公司股价的下跌是不可避免的，但提出增发预案和实施增发的公司股价下跌更为明显。

国外的研究表明，增发新股对二级市场股价走势具有明显的影响，并把这种影响称为增发的股价效应。实证分析显示，市场在公司提出增发预案和公告增发日股价效应（二级市场股价下跌）最为明显，同时，市场对增发新股上市的反应明显强于提出公告增发的预案。这种股价效应可由如下理论解释。（1）企业的融资顺序理论。经验表明，企业融资的顺序是先内部融资，然后外部融资，其融资的顺序一般为公司利润留存—债务融资—股权融资。在债务融资的成本明显低于股权融资的成本时，过分地依赖股权融资具有明显的"圈钱"行为。（2）信息不对称理论。公司在增发融资中具有信息优势，而投资者则并不具有这种优势，并且在有关公司的价值判断方面投资者往往存在信息劣势。因此，公司往往在其价值被高估时倾向于股权融资。

上述理论分析表明，增发融资存在股价效应。我国上市公司融资方式的转变，从配股融资到增发融资的过度实际上是老股东"圈钱"行为的一种延续，在我国存在流通股和非流通股的特殊二元股权结构下，增发新股有利于非流通的老股东，因此，非流通股权比重较高的上市公司更倾向于增发融资，非流通股东利用其控股权通过增发议案，并倾向于提高增发价格。增发的股价效应说明市场对增发融资的"圈钱"行为表现出强烈的不满。

四 1998～2001 年上市公司增发的市场反应

从 1998 年实施增发以来，我国上市公司增发新股逐渐成为重要的融资方式，随着增发规模的扩大，增发的"圈钱"行为日益明显，发行价格的逐步提高和发行折扣率的降低成为上市公司"圈钱"的重要表征；上市后二级市场价格跌破发行价格说明增发的股价效应日益明显（见表1）。

表 1 1998～2001 年上市公司增发价格及市场表现

年份	平均增发价格（元/股）	平均折扣率（%）	平均增发股数（万股）	平均筹资规模（万元）	跌破增发价格公司比例（%）
1998	4.84	56.30	9071	43518	14.29
1999	17.00	17.66	8600	110668	100.00
2000	18.97	15.29	6293	101594	57.14
2001	15.76	9.17	5645	81889	63.64

注：平均折扣率的计算以增发价格和增发实施前的收盘价为基准；平均筹资规模为增发价与增发股数相乘所得，未扣除相关费用；上述统计局限于 A 股上市公司增发，不包括 B 股上市公司增发；2001 年统计数据为截至 7 月底的数据。

资料来源：巨潮资讯网（http://www.cninfo.com.cn），汪海宁《增发新股对股票价格影响理论与实证研究》，国通证券上海研究部。

1999 年公告增发公司的统计结果显示，9 家公司公告增发当日股价下跌1.37%，增发股份上市日股价下跌 3.87%。2000 年公告增发的上市公司，公告增发当日，16 家公司股价下跌，26 家公司股价平均下跌 1.02%，增发股份上市当日，4家公司股价下跌，1家公司股价平盘，21家公司股价下跌，26家公司股价平均下降2.03%。

从2001年初到9月底，沪深两市有大量上市公司提出了增发方案。从图1可以看出，考察期间内股东大会通过增发方案的35家公司中，有20家公司在增发消息公布的交易日（消息如果不是交易日公布，那么消息公布后的第一个交易日为消息公布的交易日）的收盘价下跌（与前一交易日收盘价比较），占所有样本公司的57.1%，其中跌停的有3家，占股价下跌的20家公司的15%，有14家公司股价上涨，占所有样本公司的40.0%，有1家公司平盘，占所有样本公司的2.9%。提出增发预案的个股如阿继电器，7月17日宣布增发新股，当日股价下跌6.21%；7月24日，春兰股份正式宣布增发A股，而其股价也从7月23日开盘价的26.20元放量跌到7月26日的20.29元。由此我们可能会初步认为，增发信息带来的是负面的冲击，增发的股价效应在2001年上市公司的增发中尤为明显。

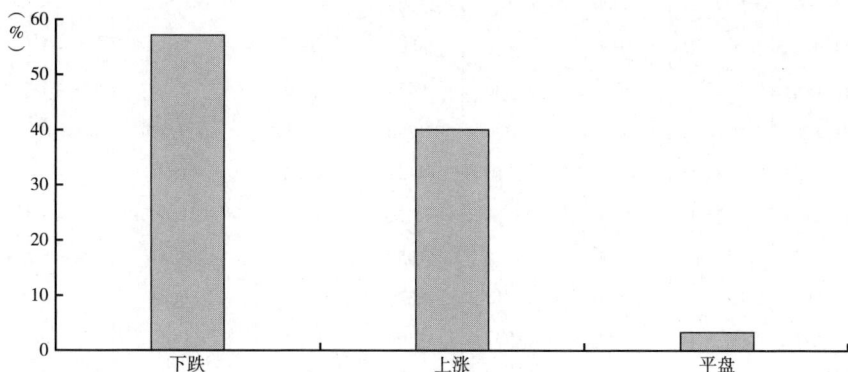

图1　样本公司股价变动情况

资料来源：根据笔者统计计算得到。

超常收益率从另一个侧面也证明了增发的股价效应的存在，超常收益率是用个股的收益率减去大盘的收益率。从表2、图2中我们可以发现，增发信息带来的超常收益率中，负的为18家，占所有样本公司的51.4%，正的为16家，占所有样本公司的45.7%，超常收益率为零的1家，占2.9%。

表2 2001年增发公司的简况

单位：万股，%

股票名称	公告日	增发数量	总股本	流通股本	涨跌幅度	大盘涨跌幅度	超常收益率
全兴股份	2月21日	4000	40753	13366	-4.3	-2.3	-2.0
草原兴发	5月9日	8000	28327	10951	0.7	-0.3	0.9
古井贡	6月7日	3500	23500	2000	2.1	-0.9	3.1
江苏索普	6月12日	3500	30642	8803	0.4	0.4	0.0
上港集箱	6月26日	8000	90220	21000	-0.8	0.1	-0.8
金融街	6月26日	4000	12591	4800	3.1	-0.2	3.3
华联控股	7月3日	9000	46340	17480	-0.8	0.3	-1.0
通宝能源	7月10日	12000	21569	9357	-1.8	-0.9	-0.9
韶钢松山	7月13日	12000	44720	13520	-2.7	-0.2	-2.5
民丰特纸	7月17日	7000	17700	5200	-2.6	-0.2	-2.4
武钢股份	7月23日	45000	209048	32000	1.4	-0.4	1.8
兰州铝业	7月25日	15000	29500	11000	-0.4	-1.1	0.7
沧州化工	7月26日	8000	42142	11500	7.3	-0.9	8.3
华新水泥	7月28日	5000	32840	4800	-9.2	-5.3	-3.9
凯迪电力	7月28日	5000	21630	9450	-10.0	-5.2	-4.8
甬成功	7月30日	4500	8990	2780	-5.5	-5.2	-0.3
东泰控股	7月31日	6000	24910	14431	-3.6	-1.3	-2.3
创元科技	7月31日	4500	24173	1079	-10.0	-1.3	-8.7
江西水泥	8月4日	5500	34050	11050	-10.0	-4.4	-5.6
数码网络	8月14日	10000	19815	6879	0.5	-0.3	0.8
兰宝信息	8月14日	8000	24037	11466	-0.8	-0.3	-0.4
祁连山	8月16日	5500	34695	16316	-0.8	-1.4	0.6
中关村	8月16日	12000	67485	37485	-0.4	-1.6	1.2
阿继电器	8月18日	7000	17555	5500	0.4	1.0	-0.6
国风塑业	8月21日	10000	23580	9000	0.4	0.4	0.4
海南航空	8月21日	15000	73025	22140	5.6	0.2	5.4
巴士股份	8月21日	8000	51865	24000	-2.9	0.2	-3.1
山西三维	9月3日	5000	27771	10920	0.9	-0.8	1.7
福田汽车	9月6日	9000	280476	8000	4.6	-0.4	5.0
浦发银行	9月6日	30000	241000	40000	-1.7	-0.4	-1.3
欣龙无纺	9月11日	5000	20500	5500	3.2	-0.3	3.5

续表

股票名称	公告日	增发数量	总股本	流通股本	涨跌幅度	大盘涨跌幅度	超常收益率
厦门建发	9月12日	9000	29600	8000	-3.5	-0.5	-3.0
锦州港	9月13日	20000	94650	9000	-5.6	-0.7	-4.9
诚成文化	9月20日	3800	20807	10852	5.0	-0.2	5.2
澄星股份	9月23日	4000	18006	6628	0.0	-0.7	0.7

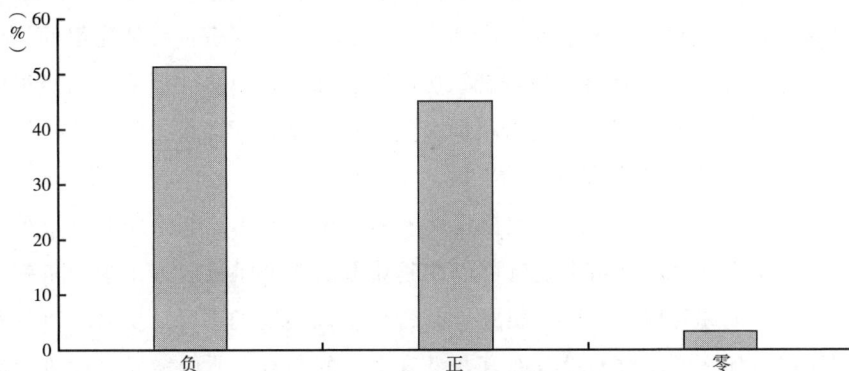

图2　样本公司的超常收益率情况

资料来源：根据笔者统计计算得到。

增发预案的股价效应也可从如下的反证中说明，2001年8月21日，由于南风化工公司股东大会没有通过董事会提出的增发不超过10000万股的提案，市场马上做出了积极的反应，在消息公布后的交易日中，该公司股价立即上涨了10%，而当天的大盘仅上涨了0.4%。佛山照明因在"圈钱"浪潮中放弃要钱的机会赢得了投资者的信任，在消息公布的当天，公司股价上涨4.46%，位于涨幅榜前列。因此，我们可以谨慎地认为，增发对公司股价的负面影响大于正面影响。

五　增发股价效应的其他因素分析

除了增发预案和实施增发会影响公司的股价走势外，还有哪些因素会影响增发公司股价的变化呢？

从理论上说，增发的数量是一个很重要的因素。在其他条件不变的情况下，增发的股票数量越多，对市场的资金需求也就越大，从而导致资金相对紧张，引发股票价格下跌。但是，如果从信息经济学的观点来说，增发的股票数量向外部股东们传递了公司内部管理层的信息，数量越大，表明公司内部管理层对未来的前景越看好，未来盈利就越多，从而股票的价格应该有所上升。至于股价到底是升是降，这取决于这两者相对力量的强弱。

公司的资产负债水平也是一个比较重要的因素。一般而言，如果公司资产负债比很高，那么增发股票就可以降低公司的债务负担，从而有利于公司的盈利状况，股票价格相应就会有所上升。相反，如果资产负债比很低，公司还要增发股票，这就会让投资者认为公司虽然负债不多，但筹资已经很困难，没有债务人愿意以较低的价格向公司提供资金，所以公司的经营前景不妙，从而股票价格就会有较大的下跌。

股票的市盈率可能也会影响公司增发对股价的冲击。如果增发时市盈率非常高，那么增发对公司来说就可以使其获取更多的溢价收入，老股东就相对有利，所以此时增发一般会使股价有一个较大幅度的下降。反之，市盈率水平不高，那么增发对老股东而言并没有很大的利益，所以增发对股价的影响可能并不大。

公司的现金储备也是一个值得考虑的因素。如果增发时公司拥有大量的现金储备，那么投资者就会认为增发可能并不是公司发展的真正需要，从而对增发产生一定的怀疑和抵触，导致公司股价下跌。

大盘的走势肯定会对某一只股票产生影响。对于上市公司不多、容量不大的市场来说，个股的走势会在很大程度上依赖大盘的走势，大盘上涨，个股跟着上涨，大盘下跌，个股跟着下跌，两者表现出很大的正相关性。

上述因素与增发公司股价变化的相关系数如表 3 所示。

表 3　各因素与个股价格走势的相关系数

系数	P_m	C	R_t	R_l	C_u	PE
R	0.672	0.103	− 0.300	0.079	0.052	− 0.259
P	0.000	0.563	0.085	0.663	0.770	0.139
N	34	34	34	34	34	34

其中 P_m 为大盘走势，C 为资产负债率，R_t 为增发数量占总股本的比例，R_l 为增发数量占流通股的比例，C_u 为现金储备（根据 2000 年年报

上的货币资金和短期投资计算），PE 为市盈率（增发信息公布前一交易日的收盘价除以 2000 年每股收益）。R 为相关系数，P 为 P 值，N 为样本数量。

在 10% 的显著性水平下，我们可以认为大盘走势和增发数量占总股本的比例这两个因素对个股走势有明显影响。其他几个因素对个股的走势没有明显的影响。

此外，我们通过回归模型，综合起来考察相关因素对个股价格走势的影响程度。模型形式为：

$$P = \alpha + \beta X + \varepsilon$$

其中 P 是个股价格走势，X 是影响 P 的因素矩阵，α 是常数，β 是因素矩阵的系数，ε 代表无法由 X 解释的其他因素。我们采用了 35 个样本公司相应数据进行回归，得到的结果见表 4。

表 4　回归模型各系数及其检验

	（1）	（2）	（3）	（4）	（5）	（6）
Cons	2.285 ** (2.434)	1.162 (0.587)	—	—	—	—
P_m	1.791 ** (5.413)	1.767 ** (5.114)	1.837 ** (5.768)	1.747 ** (5.208)	1.850 ** (5.696)	1.761 ** (5.065)
R_t	-1.666 ** (-2.400)	-1.809 ** (-2.503)	-1.704 ** (-2.618)	-1.685 ** (-2.574)	-1.682 ** (-2.533)	-1.677 ** (-2.386)
C	—	0.054 (1.517)	0.053 ** (2.968)	0.0653 ** (2.892)	0.0558 ** (2.881)	0.067 ** (2.280)
C_u	—	0.00001 (-0.621)	—	—	-0.000004 (-0.380)	-0.000005 (-0.429)
PE	—	-0.0141 (-1.038)	—	-0.0108 (-0.885)	—	-0.0115 (-0.875)
I						0.167 (0.110)
R^2	0.532	0.585	0.596	0.606	0.598	0.609
$\bar{R}^2$	0.502	0.511	0.557	0.555	0.544	0.525

注：Cons 表示常系数；I 为虚拟变量，6 月 13 日前取值为 0，之后为 1；其他自变量含义同上。表中"**"表示对应的自变量在 0.05 的显著性水平下对应变量的影响显著。

由表4可知，增发信息对个股股价的影响主要与大盘走势、增发数量占总股本的比例和资产负债率这三个因素相关，整个回归模型的 R^2 达到了0.557，也就是说大盘走势和增发数量占总股本的比例这两个因素可以解释股票价格变动的55.7%。当然这一模型的解释能力还是比较弱的。从模型来看，大盘走势对股价的影响是正方向的；增发数量占总股本的比例对股价的影响是反方向的；资产负债率对股价的影响也是正方向的。国有股减持作为影响近期二级市场股价下跌的重要因素在增发融资中对股价的影响并不明显。

从统计分析的结果来看，上市公司宣布增发信息时，影响股价变动的主要因素与理论上的推断有一定的差异。究其原因，中国股市的非理性可能是一大原因，投机性强，市盈率高，上市公司绩效差，"圈钱"意图明显，股权结构不合理，流通比重小，如此等等，都使理论与现实形成了较大的差距。

六 我国上市公司增发的前景展望

作为一种新的融资途径，增发的作用是不容置疑的，但是2001年以来的增发风潮也从一个方面说明，好的机制如果没有相应的环境配合，也不会发挥应有的作用。

从分析可以发现，增发数量过大可能是目前面临的一大问题（新的政策可能规定增发融资的规模应以发行时的净资产为上限）。在35家样本公司中，增发数量超过流通股数量的有14家，占了40%之多。大规模的增发在当前投资增长乏力的宏观大背景之下，很容易给投资者以"圈钱"的印象，这也难怪为什么增发的数量对股价的变动有那么大的冲击。

对于增发造成的市场恐慌心理，管理层必将进行相应的干预，其中，修改增发条件是很有可能的事，估计管理层会对增发的数量、资产负债率、现金储备等项目提出更加严格的要求。对股权结构集中、一股独大的上市公司，监管部门应警惕其通过的增发议案，并予以有效的监管。

中国资本市场的发展前景是不容置疑的，但发展过程中的规范程度必将逐渐提高。置身其中的上市公司，也将随着中国股市的发展和规范而面临相应的机遇与挑战。作为融资机制之一的股票增发，也将随着市场的规范而逐渐完善起来，可以预测，增发在公司融资中的地位会有所提高。这是上市公司增发的长远前景。至于短期内，我们认为，上市公司再融资的难度也会有所加大，增发的高潮将平息，增发会较为平稳和低调地进行。

资产证券化及其在中国推进的
相关问题与政策建议 *

一 资产证券化：概念、起源和发展

1. 资产证券化的概念

资产证券化（Asset Securitization）是近 30 年来世界金融领域最重大和发展最快的金融创新和金融工具，是衍生证券技术和金融工程技术相结合的产物。对资产证券化概念的界定，人们大都遵循 Gardenerd 的一般性定义，即资产证券化是使储蓄者与借款者通过金融市场得以部分或全部匹配的一个过程或工具。Gardenerd 的一般性定义强调资产证券化是一种以市场为基础的信用中介，以区别于以机构为基础的信用中介。通俗地讲，资产证券化就是把缺乏流动性，但具有预期稳定现金流的资产汇集起来，形成一个资产池，通过结构性重组，使之成为可以在金融市场上出售和流通的证券，据以融资的过程。

从广义上讲，资产证券化包括一级证券化和二级证券化，在证券化过程的初始阶段，资产证券化主要是指在资本市场和货币市场上通过发行证券融资，即借款者通过资本市场和货币市场的直接融资过程，其所使用的金融工具包括商业票据、企业债券和发行股票。这种资产证券化属于一级证券化；现在资本市场上所称的资产证券化是指二级证券化，它是指将已经存在的贷款和应收账款等转化为可流动的金融工具的过程，例如将批量贷款进行证券化销售，或者将小额、非市场化且信用质量相异的资产进行结构性重组，汇集组合成资产池，重新包装为具有流动性的债务证券。二级证券化是资产证券化的最基本内涵。

---

* 本文原发表于《教学与研究》2000 年第 4 期。

2. 资产证券化的起源和发展

资产证券化是随着金融体系的发展和演化而产生的金融工具，金融体系的发展大约经历了三个阶段：第一阶段是金融体系本位时期，银行成为积累储蓄和进行投资的主要渠道；第二阶段是市场本位时期，通过一级证券化，资本市场成为融通资金的主要渠道；第三阶段是强市场本位时期，金融机构和其他资产所有者通过对其资产进行处理和交易，利用二级证券化融通资金。资产证券化正是强市场本位时期的重要金融工具，其起源可追溯到 20 世纪 60 年代末的美国。1968 年，美国最早的抵押贷款债券问世，叫作抵押债券（Mortgage passthrough），发行人按一定的标准把若干个住房抵押贷款组合在一起，以此为抵押发行债券。发行人从债券持有人处一次性变现式地收回贷款本息，以后借款人定期向银行还本付息时，资金就经过信托中介机构转付给债券持有人。例如，到1990 年，美国 3 万多亿美元未偿住宅抵押贷款中，50% 以上实现了证券化。从 1983 年开始，资产抵押债券也发展起来，出现了抵押保证债券（Collateralised Mortgage Obligation，CMO）。CMO 是针对投资者对金融工具不同的期限要求设计的，它把每个时间段上的资产组合的现金流量看成一个整体，并以此为基础按优先（Senior）和次级（Subordinate）顺序分拆成若干个小块，专卖给证券投资者。购买优先级的投资者享有优先权，其未来的现金流量有较大的保证，购买次级证券的投资者是在未来现金流量满足了优先级投资者的要求之后再分享，风险较大，收益也较高。到 1993 年，美国 CMO 的总量已达到了 5000 亿美元。1985 年汽车贷款的抵押证券开始发行；1988 年，美国推出以信用卡贷款为抵押的证券；1993 年对学生贷款的抵押证券问世。金融管制在欧美的放松和《巴塞尔协议》在各国的实施，引起了银行对资本充足率和不良资产的重视，也大大刺激了资产证券化在世界各国的发展。1995 年，世界银行属下的国际金融公司以其在南美发展中国家的长期资产为抵押发行了 4 亿美元不可追索的证券。近几年来，资产证券化在亚洲也得到了迅速的发展，1994 年，中国香港发行了 3.5 亿港元的抵押贷款债券。到 1996 年，资产证券化进一步延伸到印尼、泰国、马来西亚和日本等亚洲国家，据穆迪公司预测，1998 年东南亚国家发行的资产支持证券达到 20 亿美元。亚洲金融创新和资产证券化的发展是其金融体系与资本市场深化和发展的重要表现。

二 资产证券化的特点和运作程序

1. 资产证券化的特点

资产证券化作为一种新的融资方式与传统融资方式相比，具有鲜明的特点，表现如下。

（1）资产证券化通常是将多个原始权益人的资产集中成一个资产池，通过结构性重组并进行证券化从而实现资产的流动性和可转让性。

（2）资产证券化后被证券化的资产在资产负债表上消失，资产负债表中的资产经组合后成为市场化投资产品，有关资产成为所发行的资产支持证券的抵押品，原始权益人的负债率得以改善。

（3）资产证券化是出售资产的预期收入，并不构成负债，出售主体获得了所需的融资而并未增加负债率。

（4）投资者的风险取决于可预期的现金流入而并不是金融机构自身的资产状况和信用等级，由于信用增级机构的介入，投资者的预期收益得到了相应的信用保证。

2. 资产证券化的运作程序

资产证券化的运作程序涉及以下几个方面。

（1）资产组合。原始权益人把自己拥有的能够产生未来稳定现金收入的资产进行结构性重组而汇集成资产池。

（2）资产出售。原始权益人把资产池中的资产以真实出售的方式卖给特设信托机构（SPV）。

（3）资产的购买和设计资产支持证券。SPV 购买原始权益人的资产，其购买方式：一是整批买进一个特定资产组合；二是买进资产组合中的一个不可分割的权利。然后，SPV 以购买的资产为依托，设计资产支持证券。

（4）信用和信用评级。SPV 通过办理金融担保、划分优先/次级证券等手段提高资产支持证券的信用级别，改善发行条件，吸引投资者。资产证券化的评级为资产证券化的投资者提供证券选择的依据。

（5）证券发行。SPV 通过证券承销商向投资者销售资产支持证券，用销售收入支付向原始权益人购买证券化资产的价款。

（6）资产管理。SPV 委托资产管理公司管理资产池，用资产的现金流支付资产支持证券投资者的本息。资产支持证券到期以后，SPV 向投资者还本付息，把资产池中的剩余资产归还给原始权益人。

图 1 是资产证券化的结构。

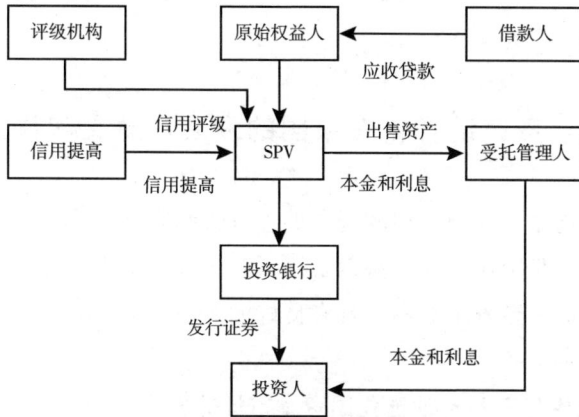

图 1 资产证券化的结构

三 资产证券化：融资方式的创新

资产证券化给资本市场带来的重大变化是融资方式的创新。

1. 资产证券化是一种结构融资方式

资产证券化的核心是设计出一种严谨有效的交易结构，这一交易结构在资产证券化运作过程中起着重要的作用。原始权益人资产向 SPV 的转移，可形成一个破产隔离实体（Bankruptcy Remote Entity），把资产池中的资产的偿付能力与原始权益人的资信能力分割开来，能够真正保证破产隔离的实现。这一融资方式的优势在于：（1）它能确保融资活动充分享受政府提供的税收优惠；（2）运用严谨的交易结构和信用提高手段改善证券的发行条件，吸引投资者。正是由于具备这些优势，资产证券化成为发达资本市场上的重要结构融资方式。

2. 资产证券化是一种非负债型融资方式

根据 1997 年生效的美国财务会计准则第 125 号《转让和经营金融资产及债务清理的会计处理》的规定，鉴于被证券化了的资产已经以真实出售的方式过户给了 SPV，原始权益人已经放弃了对这些资产的控制权，因而也就允许原始权益人将证券化资产从其资产负债表上剔除并确认收益和损失，从而在法律上确认了以表外方式处理资产证券化交易的原则。这就是说，以资产证券化方式融资不会增加融资方的负债，因而资产证券化是一种非负债型融资。

四 资产证券化在中国的发展：意义和作用

资产证券化作为一种新型的资产处理方式和融资工具在国外已获得相当大的发展，但在我国还仅处于探索阶段，对于逐步融入全球一体化经济的中国而言，推行这一融资工具不仅具有良好的发展前景，而且具有重要的战略意义。

1. 资产证券化有利于推进我国资本市场的发展

（1）目前我国资本市场发展的一个重要缺陷是金融工具的单一性。资产证券化的发展有利于增加我国资本市场融资工具的可选择性，资产证券化可使筹资者通过资本市场直接筹资而无须向银行贷款或透支，同时其较低的融资成本有利于提高我国资本市场的运作效率。

（2）资产证券化为投资者开辟了一条宽广的投资渠道。按国外的经验，凡是能够产生预期现金流的资产都可以证券化，而且资产证券化所提供的投资对象即资产支持证券相对于其他投资而言，具有较小的投资风险和稳定的现金收入，从而有利于投资者的储蓄资产向证券资产转化。

（3）资产证券化的发展有利于我国资本市场的完善。资产证券化是一个复杂的系统工程，涉及发起人、服务人、发行人、投资银行、信用提高机构、信用评级机构、资产管理人和投资者等。同时，资产证券化还要求有一个完备规范的制度环境，包括财会制度、信用评级制度、金融担保制度和税务制度等法规体系。因此，资产证券化的发展有利于推进我国资本市场的现代化和规范化发展。

2. 资产证券化有利于盘活银行不良资产和增强银行资产的流动性

在我国规模巨大的银行资产中，大量不良资产的存在隐含着较大的信用风险，成为我国经济稳定发展的潜在威胁。根据国家公布的数字，我国四大国有专业银行的不良资产约有 2 万亿元，占其贷款总额的 25%。如何化解银行的不良贷款引起了社会的普遍关注，目前已有的思路无非财政出资化解、将拨改贷变为贷改投、成立特种信贷银行和债权变股权等，但这些方式均未产生预期的效应。不良资产证券化不失为一种解决我国银行不良资产的较好选择。近年来已在美国等国家出现了不良信贷资产证券化的先例，20世纪80年代末，美国储蓄与贷款协会破产，为维护金融体系的稳定和处理不良资产而专门成立了重建信托公司（RTC），穆迪公司为此还专门制定了评估考核模式。日本也正在尝试利用资产证券化，把破产银行转变为国营的"过渡银行"，挽救坏账累累的银行资产。因此，组建具有权威性的金融资产管理公司，统一收购或接管国有商业银行的不良资产，并将其证券化是化解和盘活银行不良资产的有效模式。另外，资产证券化还有利于增强银行资产的流动性，由于银行抵押贷款的期限比较长，如住房抵押贷款的期限为20～35年，借款人一般在其收入的主要生命周期内，以分期支付的方式偿还贷款债务。而通常银行吸收的存款负债最长仅2～5年，资产与负债二者的期限不匹配，增加了银行的经营风险。资产证券化有利于银行在资本市场变现抵押贷款资产和进行流动性管理。

3. 资产证券化有利于推进我国住房按揭市场的发展

住房抵押贷款在西方银行信贷市场占有重要的地位，在美国、中国香港等市场经济较为发达的国家和地区，个人住房抵押贷款一般占银行信贷总额的20%～40%，发达国家通过资本市场，发行抵押债券进行融资，很好地克服了住房抵押贷款期限长、流动性低的局限性。此时我国住房按揭市场刚刚起步，进展缓慢，商业银行开办个人抵押贷款的比重很小，实施资产证券化将有利于降低商业银行的贷款风险，促使其扩大住房抵押贷款规模。

4. 资产证券化有利于优化国企资本结构

我国的国有企业受间接融资方式的限制，其资本结构以负债为主，负债率高达71%，其中银行的贷款占其外源融资的比重很高。通过对国有企业资本结构的考察，发现企业流动资产中自有资产的比重很低。如果进行资产证券化融资，国有企业就不会增加资产负债表上的负债，从而可以改善自身的资本结构。同时资产证券化还有利于国有企业盘活资产，提高资产周转率。通过信贷资产证券化，可以把银行持有企业的大量贷款，通过技术化处理转化为可分割转让的证券出售，从而使银行作为国有企业的单一债权人出售债权，可以缓解国有企业的过度负债问题，大大改善国有企业的资本结构。

五 资产证券化过程中的相关问题

1. 资产证券化中的会计处理问题

资产证券化的会计处理直接决定资产证券化能否真正形成一种表外融资方式。我国的会计准则对此尚未做出明确规定。对于资产证券化来说，基本的会计处理问题包括三项，即出卖还是融资；合并问题；剩余利益投资。发展资产证券化融资必须首先确认对资产证券化交易进行会计处理的"表外"原则。如果同意以表外方式处理资产证券化，认为特设信托机构具备交易主体（资产买方及证券发行人）的资格，承认证券化交易中的破产隔离。会计主管部门就会把资产证券化过程看作卖方"销售资产获取收入"的过程，就会允许卖方把证券化资产从资产负债表上剔除，并把融通的资金确认为卖方的会计收入，因此，资产证券化结构的出现伴随着会计制度的重大发展，会计制度的完善和新的会计处理原则的确立将有利于推进资产证券化在我国的发展。

2. 资产证券化中的税收问题

发展资产证券化融资必须具体规定对原始权益人、特设信托机构和投资者的税收待遇，力求减少征税环节。美国和其他资产证券化发展水平较高的国家都对资产证券化过程中的税收问题做出了特别规定。税收待遇直接决定着资产证券化的融资成本和可行性。过重的税收负担会造成资产证券化交易的障碍，给资产证券化交易者带来风险。资产证券化过程中的税收待遇问题主要涉及如下几点。（1）要明确规定对原始权益人是否征收所得税以及所得税减免的税收待遇，由于原始权益人出售资产很少有增值，可以免征增值税。（2）在流转税方面要规定是否征收增值税。（3）要明确规定对特设信托机构的税收待遇。鉴于特设信托机构的税收负担会直接增加资产证券化融资的中间费用，应尽量降低特设信托机构的实际适用税率，或扩大其可扣除费用的范围。（4）要明确规定对投资者的税收待遇。

3. 资产证券化中的法律问题

资产证券交易结构的严谨有效性由相应的法律予以保障，而且资产证券化涉及的市场主体较多，它们之间权利义务的确定需要以相应的法律为标准。同时，发行人资格的选择，可以证券化资产的范围，发行证券的条件、财务监督、风险控制等也需要相关法律法规的规范。因此，应首先构筑资产证券化所需要的法律框架。随着《证券法》的出台，有关证券交易的第一层次的法律法规基本形成，但针对资产证券化的特殊法律法规还不健全。其次，要解决资产证券化的市场准入问题，此时的法律严格限制了机构投资者的市场准入资格，对短期流动性需求比较强的商业银行和非银行金融机构以及保险资金和养老基金投资证券的限制将阻碍资产证券化的发展。

六 我国推进资产证券化的政策建议

1. 建立政府主导型的资产证券化市场

资产证券化是一种市场行为，但也离不开政府的有力支持，在我国资产证券化发展的初期，政府应积极推动和支持资产证券化的发展。政府通过制定优惠政策和有关法律法规以及监管体系，建立高效、安全的市场体系和交易规则，按照国际惯例进行财务监管和风险控制。为推动住房抵押证券化的发展，应成立政府主导的住房抵押担保与保险的专门机构，负责向发放贷款的金融机构提供担保或保险，统一抵押申请和抵押合同，并使之标准化，以为抵押贷款的分类和打包组合创造条件。

2. 发展资产证券化的一级市场

我国此时的房地产抵押贷款、银行应收款、汽车贷款、信用卡应收款等一级市场还很不发达，房地产抵押贷款的规模有限，从而大大影响资产证券化的结构设计和资产证券化市场的发展。因此，成立由政府主导的住房抵押贷款担保与保险的专门机构，扩大资产证券化一级市场的规模，营造资产证券化的市场基础。

3. 向机构投资者开放资产证券化市场

政府应在强化监管的条件下逐步允许保险基金、养老基金、医疗基金等社会资金进入资产证券化市场，使机构投资者成为资产证券化市场的主体。由于资产证券化的复杂性，仅靠个人资金很难托起规模巨大的资产证券化市场，因此，对机构投资者市场准入的放松将有利于我国资产证券化的发展。

4. 选择资产证券化的突破口进行试点

此时，我国急需解决的问题是，通过金融创新将住房抵押贷款与资本市场衔接，将住房抵押担保证券（Mortgage-Backed. Security，MBS）作为我国资产证券化的切入点。推动住房抵押证券化需要有相应的市场条件，例如，美国在 1968 年发展按揭证券时，居民按揭贷款占存款机构信贷资产的比例在 30% 以上。1997 年，香港成立按揭证券公司时，按揭资产占香港认可银行信贷的 25%。而我国住房抵押贷款的市场规模还很小。因此，在全国推进住房抵押证券化还存在一些难度，可先选择有条件的城市进行试点，以推进住房抵押证券化。根据我国住房抵押贷款市场的发展状况，可选择上海进行试点。资料表明，上海的住房抵押贷款市场发展较快，规模较大，1992～1997 年，上海每年新发放的个人住房公积金抵押贷款户数和金额分别以年均 90.8% 和 184.5% 的速度增长，仅 1997 年，新签订个人住房公积金抵押贷款合同 36661 份，新增贷款 26.21 亿元，分别同比增长 64.1% 和 93.0%。到 1997 年底，上海市累计有 83399 户家庭进行了住房公积金贷款，共发放住房公积金贷款约 6423 亿元，到 1998 年 6 月底，上海市住房抵押贷款余额超过 110 亿元。而同期全国住房抵押贷款余额约为 2643 亿元，其中约 350 亿元为居民住房抵押贷款，其余为住房建设贷款。个人住房抵押贷款仅占住房信贷的 13.2%，占全国商业银行信贷余额的比例不足 1.5%。而且，上海住房抵押贷款正在以平均每天签订 200 份合同的速度扩张，贷款金额每天增长 2000 万元，累计贷款已经形成了一定的规模，初步具备了进行资产证券化的条件。政府应制定相关政策，以住房抵押贷款证券化为突破口，推动我国资产证券化的试点工作。

客观看待不良资产证券化[*]

我国银行业不良资产规模持续扩大。截至 2015 年第三季度末，我国银行业不良贷款率升至 1.59%，较第二季度末上升了 0.09 个百分点，商业银行不良贷款余额达到 11863 亿元。面对商业银行不良率和不良贷款余额的持续攀升，在利用传统手段处置不良资产的同时，不良资产证券化作为创新处置方式而受到热议。一方面，由于不良资产证券化能在短期内转让大量不良资产的所有权或收益权，提前回收现金进而转移风险，达到快速处置不良资产的目的，因而受到一定程度上的青睐；另一方面，由于不良资产证券化入池资产主要为质量较差且缺乏收益稳定性的不良贷款，利用证券化手段批量处置现有不良贷款，是否可能引发类似美国次贷危机的系统性金融风险，也成为市场争议的焦点。历史经验表明，任何金融衍生工具都是一把双刃剑，其本身既可能引发风险，也可能成为规避风险的工具。那么如何正确地看待不良资产证券化，并在实践中控制其风险，就显得尤为重要。

一 正确认识不良资产证券化风险与美国次贷危机

衡量不良资产证券化风险的核心并非不良资产本身，而取决于不良资产未来可产生的现金流的稳定性与可持续性，只要不良资产证券化产品的结构设计得当，就可以过滤掉不良资产池的大部分风险。应该明确的是，不良资产并不等于完全不可回收的资产，根据我国贷款五级分类标准，除损失类贷款收回的可能性较小外，次级与可疑类贷款尚有部分可通过催收、重组、诉讼、拍卖等方式回收，而贷款回收率将取决于所在宏观环境、区域经济、资

---

* 本文原发表于《中国金融》2015 年第 24 期。

产周期以及贷款所属行业等因素。在不良资产证券化过程中，商业银行将选取通过后续处置手段可产生一定现金流的不良贷款作为入池资产，以确保投资者的本息得以及时偿付。虽然商业银行的单笔不良贷款未来现金流的不确定性较大，但在证券化过程中，批量不良贷款在经过汇总分类、重新结构化并形成资产池后，在大数法则下，其现金流特征将与单笔不良贷款具有本质区别，能形成稳定的本息回收率。通过现金流的重组技术以及交易结构的设计，不良资产证券化现金流入与流出不匹配问题也可以得到有效的解决。同时，一系列打折、分层等证券化技术也可能过滤掉不良资产的大部分风险。

对比来看，美国次贷危机中所涉及的次级贷款主要是指借款人信用较低的住房抵押贷款，并未涉及其他行业贷款，与不良资产证券化中所涉及的不良贷款是有区别的。第一，不良资产证券化的基础资产可以是任何产生一定现金流的不良贷款，并不局限于住房抵押贷款，因此行业集中度是可控的，并不会发生像美国次贷危机一样仅因房地产泡沫破裂而引发的证券化产品集体违约事件。第二，美国次贷危机发生的原因如放贷机构放宽贷款标准和借款人编造虚假信息。在美国房地产泡沫破裂之后，一方面，抵押品大幅贬值，放贷机构难以通过拍卖等形式收回贷款本息；另一方面，由于大部分借款人都是自然人，而在放贷过程中，放贷机构又没有查证借款人的资产和收入证明等信息，绝大部分借款人除抵押品外再无其他任何偿还贷款的资金来源。而由于不良资产证券化基础资产的借款人大部分是法人机构，一方面可以通过重组、并购等方式实现借款人的重整而改善其财务状况，实现现金流回收；另一方面还可以通过处置抵质押物回收现金流。第三，次贷危机爆发的另一原因是美国金融市场普遍存在对次级按揭贷款再证券化的金融创新，最后经反复包装的证券化产品完全脱离基础资产的实际现金流，而我国监管层已经明确表示不支持再证券化，过度证券化在我国没有发展空间。因此，在我国开展不良资产证券化业务不会必然导致类似美国次贷危机的系统性金融创新风险。

二　不良资产证券化与正常类信贷资产证券化的实质区别

不良资产证券化产品与正常类信贷证券化产品并无本质上的区别，两者都是以商业银行的信贷资产入池，均面临技术风险（包括资产池构建风险、破产隔离风险、信用增级风险）、环境风险（包括经济环境风险、法律环境风险、政治环境风险）、操作风险以及产品流动性风险等。相较之下，正常类信贷资产证券化产品的基础资产一般是质量良好的银行贷款，每笔贷款的未来现金流相对稳定，资产池预期违约损失较易预测；而不良资产证券化产品主要是以商业银行已经逾期的贷款入池，每笔入池贷款信用质量较差，且现金流来源主要是不良贷款的回收款，具有较大的不确定性。因此，与正常类信贷产品相比，不良资产证券化产品的信用分析重点主要集中在不良资产处置和资产回收率与回收时间这两个方面。

与正常类信贷证券化产品最大的不同是，由于不良资产证券化产品的本息兑付主要依赖入池不良贷款的回收款，因此关系回收效果的资产处置方式的选择至关重要。一般来说，不良贷款常用的处置方式包括清收、重组和转让等，每种方式的处置效果和时间都不尽相同。若不良贷款处置出现问题，则将影响到其回收，产生资产处置风险。当处置涉及司法程序时，还需要考虑区域司法环境和债权有效性等因素。我国不良债权执行难的问题在司法实践上较为突出，众多案件因转移或隐匿资产而中止执行。同时，司法机关实际对不良债权的处理效率也因地区、市场环境、债务人诚信而不一。债权有效性方面，需考察债权是否合法有效成立、债权时效是否届满等。

在明确资产处置方式之后，还需考虑资产回收率和回收时间方面的问题。由于我国不良贷款的成因复杂，每笔不良贷款的回收情况也不尽相同，且债务人的还款能力、回收情况等重要信息较难收集，因而不能仅依靠历史数据来预测资产池回收情况，还需从宏观经济及地域环境、担保情况、处置情况和逾期时间等多方面进行综合考察，以便更准确地去预测贷款回收情况。一般来说，当宏观经济处于下行周期时，市场需求疲软，行业内部竞争激烈，不良贷款处置难度提高。在这种情况下，若不良贷款对应借款人所属地区经济发达程度一般，地区产业集中度较高，需求萎缩一般容易引发大量同类企业经营恶化甚至破产的情况，导致回收难度提高。同时，不良贷款对应借款人所处行业对贷款的回收也有影响，如果所处行业是产能过剩产业，行业本身处于收缩阶段时，则会提高不良贷款的处置难度。担保情况主要考察不良贷款是否采用了保证、抵押及质押等担保方式以及这些担保方式的力度。如果不良贷款采用了保证方式担保，则要考察担保人的资信状况和担保实力。如果不良贷款采用了抵质押方式担保，则需用贷款价值比等常用指标来考察抵质押物的变现情况。最后，回收率和回收时间与逾期时间之间也有一定的相关性。通常，不良贷款预期时间越长，不良贷款被偿还的可能性越小。

三　不良资产证券化重启有助于加快对银行业
不良资产的处置

我国借鉴国外成功经验，从 2006 年开始利用证券化技术处理不良资产，并于 2008 年末在银行间市场成功推出四单不良资产证券化产品。受 2008 年美国次贷危机的影响，我国监管部门于 2009 年初暂停了资产证券化的试点。目前，我国已开启了第三轮资产证券化的试点。那么，我们应如何客观看待不良资产证券化的风险，是否可以重启不良资产证券化，从而使其成为处置银行业不良贷款的选择呢？

我们认为，不良资产证券化在国际上技术已十分成熟，我国也曾进行不良资产证券化实践，已经发行的四单不良资产证券化产品均获得了成功并安全兑付。从我国商业银行目前所处金融环境来看，不良贷款在区域分布和行业分布上有一定的集中度，但通过选取不同类型、行业或地区的不良资产入池，安排合理的交易结构设计、有效的增信措施均可有效降低不良资产证券化产品的整体风险。只要在开展不良资产证券化业务的过程中严格按规定实施，通过正确的结构化设计防范产品整体风险，充分披露风险，资产池合理公允定价，就能实现有序的风险分散，不会出现类似美国次贷危机的系统性金融风险。

因此，我们应该正确看待和使用不良资产证券化这一金融创新工具，考虑开展不良贷款的资产证券化业务，加快我国不良贷款处置速度，有效转移银行不良资产。同时，通过发行不良资产证券化产品，丰富市场投资品种，实现分担风险，最终优化资源配置。

不良资产证券化模式与展望[*]

近年来，随着我国宏观经济增速放缓，经济下行压力对我国商业银行信贷业务经营的影响逐步增大。商业银行部分行业信贷客户的盈利能力或出现明显下降趋势或已出现亏损，对第一还款来源产生不利影响，信贷风险明显加大，信用风险加速暴露，导致我国商业银行的不良贷款余额和不良贷款率持续双升。银监会统计数据显示，截至2014年末，我国不良贷款余额为8426亿元，较2013年增长42.31%，不良贷款率为1.25%。截至2015年第二季度末，商业银行不良贷款余额已达10919亿元，较2014年增加2493亿元；商业银行不良贷款率为1.50%，较2014年上升了0.25个百分点。同时，银行关注类贷款也持续增加。截至2015年第二季度末，商业银行关注类贷款余额已经达到2.65万亿元，较2014年同期增加了近1万亿元。关注类贷款在一定程度上易向逾期、呆坏账等不良贷款转移，关注类贷款的持续上涨也将对商业银行不良贷款造成进一步的压力。不良贷款余额和不良贷款率的快速持续攀升，银行在利用传统手段处置不良资产的同时，可以考虑开展不良贷款的资产证券化业务，拓宽商业银行处置不良贷款的渠道和方式，加快不良贷款处置速度，提高我国商业银行资产质量，从而避免银行不良资产率过高而引发银行破产等金融危机。

一 资产证券化是处置不良资产的可行选择

目前，我国商业银行不良资产数额巨大，为避免形成金融体系的重

　＊ 本文原发表于《财经》2015年第28期。

大隐患，适应我国金融业稳健发展的需要，需要采取有效的措施控制商业银行不良贷款余额和不良贷款率的迅速攀升。从过往经验来看，商业银行处置不良贷款的手段较为单一，主要为资产保全和呆坏账核销。虽然商业银行也可以将不良贷款打包处置给资产管理公司，但由于其处置对象主要针对个案，因此专业的资产管理公司也无法很好地满足快速和批量处置巨额不良资产的要求。而资产证券化作为一种批量交易的方式，由于其能在短期内同时转让大量不良资产的所有权或收益权，提前回收现金进而转移风险，达到快速处置不良资产的目的。同时不良资产证券化不仅可以使商业银行将缺乏流动性的不良资产转变为现金收入，还可以拓展投资者的投资渠道，取得预期收益。随着我国资产证券化市场的发展，开展商业银行不良贷款资产证券化，有助于拓展商业银行处置不良贷款的渠道，加快商业银行不良资产处置的速度，提升商业银行的资产质量。

我国在资产证券化产品的试点阶段为防控资产证券化市场风险，主要以优质信贷资产入池，达到盘活存量信贷资产的目的。由于资产证券化产品的风险要高于国债及银行存款，根据一般定价原则，其利率必然要高于国债及银行存款，因此通过证券化筹集信贷资金的成本要高于通过吸收存款，商业银行在资金充裕又无合适贷款项目的情况下，缺乏对优质信贷资产证券化的动力，对商业银行的吸引力不足。从经济效益的角度来看，商业银行更有意愿丰富入池资产的多样性，从而不良资产证券化的配置需求开始增加。当前商业银行不良贷款余额和不良贷款率加速上升，商业银行有动力把坏账、呆账进行批量打包处理后再融资，从而达到能够激发银行盘活存量资产、腾挪资源的热情，发挥资产证券化这一金融工具本身的最大功效。

整体来说，不良资产证券化有利于我国商业银行开展积极的信贷资产组合管理，提高资产负债率管理水平，有利于实现不良资产"双降"的目标。同时，通过不良资产证券化，商业银行可以获得结构融资、证券发行等方面的经验，为未来的混业经营打下基础。因此，从我国商业银行自身利益出发，采取不良资产证券化的方式缓释风险成为可以选择的途径之一。

二 国内外不良资产证券化实践

（一）国外不良资产证券化实践与启示

不良资产证券化的历史至今已有 30 多年，它最初出现于美国并以美国、意大利、日本和韩国较为突出，因为它们都曾深受银行体系不良资产的困扰。

1. 美国通过完善法律体系、建立相关机构、规范运作模式成功建立不良资产证券化模式

20 世纪 80 年代到 90 年代初，美国储蓄贷款机构爆发了两次大规模破产风潮，为防止危机蔓延，美国政府及时推出了相关的整体战略措施。首先，美国政府于 1989 年制定并通过《金融机构改革、复兴和实施法案》，为不良资产证券化清除了法律上的障碍。其次，依据新法案专门设立了隶属于美国联邦存款保险公司（FDIC）的重组托管公司（RTC），使其接管了所有资不抵债的储蓄贷款机构并允许其采用资产证券化方式处置问题资产。1991 年 6 月，RTC 成功运作了第一个不良资产证券化项目，通过证券化这一创新方式处置不良资产，RTC 提高了不良资产的现金回收率。经过 6 年多的运作，RTC 以 800 多亿美元的成本消化处置了账面价值 4500 多亿美元的问题资产，占接管资产总数的 98%。RTC 在实践中首次引进了现金储备、专业抵押品管理机构等信用增级措施和方式，推动了美国不良资产证券化业务的发展，其成功经验成为许多国家效仿的典范。

自此之后，为推广不良资产证券化这一业务，美国对不良资产证券化的资产管理、交易结构、债券评级和资产评估等方面进行了一系列的改进，使之更加规范化和标准化。在规范过后的运作模式中，一般是由 RTC 购买不良资产，联邦国民抵押协会（FNMA）和联邦住宅抵押公司（FHLMC）组建资产池，通过 FNMA 或 FHLMC 对资产池中的不良资产实施证券化，采用有限担保的方式为其不良资产进行信用增级并将证券销售给最终投资者。

美国通过完善法律体系、建立相关机构、规范运作模式成功地运用了资产证券化这一金融创新工具，在较短时间内处置了大量不良资产，使银行业顺利摆脱危机困境，稳定了经济和金融秩序，为美国 20 世纪 90 年代中后期的经济繁荣打下了良好的基础，也大大推动了全球不良资产证券化的发展。

2. 意大利成功效仿美国不良资产证券化模式，成为全球第二大证券化市场

意大利在 20 世纪 90 年代早期由于经济衰退，金融监管不力，到 1996 年银行体系不良贷款率高达 11.2%。借鉴美国经验，意大利在 1997 年推出第一笔不良资产证券化交易，1999 年 4 月通过证券法，特别允许金融机构对不良资产证券化折扣损失可以分 5 年进行摊销，更有力地促进了不良资产证券化业务的迅速发展。到 2003 年第三季度，意大利已累计进行了 30 多笔不良资产证券化交易，对应不良资产账面价值约为 310 亿欧元，发行证券价值约为 100 亿欧元，成为当时仅次于美国的全球第二大证券化市场。

3. 日韩借助不良资产证券化解决亚洲金融危机后遗症

1997 年亚洲金融危机爆发后，日本、韩国一些大企业连续破产，日韩两国金融机构不良资产激增，银行体系流动性严重不足。为解决金融危机后遗症，日韩均借鉴了欧美不良资产证券化方面的成功经验，在加快本国法律制度建设的同时，还分别成立了日本株式会社整理回收机构（RCC）以及韩国资产管理公司（KAMCO）并将其作为不良资产证券化的实践主体。韩国在实践时从本国国情出发，考虑到其本国资本市场相对狭小，市场容量不大，因此在进行不良资产证券化时分别在卢森堡和美国上市交易，向国外投资者销售证券。同时，由于韩国的中介机构在国际上没有很高的声誉，故其在进行不良资产证券化时聘请外国中介机构。韩国不良资产证券化业务根据本国国情灵活设计产品，通过引入外国中介机构增强债券吸引力，因此在处置不良资产方面较日本取得了更好的效果。

4. 国外推行不良资产证券化的成功经验对我国的启示

国外不良资产证券化的实践表明，第一，良好的法律环境是不良资产证券化成功的必要条件。在进行不良资产证券化时，政府首先须对本国的法律体系进行修改与完善，为金融机构扫清法律上的障碍，保证投资者的利益。第二，政府设立专门处理不良资产的机构，同时让这些政府发起机构享受政府待遇，提供一系列的优惠政策，这样有助于激发这些机构进行不良资产证券化的动力。第三，进行不良资产证券化时，要从本国实际出发，根据本国的具体情况设计不良资产证券化方案，而不是全部照搬外国的经验。从我国现阶段国情来看，目前监管机构对金融企业不良贷款批量转让有着较为严格的规定，为了推动不良资产证券化业务顺利开展，监管应考虑放宽批量转让不良资产的限制，同时应允许银行通过其他一些直接出售的方式批量处置不良资产。只有从我国国情出发，才能推动不良资产证券化业务在我国的顺利开展。

（二）国内不良资产证券化实践

直到 2001 年《信托法》正式颁布实施，我国才具备了设立特定目的的载体的法律依据。其后，于 2005 年我国所颁布的《金融机构信贷资产证券化试点监督管理办法》和《信贷资产证券化试点管理办法》为我国资产证券化业务的开展奠定了法律基础。

1. 早期我国尝试利用离岸模式和信托模式开展不良资产证券化业务

在我国正式启动资产证券化试点（2003～2004 年）之前，由于政策限制，国内不能开展资产证券化业务。在这种历史背景下，2003 年 1 月 23日，中国信达资产管理公司与德意志银行签署了资产证券化协议，通过离岸模式完成了我国首个资产证券化项目，这也是我国首个不良资产证券化项目。该项目的基础资产由 20 个债权项目组成，涉及债权余额为 25.52 亿元人民币，由德意志银行主持在境外发债，但价格、项目、投资者由中国信达资产管理公司和德意志银行共同商定。

同期，国内还有两个以信托方式的"准"不良资产证券化项目，一个是 2003 年 6 月由华融资产管理公司与中信信托合作完成的。该项目设立的信托涉及 256 个债务人、132.5 亿元债权资产。华融资产管理公司取得全部信托受益权，并将优先级受益权转让给投资者，获得转让收入并继续持有次级受益权。另一个是 2004 年 4 月由中国工商银行与瑞士信贷第一波士顿银行、中信证券股份有限公司、中诚信托有限责任公司共同完成的。该项目设立的信托涉及工行宁波分行 233 个借款人，总计 26.19 亿元资产。工行宁波分行为唯一受益人，取得本信托项下全部信托受益权，并将 A 级和 B 级信托受益权转让给投资者，获得转让收入并持续持有 C 级信托受益权。

2. 我国资产管理公司进行的不良资产证券化项目在首轮试点期间已趋于成熟和规范化

2005～2008 年是我国资产证券化首轮试点时期。在此期间，我国共发行了四单不良资产证券化产品，包括中国东方资产管理公司发行的"东元

2006 - 1 重整资产支持证券"（简称东元 2006 - 1）和中国信达资产管理公司发行的"信元 2006 - 1 重整资产支持证券"（简称信元 2006 - 1）、"信元 2008 - 1 重整资产证券化信托"（简称信元 2008 - 1）和中国建设银行发行的"建元 2008 - 1 重整资产证券化信托"（简称建元 2008 - 1）（见表 1）。从这四单产品的发行意义来看，其中"东元 2006 - 1"和"信元 2006 - 1"是资产证券化在我国不良资产领域的首次尝试和实践，标志着我国资本市场上出现了新的金融工具，并逐渐形成固定的交易结构，为我国进行不良资产证券化提供了借鉴和经验；"信元 2008 - 1"的成功发行体现了我国资产管理公司发行不良资产证券化项目已趋于成熟和规范化；而"建元 2008 - 1"是我国商业银行首次"真正意义上"运用不良资产证券化处置不良资产，体现了商业银行作为发起机构发行不良资产证券化项目方面的长足进步，也为其他银行提供了市场化批量处置不良资产的成功范例。上述四单不良资产证券化产品发行规模合计 100 多亿元，这四单产品均已完成完全兑付，均未出现任何违约事件。

　　经过十多年的发展完善，我国初步构建了资产证券化的基本法律框架，扫清了长期以来制约我国证券化发展的障碍，为资产证券化在我国的发展提供了支持和保障。虽然我国不良资产证券化产品结构较为简单，产品数量较少，但这些实践为未来不良资产证券化业务的发展奠定了基础。

表 1　我国 2005 ~ 2008 年发行的重整资产支持证券

指标	东元 2006 - 1	信元 2006 - 1	建元 2008 - 1	信元 2008 - 1
发起机构	中国东方资产管理公司	中国信达资产管理公司	中国建设银行	中国信达资产管理公司
发行机构	中诚信托有限责任公司			
本金总额（亿元）	60.2	210.37	95.5	150.25
利息总额（亿元）	—	103.91	17.99	123.47
本息合计（亿元）	—	314.28	113.5	273.72
不良贷款类别结构	可疑：100%	可疑：100%	次级：13.9% 可疑：71.98% 损失：14.12%	可疑：100%
担保情况	抵押：38.5% 保证：48.75% 信用：12.75%	抵押：38.49% 保证：45.21%	抵质押：47.2% 保证：70.66%	抵押：30.1% 保证：52.21% 信用：23.32%
借款人（户）	1525	3111	565	200

续表

指标	东元 2006 – 1	信元 2006 – 1	建元 2008 – 1	信元 2008 – 1
贷款笔数	2114	7619	1000	1632
发行规模（亿元）	优先级:7 次级:3.5 合计:10.5	优先级:30 次级:18 合计:48	优先级:21.5 次级:6.15 合计:27.65	优先级:20 次级:28 合计:48
优先级证券信用级别	AAA			
评级机构	大公	中诚信国际	联合资信	中诚信国际

三 我国不良资产证券化模式探讨

从现阶段来看，基于我国现有监管部门规定以及法律体系，不良资产证券化模式可以分为以下两大类。

（一）基于所有权转让的不良资产证券化模式

我国现有最核心的关于不良资产所有权转让的监管规定是财政部和银监会于 2012 年 2 月 2 日印发的《金融企业不良资产批量转让管理办法》。该文件规定，第一，不良资产批量转让（10 户/项以上）的受让方只能是四大资产管理公司和地方资产管理公司。地方资产管理公司只能参与本省（区、市）范围内不良资产的批量转让工作，购入的不良资产应采取债务重组的方式进行，不得对外转让。第二，不良资产非批量转让（10 户/项及以下）的受让方可以是任何合法投资者，包括社会投资者。

根据现有监管规定，商业银行可以考虑通过以下三种基于所有权转让的模式来开展不良资产证券化业务。

1. 商业银行批量转让不良资产所有权给资产管理公司，并由资产管理公司主导不良资产证券化

商业银行将不良资产批量转让给资产管理公司，商业银行不再参与不良资产的后续处置工作。资产管理公司作为发起机构，信托作为发行人，发行优先级和次级不良资产支持证券。资产管理公司认购部分次级证券。商业银行不参与资产证券化工作，也不认购证券。

2. 商业银行批量转让不良资产所有权给资产管理公司，并由商业银行主导不良资产证券化

商业银行将不良资产批量转让给资产管理公司并主导后续处置工作，资产管理公司仅仅作为通道。资产管理公司作为发起机构，信托作为发行人，发行优先级和次级不良资产支持证券。商业银行认购部分次级证券。由于监管规定要求发起机构必须认购部分次级证券，因此，资产管理公司也需要认购部分次级证券。

3. 商业银行构建混合资产池（正常＋不良），并主导不良资产证券化

商业银行构建混合资产池，包括正常类贷款和不良类贷款，并控制不良类贷款的户/项数目不大于 10。由商业银行作为发起机构，信托作为发行人，发行优先级和次级混合资产支持证券。商业银行认购部分次级证券。

（二）基于收益权转让的不良资产证券化模式

此时，我国并没有关于不良资产收益权转让的明确监管规定，《金融企业不良资产批量转让管理办法》是否适用于不良资产收益权的批量转让，监管部门没有明确表态，现阶段仍然属于灰色地带。如未来允许不良资产收益权的批量转让，则商业银行可以通过选取入池资产户/项数目大于 10 的不良资产收益权作为入池资产，通过此方式来一次性大批量地处置不良资产。在这种模式中，商业银行将直接成为不良资产证券化产品的发起机构，信托作为发行人，采用发行优先/次级的交易结构发行证券，部分次级证券将由商业银行认购。

四　我国不良贷款证券化发展潜力与挑战

根据此时银监会数据推测，截至 2015 年底，我国商业银行不良贷款余额可增至 14000 亿元，不良贷款率可上升至 1.75%，紧逼银行业风险 2%的警戒线。此时看来，未来政府对商业银行进行干预，大规模政策性剥离不良资产的可能性较小。因此，为实现不良贷款余额和不良贷款率在未来几年实现"双降"，避免大量不良资产堆积而导致的金融风险，我国商业银行可借鉴资产证券化这一国际通行的市场化的不良资产处置方式来批量处置不良资产。

近年来，虽然我国的资本市场向社会提供的可投资产品越来越丰富，但相对于日益增加的社会资金，其仍然供不应求，不良资产证券化产品作为一种创新的金融工具，可以丰富我国证券市场的品种。倘若我国10%的现有不良贷款余额（此时有10919亿元）可通过证券化的方式来处置（不良资产证券化的规模逾千亿元），在助力商业银行快速有效解决不良贷款的同时，也可扩大我国现有资产证券化市场规模，满足证券化市场基础资产多样化和投资者对投资工具多样化的需求。

我国监管部门对于不良资产证券化的风险仍然存在疑虑，同时在信息披露不完善和缺乏透明性的情况下，不少投资者还难以接受不良资产的证券化产品，尤其是风险控制比较严格的机构。因此，我国进行不良资产证券化时也面临一些问题与挑战。

第一，从法律环境来看，不良资产证券化过程牵涉众多交易主体，交易结构复杂，必须有完善的法律法规体系来保证其运作。然而我国在资产证券化领域仍然缺乏专门的法律或行政法规，甚至还有一些法律规定与资产证券化业务的推行形成了一定冲突。而在商业银行不良资产的批量处置领域，也缺乏相应的配套法规支持。2012年财政部和银监会联合下发的《金融企业不良资产批量转让管理办法》对金融企业不良贷款批量转让进行了规范，同时也规定金融企业批量转让不良资产（指10户/项以上）只能定向转让给资产管理公司。因此，对商业银行开展不良资产证券化形成了法律上的制约。

第二，在不良资产支持证券的发行定价中，存在现金流不易预测、定价困难的特点。与正常贷款不同，不良资产本身就是不能正常还本付息的贷款，现金流具有很强的不确定性。在不良资产批量转让时通常需要打折转让，打折多少会牵扯各方利益。不良资产定价通常是以未来可回收的债权数额减去回收成本为基础，再考虑流动性溢价和其他投资的机会成本后确定，带有较强的主观性。因此，定价和估值难度大也是制约其发展的重要方面。

第三，在不良资产支持证券的交易结构设计中，由于基础资产为逾期贷款，信用质量差，因此需要采用多种信用增级手段。除了传统的优先/次级结构外，还需要设置充足的超额抵押、额外的流动性支持、流动性储备账户设置、更加严格的回收款触发机制等增信机制，这些增信措施在提高优先档资产支持证券信用质量的同时，也为证券的发行提出了更高的要求和挑战。

第四，在不良资产证券化的信用评级领域，因不良贷款本身就是违约贷款，信用风险评估的考察重点为回收价值的评估。这除了需要对贷款的回收情况进行详尽的调查外，还要对宏观经济及区域环境、司法环境、担保物估值等方面进行全面的了解和把握。此外，商业银行尤其是存续期较短的中小银行，由于信息系统建设不完善，或是处理不良资产经验积累较少，并不能提供覆盖完整经济周期的历史数据，这也为评级机构依据历史数据构建不良贷款回收模型带来了一定挑战。

尽管面临如上挑战，但不良资产证券化作为一种市场化工具和有效途径，也亟待在本轮资产证券化试点中有所突破。随着我国资产证券化相关法律法规的完善，资产证券化技术的不断成熟，证券化方式必将成为批量处置银行业不良资产的有效途径。但同时我们也应从美国次贷危机中吸取教训，时刻警惕与防范不良资产证券化进程中可能出现的系统性风险，稳步推进我国金融创新。

第四篇
地方政府债务分析与债务风险

我国地方政府债务风险分析与
债务危机防范*

引　言

防范化解重大风险列 2018 年三大攻坚战之首。从全国金融工作会议到中央政治局会议，都提到"地方债"，可见防范和化解地方政府债务风险对于保证不发生系统性风险的底线具有重要意义。过去几年我国一直在积极构建规范的地方政府举债融资机制和管理机制：从 2014 年修订《预算法》到《关于加强地方政府性债务管理的意见》的发布，再到债务限额管理、债务置换、切割各类融资平台。在"开前门、堵后门"的改革思路下，一方面，地方政府可以自行举债；另一方面各类地方政府违法违规融资担保行为受到政策的严厉打击。然而，在现有财税体制框架下，地方政府的财权和事权矛盾逐年加大，上述政策在规范地方政府融资管理的同时，也进一步加剧了地方政府融资压力。在这样的背景下，有必要对我国当前地方政府债务状况及潜在风险点进行分析。在当前地方政府融资政策趋严背景下，如何避免出现对债务问题处理不当而导致系统性危机发生的现象是政府需要着力解决的问题。本文将首先分析当前国内地方政府债务风险特点，接着讨论在当前的宏观政策环境下可能由地方政府债务风险引发的危机路径，在借鉴国外防范和处理地方债务风险的经验的基础上，结合我国的实际情况提出防范地方政府债务风险的政策建议。

一　地方政府债务问题的历史由来及现状

我国地方政府债务发端于 20 世纪 70 年代末。根据审计署的报告，1979

---

* 本文为笔者于 2017 年写的工作论文，合作者为袁海霞、余璐、王秋凤。

年有 8 个县区举债，负有偿还责任的债务，此后各地各级政府陆续开始举债，1994 年分税制改革之后，地方政府财权进一步被削弱，地方的财政收入并不足以"承担"相应的支出责任。特别是金融危机以来，地方政府主导的投资扩张更是使地方政府的资金缺口越来越大，并在此过程中逐渐积累起了规模较大的债务。本部分将首先介绍地方政府债务问题的由来，接着分析当前地方政府债务风险的特点。

1. 财政缺口压力下的地方政府债务规模扩张

政府债务的形成与财政收支状况密切相关。一般情况下，政府预算中，政府收入仅用于维持经常性开支，若扩大支出，则必然造成财政缺口，形成财政赤字。弥补财政赤字的办法主要有两种：一是直接向中央银行借款，即以货币融资的形式弥补财政赤字；二是直接向公众借款，即以债务融资的形式弥补财政赤字。由于前一种方法将直接导致货币存量的增加，推升国家通货膨胀水平，因而我国《预算法》明确规定政府不能通过货币融资弥补财政赤字，只能通过债务融资予以弥补。

从地方政府的财政收支状况来看，1994 年分税制改革后，地方政府财政赤字逐年扩大。数据显示，分税制改革之前，地方政府财政基本呈现盈余或略有赤字状态（赤字规模不超过 150 亿元），而分税制实施当年，地方财政赤字跃升至 1726 亿元，此后逐年攀升，至 2005 年已经突破万亿元缺口。2008 年金融危机后，为应对国际金融危机对国内经济造成的冲击，中国政府实施了大规模的刺激政策，尽管中央政府出台了 4 万亿元投资计划，但是绝大部分配套资金需要地方政府自行筹集，加上地方政府纷纷出台各自的经济刺激计划，地方政府财政缺口进一步加大，2008 年、2009 年地方财政赤字分别达到 2.06 万亿元和 2.84 万亿元。此后在财政收入放缓与财政支出增长保持刚性不减的双重制约下，地方政府财政缺口进一步扩大，到 2016 年，财政缺口已经达到 7.3 万亿元（见图 1）。

伴随着财政缺口的持续扩大，地方政府债务问题也逐步凸显。这主要体现在两个方面。一是债务偿还责任不明确、债务规模不透明。在新《预算法》实施以前，受制于地方政府不得列赤字、直接向银行借款或发行地方政府债券的法律规定，地方政府通过建立融资平台公司等途径间接举债。鉴于融资平台身份的特殊性，市场将其看作政府信用的延伸工具，普遍认为平台类债务有政府信用的隐性担保，形成"地方政府兜底融资平台债务、中央政府兜底地方政府债务"的刚性兑付理念，如此既混淆了地方政府与融资平台的信用，又进一步提高其债务的不透明性，与此同时，这些融资工具成本较高，进一步加重了地方政府的债务负担。二是地方政府债务规模增长过快，特别是 2008 年以后受大规模刺激政策的影响，地方政府债务出现井喷式扩张。根据 2011 年审计署发布的《全国地方政府性债务审计结果》，截至 2010 年底，全国地方政府性债务余额为 107174.91 亿元，其中 2008 年及以前年度举借 31989.04 亿元，仅占 29.85%，剩下的 70.15% 均发生在 2008 年以后，或用于续建以前年度开工项目和偿还以前年度债务本息（占 2010 年底地方政府债务余额的 21.3%，下同），或用于新开工项目（占 2010 年底地方政府债务余额的 48.85%）。2013 年底审计署再次发布地方政府性债务数据，显示 2010 年以来地方政府债务仍保持较快增长，2010 年至 2013 年 6 月，地方政府负有偿还责任的债务年均增长 19.97%。

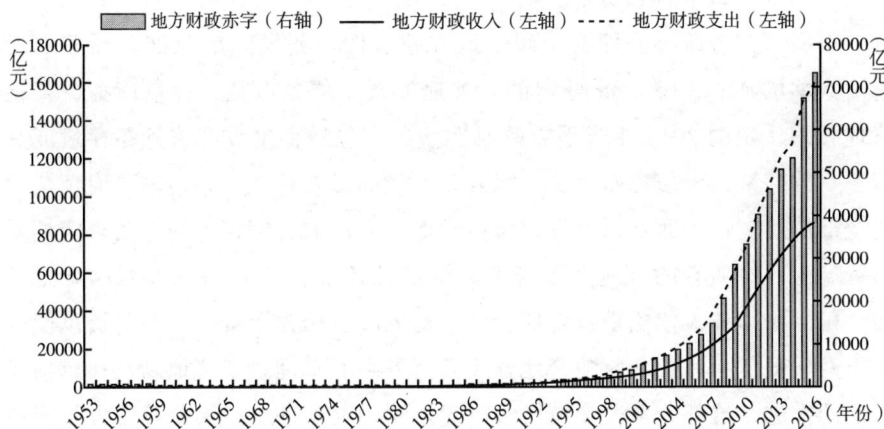

图 1　地方政府财政收支情况

资料来源：东方财富金融数据库（Choice）。

为了应对上述两方面的问题，2014 年以来以剥离地方政府与融资平台之间信用为核心的地方政府债务改革终于拉开帷幕，各监管部门陆续出台了一系列配套政策，一方面，针对存量地方政府性债务，通过债务置换方式将短期高息存量债替换成长期低息地方债；另一方面，针对地方政府新增债务，明确政府与企业信用的边界，三令五申要将平台企业与地方政府信用隔离，并推出地方政府债务限额管理制度，以促使地方政府举债规模、结构、使用和偿还等信息更加透明化。与此同时，国家调控政策更加强调优化政府投融资机制，调动社会资本参与积极性，通过引入市场化力量，加快推进 PPP 模式的规范发展。

随着地方政府债务管理改革不断推进，地方政府作为信用主体的地位逐步明确，过去几年推出的债务置换政策也起到一定的债务风险缓释作用。然而，由于地方政府财权与事权不匹配的矛盾没有得到根本缓解，地方政府自身的融资渠道相对有限，地方政府借助包括平台企业在内的地方国企进行融资的现象仍然存在，地方政府或有债务进一步增长。另外，在财政收入增速放缓的背景下，部分地方政府仍存在违规融资行为，或采取其他手段绕开监管限制变相举债。这些不规范的融资行为又加剧了地方政府隐性债务风险，并成为 2017 年以来政策重点治理对象。本文将在下一部分对当前地方政府债务风险进行更详细的分析。

2. 地方政府债务风险现状：总体可控，需关注结构性和区域性风险

（1）地方政府性债务的分类

根据《国务院办公厅关于印发地方政府性债务风险应急处置预案的通知》（国办函〔2016〕88 号）的有关地方政府债务口径，存量债务，是指清理甄别认定的 2014 年末地方政府性债务，包括存量政府债务和存量或有债务，就存量政府债务而言，以地方政府债券形式存在的，地方政府依法承担全部偿还责任，而不以地方政府债券形式存在的，债权人同意在规定期限内置换为政府债券的，地方政府承担全部偿还责任，而债权人不同意置换的，仍由原债务人依法承担偿债责任，地方政府作为出资人，在出资范围内承担有限责任。过去几年随着地方政府债务限额管理政策落地以及存量债务置换的推进，这部分债务规模已经较为透明，财政部也定期公布地方政府债务余额的数据。本文将此类债务称为地方政府直接债务。

就地方政府的或有债务而言，《国务院办公厅关于印发地方政府性债务风险应急处置预案的通知》指出，对于或有债务中的担保债务，地方政府及其部门仅依法承担适当民事赔偿责任，但最多不应超过债务人不能清偿部分的1/2、担保额小于债务人不能清偿部分1/2 的，以担保额为限；对于或有债务中的存量救助债务，地方政府可以根据具体情况实施救助，但保留对债务人的追偿权。实际情况中对这两类债务的认定相对复杂，而目前尚没有明确的标准认定，因而这部分的债务规模存在较大的不确定性，不同机构的测算也不太一致。本文认为，新《预算法》实施以后，虽然地方政府发债主体地位被明确，但是新发债的额度非常有限，因此，地方政府此前通过其他主体进行融资的渠道仍发挥作用。在地方政府未被允许发债的时候，地方政府债务的举借主体主要包括五类：融资平台公司、国有独资或控股企业（简称地方国有企业）、政府部门和机构、经费补助事业单位以及自收自支的事业单位，其中后三类是政府负有偿还责任债务的主要举借主体，而融资平台公司和地方国有企业是地方或有政府性债务的主要举借主体。根据审计署 2013 年底公布的数据，2007 年以来，全国各级政府负有担保责任的债务由财政资金偿还的比例在 9.95% ~ 19.13%，负有救助性责任的债务由财政资金偿还的比例在 4.83% ~ 14.64%。由于 2014 年以来，地方政府的举债责任更加明确，由财政资金偿还的债务比例在理论上呈下降趋势，因此我们将地方国有企业负债中财政资金偿还或有债务的比例确定为上限20%。另外，PPP 模式在政策鼓励下也成为地方政府的一种新型融资模式，根据财政部 2014 年发布的《政府和社会资本合作模式操作指南（试行）》要求，PPP 项目合同中涉及的政府支付义务，财政部门应结合中长期财政规划统筹考虑，纳入同级政府预算，按照预算管理相关规定执行。从项目回报机制看，PPP 项目共分为使用者付费、政府付费和可行性缺口补助三类，其中后两者涉及财政资金参与。考虑该文件下发后，通过政府购买服务的融资渠道受限，政府付费型 PPP 模式将成为地方公益性项目的重要融资方式，该类 PPP 项目中的财政支出也应被纳入政府或有债务考量。

（2）地方政府债务风险整体可控

从直接债务数据来看，随着多方面规范地方政府发债行为、防范风险的举措落地，地方政府发债方式和管理逐步规范和市场化，财政部也开始定期披露地方政府直接债务的数据。具体来看，2014 年至 2016 年，我国地方政府直接债务余额分别为 15.41 万亿元、14.76 万亿元、15.32 万亿元，2015 年、2016 年地方政府直接债务规模较 2014 年有所降低。财政部公布的数据显示，截至 2017 年底，地方政府债务余额为 16.47 万亿元。对比全国人大批准的地方政府限额规模来看，2015 年至 2017 年地方政府债务限额分别为 16.01 万亿元、17.19 万亿元和 18.82 万亿元，这三年地方政府直接债务余额均在限额规模内，且各年直接债务余额均较债务限额有一定剩余（见图2）。

从偿债水平来看，以直接债务衡量的债务率和负债率均低于国际通行水平，政府债务风险总体可控。2016 年，以直接债务衡量的地方政府总体债

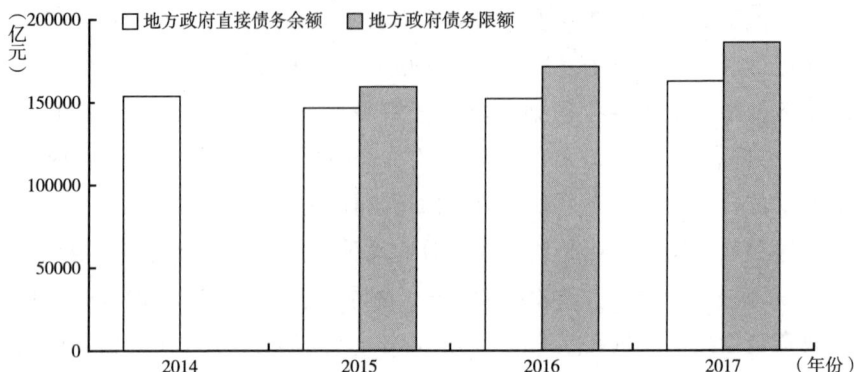

图 2　我国地方政府直接债务余额与债务限额

注：2014 年无地方政府债务限额。

资料来源：根据财政部历年《关于中央和地方预算执行情况报告》整理。

务率（债务规模/财政实力）为 80.5%，低于国际通行警戒标准[①]。如果加上纳入预算管理的中央政府债务余额 12.01 万亿元，全国政府债务余额为 27.33 万亿元，政府债务的负债率（债务规模/GDP）是 36.7%，低于欧盟 60% 的警戒线。对比主要国家政府的负债率水平可以看出，以直接债务衡量的我国政府的负债率低于主要市场经济国家和一些发展中国家水平，直接债务口径下地方政府风险水平相对较低（见图 3）。

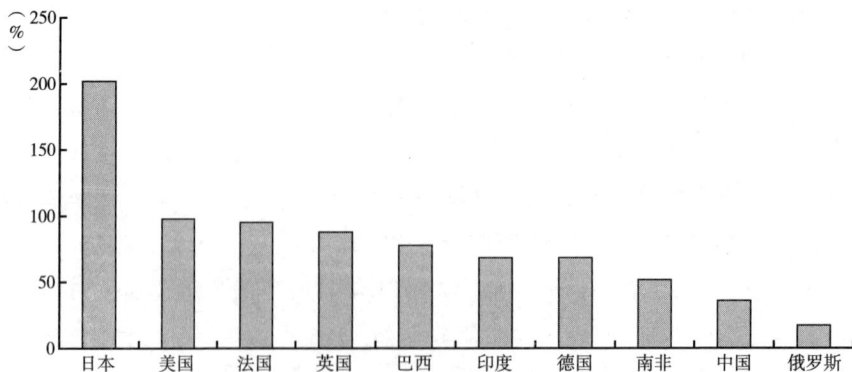

图 3　直接债务口径下各国政府负债率水平

资料来源：国际清算银行（BIS）。

---

① 国际货币基金组织确定的债务率控制标准参考值为 90%～150%。

从或有债务来看，根据财政实际偿还比例的 20% 计算，2016 年，地方国有企业负债中需要纳入地方政府或有债务的为 7.88 万亿元，2017 年上半年为 8.86 万亿元，这几年平均保持 13% 的增速。再加上政府直接付费的 PPP 项目产生的债务，那么 2016 年以及 2017 年上半年地方政府或有债务则分别为 11.25 万亿元和 13.06 万亿元。从包括或有债务的全口径来看，2015 年、2016 年及 2017 年上半年，我国地方政府债务余额分别为 24.51 万亿元、26.57 万亿元和 28.92 万亿元。全口径下地方政府性债务规模已经远远超过了各年全国人大批准的债务限额。从偿债指标来看，全口径下债务规模与全国财政实力的比值攀升，但是或有负债主要负债主体为地方国企，如果将其收入的 20% 也作为偿还资金，那么地方政府的债务率也处于警戒线之内。从负债率来看，加上或有债务中需要地方政府偿还的部分，2016 年政府总体的负债率上升至 53.3%，仍然低于欧盟 60% 的警戒线。与主要国家对比来看，全口径下中国政府负债率略高于发展中国家平均水平，但仍远远低于主要发达国家水平（见图 4）。由此来看，全口径下地方政府债务风险虽然有一定的提升，但总体上是可控的。

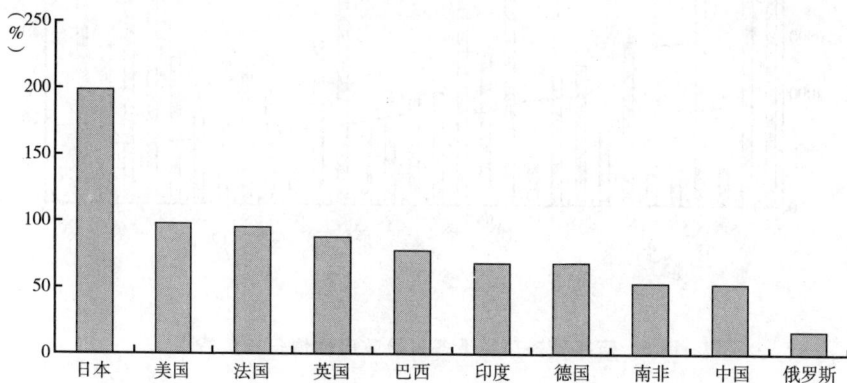

图 4　全口径下各国政府负债率水平

资料来源：国际清算银行（BIS）。

（3）当前地方政府债务风险关注点：隐性债务压力有增无减，部分区域债务风险突出

虽然当前我国地方政府债务风险总体可控，但仍面临较为突出的结构性风险和区域性风险。结构性风险主要表现为或有债务增速过快，且为避免监

管而导致债务形成更为复杂及不透明。2015 年地方政府或有债务约 9.75 万亿元，2016 年或有债务达到 11.25 万亿元，较 2015 年增长 15.4%，2017 年上半年或有债务又增长了 1.81 万亿元，至 13.06 万亿元。或有债务快速增长的背后则是地方政府的不规范融资行为。过去几年针对地方政府出现的各类违法违规举债行为，中央出台了一系列政策进行治理。一些违法违规举债"新变种"出现，具体包括财政承诺兜底、给予最低收益、政府违规担保、明股实债的产业基金、明股实债的 PPP、违规的政府购买服务等，这些违规行为是导致地方政府或有债务增速过快的主要因素，也是地方政府需要尤为注意的地方。

从不同区域来看，截止到 2016 年底，江苏省政府直接债务余额高达10915 亿元，位居榜首，直接债务口径下各省份政府性债务与负债率见图 5。

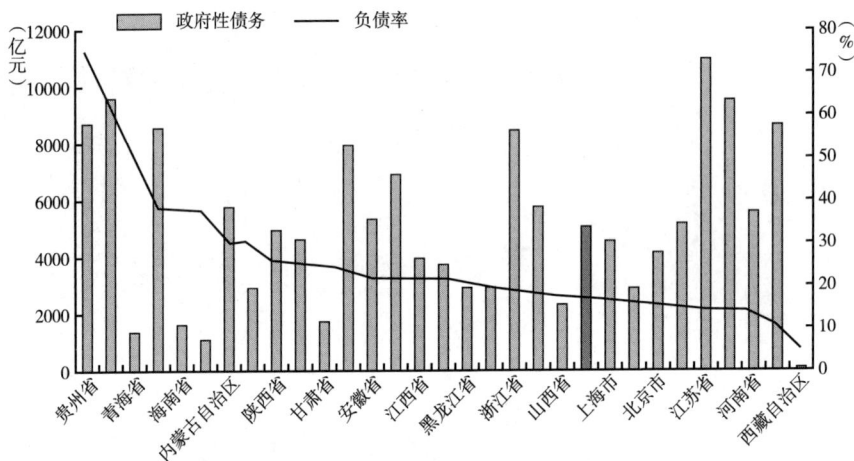

图 5　直接债务口径下各省份政府性债务与负债率

资料来源：根据各省份财政部门财政预算执行报告整理得到。

从衡量偿债能力的负债率和债务率来看，部分区域性债务风险不容小觑。根据中诚信国际的计算，直接债务口径下，2016 年全国 31 个省份中负债率超过欧盟 60% 警戒线的有两个，即贵州省（74.2%）和云南省（64.5%），接着为青海省（52%）；其余区域负债水平均处于 40% 以下。而从综合财力考量的债务率（债务/财政实力）来看，截至 2016 年底，云南（213.5%）、贵州（191.3%）、青海（178%）、辽宁（145.9%）、内蒙古

（124.5%）、宁夏（113.4%）、黑龙江（106.3%）的债务率已经超过
100%的警戒线。如果考虑到全口径下的区域债务水平，则个别地区的债务
风险更突出，以贵州省为例，全口径下贵州省2016年债务余额为10063亿
元，债务率达到221%，负债率达到85.75%。直接债务口径下各省份政府
性债务余额与债务率见图6。

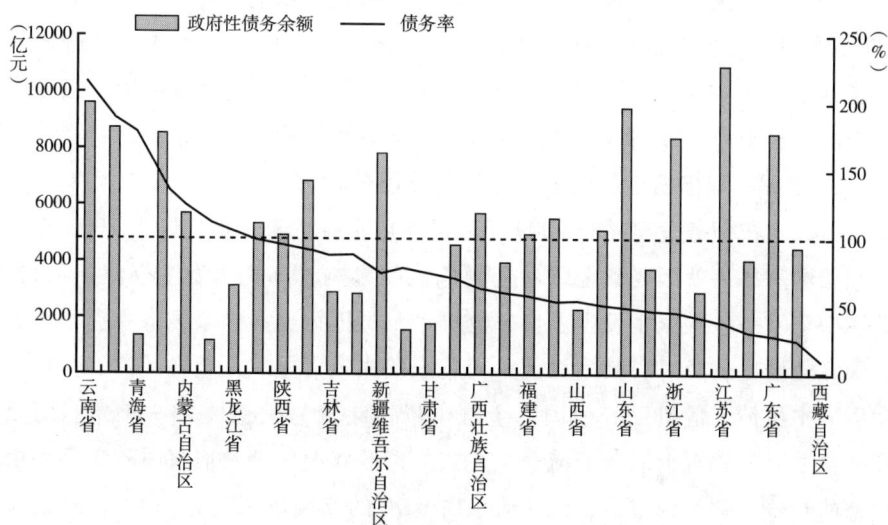

图6　直接债务口径下各省份政府性债务余额与债务率

资料来源：根据各省份财政部门财政预算执行报告整理。

二　地方政府债务危机的传导路径分析——来自欧洲 主权债务危机的警示

虽然当前我国地方政府债务风险总体可控，但或有债务增长过快，部分
地区负债水平过高，结构性和区域性风险突出的情况依然值得高度关注。正
是出于防范风险的考虑，2017年以来规范地方政府融资管理的政策密集出
台，中央政府旨在对地方政府各类违法违规融资行为进行全面规范管理。相
关政策的落地将有利于控制地方政府隐性债务的增长，推动地方政府举债更
加透明化、规范化，并树立更加明确的地方政府信用，但在财政赤字仍呈现
扩张状态下，地方政府短期面临的融资压力将进一步加大，特别是2015年

以后新发生的与地方城镇化建设相关，但又非地方政府债券形式的债务，尽管政策再三强调这部分债务不属于地方政府，但这部分债务完全从地方政府信用中剥离，由相关债务主体自主偿还可能会面临一定的困难。而如果这部分债务无法妥善处置，其结果可能是由相关债务信用崩塌向地方政府乃至整个国家信用崩塌传导，严重情况下将威胁到相关区域经济与社会的稳定，甚至引发债务危机。也正因如此，在严厉打击各类不规范融资行为的同时，要"防范存量债务资金链断裂风险"。由于欧洲主权债务危机正是由政府债务不能延续而发生，本部分将通过介绍欧洲主权债务危机的形成原因，结合国内当前的宏观环境及制度约束讨论可能由地方政府债务引发危机的路径。

1. 欧洲主权债务危机的演变过程及原因分析

欧洲主权债务危机始于 2009 年底的希腊债务危机，但实际上 2008 年秋季北欧国家冰岛就因受到全球性金融危机的影响，率先爆发主权债务危机，随后中东欧一些国家也发生了债务危机，不过因为这些国家经济规模小，加上国际救助比较及时，其主权债务问题未酿成较大全球性金融动荡。但相继发生的主权债务危机已经使国际金融市场情绪较为敏感。2009 年希腊新政府上台之后，发现上届政府掩盖了真实的财政状况。新政府将财政赤字率由预期的 6% 上调至 12.7%，公共债务占 GDP 的比例也调整为 113%，远远超过《稳定与增长公约》规定的 3% 和 60% 的上限。此举引发惠誉、标准普尔与穆迪三大信用评级机构接连下调希腊主权债务评级，随着主权信用评级下调，市场恐慌情绪膨胀，希腊政府于 2010 年 4 月和 5 月到期的 200 亿欧元债务难以通过融资偿还，投资者信心受到严重冲击，开始大量抛售国债等金融资产，债务危机全面爆发。由于希腊债务危机源自其较高的财政赤字及债务水平，投资者也开始担心欧元区其他国家的债务情况，债务危机进一步向同样面临高赤字与高债务压力的西班牙、葡萄牙、爱尔兰、意大利蔓延。这五个发生债务危机的国家被称为"欧猪五国"，其 GDP 占整个欧元区的1/3，随着"欧猪五国"债务危机持续升级，欧元区核心国家德国、法国经济也受到冲击，2012 年初德国、法国主权信用评级也遭遇降级，欧洲主权债务危机进一步升级。

从最初希腊政府 200 亿欧元主权债务到期不能偿还到最后整个欧洲经济陷入衰退，欧债危机之所以持续发酵，一个原因在于欧元区部分国家本身已经积累较高赤字与债务水平，这为债务危机爆发埋下隐患。从欧元区国家的财政状况来看，尽管欧盟制定了 3% 财政赤字率及 60% 的政府负债率警戒线标准，但金融危机后，无论是"欧猪五国"，还是欧元区核心国德国、法国的赤字率及负债率均超过警戒线。在最先发生债务危机的希腊，政府财政赤字率持续高于欧盟规定的 3% 警戒线，美国次贷危机爆发后，该国财政赤字水平又进一步攀升，2008 年当年财政赤字率达到 10.2%，较 2007 年上涨3.5 个百分点，2009 年财政赤字率继续扩大 4.9 个百分点，达到 15.1%，2010 年至 2011 年财政赤字率稍有回落，但也仍维持在 10% 以上水平。从负债率水平来看，2008 年之前，希腊政府负债率就在 100% 至 110%，次贷危机后政府负债率加速膨胀，到 2011 年，希腊政府的负债率达到 172.1%。"欧猪五国"的其他四国财政赤字率与负债率也在 2009 年出现比较明显的攀升，其中西班牙、葡萄牙、爱尔兰财政赤字率上升幅度均超过 6 个百分点，意大利财政赤字率上涨幅度稍低，但也增长了 2.6 个百分点，达到5.3%。此后 2~3 年，除意大利财政赤字率降到 3% 以下，其他四个国家均保持较高的财政赤字率，爱尔兰更是在 2010 年达到 32.1% 的财政赤字。随着财政赤字率持续维持高位，前述四个国家的负债率也均有不同程度的上升，到 2011 年，除西班牙政府负债率不到 70% 外，其他三个国家的负债率均已经超过 100%（见图 7、图 8）。德国、法国政府财政纪律相对好一些，但金融危机后的刺激措施也带动了这两个国家财政赤字率与负债率走高。

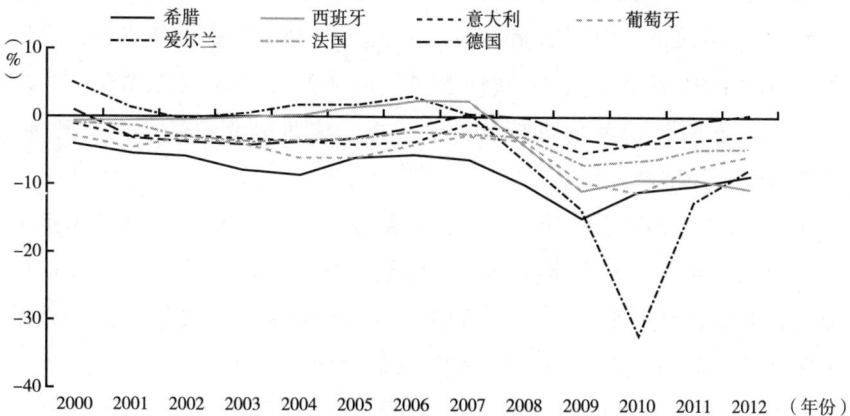

图 7　欧债危机前后主要欧盟国家的财政赤字率（负数表示赤字）

资料来源：欧盟统计分析局（Eurostat），中诚信国际整理。

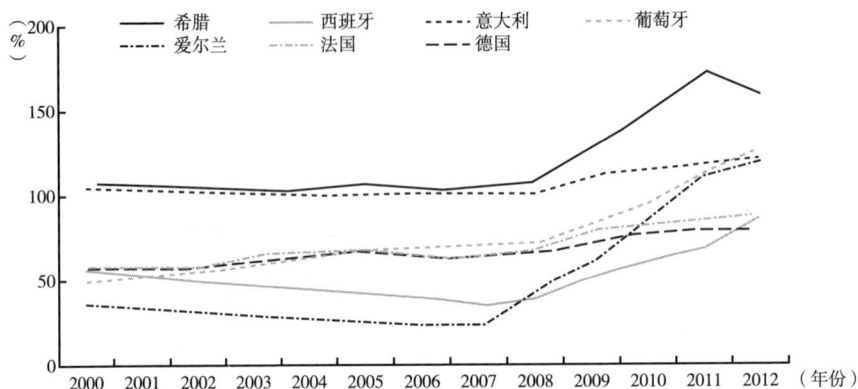

图 8　欧债危机前后主要欧盟国家的负债率

资料来源：欧盟统计分析局（Eurostat），中诚信国际整理。

沉重的财政负担已经使部分欧盟成员国处在债务危机的边缘，希腊新政府宣布上调财政赤字率及负债率最终点燃了债务危机的导火线，而欧元区国家相对密切的经济、金融往来又进一步加速了危机在不同国家之间的传导。"欧猪五国"拥有较为类似的财政制度与财政状态，希腊债务危机发生后，首先引起投资者对这些国家债务风险担忧，导致这些国家融资困难，危机逐步发酵。法国、德国虽然财政、经济状况相对良好，但因为持有前述国家大量债务，也面临一定的风险。截至 2011 年，法国的银行持有欧洲债务敞口约 1.88 万亿美元，其中"欧猪五国"的债务占 36%，德国的银行持有欧洲债务敞口约 1.91 万亿美元，"欧猪五国"的债务占 27%（见图 9、图 10）。随着"欧猪五国"债务危机持续升级，德、法两国金融体系也受到冲击，并最终影响到经济的发展。

从具体的传导路径来看，随着希腊新政府宣布大幅上调财政赤字率及负债率预期，希腊主权债务评级连续降级，投资者对希腊政府主权信用担忧加剧，开始抛售希腊的资产，希腊国债收益率飙升、股市暴跌，金融市场出现动荡，政府在国际市场上融资也更为困难，于 2010 年 4 月和 5 月到期的主权债务面临兑付危机。此时受制于《马斯特里赫特条约》的"不救助"原则，欧洲央行迟迟未出台对希腊债务危机的救助措施，直到 2010 年 3 月底，欧盟才首次推出支持希腊的救助方案，但由于救助方案不明确，且欧盟声称这一救助机制只有当希腊无法从市场筹集到足够资金

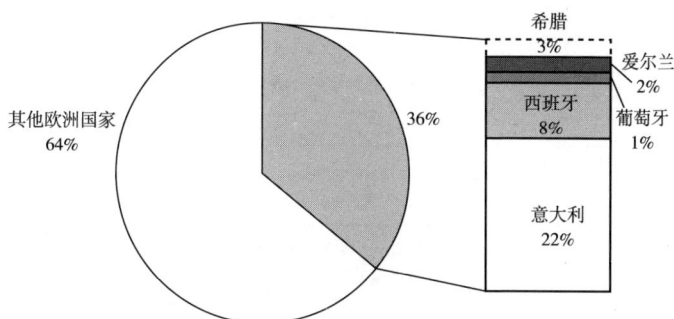

图 9　法国银行持有欧洲债务的结构

资料来源：东方财富金融数据库（Choice）。

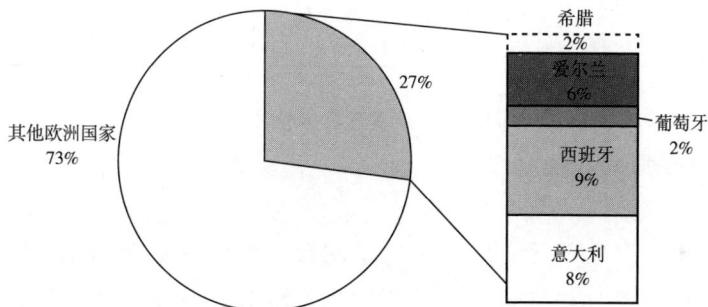

图 10　德国银行持有欧洲债务的结构

资料来源：东方财富金融数据库（Choice）。

时才能启动，导致市场对希腊政府偿还债务的信心不足，恐慌和投机气氛愈发强烈，一方面希腊政府更加难于融资，另一方面与其具有类似债务问题及财政负担的"欧猪五国"的其他四国的政府信用也被投资者怀疑，债务危机开始向"欧猪五国"的其他四国传导，导致这些国家资本外流、资产贬值、金融市场动乱。欧债危机传导路径见图 11。

"欧猪五国"债务风险持续暴露使作为其主要债权人的德国、法国银行机构的资产缩水，银行体系脆弱性上升，由于银行业在欧洲金融体系中居于主导地位，银行业敞口加大又一步使金融系统性风险上升，最终传导至实体经济，导致整个欧洲经济全面衰退。

从上面的分析可以看出，虽然欧债危机发端于部分欧盟成员国较高

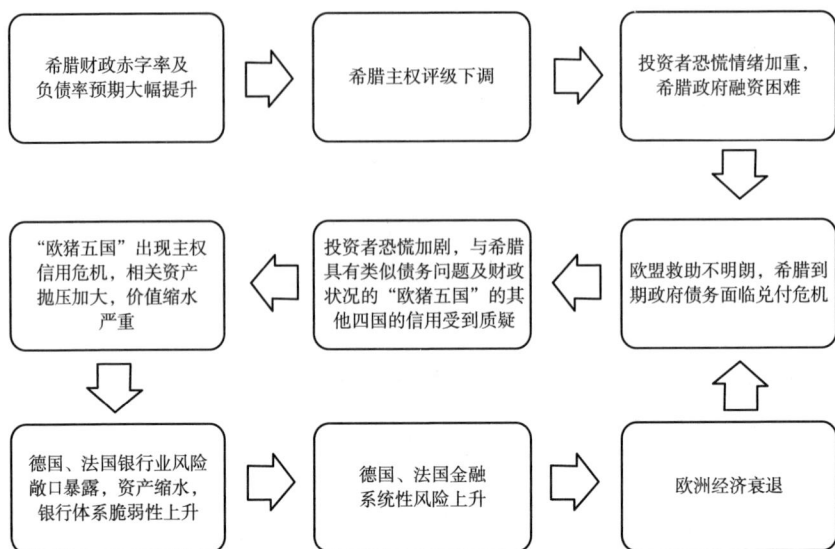

图 11　欧债危机传导路径

资料来源：笔者绘制。

的财政负担，但危机逐步加深是由于欧盟未及时在危机初期采取救助措施，这使投资者对欧盟国家主权信用丧失信心，不仅导致希腊政府无法融资，还进一步提高了与其宏观及财政状况具有类似情形的国家的融资难度，越来越多的国家开始面临主权债务兑付困难，形成投资者恐慌与债务违约的恶性循环，最终金融体系整体坍塌，并对实体经济产生负面冲击。

2. 中国地方政府债务风险传导路径分析——基于与欧债危机的对比

目前中国主权债务风险较低，无论是财政赤字率、负债率还是债务率均在警戒线以下，发生危机的可能性较小，但地方政府或有债务问题以及部分区域债务水平偏高也带来了潜在的系统性风险隐患。本部分将通过对比分析中国地方政府债务问题与欧债危机，总结当前中国地方政府债务风险可能的传导路径。

我国地方政府在以下三个方面与欧债危机发生时的欧盟国家面临的问题类似，这使地方政府债务具有触发危机的条件。首先，两者均面临财政赤字与债务规模快速扩张问题。高福利制度使欧元区各国政府公共支出压力较大，财政吃紧，而金融危机之后的财政刺激政策又加剧了这一形势，前面的分析表明欧元区国家在 2008 年之后普遍经历了赤字与债务水平的快速扩张。国内地方政府同样面临财政收支不平衡的问题，财政缺口持续扩大，特别是 2008 年金融危机后，我国同样实施了大规模的刺激政策，且实施主体主要在地方政府层面，这就使地方政府财政收支不匹配的压力愈加凸显，地方政府性债务在金融危机后迅速扩张。部分地区的债务压力明显高于其他地区，且个别地区的风险已经有所显现，政府信用出现一些负面信息，若事态扩大，可能会对市场产生一定冲击。其次，政府财政信息均存在一定瑕疵，并可能导致市场预期转变。欧债危机发生的一个触发点在于希腊新政府发现上届政府财政造假，并披露新财政数据，该数据与市场预期差异较大，使市场情绪受到冲击，主权信用受到质疑和担忧，债务风险逐步升级。国内由于地方政府财政透明度较低也可能导致地方财政真实数据与市场预期产生差距，当前地方政府仅仅公布一些基本财政数据，缺乏完整的报表，基金预算和预算外财政专户数据基本不公开。尽管中央政府要求地方政府逐步公开财政数据以接受社会监督，但不同层级、不同区域的地方政府预算公开进度不一，财政预算与执行、财政体制与管理、债务口径与统计等方面的透明度较低，信息披露的时效性较弱。除此之外，此前地方政府为了追求政绩，还存在"夸大 GDP"的现象，2017 年以来陆续有地方政府开始对 GDP"挤水分"。如果越来越多的地方政府宣布"新的"财政与经济数据，市场预期与地方披露的信息差距过大，则有可能引发地方政府信用危机。

与欧债危机不同的是，我国地方政府信用主体的地位在《预算法》修订以后才逐步确立，由地方政府直接负担的债务规模相对较小，发生兑付危机的可能性也不大，但此前地方政府为弥补财政缺口，大量借用包括平台公司在内的地方国企信用进行举债。这部分债务表面看来属于国有企业债务，但实际依托的是政府信用，属于地方政府的或有债务。在或有债务发生时，投资者普遍认为其背靠地方政府信用，并预期地方政府将对债务的偿还进行兜底，一旦相关债务出现违约，可能会使投资者对地方政府信用失去信心，导致整个区域沦为投资禁地。因此，过去地方政府总是竭力避免此类企业债务违约。但 2016 年国内宏观政策环境发生了重大转变，一方面货币市场环境相对偏紧，实体融资更为困难；另一方面中央加大对地方政府举债融资行为的规范，除了对地方政府的违法违规融资行为进行约束外，还直接对金融机构以及相关地方国企提出限制性措施，在两方面因素限制下，地方政府对相关国有企业的直接信用输出通道将被切断，同时投资者此前对此类债务不会发生违约的信念也将将有所动摇。因此，本文认为，不像欧债危机始于主权政府债务不能偿还，中国地方政府如果发生信用危机，将不是源于其直接发行的债券违约，而源于地方政府密切相关的地方国有企业的信用崩溃。

在国内当前的财政制度框架下，由于事权的下放和财力的上收，下级政府往往收不抵支，需要依靠上级政府的转移支付。在出现地方政府债务风险事件时，各级政府需要向上级汇报，最终结果即中央政府是我国地方政府债务问题的处置方，在地方政府已经出现财政危机的情况下，无论中央政府是否选择救助，地方政府债务风险均有可能自下而上纵向传导，导致系统性风险发生。

（1）中央政府选择救助，地方政府债务风险传导路径如下。

流动性收紧叠加政策限制—背靠政府信用的地方国企债务大面积违约—投资者对地方政府信用失去信心—区域经济发展水平大幅下滑—地方政府财政困难—中央政府救助—中央政府债务负担加重—国际投资者信心下降—资本外流加剧—主权债务危机。

（2）中央政府选择不救助，地方政府债务风险传导路径如下。

流动性收紧叠加政策限制—背靠政府信用的地方国企债务大面积违约—投资者对地方政府信用失去信心—区域经济发展水平大幅下滑—地方政府财政困难—中央政府不救助—地方政府破产—投资者在不同区域投资更为谨慎—区域经济不平衡问题加剧—社会、经济不稳定—系统性危机。

从上述危机的传导链条可以看出，为避免发生危机，首先需要避免出现地方政府的财政困难。而当前触发财政危机的关键在于避免背靠政府信用的地方国企债务大面积违约。在过去几年，政策一直致力于剥离地方政府与国有企业信用，投资者也在逐渐转变投资理念，但对于部分已经形成的国有企业债务来说，其发生时依靠的是背后地方政府信用，如果地方政府完全放任不管，则可能导致地方政府信用危机，因此在规范地方政府融资行为的同时要注意部分国企的债务兑付问题。

三 化解和防范地方政府债务风险的国际经验及相关政策建议

通过上面的分析，可以看出当前防范和化解地方债务风险的核心在于，既要有效严控隐性债务增量风险，又要合理有序化解债务存量风险。"他山之石，可以攻玉"，本部分将通过梳理巴西和美国处理地方债务风险的经验，结合我国的实际情况提出了防范地方政府债务风险的政策建议。

1. 巴西三次债务危机及其处理

20世纪八九十年代，巴西曾经三次发生地方政府债务危机。与当前我国地方债务问题相比，巴西地方政府债务危机发生的背景与我国当前情况有一定的相似性：①发生在经济转型期；②由于地方政府事权与财权不匹配的机制等因素，主要发生在地方政府层面而非中央政府层面；③都属于政府主导型的经济增长模式。因此，研究巴西债务危机对处理我国当前面临的地方政府债务问题具有一定的借鉴意义。

（1）巴西三次债务危机的基本情况

巴西是典型的联邦制国家，其财政体制是典型的财政联邦制。在联邦制下，从联邦政府到地方各级政府都拥有一定程度的决策权并都负责提供公共产品。在20世纪60年代，巴西对公共部门进行了一次改革，将制定公共投资政策的权力收归联邦政府所有。这次改革的目的是恢复财政平衡，将财政权力集中到联邦政府。这次改革进一步推动了巴西自20世纪40年代开始的经济腾飞，在1968～1973年的黄金发展期间，GDP增速均值达到了11.16%，1975年，巴西人均收入突破1000美元，进入中等收入发展阶段（见图12）。但由于联邦政府过度收紧地方财权并且缺乏配套的措施进行财政转移支付，地方政府为了绕开联邦政府的财政限制，增加本级财政能力，开始从州立银行等金融机构大量借贷，并大量借入外债，外债和银行信贷成为巴西地方政府债务的两大主要来源。

自20世纪80年代以来，巴西经济增速明显放缓，有些年份甚至倒退式增长，陷入了"中等收入陷阱"。随着经济增速的放缓，巴西地方政府的债务危机逐渐暴露（见图13）。第一轮危机爆发于1980年，第二次石油危机导致国际利率水平骤然升高，巴西政府举债成本提高，且经济基本面较为动

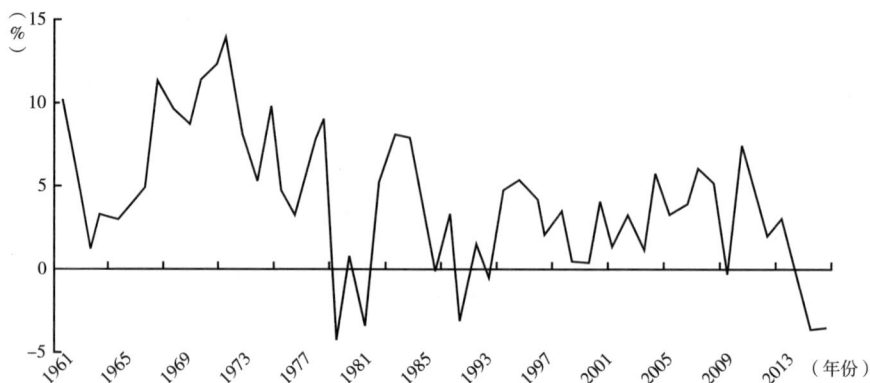

图 12 巴西经济增速情况

资料来源：东方财富金融数据库（Choice）。

荡，两者叠加导致国际市场对巴西政府偿债能力的担忧和恐慌，纷纷要求巴西政府偿还地方政府债务，而当时巴西外债占比过高，导致了这场典型的外债危机。最后，作为担保人，1989 年巴西中央政府出面与国外债权人交涉，由中央政府接管地方政府的 190 亿美元外债，而地方政府向中央政府的偿还期限为 20 年。1993 年，巴西第二次债务危机爆发，此次债务危机的成因在于经济增速急剧放缓，加上恶性通货膨胀，地方政府还本付息压力加大，无力偿还联邦金融机构债务，从而出现违约，此次债务危机以中央政府替地方政府偿还部分债务并对地方政府债务进行重组、规定偿债成本上限等一系列措施收场。前两次中央兜底和债务重组的危机处置方式虽然避免了短期风险扩散，但也加剧了地方政府的道德风险，缺乏惩戒的债务兜底导致地方政府肆意举债，所欠债务越来越多。1999～2000 年，地方政府再次拒绝履行偿债义务，第三次债务危机爆发。经过多次危机，巴西中央政府意识到从制度改革层面给出一揽子政策措施具有必要性，不再停留于表面的债务兜底和重组，而进行了有效的深度改革，从根本上防范地方政府债务危机再次爆发。

（2）巴西为化解地方政府债务危机进行的制度性改革

通过立法建立地方政府财政纪律，防范道德风险。2000 年 5 月，巴西颁布《财政责任法》，以立法形式确定公共财政规则，建立地方政府财政纪律，将融资软约束转换为硬约束，这主要体现在三个方面。①地方政府举债

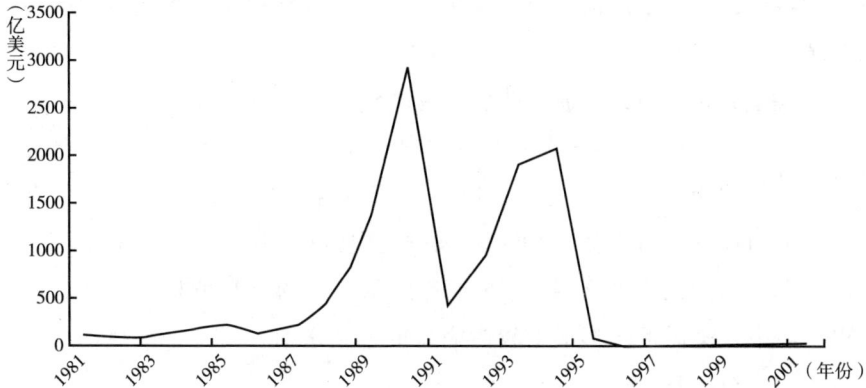

图13　20 世纪 80 年代末至 90 年代初巴西出现恶性通胀

资料来源：东方财富金融数据库（Choice）。

限制。借款额不得超过资本性预算的规模，地方政府新增债务率不得大于
18%，担保债务比重必须低于 22% 等。地方政府债务率不得超过 200%，新
增债务率不得超过 80%；州和市政府换届前的 8 个月不得举借新债；州和
市政府偿债率不得低于 13%；突破财政赤字上限和无法偿还债务的州，不
得向银行举债。②提高政府债务信息的透明度。地方政府需每年向中央政府
报告财政账户收支情况；每 4 个月发布政府债务报告；若地方政府在 8 个月
内为将债务规模调整到法律规定限额以内，地方政府将被列入财政部公布的
黑名单；政府接待交易需在信息系统内统计；地方政府所有债务信息通过官
方网站向公众开放。③实行责任到人的问责机制。不履行相关义务，责任人
将受到人事处分，严重的将被革职、禁止在公共部门工作、处以罚金甚至判
刑等。

　　开源节流，推进国有企业改革，减少政府支出。20 世纪 90 年代以
来，巴西经济增速下行，国有企业经营效果普遍较差，由 60 年代推动经
济增长的重要动力逐渐变成了政府的负担。从 1998 年起，巴西开始推行
国有企业私有化，提高经济活力减轻政府财政负担，同时出售国企带来的
收入也为地方政府提供了一部分偿债资金来源。针对政府部门人员福利较
好导致支出增加的情况，1998 年巴西宪法修正案规定了公共部门雇员退
休的最低年龄，规定退休年龄与雇员在公共部门工作时间呈反比关系，工
作时间越短退休年龄越高；同时，巴西政府还取消了公共部门员工在年金

方面的特权，建立了新的雇员年金缴纳制度，这减少了社保资金和政府财政改革带来的负面影响。

2. 美国州及地方政府债务危机管理体系①

自 1812 年纽约州第一次发行地方债券算起，美国地方债发行已经有超过两百年的历史。在历史上，地方政府也曾经出现过几次大的债务危机，如加利福尼亚州橘县（1994）、亚拉巴马州的杰斐逊县（2011）、"汽车之城"底特律的破产以及 2006 年新奥尔良市的财政危机等。在长期的历史实践中，美国逐步形成了较为完备的包括事前、事中、事后的债务危机防范和应对体系。

（1）事前：完善地方政府债务风险防范体系

建立风险预警机制。美国俄亥俄州的风险预警模式较为典型。在此模式中，由州审计局对地方政府进行财政审核以及检查，财政状况接近紧急情况的地方政府将被列入"预警名单"，如财政状况有所好转，则将其从"预警名单"中取消。如果该地方政府财政状况持续恶化，州审计局会将该地方政府从"预警名单"移至"危机名单"。根据《财政紧急状态法》的规定，各州只要有一个地方政府被宣布进入财政危机，该州就应成立一个"财政计划和监督委员会"来监督和控制该地方政府的财政管理部门。在委员会举行第一次会议后的 120 天之内，地方政府的首席执行官必须向委员会提交一份详细的财政改革计划以及时采取有效措施来化解危机。

建立完善的信用评级制度。美国具有完善的信用评级机构。为了能以较低的成本发行债券，筹集资金，各级政府都十分重视本级政府的信用建设。地方政府同时接受穆迪、标准普尔和惠誉三家评级公司的评级，并且在网上公示政府信用评级结果。

加强信息披露。美国州与地方政府必须遵循政府会计准则委员会在《政府会计、审计和财务报告》（1983）中建立的政府债务报告基本准则以记录和报告政府债务。根据准则，在市政债券存续期内，政府财政状况以及经济法律发生的重大变动，都必须由市政当局及时全面披露。

---

① 需要指出的是，美国的政府体系分为联邦、州、地方政府三个等级。与中国中央政府和地方政府的划分不同，美国的州政府不属于地方政府的范畴，而是构成联邦的成员政府，本文主要讨论的是美国州一级政府对地方政府债务危机的管理。

（2）事中：通过规范的地方政府破产程序应对债务危机

在联邦制下，美国联邦政府对州和地方政府的借债行为没有直接控制权。地方政府债务危机的后果由地方政府自行承担。与我国不同的是，美国允许地方政府破产并通过破产重组等方式应对债务危机。不过，地方政府破产有严格的程序规定。首先，地方政府必须满足破产的能力条件，包括必须经过州的特别授权；地方政府必须无力偿债，才能提交破产申请；地方政府必须以债权人"最佳利益标准"制定债务调整方案；地方政府必须与债权人进行协商，以尽力找到其他方法来避免破产。其次，地方政府要自愿提交申请。最后，法院审核债务调整方案，决定该地方政府是否能够破产。美国破产法要求，债务调整方案必须使债权人获得最佳利益，并且必须被每类债权中至少2/3或超过半数的债权人以书面方式接受。与此同时，美国还发展了完善的破产法律制度。美国破产法中的第九章是专门为地方政府破产量身定做的法律安排，对地方政府的含义、程序等都做出了详细的规定。美国破产法要求保全债权人利益，并且使地方政府在减轻债务的同时，也能达到维持运营的目的。

（3）事后：采取恢复措施走出债务危机

债务危机发生后，地方政府会采取一系列恢复措施以走出危机。一方面，通过严格的法律程序和与债权人的反复协商，制定涉及人力资源、法律赔偿、发行债券和税收等各个方面的破产恢复计划；另一方面，进行财政调整，通过裁撤人员、变卖政府资产等方式减少支出，增加收入。此外，还可以进行合理有序的债务重组。债务重组程序的核心内容是地方政府与债权人之间通过谈判，达成债务重组协议。通常地方政府陷入严重债务危机，表明该地方政府凭借自身的力量不能消除赤字，一般由上级协助债务重组。其途径是，在地方政府需要进行财政改革的前提下，上级政府将债务重组作为更长期的债权工具。如1975年纽约市发生债务危机①，由州政府出面协助实施债务重组，建立市政援助公司（Municipal Assistance Corporation，MAC），其发放以州政府做信誉担保的长期证券来赎买纽约市

---

① 1975年，美国纽约市由于受到石油危机的影响，造成经济衰退。制造业和零售业向郊区转移，使得其中心城市经济地位下降。一方面，中产阶级居民大量外迁，税基弱化；另一方面，贫困人口滞留中心城市，加剧政府福利支出。与此同时，金融机构拒绝为其发放贷款。巨大的财政亏空引发财政危机。

短期债务和支付该市的运行开销。

3. 防范我国地方政府债务风险的政策建议

巴西针对三次债务危机的处置方式和美国事前、事中、事后的地方政府债务风险管理体系为我国提供了有益借鉴，如构建财权与事权合理匹配的财税体制，加强信息披露和公开等。但需要指出的是，地方政府债务风险防范和管理的具体模式取决于各国的国情。地方政府债务风险管理和防范的具体模式要受到该国政治体制以及财政体制的制约。不同的政治体制涉及不同的国家政权结构（立法权、执法权、司法权）、不同的政府组织机构和不同的内部职能分工。从系统角度来看，债务管理权责的划分与其他财政权责的划分是一个有机的整体，债务管理权责划分的调整甚至改革必须辅以对其他财权的相应调整。同时地方政府债务管理具体模式也受到经济、管理文化等因素的影响和制约。结合巴西、美国两国处置地方政府债务风险的经验，并根据我国的实际情况，本文提出如下建议。

（1）财权与事权合理匹配的财税体制是地方政府债务风险管理的基础

1994 年实行的"分税制"改革，彻底扭转了中央和地方的收入格局，解决了当年中央财政紧缺的情况，但是中央与地方财政事权和支出责任划分不尽合理，财权和事权不对等的情况随着经济的发展开始加剧，地方政府财政收入占全国财政收入的比重约为 50%，但地方财政支出占公共财政支出的比重在 80% 以上（见图 14）。在此情况下，仅靠中央转移支付难以支撑地方财政支出需要。而在我国当前的经济发展时期，政府主导的基建投资依然在经济增长中发挥着重要作用，地方政府出于追求政绩的需要，往往有冲动通过扩大负债加快投资以推动 GDP 增长，长此以往，财政赤字将不断积累并最终引发地方债危机，因此，需要建立合理的财政体制，科学确立中央政府与地方政府之间、各级地方政府之间的财权与事权关系，使各级政府的事权与财权相对应，从而从体制上根本地解决地方债务规模过大、地方债务风险失控的问题。

（2）加快推进地方政府债务信息公开，提高债务管理的透明度

加快推进地方政府资产负债表的编制工作。编制地方政府资产负债表是地方政府债务信息公开的前提。地方政府资产负债表的公开有利于公众加强对地方政府的监督，克制地方政府肆意举债的冲动；同时，地方政府资产负债表也是对地方政府债务进行高质量评估的重要基础，只

有在资产负债表完备的情况下，评级机构才能更准确地评估地方政府的财务状况、偿债能力，不同区域之间的评级结果之间的差异才能显性化，从而导致财务状况不同的省（市、区）发债成本有显著差异，以倒逼地方政府改善自身财务状况。但是从当前推进情况来看，地方政府资产负债表的编制依然面临数据质量不高、具体会计准则的制定面临诸多技术难题、激励机制不足导致一些地方政府积极性不高等问题。建议后续应组织力量加大对地方政府资产负债表编制相关课题的研究，尽快细化和完善以权责发生制为基础的政府会计准则，完善激励机制，加快推进地方政府资产负债表编制。

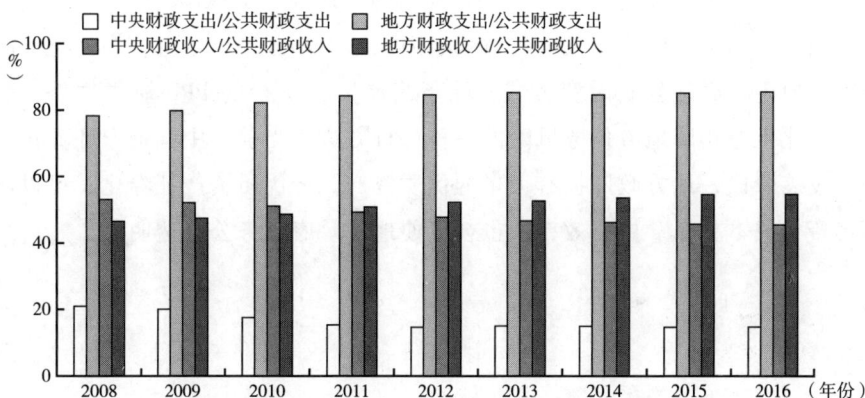

图 14　地方财政收入占比、地方财政支出占比情况

资料来源：东方财富金融数据库（Choice）。

建立全国统一的地方政府性债务管理系统。信息透明是控制地方政府债务的有效手段。巴西解决第三次地方政府债务危机后，财政透明制度在联邦政府控制地方政府债务规模时发挥了重要作用；美国在长期的探索中也建立了完善的债务信息公开制度。但是，当前我国地方政府债务管理还缺乏统一的会计核算办法和信息管理系统，地方政府债务情况难以被实时掌握，信息不对称，不利于国家的宏观管理。建议在对地方政府债务进行必要的会计核算的基础上，逐步建立全国统一的地方政府债务管理信息系统，建立健全债务信息报告制度。未来在合适的时间，推动地方政府债务信息通过官方网站等方式向公众公开，接受群众监督，提高地方政府债务信息的透明度。

（3）完善债务风险预警机制，加大对高风险地区的约束和惩罚力度

"建立地方政府性债务风险预警机制"，由财政部根据各地区一般债务、专项债务、或有债务等情况，测算债务率、新增债务率、偿债率、逾期债务率等指标，评估各地区债务风险状况，对债务高风险地区进行风险预警。债务风险预警机制的建立，虽然可在一定程度上对一些债务高风险地区形成一定的预警和提醒作用，但其要真正发挥作用，仍需配套相应的约束和惩罚机制，如对于债务高风险地区，在其采取有效措施控制债务余额的规模之前，对其继续举债进行限制；加强对缓解债务风险不力的相关地区的主要负责人的考核问责等。

（4）通过资产证券化等制度创新化解地方政府债务风险

当前中国地方政府债务融资方式老旧、结构不合理，不符合多元化分散风险的原则，必须创新融资方式。除了当前广泛实行的 PPP 模式之外，资产证券化也是化解地方债务风险的一种可行方法。当前，中国资产证券化还处于发展阶段，地方政府拥有大量的优质资产，将优质资产证券化，可以使筹集资金成本更低、更有效率，也会促使地方政府债务公开透明。

中国地方政府债务风险指数研究[*]

引　言

随着相关地方债务风险防范政策的出台，我国地方债务管理机制不断完善，地方政府显性债务风险总体可控，但隐性债务剧增以及部分地区负债水平过高带来的结构性风险和区域性风险仍需关注。在这种背景下，有必要构建债务风险指数对全国地方债务风险情况和风险变化趋势进行监测，以起到风险预警的作用。本文首先就各种风险评价方法进行了分析和比较，在此基础上选择 AHP 方法来构建我国地方债务风险指数模型。再对 AHP 方法进行梳理和优化，得到基于 AHP 方法的风险指数模型。最后用该模型分别对 2016 年我国省级地方政府和重庆市区县地方政府债务风险指数进行估算。从结果来看，该模型能够客观地反映各级地方政府债务风险情况，并验证了由于隐性债务剧增导致整体风险显著增加的结果。

1994 年分税制改革后，中央收回了部分财权，但地方政府承担着大量经济建设等事权，财权与事权不匹配加剧了地方财政收支矛盾。另外，受到《预算法》的约束，地方政府无法通过自主发债进行融资。在此背景下，"融资平台"应运而生。地方政府成立各类城市投资公司作为融资平台，以代替地方政府进行直接或间接融资，以弥补资金缺口。与此同时，由 GDP 主导的绩效考核机制与政府竞争模式，促使地方政府发展重规模轻质量的投资模式，粗放型的财政支出行为导致地方融资平台快速生长。2008 年金融危机后，在相关政策的推动下，截至 2010 年

---

* 本文原发表于《财政科学》2018 年第 9 期，合作者为王新策、袁海霞。

底，债务余额达到 4.97 万亿元，债务风险初步显现。2011 年后，地方融资平台依托影子银行，债务规模进一步扩大。截至 2013 年 6 月底，债务余额达到 6.79 万亿元，急剧攀升的地方政府债务也为金融体系带来了潜在隐患。

自我国经济进入新常态以来，经济增速稳中趋缓，以"防风险"为基础的"促改革"持续推进。一方面延续了"开前门，堵后门"的监管框架；另一方面做好进一步纵深细化工作，对各类违法违规举债行为"围追堵截"，明确未来地方债务管理及改革思路，这也体现了中央政府对地方政府债务问题的重视和监管决心。随着相关防范政策密集出台和管理机制不断完善，地方政府显性债务增速有所缓和。据中诚信测算，2017 年我国地方政府显性债务规模约为 16.47 万亿元①，风险总体可控，负债率为 36.2%，低于欧盟 60% 的警戒线；但隐性债务状况持续恶化，地方政府通过 PPP 项目、政府购买服务、资管计划、明股实债等方式变相举债造成的隐性债务风险问题尤其突出。2017 年我国地方政府整体隐性债务规模在 26.5 万亿 ~ 35.9 万亿元，为显性债务的 1.6 ~ 2.2 倍，隐性债务的负债率直接上升至 68% ~ 80%，高于欧盟 60% 警戒线。其中，区域性债务风险分化严重，负债率超过 60% 警戒线的省份依次为贵州、北京、青海、天津等；债务率方面，除海南、西藏以外，其余省份均超过 100% 警戒线。根据上述测算，我国地方政府债务风险总体可控，但隐性债务剧增以及部分地区负债水平过高带来的结构性风险和区域性风险仍需关注。因此，构建地方政府债务区域风险指数十分必要，通过该指数准确监测全国各地区地方政府债务风险情况和风险变化趋势，以便在危机初期及时采取防范措施控制债务风险加剧和扩散。

一　方法综述与研究

自 20 世纪 80 年代以来，随着全球各国政府债务日益增加，国外学者开始研究政府债务风险问题。早期研究主要以地方政府财政和债务的数据为基础，构造系统的指标体系（Ma，2003；Charle，2008），用于检测债务风险

---

① 根据全国各省份财政决算报告及中诚信国际测算。

的变化趋势。预警指标包括债务负担率、偿债率、逾期率、债务依存度、担保债务比重等。在借鉴国外研究成果的基础上，结合我国特有的政治体制、历史背景，国内学者建立了符合我国国情的地方政府债务风险模型，包括基于新增债务的动态风险预警模型（刘尚希、赵全厚，2002）、合成指数与层次分析法相结合的风险预警模型（裴育、欧阳华生，2007）等线性组合方法。最近几年，随着大数据、云计算和智能算法的普及，国内专家学者也开始通过数学统计模型和机器学习算法实现地方政府债务风险的测算和预警，并取得了丰富的成果，其中包括基于因子分析法的风险评估预警系统、粗糙集理论与 BP 神经网络结合的风险预警系统，基于改进后的模糊评价分析法、灰色关联法与 BP 神经网络相结合的风险指数模型，基于 KMV 模型的风险预警指数等。

地方政府债务风险指数模型的构建思路是结合地方政府的宏观经济、财政实力和债务水平等情况给出地方政府债务一个定量的风险综合评价值，模型的核心是评价方法。综合上述已有研究成果和一些经典的评价方法，根据各评价方法所依据的理论，将它们分为五大类。

1. 指标评价方法

指标评价方法是出现较早的一种评价方法，它根据专家分析和历史经验选择与风险最相关的单指标（或多指标的简单线性组合）来评价风险。

2. 数学模型评价方法

层次分析法（Analytic Hierarchy Process，AHP）由 T. L. Saaty（1980）提出，一种定性与定量分析相结合的多层次结构模型。它是一种系统性的分析评价方法，通过分解、判断和综合的思维过程处理决策问题，既包含了主观的逻辑判断和分析（定性），又依靠客观的精确计算和推演（定量）。

模糊综合评判法（Fuzzy Comprehensive Evaluation，FCE）由 L. A. Zadeh（1965）提出，它以模糊数学为基础，应用模糊关系合成的原理，将一些边界不清、不易定量的因素定量化。

数据包络分析法（Data Envelopment Analysis，DEA）由 A. Charnes 等（1978）提出，以"相对效率"概念为基础，根据多项投入指标和多项产出指标，利用线性规划的方法，对具有可比性的同类型单位进行相对有效性评价。

3. 基于统计的评价方法

TOPSIS（Technique for Order Preference by Similarity to an Ideal Solution）由 C. L. Hwang 和 K. Yoon（1981）提出，根据有限个评价对象与理想化目标的接近程度进行排序，在现有的对象中进行相对优劣的评价。

主成分分析法（Principal Components Analysis，PCA）由 Pearson（1901）提出，利用降维的思想，把多指标转化为少数几个综合指标（即主成分），其中每个主成分都能反映原始变量的大部分信息，且所含信息互不重复，以解决数据多重共线性问题。

4. 机器学习等新型评价方法

人工神经网络（Artificial Neural Network，ANN）是模拟生物神经网络进行信息处理的一种数学模型，通过模拟大脑的学习机制实现对数据的预测或分类。所谓"学习"就是神经网络系统受到外界刺激后调节自身系统以适应新环境的一个过程。就数学模型而言，就是通过不断的训练样本（学习），调节模型参数以使系统输出更接近样本输出（误差更小）。

灰色综合评价法（Grey Comprehensive Evaluation，GCE），由 Deng（1982）提出，是一种以灰色关联分析理论为指导，基于专家评判的综合性评价方法。

5. 组合评价方法

组合评价方法是将上述几种方法组合使用的方法。每种方法都有自身的优点和缺点，其适用场合也并不完全相同，通过将具有同种性质的综合评价方法组合在一起，就能够使各种方法的缺点得到弥补，同时又具有各方法的优点。

二 模型方法选择

本文将通过比较上述评价方法的主要优点、主要缺点和可行性前提，来选择合适的方法建立地方政府债务风险指数模型（见表1）。首先，地方政府债务风险指数是综合了地方政府经济、财政和债务等多维度指标的一个综合性评价值数，简单的指标评价法无法实现这样的效果。其次，地方政府债务风险指数除了用来量化债务的风险程度外，还能从中挖掘风险成因，从而指导对债务风险的控制。PCA 对原数据进行降维，降维后的主成分指标是没有可解释意义的，该方法不能用于对债务风险成因的解释。此外，对于当前比较流行的人工神经网络等机器学习算法，其优秀的精确度是建立在大量的历史数据和反复迭代训练基础上的。而本次风险指数的估算并不属于第二次迭代过程，所以不适用。另外，DEA 无法解决数值为负的问题，而 GDP 增速等指标可能为负，因此该方法也无法适用。同时，组合方法建立在多种评价方法基础上，应该在多种评价模型完成后再考虑。最后，剩下的 AHP、FCE、TOPSIS 和 GCE 四种评价方法中，FCE、TOPSIS 和 GCE 的可行性前提是事先给出权重，而 AHP，通过元素间相互比较和定性转定量的方式给出权重很好地解决了这一问题。换句话说，AHP 是另外三种评价方法的基础，也是组合方法的基础。因此，应该优先考虑 AHP 来构造地方政府债务风险指数模型。

表 1　评价方法比较

综合评价方法	主要优点	主要缺点	可行性前提
指标评价方法	简单、直观	无法适应大数据场景	无
层次分析法（AHP）	定性与定量相结合给出权重	定性部分依赖专家判断	指标间的相对重要程度需要专家判断
模糊综合评判法（FCE）	评价结果信息量丰富	权重需要事先确定	专家给出权重或通过 AHP 给出权重
数据包络分析法（DEA）	权重由数据生成	无法衡量数值为负的情况	各项指标不能为负
TOPSIS	可直接利用原数据，信息丢失少	权重需要事先确定	专家给出权重或通过 AHP 给出权重
主成分分析法（PCA）	解决数据指标间信息重叠问题	无法对降维后的主成分解释	忽略指标对最终评价结果的解释意义
人工神经网络（ANN）	适用于复杂的大数据场景；结果更精确	需要已有历史评价数据来训练模型	需要已有历史评价数据来训练模型
灰色综合评价法（GCE）	可直接利用原数据，信息丢失少	权重需要事先确定	专家给出权重或通过 AHP 给出权重
组合评价方法	综合各方法优点，弥补缺点	对组合的多种评价方法有深入的研究	综合上述多个评价方法

另外，由于 AHP 在处理各种复杂决策问题方面的实用性和有效性，其在各个领域都受到了重视。它的应用遍及经济计划和管理、能源政策和分配、行为科学、军事指挥、运输、农业、教育、人才、医疗和环境等领域。该方法的学术研究也涉及核反应堆的选择、如何减少全球变暖的冲击、大学专业选择、检验软件系统的质量、海外制造工厂地点的选择和评估跨国石油管道经营风险等研究课题。总结上述 AHP 适用的各类决策问题类型，地方政府债务风险指数所属的类型是相对排名问题（见表2）。AHP 在该领域已经有许多成熟的应用，类似问题包括大学专业选择、高校排名等，因此，AHP 构造地方政府债务风险指数模型具备适用性和可行性。

表2　AHP 适用的决策问题类型

类型	说明
条件选择	在一定条件下在众多选项中选择最优
相对排名	对一组属性各异的选项进行排名
资源分配	对属性各异的目标进行资源分配以达到最优结果
质量管理	在多方面影响因素考虑下处理质量问题
解决冲突	解决双边矛盾

三　AHP 基本原理与优化

AHP 是一种定性和定量相结合的、系统化、层次化的分析方法。对于复杂的决策问题，AHP 把总目标分为多个子目标，按总目标到各层子目标的逻辑顺序将整个决策系统自上而下分解成一个树状结构，从而形成一个有序的递阶层次系统；通过指标间相对比较关系进行模糊定性量化，构造判断矩阵，求得每一层各个指标对上一层目标的权重向量；最后对所有子目标问题进行汇总，采用加权的方法逐阶层归并获得总目标的最终权重向量，得到最底层每个指标对于最上层总目标的影响权重，并计算出总目标的最终评价结果。下面仅以三层结构模型为例解释 AHP 的基本原理。

步骤一：建立层次结构模型

AHP 处理系统的决策问题，首先要确定总目标和影响总目标的所有元素，再给出其结构模型。其层次结构如图 1 所示，根据其性质可以分为三类：最高层（目标层），是决策问题的总目标，只包含一个元素；中间层（准则层，可以包含多个准则层），是为了实现总目标而设计的各子目标，有子目标……最底层（方案层），是实现各决策目标的方案，即影响元素……

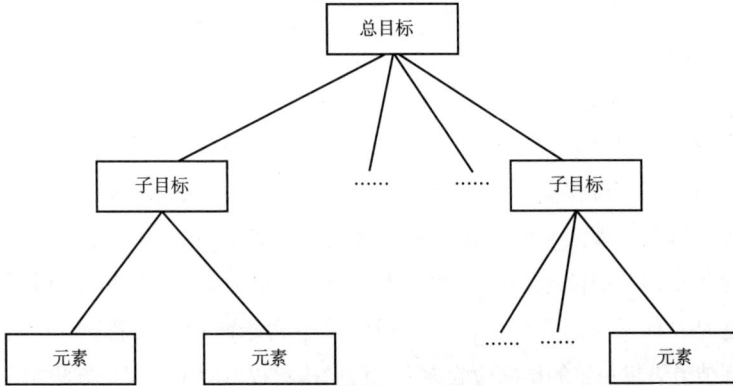

图 1 三层递阶层次结构

步骤二：构造各层次的判断矩阵

接下来需要确定每一层元素对于上一层作用关系元素的影响程度，即对于每个目标元素，其支配下层的元素应该分配多少权重，这里将通过判断矩阵来计算具体权重。判断矩阵通过该层所有元素之间两两相对重要程度比较来获得，具体采用 1~9 标度方法（见表 3）。

表 3 AHP 1~9 相对标度

标度	定义	含义
1	同样重要	两元素对于上层目标同样重要
3	稍重要	两元素对于上层目标，一个比另一个稍微重要
5	重要	两元素对于上层目标，一个比另一个明显重要
7	很重要	两元素对于上层目标，一个比另一个强烈重要
9	极端重要	两元素对于上层目标，一个比另一个极端重要
2、4、6、8	相邻标度中值	表示相邻两标度之间折中的标度
上列标度倒数	反比较	元素 i 对元素 j 的标度为 a_{ij}，反之为 $1/a_{ij}$

最高层与中间层的判断矩阵，将元素 C_1，$\cdots$，C_n 进行两两相对比较，根据表3相对标度得到判断矩阵 A。

矩阵 A 对角线的元素为每个元素与自身相比较，结果为同样重要，标度值为1。

$$A = \begin{bmatrix} 1 & a_{12} & \cdots & a_{1n} \\ a_{21} & 1 & \cdots & a_{2n} \\ \vdots & \cdots & \vdots & \vdots \\ a_{n1} & \cdots & \cdots & 1 \end{bmatrix}$$

步骤三：计算各层次权重向量

通过求出矩阵 A 的最大特征根 λ_{max} 以及其对应的特征向量 W^*，对 W^* 归一化处理后就能获得权重向量 $W = (w_1, w_2, \cdots, w_n)^T$。比较普遍的近似解法有根法、和法和幂法。根法对判断矩阵每行几何平均数处理，归一化后得到权重向量；和法先对判断矩阵按列归一化，再按行求和，最后进行归一化得到权重向量；幂法是一种逐步迭代的方法，对任意一组初始向量用判断矩阵进行重复映射，直到结果满足一定的精确检验为止，最后构建权重向量。三种方法相比较，幂法的迭代过程相对烦琐，根法相对和法的计算步骤简洁，因此我们选择了根法。

根法计算步骤：

（1）矩阵 A 每行元素连乘并开 n 次方，得到向量 $W^* = (w_1^*, w_2^*, \cdots, w_n^*)^T$，其中 $w_i^* = \sqrt[n]{\prod_{j=1}^{n} a_{ij}}$；

（2）对 W^* 进行归一化处理，得到权重向量 $W = (w_1, w_2, \cdots, w_n)^T$，其中 $w_i = \dfrac{w_i^*}{\prod_{i=1}^{n} w_i^*}$；

（3）对 A 中每列元素求和，得到向量 $S = (s_1, s_2, \cdots, s_n)$，其中 $s_j = \sum_{i=1}^{n} a_{ij}$；

（4）计算 λ_{max} 的值，$\lambda_{max} = \sum_{i=1}^{n} s_i w_i = SW = \dfrac{1}{n} \sum_{i=1}^{n} \dfrac{(AW)_i}{w_i}$。

步骤四：一致性检验与调整

所谓一致性是指判断思维的逻辑一致性，如甲比丙重要得多，乙比丙稍微重要，则甲一定比乙重要。而对元素进行两两比较是一个主观过程，很容易产生逻辑一致性的矛盾，因此需要一致性检验。矩阵一致性的数学定义是：

$$a_{ij} a_{jk} = a_{ik}, \forall i,j,k = 1,2,\cdots,n$$

通过引入两个指标来检验判断矩阵的一致性程度，这两个指标分别是一致性指标 CI（Consistency Index）和一致性比率 CR（Consistency Ratio）：

$$CI = \frac{\lambda_{max} - n}{n - 1}, CR = \frac{CI}{RI}$$

这里的平均随机一致性 RI（Random Index）是多次重复进行随机判断矩阵特征值的计算后取算术平均数得到的。在一致性检验中，CI 越大矩阵 A 的不一致程度越严重，$CI = 0$ 矩阵 A 完全一致。CR 是用来检验可靠性的一致性检验指标，当 $CR < 0.1$，认为判断矩阵一致性可以接受；否则需要调整判断矩阵中的值直到通过一致性检验为止。

步骤五：加权汇总结果

对第一层与第二层的权重 $W = (w_1, w_2, \cdots, w_n)^T$ 和第二层所有子目标 C_i 与其支配的第三层元素的权重 $V_i = (v_{i1}, v_{i2}, \cdots, v_{im})^T, i = 1,2,\cdots,n$ 进行线性加总，得到最终总目标 O 的评价估值：

$$O = \sum_{i=1}^{m} w_i C_i = \sum_{i=1}^{m} w_i \sum_{j=1}^{n} v_{ij} P_j = \sum_{j=1}^{n} u_j P_j$$

底层元素 $(P_1, P_2, \cdots, P_m)^T$ 对于总目标 O 所分配的最终权重为 $(u_1, u_2, \cdots, u_m)^T$，这里 $(P_1, P_2, \cdots, P_m)^T$ 的值是经过归一化处理后的值。

优化步骤：消除多重共线性

事实上，无论是 AHP 还是 FCE、TOPSIS 和 GCE，都无法解决变量多重共线性问题。虽然 PCA 能很好地解决这一问题，但其降维后的主成分指标不能给出具有实际意义的解释（主成分空有信息而无实际含义），这样就无法从风险指数中挖掘其债务风险的成因。为了解决 AHP 多重共线性问题，我们先采用皮尔逊相关系数来测算数据指标间的相关系数矩阵，再根据结果和一定筛除原则对其中的高线性相关指标进行剔除。

对于两个连续变量 $(x_1, x_2, \cdots, x_n)$ 和 $(y, y_2, \cdots, y_n)$，其 Pearson 相关系数计算公式为：

$$r = \frac{\sum_{i=1}^{n} (x_i - \bar{x})(y_i - \bar{y})}{\sqrt{\sum_{i=1}^{n} (x_i - \bar{x})^2 \sum_{i=1}^{n} (y_i - \bar{y})^2}}$$

相关系数 r 的取值范围表示存在不同程度线性关系：

$$\begin{cases} |r| \leq 0.3 \ \text{为不存在线性相关} \\ 0.3 < |r| \leq 0.5 \ \text{为低度线性相关} \\ 0.5 < |r| \leq 0.8 \ \text{为显著线性相关} \\ 0.8 < |r| < 1 \ \text{为高度线性相关} \\ |r| = 1 \ \text{为完全线性相关} \end{cases}$$

具体的优化过程，首先计算所有底层元素 $(P_1, P_2, \cdots, P_m)^T$ 相关系数矩阵 r_{ij} $(i, j = 1, 2, \cdots, m)$。对计算结果中高度线性相关的指标集 $\{0.8 < |r_{ij}| < 1\}$ 进行分析和筛选，以消除指标间信息重叠问题。筛除原则：（1）优先考虑支配更多高度线性相关指标的子目标 C_x，删除该子目标 C_x 支配下高度线性相关指标中与其他指标系数相对值高的指标［例如高度线性相关指标 i，j 属于 C_s，k 属于 C_t，则先删除 C_s 中 $\underset{s \in i, j}{argmax}(r_{sk}, r_{sk})$ 的指标］；（2）对于不同子目标下的高度线性相关指标，综合数值和分属子目标的实际意义进行删减。

优化版 AHP 的步骤流程如图 2 所示。

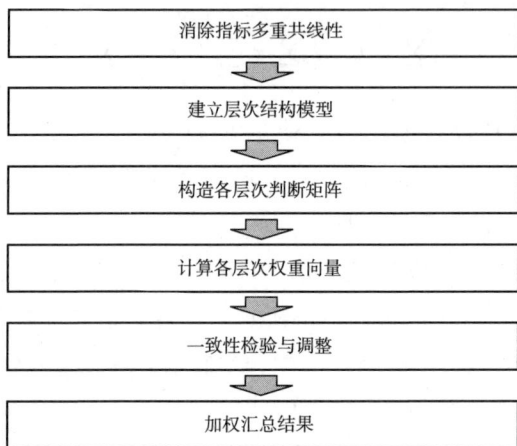

图 2　优化版 AHP 的步骤流程

四　中国地方政府债务风险指数实证分析

按照图 2 的思路，构建地方政府债务风险指数模型。

（一）样本指标提取与筛选（消除指标多重共线性）

本次模型提取的样本指标：GDP、GDP增速、人均GDP、税收收入占比、财政平衡率、综合财力、财政收入、债务余额、债务率和负债率等。

为了对指标进行多重共性的测算和筛除，下面给出四组结果［包括省级地方政府（不含隐性）债务指标、省级地方政府（含隐性）债务指标、重庆区县（不含隐性）债务指标和重庆区县（含隐性）债务指标］。具体结果见图3、图4、图5、图6。

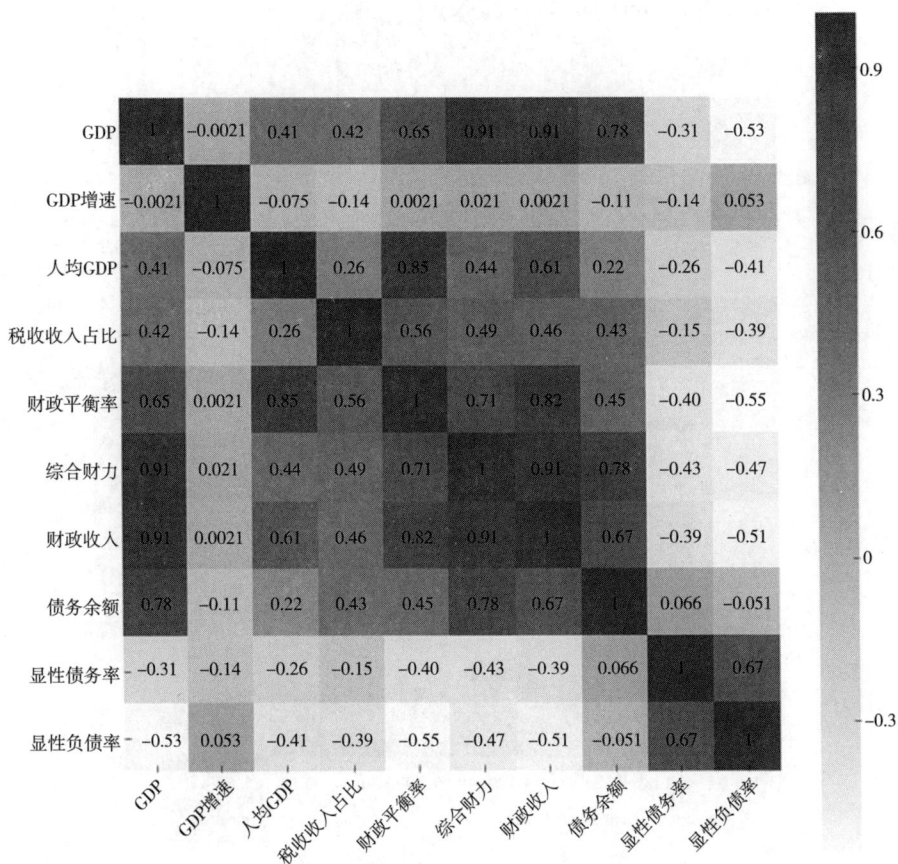

图 3 省级地方政府（不含隐性）债务指标相关系数矩阵

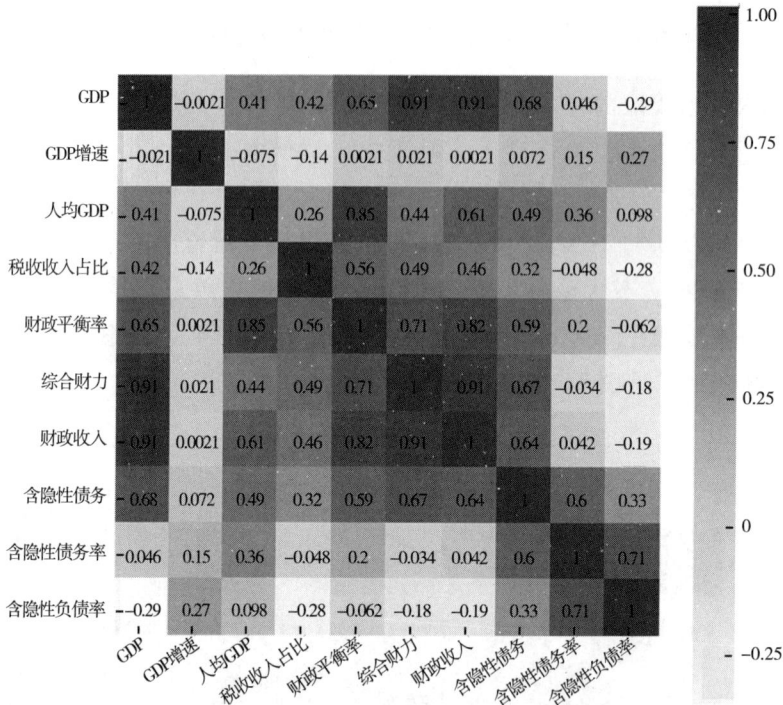

图 4 省级地方政府（含隐性）债务指标相关系数矩阵

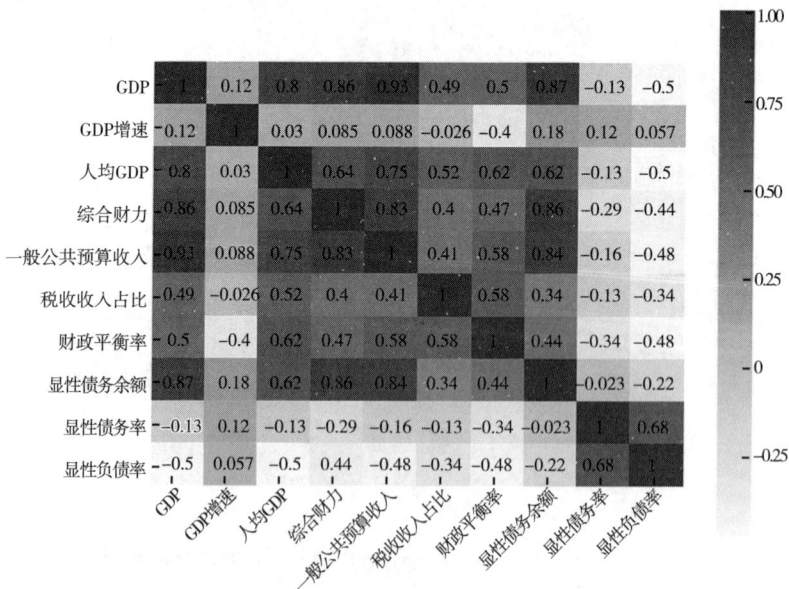

图 5 重庆区县（不含隐性）债务指标相关系数矩阵

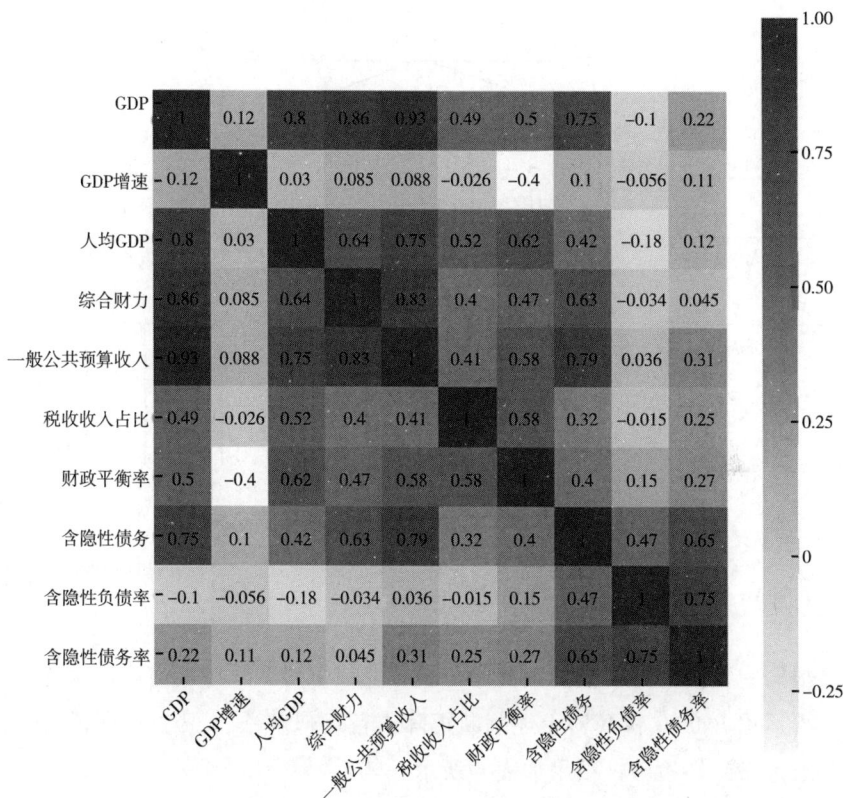

图6 重庆区县（含隐性）债务指标相关系数矩阵

图3与图4中的GDP、财政收入和综合财力之间的相关系数都超过0.9；图5中的GDP、综合财力、一般公共预算收入和显性债务之间的相关系数超过0.8，其中GDP与一般公共预算收入的相关系数甚至超过0.9；图6中的GDP、综合财力、一般公共预算收入之间的相关系数超过0.8，其中GDP与一般公共预算收入的相关系数甚至超过0.9。显然，在这几个高度显性相关指标中，GDP与其余几个指标的相关系数最高，可以剔除。

（二）建立层次结构

下面构建省级地方政府债务（不含隐性）风险指数模型。对指标进行分类，可以得到宏观经济、财政实力和债务水平三类指标，从而得到如图7所示的递阶层次结构。

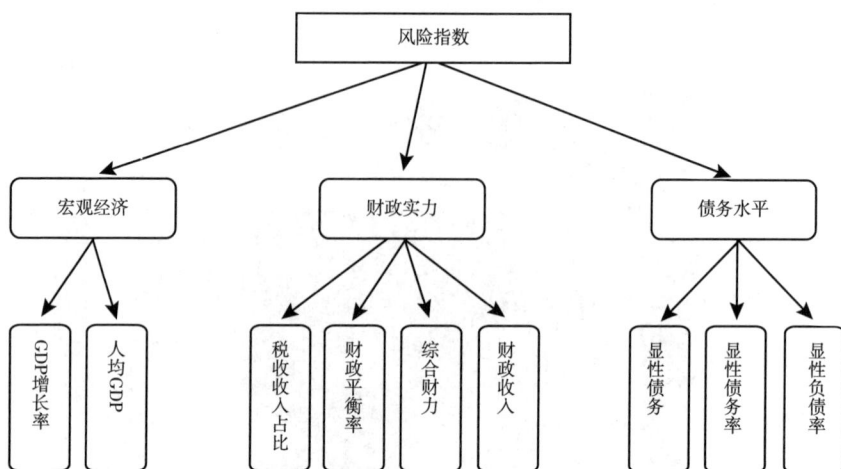

图7　省级地方政府债务（不含隐性）层次结构

（三）判断矩阵与权重计算

根据中诚信国际研究院团队的分析，完成了对图7中所有判断矩阵的估算。再运用 Python 和 R 对上述判断矩阵进行近似解法（根法）求得权重向量并通过一致性检验，结果如表4所示。

表4　权重向量与一致性检验结果

判断矩阵	权重向量	CI	CR
第一层与第二层	(0.105,0.637,0.258)	0.019	0.033
与宏观经济有关	(0.5,0.5)	0	0
与财政实力有关	(0.076,0.261,0.513,0.150)	0.066	0.073
与债务水平有关	(0.105,0.637,0.258)	0.019	0.033

（四）加权汇总

根据表4结果汇总得到风险指数公式：

$$Z = 0.053 \times X_1 + 0.053 \times X_2 + 0.048 \times X_3 + 0.166 \times X_4 + 0.327 \times X_5 + 0.096 \times X_6 - 0.028 \times X_7 - 0.164 \times X_8 - 0.067 \times X_9$$

其中，Z 是风险指数，$(X_1,X_2,\cdots,X_9)$ 分别是 GDP 增长率等9个指标

归一化的指标值。由于宏观经济和财政实力对债务风险指标起正面作用，而债务水平指标对债务风险起负面影响，因此，宏观经济和财政实力前面符号为正，债务水平前面符号为负。

风险指数 Z 取值范围为 $[-0.258, 0.742]$，区间的左端点表示风险最大边界，其含义是，没有任何经济和财政收入能力但债务水平最高；区间的右端点表示风险最小值的边界，其含义是，经济和财政情况最好而且没有任何债务。为了实现风险指数越大债务风险越大的实际含义，通过映射函数 $Z' = -Z + 0.742$ 得到最终风险指数公式：

$$Z' = -0.053 \times X_1 - 0.053 \times X_2 - 0.048 \times X_3 - 0.166 \times X_4 - 0.327 \times X_5 - 0.096 \times X_6 + 0.028 \times X_7 + 0.164 \times X_8 + 0.067 \times X_9 + 0.742$$

实例结果与分析

2016 年我国省级地方政府债务风险指数结果如表 5、表 6 所示。

表 5 2016 年省级地方政府（不含隐性）债务风险指数

省份	风险指数	省份	风险指数	省份	风险指数
广　东	0.1031	福　建	0.4589	新　疆	0.5857
浙　江	0.1682	重　庆	0.4669	黑龙江	0.5875
江　苏	0.1732	河　北	0.4778	内蒙古	0.5902
上　海	0.2103	湖　南	0.4938	海　南	0.6027
山　东	0.2511	江　西	0.4950	甘　肃	0.6069
北　京	0.2903	山　西	0.5505	云　南	0.6313
湖　北	0.4325	广　西	0.5551	辽　宁	0.6569
天　津	0.4339	河　南	0.5629	贵　州	0.7104
安　徽	0.4491	陕　西	0.5767	青　海	0.7577
四　川	0.4552	吉　林	0.5822	宁　夏	0.8140

表 6 2016 年省级地方政府（含隐性）债务风险指数

省份	风险指数	省份	风险指数	省份	风险指数
广　东	0.0823	湖　北	0.5283	黑龙江	0.5897
浙　江	0.2014	湖　南	0.5288	新　疆	0.5907
上　海	0.2154	山　西	0.5441	吉　林	0.6023
山　东	0.2499	重　庆	0.5519	天　津	0.6065
江　苏	0.3336	广　西	0.5578	云　南	0.6126

省份	风险指数	省份	风险指数	省份	风险指数
福　建	0.4614	陕　西	0.5590	辽　宁	0.6179
北　京	0.4651	内蒙古	0.5625	甘　肃	0.6241
四　川	0.4681	江　西	0.5626	贵　州	0.7041
河　北	0.4799	河　南	0.5650	宁　夏	0.7470
安　徽	0.4903	海　南	0.5811	青　海	0.7477

从表5和表6的结果来看，债务风险指数高低的整体分布和地区的财政实力有关。风险指数最低的前几个省份是财政实力较强的广东、浙江、江苏、上海、山东和北京，而风险指数较高的是中西部财政实力较弱的省份。整体而言，依次从长三角、珠三角等东部沿海省份到中西部、东北三省，债务风险指数逐步上升。具体来看，综合财力的正面影响效应最大，财政收入和人均GDP次之。我国各省份的GDP增长率、税收收入占比和财政平衡率的数值差异性较小，这些指标对最终指数结果影响不大。此外，债务规模对经济较差的省份负面影响较大。例如，负债率较高的贵州、青海、云南、辽宁和宁夏刚好也是风险指数较高的几个省份。债务率对经济较差的省份也有负面放大效应。债务余额方面，该指标与地区的经济发展程度高度正相关，即经济发展程度和负债规模是成正比的。但贵州和辽宁有着与它们经济能力不匹配的债务余额，导致它们处于重度债务风险区间。

比较不含隐性债务与含隐性债务的指数结果，其中变化较大的依次是北京、天津、江苏、湖北和重庆。具体来看，债务率（隐性）和负债率（隐性）较高的省份同为北京、天津和江苏，它们的隐性债务是显性债务的3倍以上，远远高于其他省份。隐性债务剧增导致天津跌入风险重灾区，而北京和江苏的风险指数因此有明显变化，分别增长了58%和94%。湖北和重庆的情况也不容乐观，隐性债务比显性债务增加了2倍左右，排名也明显下降。

最后，整体比较不含隐性债务和含隐性债务风险指数分布结果，计算两个结果风险指数的平均值和方差，前者的为0.45和0.31，后者的为0.51和0.24，隐性债务使各省份整体平均风险指数明显增加，同时各省份的风险差异性变小。从图8可观察到增加隐性债务后的风险指数分布明显后移，并有向中间聚集的趋势，表明整体的风险明显上升，同时风险分布向中间集中。

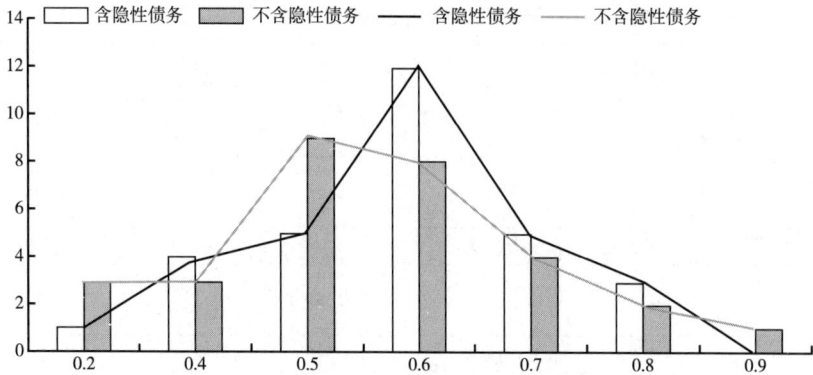

图 8　2016 年省级地方政府债务风险指数分布情况

2016 年重庆市区县地方政府债务风险指数结果如表 7、表 8 所示。

表 7　2016 年重庆市区县地方政府（不含隐性）债务风险指数

区县	风险指数	区县	风险指数	区县	风险指数
渝北区	0.1846	双桥经济技术开发区	0.4483	梁平区	0.5759
两江新区	0.1986	渝中区	0.4626	垫江县	0.5865
九龙坡区	0.2495	綦江区	0.4631	西阳土家族苗族自治县	0.5933
江北区	0.2725	合川区	0.4648	秀山土家族苗族自治县	0.5950
万州区	0.3182	璧山区	0.4667	丰都县	0.5969
沙坪坝区	0.3481	大足区	0.4760	石柱土家族自治县	0.6093
涪陵区	0.3548	北碚区	0.4896	彭水苗族土家族自治县	0.6127
江津区	0.3713	荣昌区	0.5266	武隆区	0.6424
巴南区	0.3797	大渡口区	0.5287	巫溪县	0.6638
长寿区	0.4030	奉节县	0.5332	云阳县	0.7009
南岸区	0.4135	潼南区	0.5369	巫山县	0.7233
永川区	0.4267	开州区	0.5512	城口县	0.8994
重庆经济技术开发区	0.4446	黔江区	0.5668	—	
铜梁区	0.4471	南川区	0.5741		

表 8　重庆市区县政府（含隐性）债务风险指数

区县	风险指数	区县	风险指数	区县	风险指数
渝北区	0.1937	綦江区	0.5123	彭水苗族土家族自治县	0.5996
两江新区	0.2510	南岸区	0.5156	石柱土家族自治县	0.6089
九龙坡区	0.2658	大渡口区	0.5276	梁平区	0.6104
万州区	0.2716	奉节县	0.5389	秀山土家族苗族自治县	0.6120
江北区	0.3063	开州区	0.5525	合川区	0.6201
渝中区	0.4002	北碚区	0.5572	云阳县	0.6306
涪陵区	0.4366	大足区	0.5652	黔江区	0.6353
江津区	0.4493	荣昌区	0.5738	南川区	0.6498
巴南区	0.4512	沙坪坝区	0.5761	巫溪县	0.6518
永川区	0.4696	垫江县	0.5839	巫山县	0.7017
璧山区	0.4938	重庆经济技术开发区	0.5878	武隆区	0.7091
铜梁区	0.4943	丰都县	0.5879	城口县	0.8280
长寿区	0.4965	潼南区	0.5902	—	
重庆双桥经济技术开发区	0.5060	酉阳土家族苗族自治县	0.5921		

从表 7 和表 8 来分析 2016 年重庆市区县地方政府债务风险指数，其结果和省级地方政府风险指数结果一致，综合财力、人均 GDP 和财政收入几乎决定了该风险指数的整体分布。GDP 增长率、税收收入占比和财政平衡率因为数值差异较小对结果影响不大。此外，负债率和债务率对经济较差地区的负面效应有放大效果。地区的债务余额如果和经济实力不匹配则会加大其债务风险。

隐性债务方面，增加隐性债务后几乎所有区县的债务率翻了一番。其中最严重的是沙坪坝区，债务率由 0.6 直接增长到 6.1，其风险指数排名从第六直接降到中游位置。

最后，整体比较不含隐性债务和含隐性债务风险指数分布结果，从图 9 可观察到增加隐性债务后的重庆市区县的整体风险明显上升了，风险指数的平均值从 0.49 增至 0.53。

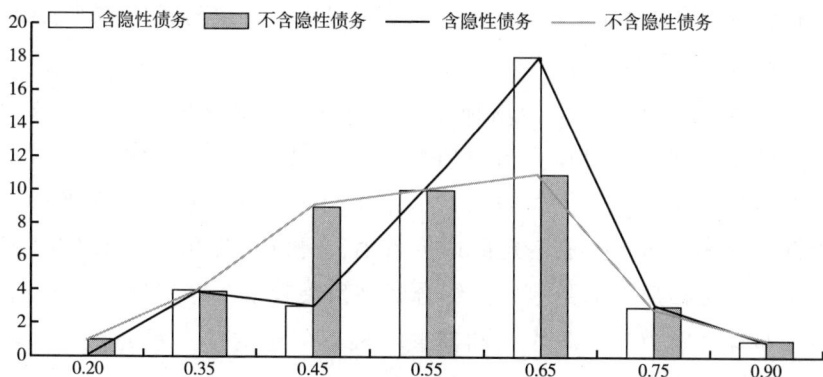

图 9　2016 年重庆市区县地方政府债务风险指数分布情况

五　结论

本文通过学习研究各种综合评价方法，比较并评估它们之间的优缺点、可行性前提和适用性场景，最后选择 AHP 来构造我国地方政府债务风险指数模型。通过梳理 AHP 的理论，结合风险指数的实际应用情况，对该方法进行了一定的优化。最后在此基础上，对 2016 年我国省级地方政府和重庆市区县地方政府债务风险指数进行估算。结论如下。

（1）地区的财政实力几乎决定其风险指数的分布位置。具体而言，综合财力对最终结果具有最强正相关性，财政收入和人均 GDP 次之，GDP 增长率、财政平衡率和税收收入占比因数值的区分度不高对最终结果影响甚微。债务规模指标方面，负债率和债务率对经济较差地区的负面效应有放大效果。这和指标的构造有关，负债率和债务率的分母是 GDP 和综合财力，而经济较差地区的 GDP 和综合财力一般较差，导致这两个指标值较大。债务余额一般与地区的经济有一定相关性，如果地区的债务余额不能与其经济发展相匹配，则会加大该地区的债务风险。

（2）无论是省级地方政府债务还是重庆市区县地方政府债务，隐性债务导致风险加剧的问题十分明显。局部情况则分化更加显著，省级地方政府方面，情况较严重的是北京、天津和江苏，其隐性债务是显性债务的 3 倍以上，直接导致它们的风险指数增长了 50% ~ 90%，排名显著下滑。情况次

307

之的湖北和重庆排名也明显下降。重庆市区县方面，情况最严重的是沙坪坝区，排名从第六跌至中游。

（3）基于 AHP 的地方政府债务风险指数结果能够很好地反映我国省级和市区县级地方政府债务风险情况，具有很好的参考价值。同时，通过该风险指数排名次序，我们能够从数据指标层面对风险成因进行进一步的深度挖掘分析，具有一定的研究价值。另外，优化方案把 GDP 指标剔除了，该指标反映的是地区的综合经济发展程度。在实例分析中发现，该指标与综合财力、财政收入和债务余额有一定的信息重叠，可以互相解释，因此，优化方案具有良好的实用价值。最后，该方法也为以后通过 FCE、DEA 和 TOPSIS 等综合评价方法构建地方债务风险指数模型提供了可行性前提。

参考文献

［1］李腊生、耿晓媛、郑杰：《我国地方政府债务风险评价》，《统计研究》2013 年第 10 期。

［2］刘尚希、赵全厚：《政府债务：风险状况的初步分析》，《管理世界》2002 年第 5 期，第 22~32 页。

［3］毛振华、袁海霞、刘心荷、王秋凤、汪苑晖：《当前我国地方政府债务风险及融资平台转型分析》，《财政科学》2018 年第 5 期。

［4］裴育、欧阳华生：《我国地方政府债务风险预警理论分析》，《中国软科学》2007 年第 3 期，第 110~114 页。

［5］朱文蔚、陈勇：《我国地方政府性债务风险评估及预警研究》，《亚太经济》2015 年第 1 期，第 31~36 页。

［6］A. Charnes, W. W. Coope, E. Rhodes, "Measuring the Efficiency of Decision-Making Units," *European Journal of Operational Research*, No. 2, 1978, pp. 429 – 444.

［7］Charle S., "Measuring and Forecasting Debt Capacity State of Oregon Experience," *Government Finance Review*, No. 12, 2008, pp. 44 – 74.

［8］C. L. Hwang, K. Yoon, *Multiple Attributes Decision Making Methods and Applications* (Springer, Berlin, 1981).

［9］J. L. Deng, "Control Problems of Grey Systems," *Syst Control Lett*, No. 1, 1982, pp. 288 – 294.

[10] L. A. Zadeh, "Fuzzy Sets," *Information and Control*, No. 8, 1965, pp. 338 – 353.

[11] Ma J. , *Monitoring Fiscal Risks of Subnational Governments: Selected Country Experiences* (Oxford: Oxford University Press, 2003).

[12] Pearson K. , "On Lines and Planes of Closest Fit to Systems of Points in Space," *Philosophical Magazine*, Vol. 2, No. 11, 1901, pp. 559 – 572.

[13] T. L. Saaty, *The Analytical Hierarchy Process* (McGraw-Hill, 1980).

地方政府隐性债务风险与
融资平台转型[*]

自 2014 年新《预算法》颁布以来，我国地方债务管理机制逐步成熟，地方债务限额管理、应急处置、监督问责等相关制度不断完善，地方债务风险总体可控，但对于未纳入地方政府直接债务统计的隐性债务仍不容忽视，且该类债务风险易通过层层嵌套的资金链条快速扩散，是触发区域性风险与系统性风险的重要隐患。遏制地方政府隐性债务增量，妥善化解存量隐性债务风险已成为防范地方债务风险的核心所在。融资平台作为地方政府隐性债务的主要载体，防范化解融资平台债务风险、推动其剥离政府信用、加快市场化转型，对于防范地方债务风险具有重要意义。

一 地方政府融资"去平台化"与防控地方隐性债务风险

（一）伴随地方投融资体制改革持续推进，地方债务管理新体系形成

改革开放以来我国地方投融资体制历经多次变迁，从 20 世纪 80 年代由政府出资转向地方政府出资叠加银行信贷模式，至 90 年代初形成建设项目法人责任制并逐步出现融资平台雏形，再至 1994 年《预算法》与分税制改革出台后地方财政收支矛盾加剧，逐步形成以融资平台为地方政府代理人的投融资模式。

以 2014 年新《预算法》与《关于加强地方政府性债务管理的意见》出台为标志，地方债务进入规范发展的新时期。围绕地方债务管理出台多

---

* 本文原发表于《金融市场研究》2018 年第 5 期。

项政策，地方债务管理新体系逐步形成。一方面"开前门"，赋予地方政府举债权，持续加强债务限额管理与预算管理，完善地方政府债券体系，在土地储备、政府收费公路、棚户区改造等领域持续拓展专项债券品种，优化中央与地方财权与事权分配机制，推广政府与社会合作，允许社会资本通过特许经营方式参与城市基础设施等有一定收益的公益型事业投资和经营；另一方面"堵后门"，明确政府与企业的责任边界，政府不得通过企业举债，企业债务不得推给政府偿还，对于各类违法违规举债行为进一步细化明晰，各类试图以政府隐性信用背书的融资行为得到有效遏制，同时坚守财政可持续发展底线，加大高风险地区债务风险监测预警力度，严格要求地方政府举债规模与财政偿还能力相匹配。

（二）在地方政府债务管理新体制下，地方融资逐步"去平台化"

伴随地方债务管理顶层设计持续完善，过去以融资平台作为地方政府投融资代理人的模式逐步转变，地方地府融资逐步"去平台化"。一方面，对于存量债务中非政府债券形式债务通过发行地方政府债券逐步进行置换，根据中诚信国际测算，截至 2017 年底，地方政府债务已置换完成 84%，2018年待置换规模为 1.73 万亿元。根据 2013 年地方债务审计结果中融资平台债务占置换债务的比例测算，2015~2017 年融资平台债务共计约置换完成 4.05万亿元，融资平台 2015 年 1 月 1 日前形成的存量债务风险得到有效缓释。另一方面，对于 2015 年 1 月 1 日以后形成的增量债务，严格划清地方政府与融资平台界线，明确地方政府不得通过融资平台举债，地方政府仅能通过发行地方政府债券形式新增债务，严禁融资平台以地方政府信用背书新增政府债务。

但需注意的是，地方债务置换过程中，地方政府存量债务中非政府债券形式债务均以 2013 年政府性债务审计结果为基础，但该次审计工作中各省份融资平台及国有企业债务纳入政府负有偿还、担保及救助责任三类的统计口径并不一致，如贵州、内蒙古 2013 年审计结果显示两省份融资平台债务纳入政府负有偿还责任债务的占比均在 80% 以上，纳入政府担保责任债务、政府救助责任债务比例均在 10% 以下；吉林、江苏融资平台债务纳入政府负有偿还责任债务比例在 50% 以下，接近 50% 债务纳入政府救助责任债务。统计口径的不一致，使部分地区融资平台存量债务并未充分显性化且被低估，大量纳入政府担保责任债务、政府救助责任债务未来仍面临较大的偿债压力，地方债务置换效果呈现区域性分化。

（三）地方债务风险总体可控，需重点关注隐性债务风险与区域性风险

当前各方对地方政府显性债务与隐性债务口径的界定并不一致。从法律角度来看，显性债务是以特定的法律或者合同所带来的负债，而隐性债务则是基于市场预期、政治压力的政府责任。从现实的角度来看，地方政府隐性债务也是地方政府可能承担偿还、救助、担保责任但并未纳入其债务管理和统计的债务，但一旦发生危机尤其是存在系统性风险爆发可能性时，地方政府就不得不加以干预、承担责任。从总体看，我国地方政府显性债务风险总体可控，隐性债务风险及区域性风险仍需重点关注。

从显性债务风险看，我国显性债务衡量（直接债务）的债务率和负债率均低于国际通行水平，政府债务风险总体可控。2016 年，以显性债务衡量的地方政府总体债务率（债务规模/财政实力）为 80.5%，低于国际通行警戒标准。如果加上纳入预算管理的中央政府债务余额 12.01 万亿元，全国政府债务余额 27.33 万亿元，政府债务的负债率（债务与 GDP 的比值）（见图 1）是 36.7%，低于欧盟 60% 的警戒线。对比主要国家的负债率水平，可以看出以显性债务衡量的我国的负债率低于主要市场经济国家和一些发展中国家水平，显性债务口径下地方政府风险水平相对较低。

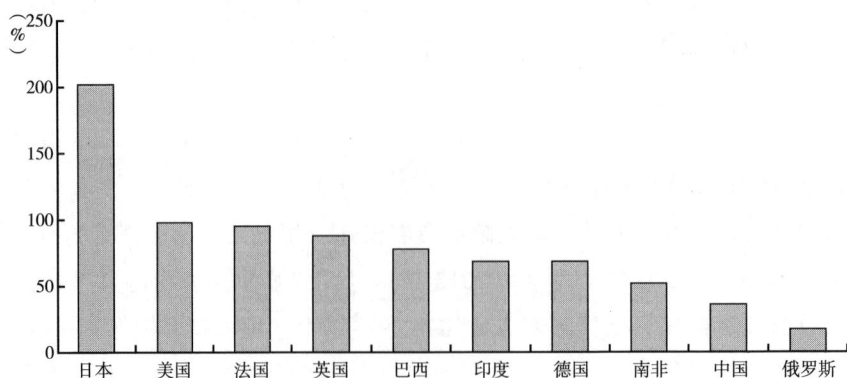

图 1 显性债务口径下各国政府负债率情况

资料来源：东方财富金融数据库（Choice），中诚信国际区域风险数据库。

从隐性债务风险看，根据中诚信国际采用三种不同口径对我国隐性债务进行的估算，我国地方政府隐性债务规模在 21 万亿～30.5 万亿元，为显性债务的 1.4～2.0 倍。2017 年为 34.5 万亿元，超过显性债务的 2 倍；不同口径测算的地方政府隐性债务均保持 20% 以上的增速。考虑隐性债务的政府负债率直接上升至 65%～78%，大幅高于发展中国家平均水平，隐性债务风险较为突出。各区域显性债务、隐性债务情况见图 2。

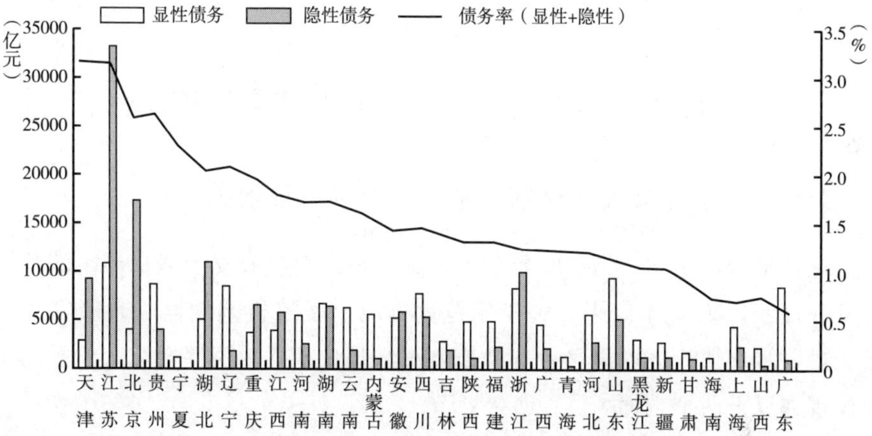

图 2　各区域显性债务、隐性债务情况

资料来源：东方财富金融数据库（Choice），中诚信国际区域风险数据库。

（四）"开前门"力度持续加大，但对于化解隐性债务风险作用有限

2014 年以来，伴随地方政府债务管理体系持续成熟，地方债务"开前门"力度持续加大。一方面，地方政府债券额度持续提升，专项债券额度由 2015 年的 0.6 亿元上升至 2018 年的 2.18 亿元；另一方面，从全国地方债务限额使用情况看，2015～2017 年，全国未使用的地方债务额度持续增加，2017 年地方政府债务限额与债务余额的差额达到 2.35 万亿元，专项债务限额与专项债务余额的差额为 1.13 万亿元，仍有较大的使用空间。

但仍需看到的是，地方政府融资"去平台化"是一个长期过程，在当前地方政府财权与事权仍不匹配且债务限额约束下，发行省级地方政府债券的"开前门"举措难以真正满足各层级地方政府的实际资金需求。2015 年

以来每年新增地方债券发行额较融资平台净融资仍有较大差距，2017年融资平台城投债券部分净融资新增6.45万亿元，当年新增地方政府债券仅1.59万亿元，相差4.86万亿元，融资平台及部分国企所承担的地方公益类项目融资职能尚难真正剥离。地方政府融资真正"去平台化"有赖地方政府转变"唯GDP论"下投资驱动经济增长模式、转变政府职能、提高地方政府债券发行额度，以有效融资方式替代融资平台，方能使地方政府真正降低对融资平台的依赖。

二　融资平台剥离政府信用与其债务风险演化

（一）严监管政策加速融资平台剥离地方政府信用

融资平台始于20世纪90年代初期，是地方财政收支矛盾下催生的政府融资代理人。2017年以来，关于规范地方政府融资机制的监管政策密集出台，进一步加快地方融资平台与政府剥离。加快地方融资平台与政府剥离主要体现在以下两个方面。

一方面，剥离融资平台融资职能，融资平台与地方政府信用脱钩。地方政府不得将公益性资产、储备土地注入融资平台，不得承诺将储备土地预期出让收入作为融资平台偿债来源，不得以担保函等任何形式为地方融资平台提供担保；严禁将基础设施建设、储备土地前期开发等建设工程作为政府购买服务项目；严禁将建设工程与服务打包作为政府购买服务项目；未转型的融资平台不得作为社会资本方参与PPP项目；不得将申报企业信用与地方政府信用挂钩等，明确融资平台"负面清单"，划清地方政府与融资平台的债务责任边界与信用边界。

另一方面，剥离平台企业的政府"债务—投资"代理人角色，由政府主导向市场主导转变。地方融资平台债务迅速扩张的背后实是地方政府"债务—投资"驱动模式的不断强化。"债务—投资"驱动模式在稳增长的同时，也在扭曲市场资源配置机制，削弱社会资本的积极性。2014年以来，在防范地方债务风险的同时，国家调控政策更加强调优化政府投融资机制，调动社会资本参与积极性，通过引入市场化力量，从而倒逼地方融资平台职能转变。

（二）监管强化背景下融资平台传统业务与债务模式难以为继

从严从紧的监管态势下，融资平台传统业务模式与债务模式受到较大冲击。从融资平台外部融资看，非标类贷款是融资平台前期债务扩张的重要渠道，以信托资金为例，2011 年以来信托流向融资平台资金保持快速增长，2012～2013 年增速超过 90%。根据中诚信国际测算，2017 年末融资平台存量债务中，涵盖信托贷款、委托贷款、未贴现票据等在内的非标类债务占比超过 50%。2017 年以来"金融防风险强监管"持续升级，针对非标业务整顿持续深入，相关政策密集出台并多次强调"不得将资金违规投向地方政府融资平台"，对于融资平台存量非标债务滚动及新增融资带来极大冲击。

（三）当前融资平台债务风险主要集中于存量债务到期压力

在监管强化背景下，当前融资平台债务风险主要集中于存量债务到期压力。根据中诚信国际测算，截至 2017 年末，融资平台存量债务以银行贷款为主，委托贷款、信托贷款、债券次之。仅从城投债到期情况看，未来 5 年将是城投债集中到期阶段，年均到期规模近万亿元，偿付压力整体较大。2018～2024 年城投债券到期及回售情况见图 3。

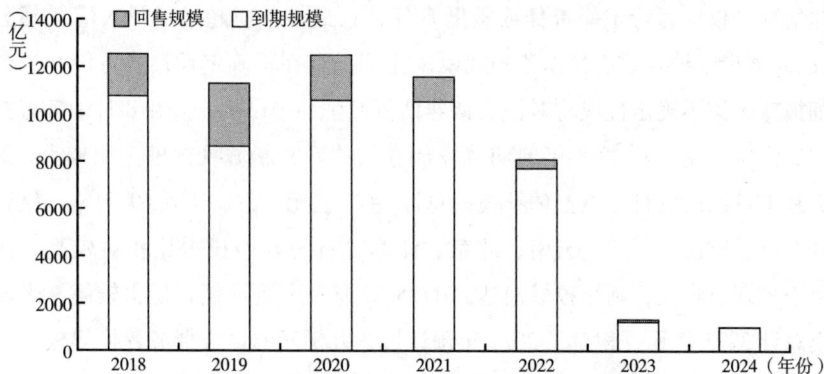

图 3　2018～2024 年城投债券到期及回售情况

资料来源：东方财富金融数据库（Choice），中诚信国际区域风险数据库。

1. 2018 年到期城投债券分析

（1）AA＋及以上发行主体居多，市属平台占比较高

从发行人信用等级看，2018 年到期债券发行人以 AA＋及以上为主，该类规

模占比达到72%。具体来看，AAA占比为40%，AA+占比为32%，AA占比达到27%，整体信用状况较好。尽管AA-及以下债券占比较低（为1.36%），但需注意的是，其中16只AA-及以下主体发行债券没有担保措施，该类债券规模合计86亿元，信用风险相对较高。从整体担保情况看，担保债券占比较低。进行担保债券规模仅为1329.15亿元，占比为11%。从城投企业行政层级看，市属平台占比最高，达到56%，省属平台与区县平台占比分别为25%与19%。

（2）江苏省到期规模居首，债务率较高省份到期压力相对较低

从区域分布看，江苏省到期城投债规模居首，达到2101亿元，占全国到期规模近20%。其余各省份平均到期规模为298亿元。江苏省内镇江、南京到期规模居前，分别为377亿元与358亿元，超过其他省份到期规模均值。结合2016年末各省份债务率情况看，债务率较高省份2018年到期压力相对较低，但个别城市到期压力较大。2016年末债务率较高的云南省、贵州省、青海省、辽宁省及内蒙古自治区，2018年城投债到期规模分别为370亿元、137亿元、5亿元、240亿元及91亿元，在全国范围内相对较低。

（3）新城投占比较大，老城投受债务置换保障安全边际较高

以2015年1月1日为界可将2018年到期城投债券划分为新城投与老城投：新城投不受债务置换影响，若发生偿付困难，地方政府根据政策要求及具体情况，仅应履行担保责任或救助责任，且最多不应超过债务人清偿部分的1/2；老城投中纳入政府性债务的规模及比例仍存在不确定性，各省份并未公开详细披露，该不确定性或将对该类债券估值产生一定影响，并在8月债务置换结束前后集中显现。从2018年到期城投债券结构看，新城投规模占比较大。2015年1月1日以后发行的城投债券规模总计7472亿元，占比达到69.54%。结合区域分布看，广西、河北、云南、北京、江苏等省份新城投占比相对较高。江苏省由于到期总量大，新城投规模达到1725.89亿元，到期偿付压力较高。老城投规模总计3273亿元，相对于2018年预计近2万亿元的地方债务置换规模，债券偿付的安全边际相对较高。但在提前兑付压力较为集中的情况下，或出现不利于债券持有人的兑付定价情况，对市场形成负面冲击。

（4）近七成到期城投债为借新还旧，区县平台债务滚动发行压力较大

在公开披露募集资金用途的2018年度到期城投债券中，69%城投债募集资金用于偿还发行人前期债务，规模合计5872亿元，该类债券由于没有明确对应项目收益作为偿债来源，到期偿付对于再融资的依赖较大。其余债券募集资金

主要用于补充发行人营运资金及用于城镇基础设施建设。结合城投企业所在行政层级看,区县类平台 2018 年到期债券中借新还旧类占比较高,超过 70%。同时区县类平台受限于发行主体资质较弱,超过三成为非公开发行债券,并未公开披露募集资金用途,借新还旧类债券比例的实际值应高于测算值。

2. 货币政策稳健中性,融资平台融资成本持续抬升

随着美国与欧洲启动加息和缩表进程,我国稳健偏中性的货币政策呈现边际收紧态势,利率中枢持续上移。2018 年在防风险去杠杆的政策导向下,货币政策仍将延续稳健中性。回顾历史利率上行周期,本轮利率上行无论从上行时间还是从上行幅度看均仍有空间。在此背景下,城投企业再融资成本仍将持续抬升。同时城投企业作为"防范化解重大风险"的重点调控领域,外部融资受多重约束,再融资成本的抬升幅度将高于实体企业平均水平,受流动性收紧的影响将更加明显。

(1) 市属平台、企业债类城投债券发行成本抬升较大

从城投债加权平均发行利率走势看,2016 年第四季度以来城投债发行成本保持上行趋势,但增速自 2017 年第一季度后持续回落,仅在 2017 年第三季度至第四季度有小幅抬升。从融资平台行政层级看,区县类平台融资成本一直相对较高,市属类平台 2017 年较 2016 年发行成本抬升幅度最大;从城投债的债券种类看,企业债 2016 年以来的发行成本及抬升幅度均最高;从区域分布看,辽宁、贵州、云南、内蒙古 2018 年第一季度发行成本居前,均超过 7%;从 2017 年较 2016 年发行成本变化看,甘肃、福建、陕西与新疆发行成本抬升较显著,抬升幅度均在 190bp 以上,超过全国 157bp 的平均水平。不同行政层级融资平台发行成本走势见图 4。

(2) 融资平台理论可承受融资成本承压

城投企业由于业务结构、资源禀赋、所处区域等因素差异,再融资所能承受的成本约束有所不同。总体看,2018 年债券到期融资平台可承受债务成本[①]中位数为 1.31%,平均值为 1.54%,远低于当前实体企业资金成本。从信用等级看,城投企业可承受的再融资成本与其信用等级基本呈现正相关关

---

① 此测算根据企业 2017 年第三季度公开披露财务数据对其所能承受的债务成本进行估算。从城投企业利润分配角度看,息税前利润率 = ROE × 权益比率 + 债务成本 × 资产负债率,由此可推算在既有利润及杠杆水平下,理论上可承受的融资成本约束。由此推算的融资成本涵盖债券、贷款等综合各类外部融资方式的成本。

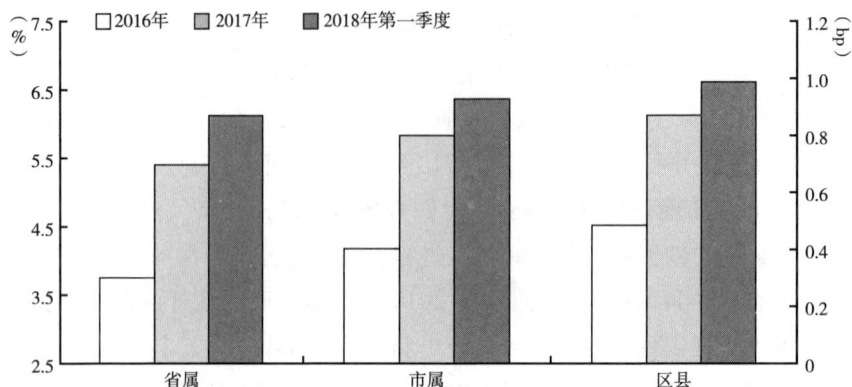

图 4 不同行政层级融资平台发行成本走势

资料来源：东方财富金融数据库（Choice），中诚信国际区域风险数据库。

系，AA－级与 AA 级企业出现倒挂，AAA 级平台企业可承受的融资成本最高，中值为 2.18%。从平台性质看，区县类平台可承受的融资成本相对较低，中值仅为 0.96%，省属平台可承受融资成本约束的韧性较高，中值为 2.34%。从各省份情况看，广东与贵州可承受融资成本较高，中值均高于 3%；甘肃、四川、陕西、辽宁、黑龙江、天津与吉林七省份可承受融资成本中值均已低于 1%。

在强监管政策约束与货币紧平衡背景下，融资平台外部融资渠道受阻、再融资成本抬升将进一步加大融资平台债务偿付压力。2018 年政府换届因素或影响部分平台债务偿还，严监管或加剧平台流动性风险触发违约，区域风险较高的融资平台、区县类平台，以及业务结构复杂、公益性较弱的平台需重点关注。

（四）政府与平台企业将回归规范的股东关系和业务结算关系

强监管下地方政府违规参与融资平台经营及融资的行为难以持续，但地方政府对于融资平台"不兜底"不意味"不作为"，地方政府仍将在融资平台经营发展中扮演重要角色。伴随融资平台剥离地方政府信用，地方政府与平台企业将回归规范的股东关系与业务结算关系。首先，地方政府作为辖区内融资平台股东，加强对融资平台转型的协同支持，包括结合国企改革推进融资平台资产重组、向融资平台注入经营性资产、减少对平台的行政干预、发挥股东权利协助平台企业建立市场化公司治理体系。其次，地方政府应进一步规范公益性业务中与平台企业的法律和结算关系。最后，地方政府可出资成立担保公司，以市场化形式为融资平台企业提供融资担保服务。

三　新形势下地方融资平台市场化转型

（一）融资平台业务结构转型：主体业务 + 经营性业务

以土地整理或基础设施建设为主的单一业务模式是众多融资平台发展的源头，也是当前中西部许多融资平台的主要业务模式。融资平台业务转型过程中，基于以基础设施建设、城市运营类的公益性及准公益性项目为主的传统主体业务模式，部分融资平台逐步探索多元化的经营性业务方向，形成主体业务与经营性业务结合转型的模式。针对主体业务，如公益性项目/准公益性项目，通过代建/融资—投资—建设—回购（运营）模式，将平台整合为城市基础设施运营商，即公益类国有企业，考核其成本控制、产品服务质量、营运效率和保证能力；针对经营性业务，如酒店、旅游、文化、房地产、物业管理、贸易等，通过实体经营将平台转型为市场化、实体化运营企业，即商业类国有企业，考核其盈利能力。

（二）融资平台业务转型应坚持循序渐进原则

目前，地方政府财政收支不平衡的压力仍然存在，而每年新增地方政府债券规模较小，无法满足融资需求，因此平台的投融资功能对于地方政府而言是不可或缺的。为全面推进地方融资平台转型，赋予地方政府有效融资方式来替代融资平台的融资功能，比如大幅增加地方债发行规模；推进政府职能的转变，职能转变涉及方方面面，比如划清政府与市场的边界、严格依法行政、避免对经济过度干预。因此，平台转型不可能一蹴而就，需要坚持循序渐进的转型原则，分清转型重点和难点，确定转型的近期目标和远期目标，对转型过程进行系统性规划，采用循序渐进的方式先易后难稳步推进各类性质的平台的全面转型。

（三）分类推进融资平台转型

在地方融资平台循序渐进转型过程中，对于不同区域、不同行业、不同风险类别的平台企业，需制定不同的转型方案，并突出不同的阶段性重点，在剥离政府融资职能后，也需根据其资源禀赋给予差异化的发展定位，避免盲目照搬转型经验。

1. 结合国企改革分类推进转型

地方融资平台业务以承担地方基础设施建设项目为主，依据业务公益性强弱，盈利能力有所不同。明确各类资产属性，是提升平台企业资产管理效率、实现资产有效整合重组的重要基础。借鉴《关于深化国有企业改革的指导意见》对国有企业的分类思路，融资平台资产可根据业务内涵分为三类：第一，公益类，即主要承担纯公益性政府投资项目，如路桥、扶贫等；第二，运营类，即业务有一定收入但尚无法覆盖成本，或涉及关系民生的重要领域，如水务、垃圾处理等；第三，商业类，即处于充分市场竞争领域且能自负盈亏的项目，如房地产、旅游等。针对上述三类，可分类进行考核与转型。对于公益类业务，以保障民生、服务社会为目标，重点考核其成本控制、产品服务质量、运营效率和保障能力，在企业考核中引入社会化评价，促使公益性平台转变经营理念、提高服务意识；对于运营类业务，重点考核其项目管理的规范化水平，确保建设及运营的质量与安全；对于商业类业务，通过拆分独立并引入在相关领域具有专业优势的合作伙伴，通过股权合作引进专业技术人才与管理人才，弥补平台企业的专业能力短板，提高市场竞争力。

2. 结合区域发展水平及地方财政情况因地制宜推进

地方融资平台转型实则是地方政府投融资机制的变革，"如何转、转向哪、转多久"均与当地基础设施发展阶段、投融资结构等密切相关，难以一概而论，需因地制宜。对于地方基础设施发展水平较高、基建类项目大多进入运营盈利阶段且社会资本较为活跃、政府财政实力较强的区域，地方融资平台转型的外部条件较好，转型路径较为多元。对于地方基础设施欠账较多，民间投资等社会资本发展不足，地方政府财政水平也较弱的区域，地方融资平台转型的阻力较大，盲目的"一刀切式"转型不仅无助于缓释风险，而且易激化乃至衍生更多风险。在推动地方融资平台转型过程中，需结合所在区域的整体情况采取差别化转型路径，循序渐进妥善推进。

（四）融资平台转型需要重点解决的几个问题

在经济新常态与政策约束下，需将地方融资平台转型放在转变我国"债务—投资"经济增长模式的大背景下思考，将地方融资平台转型与政府职能转变、国有企业改革、构建新型政商关系、化解地方债务风险等方面统筹考虑，避免"就转型而谈转型"。

1. 妥善处理政府与平台的关系

由于地方政府既是融资平台的股东，又是融资平台转型后承担公益性项目的核心客户，融资平台既要重点理顺与政府的管理和业务关系，还要获得政府对企业转型过程中的有力支持。在理顺与政府的管理和业务关系上，重在落实政企分开，建立政府对融资平台的有效考核机制，从而促使地方政府从"管理职能"向"监督职能"的转变，利用市场手段而非行政手段引导融资平台发展。融资平台长期从事基础设施建设和公用事业服务，在转型过程中仍离不开地方政府的有效支持，地方政府应当在推进优质国资整合、妥善处理存量债务、支持推进资本运作、授予特许经营权、推动混合所有制改革等方面给予更多转型支持。

2. 化解存量债务风险

当前融资平台部分债务存在一定偿还风险，对于该类存量债务的妥善处置，是妥善化解地方政府隐性债务风险与推进融资平台顺利实现转型的关键。对存量债务的妥善处理，需要厘清负债来源的项目性质，对于经营性项目所负债务，应主要依靠经营性收入保障偿还；对于公益性项目所负债务，可在政府的统筹协调支持下妥善处理，处置方式包括：第一，资产盘活，通过出售、转让、拍卖、租赁、资产证券化等方式将存量资产盘活，提升流动性，减轻债务负担，提高公司运营效率；第二，政府协调辖区内资源，将能够产生现金流的优质资产、特许经营权等注入平台，增强融资平台实力，推进融资平台重组整合为国有资本运营公司，用市场化收入补贴其实施的公益性、准公益性项目，逐步化解政府债务和风险；第三，引入社会资本进行债务重组，通过债权投资或债转股等形式为困难企业债务风险缓释赢得更多时间，并帮助融资平台利用债务压力缓解的喘息机会提质增效、加快转型。

3. 创新融资平台投融资模式

对于已剥离政府信用、建立现代企业制度的平台企业，可作为社会资本方或与其他社会资本方合作积极参与 PPP 项目建设运营，与地方政府形成新的良性循环合作模式。对于进入运营期且有稳定现金流的资产，如高速公路、公交公司、污水处理等项目均可通过发行资产支持证券或资产支持票据的形式盘活存量，补充融资缺口，形成资产—资金的良性循环。同时，地方融资平台可积极探索境外债券、保险资金债权投资计划等创新工具拓宽融资渠道。

4. 完善平台公司治理，提升市场化竞争能力

一方面，优化企业资本结构。适度调整融资平台的国有股权比例，并推进债转股，允许部分国有资本转化为优先股，推进股权结构多元化。同时，伴随平台企业转型发展，需根据企业所处阶段对其负债资本与权益资本比例进行动态调整，通过优化资本结构降低融资成本，激发企业经营活力，实现可持续发展。另一方面，实施融资平台政企分开，推动平台企业由行政管理向企业管理转变，提高其市场化经营意识，加大公司制改革力度，持续完善决策机制、用人机制、监督机制，健全公司法人治理结构，完善现代企业制度。

多重监管约束下的融资平台
债务风险与转型路径[*]

一　我国融资平台公司发展历程及现状

（一）融资平台公司发展历程

自 2007 年全球金融危机开始至今，平台公司实现快速发展，在应对金融危机冲击、加快基础设施建设中发挥了重要作用，但在此过程中也衍生出诸多问题。十年来，平台公司经历了快速发展期、初步规范期、全面规范期与转型发展期四个阶段。

阶段一：快速发展期（2007 年至 2010 年）

全球金融危机以来，国家出台一系列刺激政策，地方配套任务需求快速增加，由此带动地方平台公司在此阶段实现迅猛发展。在地方政府并未有独立举债权的当时，平台公司承担起绝大部分地方融资功能。但在平台公司快速发展过程中，诸多问题开始显现，其中以银行信贷资产风险问题体现较为明显；基于此，银监会等部门开始出台关于防范平台公司风险的一系列管理办法。

阶段二：初步规范期（2010 年至 2014 年）

在此阶段，前期的刺激政策对经济的负面影响逐步显现，宏观经济下行压力加大。地方平台公司在保持快速发展的同时，债务规模迅速扩张，地方政府债务风险不断积聚；银监会出台一系列关于规范平台公司发展的政策法规，要求各银行业金融机构以"控制总量、优化结构、隔离风险、明晰职责"为重点，进一步完善"名单制"管理，要求各银行建立包括银行贷款、

---

* 本文原发表于《城投信息》2017 年第 5 期（在 2017 年全国城投公司协作年会的演讲）。

信托计划等在内的全口径融资平台负债统计制度，对平台公司发展进行初步规范。

阶段三：全面规范期（2014 年至 2017 年初）

随着地方债务风险的积累，尤其是国外投资机构认为地方政府债务不透明加大了中国经济的运行风险以及金融风险。我国针对地方债以及融资平台公司规范举债发展等相关政策不断出台，平台公司进入第三个发展阶段——全面规范期。在此阶段，国家对平台公司监管政策从顶层设计至具体操作层面逐步完善，"以剥离中央政府、地方政府与融资平台三者之间信用"为核心的地方政府债务改革持续推进。但在 2014 年宏观经济面临较大下行压力的大背景下，稳增长压力大于防风险压力，平台公司在强监管的背景下仍然保持快速发展。

阶段四：转型发展期（2017 年初至今）

为制止和防范部分地方政府过度举债、违规举债等行为，如通过担保函、承诺函、安慰函等形式为融资平台提供担保，通过 PPP 和产业引导基金的方式变相举债等，进一步规范政府债券发行和债务管理，2017 年初以来，关于规范地方政府融资管理的监管政策密集出台。一系列强监管政策表明平台公司发展进入新阶段，国家对地方融资平台公司的规范管理进一步升级，地方融资平台公司的转型迫切性加剧。

（二）融资平台公司发展现状

当前，平台公司整体资产规模已达到 74 万亿元，债务规模达到 44 万亿元。从增速角度看，过去十年平台公司资产规模增长速度达到 15%，债务规模增长速度达到 17%。与此同时，我国 GDP 增速从 10% 下滑至 6.5% ~ 6.7%，平台公司资产及债务规模增速远高于我国 GDP 增速。与其他国民经济数据相比，目前我国债券市场存量托管规模约为 80 万亿元，股票市值约为 50 万亿元，2016 年底国内生产总值为 67.67 万亿元，可以看出平台公司资产规模已与资本市场的股票市值、债券市场托管总量及国内生产总值规模基本相当。回顾过去十年的发展，平台公司资产规模明显增长，债务率大幅攀升。2014 年底，平台公司债务率约为 48%，目前平台公司债务率已上升至 53% 左右。

二　监管冲击下融资平台公司面临的突出问题

在强监管的政策背景下，平台公司自身发展面临两大突出问题。一方面，平台公司在快速发展中积累大量债务，在 44 万亿元的存量债务规模中，部分通过债务置换为地方政府债务，剩余债务处置仍面临较大压力；另一方面，平台公司剥离政府融资职能后进入转型发展的新阶段，但在当前财政体制下，转型发展仍受诸多因素约束。

问题一：存量债务处置

过去三年政府通过债务置换解决平台公司的债务问题。截至 2017 年 7 月底，我国已经完成 9.71 万亿元置换债券，仅有约 4.6 万亿元债务尚待置换。按原计划的三年过渡期，本轮债务置换于 2018 年上半年全部结束。但平台公司在处置完 14 万亿元的一类债务后，大量二类、三类债务处理仍面临较大压力。对此，《地方政府性债务风险应急处置预案》（国办函〔2016〕88 号）对二类债务及三类债务的解决进行了明确规定。对于地方政府负有担保或者救济义务的债务如发生债务风险，地方政府承担的救济任务最多不能超过债务人不能清偿部分的 1/2，担保额小于债务人不能清偿部分 1/2 的，以担保额为限。对于三类债务，地方政府可以根据具体情况实施救助，但保留对债务人的追偿权。

1. 对于尚待置换债务，如何确定置换价格是主要问题

目前公开的债务置换案例为十余起，其中部分债务置换成功，部分并未成功，部分仍在持续探讨中，后续 4.6 万亿元尚待置换债务仍面临较大难度，尤其是经济欠发达区域的债务置换仍面临较大不确定性。目前置换失败案例中，问题集中于置换价格的确定问题。成功的置换案例中，置换价格多依据中债估值确定，并在估值基础上溢价补偿；若按照面值或对面值折扣后价格进行置换，则难度较大。

2. 对于置换结束后的剩余债务，未来到期偿还压力仍较大

当前平台公司的债务到期时间主要集中于 2019～2021 年，这三年的平台公司债务余额为当前平台公司债务余额的 56.5% 。在强监管的融资约束下，平台公司未来到期债务如何顺利偿还，既是平台公司面临的重要挑战，也是未来资本市场发展需要关注的重心。

从政府角度看，一方面，政府信用剥离后，平台公司自身债务偿还面临更大压力；另一方面，平台公司仍是地方经济发展的重要支撑。地方政府既要从债务上与平台公司剥离，又要在地方经济发展中发挥平台公司作用，重点可从以下方面入手：第一，及时回购相关政府购买项目，增加平台企业收入，补充企业现金流；第二，向平台企业注入相关资产，提升债务偿还保障；第三，授予平台公司更多特许经营权；第四，对公益类项目进行财政补贴，尤其在公益类项目未剥离的情况下，财政补贴是平台公司现金流的主要来源；第五，平台重组整合过程中，做好相关资产及债务的承接工作。

从平台公司角度看，需要积极采取措施增强自身偿债能力。当前平台公司经营活动现金流为负，即仅具有融资功能，未来需要通过加强现金流的获取能力提升自身偿债能力，主要体现为以下方面：第一，争取注入优质经营性资产，提升自身造血能力；第二，争取承担重大公益性项目，获取较强政府支持；第三，适当控制债务规模，优化债务结构；第四，积极规避政策风险，加强业务模式创新；第五，完善管理机制，提升公司治理水平。

问题二：平台转型面临双重约束

未来十年将是平台公司的重要转型发展期，在此阶段平台公司的转型将受到两个方面约束。

约束一：中央与地方财权和事权不对等

1994年"分税制"改革后，地方政府财政收入占全国财政收入的比重约为50%，但地方财政支出占全国财政支出的比例在80%以上。在此情况下，仅靠中央转移支付难以支撑地方财政支出需要。而在我国当前经济发展时期，政府主导的基建投资依然在经济增长中发挥重要作用，地方政府出于追求政绩的需要，往往有冲动通过扩大负债加快投资推动GDP增长，但由于自身缺乏独立举债权，平台公司便承担地方政府融资职能。虽然目前地方政府与融资平台举债界限划定清楚，但若中央与地方财政事权和支出责任划分问题不能有效解决，平台公司依然难言彻底转型。只有建立合理的财政体制，科学确立中央政府与地方政府之间、各级地方政府的财权与事权关系，使各级政府的事权与财权相匹配，才能为平台公司剥离政府融资职能、真正实现转型发展奠定基础。

约束二：地方政府融资渠道受限

新《预算法》及《关于加强地方政府性债务管理的意见》实施后，地方政府债券发行规模逐年增加，但每年预算中规定的地方政府债券发行规模有限。例如 2017 年地方政府债券发行上限为 1.63 万亿元，其中一半为地方政府债券，剩余为专项政府债券，但此规模与平台公司每年几万亿元的融资规模仍难以匹配。因此，未来地方政府债券的发行规模如何确定，尤其是如何运用各类专项债券促进地方经济发展非常关键。同时，地方政府债券由省级政府发行，资金需求更高的地市级政府仅能通过省级政府才能实现债券融资，融资渠道受限。在地市级政府融资渠道尚未打开的背景下，剥离平台公司政府融资功能较难真正实现。未来，赋予地市级政府有效融资方式，不断拓宽地市级政府融资渠道，是促进平台公司转型的重要基础。

三　融资平台公司转型发展方向及路径分析

融资平台公司转型需循序渐进，资产重组整合在平台转型中发挥重要作用，统一协调辖区内各类平台公司，通过资产整合提升平台公司经营能力、运营能力，进而提升平台公司信用，为平台转型发展创造有利条件。

1. 融资平台公司转型发展方向

转型前的融资平台公司兼具公益属性与市场属性，且公益属性占据主导地位，转型后平台公司将逐步剥离公益性职能、非经营性业务、政府负有直接偿还责任的债务以及债务相对应的公益型资产和土地等，从而降低对政府财政的依赖，向业务市场化、负债主体明晰化、现金流市场化的方向转变，使平台公司具备经营性业务拓展能力与市场化运营管理能力，进而提高平台经营效益。

2. 融资平台公司转型路径

（1）转变运营体制机制

转变企业运营的体制机制，是平台公司转型面临的首要任务。目前在控股层面转变平台公司体制机制难度较大，未来可考虑通过平台公司资产整合重组，从而在二级运营层面转变平台公司运营体制机制。

（2）转变业务运营模式

过去多数平台公司是政府的行政机构，以替政府融资为导向，业务运营模式依附于政府，由此形成重投资轻经营、重建设轻管理、重规模轻现金流的运营特点，难以形成现金流良好的持续性资产。

（3）转变业务结构

如何从公益类业务向市场化业务转变，是平台转型过程中需解决的重要问题。平台企业需进一步剥离、调整公益类项目，同时保持多元化发展，进而提升企业经营性资产和经营性业务收入。

四　融资平台公司信用风险演变及分析思路转变

1. 融资平台公司信用风险演变

2017 年以来平台公司融资面临较大挑战，上半年平台公司总体净融资额为负，即偿还规模高于新增融资规模，这在近年来首次出现。过去半年中，伴随国家宏观调控、金融去杠杆、资本市场利率水平抬升，平台公司承受较大融资压力。在此背景下，部分平台公司信用等级出现下调，这在过去若干年较为少见，但未来恐会有所增加，需保持关注。平台公司信用等级下调一方面表明平台信用质量有所下滑，另一方面将对平台公司未来融资带来较大压力。从区域分布看，平台企业评级下调多发生在经济相对落后区域，近三年主体评级下调的平台公司所在省份包括辽宁、内蒙古、新疆、广西、河北、甘肃和河南，其中辽宁省为 2016 年、2017 年平台级别下调次数最多的省份。从行政区划看，平台评级下调多发生在县及县市级平台上，不过近年来省市级平台下调次数占总下调次数比例有一定提升。

2. 影响融资平台公司信用水平的因素

平台企业信用水平变化多与地方政府支持力度、区域经济环境相关。其中促进信用水平改善的因素包括：第一，区域经济发展良好，财政实力增强；第二，政府支持力度加大，政府将不再出具担保函、支持函，但政府支持仍在较多方面体现；第三，重组整合后平台公司地位提高。导致信用水平下降的因素包括：第一，区域经济下滑，财政实力下降；第二，平台公司重要资产划转，尤其是平台资产整合过程中的资产划转或导致部分平台面临评级下调压力；第三，自身财务状况恶化，未来伴随平台转型，该类情况将有所增加；第四，对外担保导致或有债务风险增加。

3. 融资平台公司信用风险分析思路转变

伴随平台公司转型发展，对其信用风险的分析逻辑也相应发生变化。以往对于平台公司的信用分析着重于宏观因素与区域因素，包括地区生产总值增速、财政增速、平台公司所在行业的产能过剩情况，在此基础上分析不同区域间的差异状况，由此决定平台发展的基本面。

平台公司转型后，信用风险分析将首先考虑平台自身信用水平，其次分析政府能够提供的支持。对于平台公司自身信用分析维度包括：债务水平（包含存量债务处置情况）、现金流特征、业务属性、投资规模（未来资本支出压力）、所处行业的宏观调控方向等。从政府支持看，基础设施类、公用事业类、交通类平台由于其业务属性偏向公益，获得政府支持较强，国资控股平台业务市场化水平较高，政府支持力度较弱，同时该类平台对于政府支持的依赖程度较低。

总之，从信用评级角度看，需关注平台公司的转型和调整提升其信用水平，从而提升其信用等级。如果平台转型及发展过程中其信用水平下滑，则会对未来持续融资带来较大压力。平台公司转型发展可将信用水平提升、信用实力增强作为转型发展的重要目标。

债转股要真正推动国企去杠杆和混改[*]

一 当前非金融企业的债务风险主要集中在国有企业

当前我国非金融企业部门杠杆率绝对水平与相对占比均处于世界前列。根据国际清算银行数据,我国的债务风险明显集中于企业部门,政府部门和居民部门的债务率水平相对较低。截至 2016 年 6 月末,我国企业部门债务/GDP 比例高达 167.6%,远高于世界平均水平(95.6%)、新兴市场国家平均水平(106.2%)和发达国家平均水平(89.5%)。从相对占比来看,企业部门债务占全部债务的比重达到 2/3,高于多数国家。

从企业部门内部的债务结构看,也明显向国有企业倾斜,债务风险高度集中。2008 年以来,虽然国有经济在国民经济中的比重有所下降,但国有企业在资源配置中的地位不断提高,尤其是体现在房地产、煤炭、钢铁等过剩行业领域。根据中诚信国际的测算,截至 2016 年底,国有企业部门和非国有企业部门债务/GDP 比例分别达到 117.9% 和 44.2%,可见企业部门债务问题的核心在于国有企业债务。在直接融资的债券市场上,国有企业占据绝大部分融资资源,国有企业发行的债券在信用债中的规模占比超过 80%。在这一背景下,国有企业偿债风险不断积聚,同时也提高了系统性风险发生的可能性。

那么,国有企业在高债务水平下如何缓释风险,降低杠杆率呢?供给侧改革提出了去杠杆思路,主要是通过降低国有企业的杠杆率来缓释企业的债务风险,债转股是路径之一。

债转股短期能够降低标的企业杠杆率,但解决国企债务的根本是建立有

---

* 本文原发表于《经济观察报》2017 年 3 月 24 日。

效的国企债务约束机制

2016 年 10 月，《关于市场化银行债权转股权的指导意见》发布，标志着新一轮"债转股"政策正式落地。本轮"债转股"的主要特点如下。第一，市场化原则，明确规定各级政府及所属部门不干预债转股市场主体具体事务，从债转股企业的筛选、资金的筹集、定价到退出等环节均交由市场机制决定。第二，强化约束机制，要求在债转股协议中对资产负债率做出明确约定。第三，债转股的实施机构不同。上一轮债转股的实施机构为四大资产管理公司，其收购不良资产的资金来源依靠政府，而本轮债转股则明确将更多地引用市场化的资金。实施机构包括金融资产管理公司、保险资产管理机构、国有资本投资运营公司、银行现有符合条件的所属机构或银行申请设立符合规定的新机构。转股债权范围以银行对企业发放贷款形成的债权为主，适当考虑其他类型债权。第四，本轮债转股潜在的实施对象有一定筛选标准，严禁"僵尸企业"、失信企业和助长产能过剩的企业实施债转股。就潜在实施债转股的对象来看，政策鼓励发展前景良好但暂时遭遇困难的优质企业、因高负债而财务负担过重的成长型企业、高负债但居于产能过剩行业前列的关键性企业、关系国家安全的战略性企业参与债转股，而禁止将"僵尸企业"、有恶意逃废债行为的企业、债权债务关系复杂且不明晰的企业、有可能助长过剩产能扩张和增加库存的企业列为债转股对象。第五，债转股方式更加多元化，特别是鼓励社会资本积极参与，并允许实施机构与私募开展合作。

自债转股启动以来，截至 2017 年 3 月初，已公布 31 个债转股签约项目，涉及 36 家企业（有几家企业联合进行债转股项目），总金额达到 5228亿元。从债转股企业的地区分布来看，山东、山西和陕西等省份参与债转股企业的数量多，这些企业多在钢铁和煤炭行业集中的省份，但也有一些其他行业的企业参与，如广东省由 3 家涉及交通运输、金融行业的企业分别进行债转股。总体来看，本轮债转股涉及的企业主要集中在煤炭、钢铁、有色板块，且为央企和国企中的产能过剩行业和周期性行业中的龙头企业，未来不排除有更多的成长型企业以及涉及国家安全的战略性企业参与债转股，预计本轮债转股的方式会更加多元化。

本轮债转股的启动标志着政府对降低国有企业杠杆率的决心，从短期来看，债转股的确可以降低标的企业的杠杆率。从已有情况来看，债转股对于标的企业短期降低杠杆率效果明显。武钢集团和山东黄金集团的债转股项目均可以降低企业杠杆率 10 个百分点；而云锡集团的债转股项目预计可以降低杠杆率 15 个百分点。债转股有助于提高企业融资能力，企业资产负债率降低、财务费用减少，现金流改善，整体改善企业内部财务状况，改善融资环境。但从中长期来看，债转股能否实现降杠杆，与企业自身发展、宏观经济环境、资本市场发展尤其是国有企业改革密切相关，否则企业很有可能再次进入杠杆驱动发展模式。在上一轮债转股中，钢铁行业整体杠杆率下降 10 个百分点。此后行业杠杆率快速回升，三年时间就会恢复到国企改革前水平并且杠杆率持续波动上升，体现出易升难降的特点。实际上，二重集团、东北特钢在 20 世纪 90 年代就已经参与实施过"债转股"，然而，由于没有形成长效的债务约束机制，这两家企业又再度陷入债务困境。

从长远来看，解决国有企业债务问题根本是要建立有效的债务约束机制。"债转股"之类的去杠杆手段只是缓解了短期的债务风险，长期来看，去杠杆的目的不应仅仅是解决国有企业当前的困局，也不应仅仅是将债务问题延后至未来，而应本着长期化解债务风险的目的进行改革，这需要培养公平的市场竞争环境，深化国有企业改革，特别是要构建有效的债务约束机制。要将国有企业债务的处置与发展混合所有制经济有机地结合，推进公司制股份制改革，积极引入其他资本实现股权多元化。

二 通过债转股实现国企混合所有制改革目标

在当前国企混改不及预期的情况下，本轮市场化债转股的顺利推进，将为国企混改提供新的窗口，债转股有望成为推进国企混改的重要契机。本轮市场化债转股将为国企混改提供新的窗口，债转股有望成为推进国企混改的重要契机。

从混合所有制改革的三种模式来看，员工持股目前仅处于试点阶段，试点企业包括央企子公司 10 家，地方国企试点企业每省份各 10 家，试点广度和深度都不及市场预期；引进战略投资者多在地方国企和央企子公司层面，尤其是电力、石油、天然气、铁路、民航、电信、军工等关键领域，央企引进战略投资者的意向较少；从国企整体上市情况来看，目前未整体上市央企已经较少，上市企业多为央企子公司或部分国企。新一轮债转股的推进，或为进一步推进国企混改提供新的途径和思路，债转股有望成为推进国企混改的重要契机。

债转股对推动国有企业混改具有重要作用。第一，从公司治理层面来看，债转股的意义在于完善企业的法人治理结构，有助于构建现代企业制度。债转股不仅包括财务重组，同时也通过债转与股权的转换，实现公司治理结构上的调整；债转股实施主体包括银行、资产管理公司等不同机构，债转股后多元化的股权结构对国有企业治理方面或有重要推动作用。至于实际效果，则取决于债转股股东的参与及其与公司的互动等。

第二，从债转股的实施机构来看，参与机构范围扩大，有利于构建竞争性的债转股实施主体市场。上一轮债转股的实施机构为四大资产管理公司，其收购不良资产的资金来源依靠政府，而本轮债转股则明确将更多的引用市场化的资金。而本轮实施机构包括金融资产管理公司、保险资产管理机构、国有资本投资运营公司、银行现有符合条件的所属机构或银行申请设立符合规定的新机构。本轮债转股参与主体进一步增加，有利于构建竞争性的债转股实施主体市场。与此同时，转股债权范围以银行对企业发放贷款形成的债权为主，适当考虑其他类型债权。

第三，从债转股的运作模式来看，本轮债转股的运作模式为民间资本参与混改提供了载体和通道，民间资本有望通过相关基金参与债转股。从落地项目看，建行最开始开展的成立基金募集社会资本置换高息债的模式得到了业界普遍认可，由实施机构与标的企业共同设立或实施机构单独设立产业转型基金、并购基金、债转股基金，吸收社会资本参与已经成为当前债转股主要运作模式。这些方式有助于将民间资本和社会资本纳入整个债转股实施机构和方式里面，同时也纳入国有企业的混合所有制改革中，从而间接推动国企混改进程。

在当前国有企业债务压力凸显的背景下，缓释债务风险对于促进经济稳定增长、防范金融风险等具有重要的作用和意义。虽然解决国有企业债务问题根本上仍需构建长期有效的债务约束机制，但债转股短期可以降低标的企业的杠杆率，缓释债务风险，并且长期来看，在公司治理、运作模式等方面均有助于推动国有企业混合所有制改革，加快国企转型发展。

警惕债券违约带来的金融安全隐患

经济下行周期债券市场违约事件增多是市场出清的一种正常表现，也是国际市场普遍存在的现象。尽管当前我国债券市场信用风险释放的程度不大可能引发系统性危机，仍需警惕债券违约可能带来的局部性风险和金融安全隐患。

一 债券市场违约现状和发展趋势

从穆迪公司公布的数据可以看出，违约率伴随经济的下行而攀升：2007年其评级客户违约率仅为0.3%，而次贷危机后的2009年其评级客户违约率上升至5%。就国内而言，债券市场信用风险也经历了从2014年刚性兑付打破再到2015~2016年违约多点多元频发的演变。近年来在经济下行、企业债务积累压力下，供给侧结构性改革全面展开，过剩行业去产能持续加码，局部信用风险加快释放，债券市场进入违约高峰期。2014~2016年，分别有7只、23只和67只债券违约，违约债券规模从不到3亿元快速攀升至334亿元。公募债券市场主体违约率在2014年为0.07%，2015年提升至0.46%，2016年又进一步上升至0.90%。违约主体涉及的范围由民营企业向地方国企、大型国企扩散，且央企、国企累积违约规模占总违约规模的比例已经接近一半。从行业来看，产能过剩行业违约债券只数与规模最大，占比在50%左右。

2017年以来，随着宏观经济逐步企稳以及供给侧结构性改革效果显现，发债企业整体盈利水平和现金流状况有所改善，信用风险释放趋缓，新增违

---

* 本文原发表于《中国证券报》2017年7月5日，合作者为李诗、余璐。

约主体减少，但连环违约风险仍继续发酵。截至 2017 年 6 月中下旬，年内共有 10 家主体发生违约，其中仅有 2 家企业首次发生违约，另外 8 家企业均在此前已有债券违约记录。尽管新增违约较少，但年初以来的金融强监管和货币紧平衡对企业融资的负面影响正在逐步扩大，信用风险或再次抬升。前 5 个月债券市场净融资额为 -3499 亿元，这是金融危机以来企业债券净融资额首次为负，在银行贷款以及表外融资继续收紧的情况下，未来发债企业资金缺口可能愈发难以弥补，流动性趋于紧张。总体而言，年初以来的信用风险放缓趋势未来或难以维持，债券市场违约风险可能再次上扬，且分化趋势将更加明显。

二　警惕债券违约可能带来的风险

一是债券违约加剧融资成本上升风险。在债券违约增多环境下，投资者对风险溢价要求提高，带动债券利率抬升，导致实体融资成本上涨。首先，违约事件发生会直接导致一级市场债券发行价格大幅上升，这在违约占比较大的产能过剩行业中尤为明显，过去两三年，煤炭、钢铁等行业债券发行利率较其他行业同等级债券常常高出 100bp 以上；其次，违约事件集中发生也会对二级市场信用债券收益率产生上行压力，随着收益率的走高，反过来又会进一步推升发债成本；而考虑到债券与其他债务融资工具的可替代性，债券市场利率上升最终会传导到其他债务融资市场上。当前货币环境较前两年有所收紧，金融监管也全面升级，整体流动性有所收紧，债券违约带来的融资成本上行压力更为明显。在企业盈利改善时间尚短、经济企稳仍待巩固的背景下，违约带来的融资成本上升风险值得警惕。

二是债券违约推升再融资风险。违约事件发生可能使市场再融资压力上升。这一方面表现为违约相关行业和地区信用环境恶化，部分企业债券融资变得更为困难：过去三年，随着违约事件逐步增多，债券市场上推迟或取消发行现象越来越多。2014 年债券市场有 220 余次推迟或发行失败的案例，2015 年上升至 329 次，2016 年又进一步增长至 612 次，全年推迟或取消发行的债券规模超过 5000 亿元。另一方面，债券违约还极有可能导致其他融资渠道受限，加剧市场整体再融资风险。

三是债券违约或将引发区域性信用风险发酵。一方面，由于债券市场违约事件相对更易引发市场关注，在市场整体强烈的风险规避偏好下，由个别风险事件引发局部性和区域性信用风险抬升的可能性加大。投资机构出于谨慎考虑大概率会减少相关区域金融产品的投资，由此导致相关区域企业进入金融市场融资变得更为困难，或需要支付更高的利率，再融资压力可能会导致信用风险在区域上扩大化，例如2016年东北特钢债券违约后，辽宁省企业债券融资难度明显上升。另一方面，部分区域内企业联保、互保现象较多，在经济处在周期底部的情况下，联保链条内企业往往已经承受了自身的经营压力和资金短缺问题，对于其他企业的支持作用有所减弱。此时一旦有一家企业出现违约，对相关多家企业的资金需求会顿时增加，企业资产可能被冻结，由此引爆区域性信用风险的可能性也会大幅上升。山东、浙江等地区都曾发生过类似问题。

四是债券违约可能增加金融稳定和金融安全隐患。债券违约对金融市场稳定性的影响主要体现在以下三个方面：第一，作为金融市场的组成部分，债券市场回购交易额巨大，是创造金融体系流动性的重要手段之一，但在违约事件冲击下，债券作为质押品进行再融资的能力将大幅下降，加上机构被迫去杠杆，腾挪资金配置安全资产，债券抛压加大，导致市场内部分流动性快速消失；第二，债券违约可能导致持有相关债券的金融产品，如银行理财、券商资管产品、公私募基金等面临集中赎回风险，而由于金融产品相互嵌套、关联程度较高，个别产品赎回很可能快速向更大范围扩散，金融市场风险迅速上升；第三，由于债券违约以及由此引发的债券抛压、金融产品赎回风险的上升，市场的恐慌情绪会快速蔓延，导致金融机构对流动性的敏感度明显增强，一旦金融机构间融资出现困难，信用风险将从企业层面扩散至金融机构层面，影响金融稳定和金融安全。

三　防范债券违约引发金融风险

当前企业债务积累到较高水平，债务偿还压力加大，并导致金融体系脆弱性上升。在中央将处置一批金融风险点作为当前重点工作的政策背景下，防范债券违约带来的风险成为债券市场发展和保证金融安全的重要任务，建议采取以下措施。

第一，加强债券违约风险预警，重视局部性区域性及流动性风险监控。重视对违约风险的预警，有助于市场和监管部门对可能的债券信用风险恶化情况及时形成预期，缓解债券违约对市场各方产生的冲击，降低违约带来的恐慌情绪。在当前的经济形势下，尤其要加强对区域性信用风险的监控。建议监管部门加大对债券存续期信息披露的监管力度，充分发挥信用评级在信用风险预警中的作用。而违约一旦发生，也要及时监控金融市场流动性风险，避免发生流动性危机而影响金融稳定。

第二，加快发展信用风险管理工具，完善风险分担机制。信用衍生品是投资者重要的风险对冲工具，其中信用违约互换（CDS）是目前全球金融市场最为广泛的信用衍生工具，信用违约互换在降低违约给投资者造成的损失，实现投资者与市场其他机构之间的风险分担方面发挥了重要作用。我国银行间市场于2010年推出信用风险缓释工具（CRM），2016年又进一步推出信用违约互换和信用联结票据（CLN）。但由于市场结构单一、信用事件与参考实体债务定义过窄等原因，目前国内信用衍生品市场发展十分缓慢。未来，建议从政策上进一步完善相关交易制度，丰富可交易的标的债券，鼓励风险偏好多元化的投资者参与信用衍生品市场，完善风险分担机制，并逐步形成信用衍生品交易与信用评级对信用风险定价的相互校验，进一步提高市场信用风险定价效率。

第三，强化债权人保护机制，提高投资者维权能力。当前市场对投资者保护程度不足是债券违约容易引发市场恐慌的重要原因之一。投资者在交易过程中处于信息劣势，建议监管部门强化投资者保护机制，在坚持投资者按照市场化原则承担损失的同时，也要设置相应的保护措施。一方面是在债券发行时增加有助于保护投资人权益的事前约束条款，另一方面现行的债券持有人会议制度，尚不能对债务人形成有效约束，建议考虑提升其法律地位，使其决议更具有法律效力。

第四，健全债券市场风险处置机制，提高违约处置效率。风险处置机制不健全导致违约处置效率低，间接扩大了违约的影响。建议监管部门做好债券持有人会议制度、受托管理人制度和司法程序的有效衔接，提高各个环节的运行效率，降低违约债券处置的时间成本；对于违约债券，尽可能保证其交易的正常进行，给予市场自行给违约债券定价的机会；推进法律和制度建设，设立专门的破产审理机构，培育专业法官，形成高素质的破产重整共同体，确保重整民主决策方式高效有序地行使。

第五，加强对债券发行人约束，防止债务人恶意逃废债务。债券违约可能产生一定的道德风险，使部分有偿还能力的债务人采取种种措施恶意逃废债务，这不仅损害了债权人利益，还可能扰乱债券市场正常运行秩序。在已经发生的违约事件中，个别企业在违约前后表现出较低的偿债意愿，对市场产生了较为恶劣的影响。建议加强对债务人的偿债约束，防止债务人恶意逃废债务。

债券违约的信用风险缓释[*]

从信用风险演化的趋势看，违约事件由风险较高的中小企业、民营企业开始向大型企业、国有企业蔓延，既是前期风险进一步释放的要求，也是债券市场发展和改革的必经阶段。就成熟的债券市场而言，普通的个体违约事件并不会造成系统性风险，但由于我国债券市场长期保持"零违约"现象，市场和监管部门对违约事件有一个逐步适应和容忍的过程。投资人还没有建立起违约的正常应对机制。特别是，2016年以来若干国企、央企违约事件使对这类发行人持有刚性兑付信心的投资者受到较大心理冲击，引发对市场恐慌情绪蔓延的担忧。不过，尽管目前投资者情绪波动较大，但是债券市场实际违约率仍较低，且违约事件集中于过剩产能行业，企业的信用风险变化有迹可循，市场违约风险仍处于有序出清的状态。在信用风险上升以及违约"常态化"的环境下，信用风险缓释的重要性开始凸显。应逐步明确政府与市场的边界，通过完善市场化的运行机制，让债券市场信用风险自然释放，优化资源配置。

一 债券市场刚兑打破，违约步入"常态化"

自超日债违约开始，债券市场率先打破了债券、信托和理财等固定收益市场刚性兑付的桎梏，信用风险频发和违约多点爆发成为当前债券市场的"新常态"。据统计，2014年以来累计已发生59家发行人违约事件，涉及70只债券，违约金额为310多亿元。其中2016年初至今已有21家发行人违约，涉及40只债券，违约金额达到223亿元。按发行主体计算的年违约率

---

* 本文原发表于《中国金融》2016年第19期。

从 2014 年的 0.07% 上升到 2015 年的 0.45%，2016 年至此时已进一步上升到 0.49%。统计数据显示，债券市场主体违约率呈现加速上升的态势。

从目前已发生债券实质性违约的信用事件来看，债券违约虽然以民营企业为主，但国有背景的企业违约数目增多，特别是随着广西有色和江苏舜船两家地方国企相继宣布破产，东特钢以及川煤集团到期债券的陆续违约，地方国企刚性兑付也已经打破。违约主体所处的行业也呈现由周期性行业向非周期性行业、上游行业向中游行业的扩展趋势。除了煤炭、钢铁、机械等产能过剩行业发生违约外，其他诸如食品加工、医药、餐饮、房地产、光伏等也均有所涉及。从违约债券所涉及债券种类看，主要涉及债务融资工具、企业债和交易所中小企业私募债。中小企业私募债天然具有高风险性，其到期兑付风险后续仍然值得关注。另外，公司债改革扩容并实行核准制，简化了审核流程。这在大幅扩容公司债市场的同时，也增加了潜在的公司债信用风险隐患。因此，随着交易所公司债市场扩容后进入大规模偿付期或回购期，交易所市场债券信用风险将上升。

另一个值得关注的现象是已经发生违约的 5 家地方国企，只有 2 家完成兑付，另外三家，或进入破产程序，或债务偿还方案尚不明朗，地方国企违约后政府救助意愿的降低，打破了市场对国企不发生违约的信仰。需要指出的是，就过剩行业作为支柱产业的地区而言，当地政府对部分重要性企业仍具有较强的支持意愿。不过在解决这类企业的债务危机问题上，未来地方政府能提供的支持力度有限，而可能更多扮演协调者的角色，债务危机最终能否化解则有赖利益相关方的博弈。

二　债券违约风险还将持续发酵，但总体风险可控

经济下行周期债券市场违约事件增多是国际市场普遍存在的现象。标准普尔统计数据显示，美国信用债券市场在 2007～2011 年次贷危机期间的违约率从 0.49% 上升到 5.71%。就目前中国债券市场的违约事件和信用风险而言，债券市场的信用风险还将持续发酵，产能过剩行业和强周期行业，以及老工业基地的信用风险还将上升，但市场总体风险相对有限，系统性风险仍然可控。一方面，由于违约规模相对于信用债存量微不足道，而发生违约的债券有相当一部分比例已经偿还，违约实际造成的损失规模相对可控；另

一方面，出于稳增长以及为各类改革提供相对稳定的宏观环境的考虑，不发生系统性风险仍是政策底线，从财政实力来看，政府抗风险能力也比较强，因此当前债券市场信用风险的陆续释放并不会引发系统性风险。即便如此，仍必须关注市场局部风险和高杠杆与过剩产能行业的信用风险，从目前统计的评级下调和负面展望等评级行动看，部分发行人债务负担沉重，未来遭遇违约和降级的脆弱度逐步加深，违约概率增大。2016 年，国家发改委通报的煤炭、钢铁行业去产能工作开展情况显示，1~7 月全国钢铁和煤炭行业产能分别完成了各自全年任务量的 47% 和 38%，去产能任务均未过半。国家发改委要求各地区必须争取 11 月底以前全面完成 2016 年的去产能任务。政府去产能力度的加大必将加速产能过剩行业信用分化，部分企业的信用风险可能还将上升。除了部分过剩行业企业信用风险可能上升外，公司债市场信用风险也可能在未来加速上升。近期监管之风吹向公司债市场，从市场机构自查到监管抽查，公司债市场风险防范已经成为市场和监管关注的重心。从经济下行中信用风险的发展趋势看，除了应关注产能过剩领域发债企业的信用风险变化外，公司债市场风险还应重点关注三四线城市中房地产业务占比较多的房地产企业。

就平台公司而言，城投债的系统性风险爆发的概率极低，但个别城投企业出现违约的可能性增大，而违约将大概率地发生在地区经济落后、行政级次较低、无特别政治意义、平台地位功能边缘化、政府输血和自身造血功能严重不足、去政府化而丧失政府支持和市场化能力不足双重叠加的融资平台上，尤其要关注其他应收账款比较多的平台公司。除此之外，2016 年上半年包括河北宣化城投以及海南交投两家城投在没有约定赎回条款且公司正常经营的情况下公告拟提前偿付，一度使投资者对城投债提前偿还带来的再投资风险及估值风险的担忧上升，幸而这两家发行人很快又宣称终止提前赎回。考虑到此前平台公司已经发生过担而不保、核心资产随意划转等不规范市场行为，对此类违背契约风险也仍需警惕。

总体来看，随着违约"常态化"，债券市场风险防范的意义将越来越大。过去几年企业巨量债务的累积已经到了一个非常严重的程度，控制和缓释债券市场风险的一个重要途径就是要在实体经济和金融体系双重去杠杆过程中，保证企业流动性及其低成本的再融资，并且降低再融资风险。这也有利于延长处理债券市场风险的缓冲期，进而有助于债券市场在不发生系统性风险中逐步有序释放违约风险。

三 违约"常态化"需要构建信用风险缓释和处置机制

在违约"常态化"下，如何构建多元的风险缓释机制和违约处置机制，成为各监管部门和市场机构亟待解决的问题。我们提出以下几点建议。

第一，加快建立市场化的风险防范和化解机制，尽快推动信用违约互换市场发展。早在 2010 年交易商协会就推出了信用风险缓释工具（CRM）的试点业务，但由于此前债券市场长期存在刚性兑付，加上市场参与者有限，CRM 的市场存量和流动性表现均不佳。随着近几年违约事件的逐步增多，CRM 再次获得债券市场监管和投资者的关注。据报道，交易商协会对有关信用风险缓释工具业务规则进行了修订，修订后的规则放宽了准入门槛，同时简化了流程。中信建投证券 2016 年第一期信用风险缓释凭证（CRMW）创设登记，标志着国内信用衍生品市场时隔五年后重启。从企业的角度来看，信用衍生工具在流通性较好的情况下可以将信用风险转移，相当于为企业债券提供了信用增级，在缓解企业融资难的同时对债券违约风险进一步分散。与此同时，银行等金融机构作为债权人，持有的债权资产风险随着信用衍生工具的交易而转移，降低了不良资产的损失压力，此时若对不良资产进行转让或资产证券化，将大大提高不良资产的处置效率。发展信用违约互换市场有助于分散和有效对冲债券市场的信用风险，同时可以给投资人创造更多的信用风险管理工具。不过信用衍生品发展建立在准确的风险定价基础之上，然而我国债券市场要真正实现风险定价还缺少两个要素：一是作为定价基础的无风险利率期限结构不完整；二是信用品种的等级覆盖面较窄，AA 级以下债券在市场上占比过低，且由于过去存在"刚性兑付"，信用风险难以有效识别。解决这一问题，首先要在保持现行国债发行节奏的基础上，提高短期国债的发行频率，提高短期无风险品种交易的活跃度，进一步构建完整的国债收益率曲线，从而为整个资本市场实现准确定价提供有效的基准。其次要扩大债券市场发行人范围，完善风险定价体系。同时监管应取消对发行人的信用等级要求，让市场通过信用评级对发行人进行风险评估，进而在无风险利率期限结构的基础上进行定价。在风险能够准确定价的前提下，信用衍生品的发展才会更加顺利，并更好地发挥债券市场的融资功能。

第二，完善债权人保护机制。从债券发行环节防范市场风险，包括发行条款设计改革，建立交叉违约机制和违约触发机制；在坚持投资人按照市场化原则承担损失的同时，支持投资人维护自身合法权益，防止债务人恶意逃废债务；完善债券持有人会议制度，发挥债券持有人会议应有的作用。目前我国的债券持有人会议仅仅是一个债券持有人的议事平台，从法律上没有形成对债务人的强制约束力，应考虑提升债券持有人会议的法律地位，使其决议更具法律效力。

第三，完善债券市场交易制度。对于发生信用风险和违约事件的债券，交易机构不能以保护投资者的名义随意停止违约债券的交易，要尽可能保证交易的正常进行，给予市场出清的机会；创新违约债券的交易管理，对发生信用事件或违约事件的债券交易实行特别管理，建立违约债券交易平台，实现风险处置的创新。

第四，完善债券市场风险处置机制，包括健全和完善破产清算制度。做好债券持有人会议制度、受托管理人制度和司法程序的有效衔接，提高破产清算效率，降低违约债券的处置成本。应推进法律和制度建设，完善公司债违约退出机制，即兼顾保护债权人和债务人的利益，完善管理人制度，设立专门的破产审理机构，培育专业法官，形成高素质的破产重整机制，确保重整民主决策方式高效有序地行使，最终保障重整制度的价值目标实现。

第五篇
信用评级技术、国际评级体系与
评级监管

携手金融工程提高信用评级技术水平[*]

金融业是现代市场经济的润滑剂，一国金融体系的完善和发达程度直接关系着国民经济能否持续、健康地发展。而风险作为金融业与生俱来的本质特征，也伴随着金融的深化发展而愈发引人关注。本质上，金融行业所面临的各种风险是不可能单纯地通过技术性的手段从整体上予以消除的。但针对具体的金融需求和风险偏好，则可以利用规制和结构化设计等途径进行风险的选择与规避。信用评级作为金融风险管理的重要参与者，可以起到专业化的风险揭示作用，并越来越多地参与到风险的整体性管理之中。而金融工程为进行风险管理提供了众多的技术手段和理念创新。虽然从目前来看，两者参与风险管理的侧重点有所不同，但随着风险管理理念与技术的不断进步、人们对风险管理水平要求的不断提高，风险管理势必将向着全方位、多角度、多层次的方向发展。信用评级与金融工程之间相互融合、相互促进的趋势将进一步得到加强，因此，应该大力推进金融工程在信用风险管理中的运用，使我国的金融风险管理技术早日赶上国际先进水平。

一　信用评级与金融工程

信用评级是对债务主体所负债务按时如约还本付息的能力和可信任程度的评估，是对债务偿还风险的评价。信用评级的内涵包括以下三个方面：首先，信用评级的根本目的是揭示受评对象违约风险的大小，而不是其他类型的投资风险，如利率风险、通货膨胀风险等；其次，信用评级评

---

* 本文原载于《信用评级前沿理论与实践》，中国金融出版社，2007，合作者为韩翔。

价的是经济主体按合同约定如期履行特定债务或其他经济义务的能力和意愿，而不是企业的价值或经营业绩；最后，信用评级是独立的第三方信用评级机构利用其自身的技术优势和专业经验，就各经济主体和金融工具的信用风险大小发表的一种专家意见。信用评级主要在资本市场为广大投资者提供服务，向投资者提供对信用风险的客观、独立的意见，有效地缓解投资者与发行人之间信用信息不对称问题。信用评级的功能和作用主要体现如下。

（1）揭示债务发行人的信用风险，降低交易成本和投资风险。

（2）信用等级是利率市场化条件下企业确定融资成本和债券定价的重要依据。

（3）信用评级是企业改善经营管理的外在压力和内在动力，可以增强企业的信用意识。

（4）信用评级还可协助监管机构加强市场监管，有效防范金融风险。

从以上对信用评级的简要介绍中，我们不难发现，信用评级作为信用风险的揭示者，需要具有很高的技术水平和专业化程度。这就决定了信用评级是一个需要众多学科的理论与技术支持的行业。经济学、金融学、数学、财务分析、经营管理、计算机与信息技术等都是支持信用评级业运行和发展的重要学科领域，并且具有学科交叉的趋势（如图1所示）。而被誉为"金融领域的高科技"的金融工程技术也由最初的关注市场风险的管理转变为越来越多地参与到信用风险的识别、计量和管理体系的设计之中。并且在单纯技术的应用之外，金融工程在风险管理理念上的创新正日益成为信用评级发展的理论依据和思想来源。例如，由著名的 KMV 公司开发的信用风险模型，就是在借鉴了对重要的金融工程工具——期权——进行定价的方法的基础上发展起来的。这说明，金融工程中标准化、模块化、程序化的思想已经为信用评级所吸收和运用，并收到了很好的实际效果。

信用评级正向着风险揭示更全面、风险识别更准确、风险度量更精确、风险管理更有效的目标迈进。要实现这些目标，离不开金融工程的支持与协助。而这种现实的需求也将促进金融工程这一学科的进一步发展。两者之间的交流与合作既是现实的客观需要，也是科学理论向实践操作转化的必然过程。

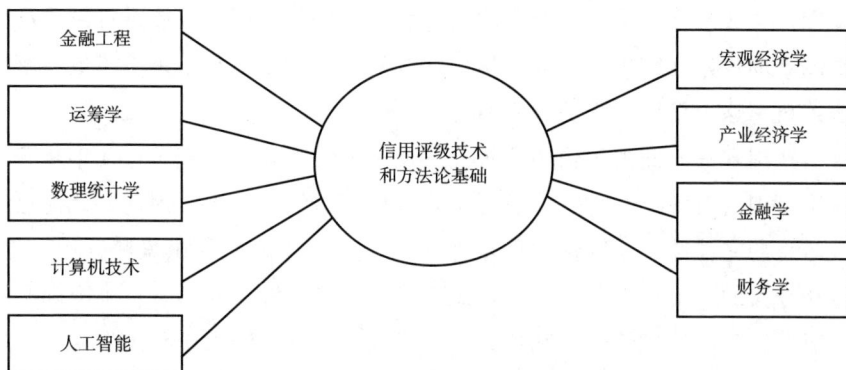

图 1　信用评级的学科基础

二　当前我国信用评级技术发展中存在的不足

我国信用评级业是随着我国市场经济体制的建立，自 20 世纪 80 年代末开始逐步发展起来的。其产生和发展体现了在市场经济即信用经济环境下，公正、客观地揭示信用风险的必要性。随着评级理念和技术手段的不断进步，外部信用评级在控制风险、降低交易成本、协助主管部门防范金融风险等方面发挥着越来越重要的作用。应该说，经过近 20 年的发展，我国的信用评级行业取得了长足的进步，但同国际同业相比仍处于起步阶段，在评级技术开发、评级结果检验、内部组织建设等方面还比较落后。其中既有国内金融体制和宏观经济背景的原因，也有评级机构本身不够成熟的原因。就后者而言，目前主要存在以下几个主要方面的不足。

1. 评级等级缺乏数量化定义

国外先进评级机构一般都有各自关于信用评级等级的明确定义，而且这种定义是基于确定的违约概率给出的。对于给出的信用评级等级，有与之相映射的违约概率值。这就使信用评级结果具有更加直观的解释力，同时提供了更为精确的关于风险水平的度量，为进行风险监控与管理提供了基础，大量的信用风险模型是基于对违约概率和违约损失率的准确测算而设计的。另外，在利率市场化的条件下，评级结果将成为风险定价的重要组成因素。而想要实现对这一定价过程的理论化模拟，从而为实际的资产优化配置奠定理论基础，就必须将抽象的、概念化的评级符号转化为可以直接进行风险溢价水平测算的数量化结果。因此，信用评级的体系、方法与结果应该最终落脚在违约概率这个信用评级的核心概念之上。

而在国内一方面由于信用评级开展业务的时间较短，直至近几年才开始在一定范围内对各类经济主体进行了较大规模的信用评级。因此，无论是在评级体系的完善性、连续性与稳定性方面，还是在数据的积累和分析方面，都存在较大的不足，由此导致在客观上难以获得足够多的信息，来准确测算各评级等级对应的违约概率和违约损失率。另一方面，由于我国作为一个发展中国家，正处于社会、经济、金融结构变化较快的阶段，缺乏一个相对稳定的宏观架构，这就决定了我们在违约概率的测算过程中，必须充分考虑到这种宏观架构的相对易变性所造成的影响，从而对评级机构的测算方法和技术提出更高的要求。

总而言之，进一步明确评级等级的概念与定义，科学测算违约概率是国内信用评级行业亟待突破的重中之重，是评级机构核心竞争力的体现。

2. 评级方法有待改进

目前国内的信用评级机构大多还停留在采取比率分析和综合打分的方法上，这一方法存在的问题是科学性难以保证，定性分析和定量分析的关系与比例难以确定，使评级结果容易产生系统性误差。另外，虽然目前许多评级机构开展了多种类型的信用评级业务，但在大多数情况下，这些业务的评级体系、方法和结果之间缺乏必要的联系与整合。这种不同类型、不同层次的评级项目间彼此孤立的现状不利于评级机构充分整合内部资源，从而实现业务操作的规范化和制度化，减少评级结果发生误判的风险。

而国际先进评级机构大多建立起了科学、有效的信用风险管理模型，能够充分利用自身在不同层面的评级成果形成完整的信用风险管理体系。这样，针对某个具体项目的评级工作就可以充分地同整体的信用评级体系融合在一起。一方面，可以利用该体系内所包括的相关信息，帮助分析员更好地完成工作；另一方面，也可以为不断完善这一体系提供新的信息输入。通过这样一个整体与部分间的互动调整过程，评级机构就可以从根本上保证评级结果的科学性、客观性、一致性和稳定性，并且可以及时针对外部条件的变化对评级体系进行动态调整，修正系统性偏差。

目前在国内评级机构中，中诚信国际信用评级有限公司已经完成了宏观经济分析、地区评级、行业评级、客户评级等评级与分析框架的建设。下一步的目标是在此基础上，结合中国的实际情况，开发出一套科学有效的信用风险管理模型。具体的评级业务将充分依托这一模型框架展开，从而实现公司内部研发与业务操作的无缝衔接。

3. 评级结果缺乏返回检验

"实践是检验真理的唯一标准。"但就目前国内信用评级行业的整体状况来看，由于受评级行业发展时间较短、历史信用数据匮乏等客观因素的制约，尚无法对信用评级的体系、方法及其结果进行充分的检验与修正。解决这一问题，一方面需要评级机构对此给予足够的重视，加强对相关信用数据的搜集与整理工作；另一方面，也有赖于社会整体信用征信体系的发展和完善。同时，评级机构还应建立起一套包含返回检验在内的技术和业务操作流程，并对内部的组织结构进行相关的调整。充分利用信用风险管理的模型框架，根据返回检验的结果，迅速而准确地发现并修正评级体系和方法存在的问题。

国内的信用评级行业仍处在起步阶段，再加上宏观经济与金融环境变化较快，因此，在评级结果与实际情况之间难免会出现一些偏差。但即使是从理论上来看，这种偏差也是很难根除的。因此，只有建立起行之有效的返回检验机制，并辅以相应的技术调整手段，才能使评级体系与方法向着科学准确的目标不断进步。

4. 跟踪评级工作有待加强

跟踪评级是指信用评级机构在评级工作完成之后，仍应密切关注受评者的相关变化信息。一旦发现足以引起其信用风险变化的情况，则应主动核实有关情况，积极与受评者取得联系，开展跟踪评级工作，重新确认其信用评级等级。跟踪评级的目的是确保受评者的信用风险能够在项目存续期内得到持续的跟踪与揭示，从而避免评级结果失效，误导评级信息的使用者。

但目前在国内，信用评级结果由于应用的范围还较狭窄（国内最早使用信用评级结果的监管机构和投资者为中国保监会及其保险公司。根据保险监管机构的监管要求，保险资金投资企业长短期债券必须是国内信用评级机构评定的 AA 级以上的长期信用级别和 A－1 级或者相当于 A－1 级以上的短期信用级别的债券。货币市场基金购买企业债券必须是国内信用评级机构评定的 AAA 级以上的长期信用级别和 A－1＋级短期信用级别的债券），尚未直接成为债券定价和风险溢价的决定因素，存在信用等级定价缺失的情况。同时受评主体在获得信用评级结果之后也不关心自身信用状况的变化情况。这就造成评级机构的跟踪评级工作并未得到有效落实，降低了评级信息的时效性。

随着利率市场化进程的进一步深化，信用评级机构的评级结果将在更大程度上影响到受评者的切实经济利益，也将成为投资者越来越倚重的投资信息来源。这就对评级机构的评级工作提出了更高的要求，促使其进一步加强跟踪评级工作，同时也迫使受评者主动关注自身信用状况的即时变化。

因此，拓宽信用评级结果的应用范围，使其更多地参与到市场化定价过程中，才能从根本上促进评级机构提高自身的信用评级技术与业务水平，促进各类型的受评主体加强信用观念，从而营造一个良好的社会诚信环境。

通过以上的分析可以看出，目前国内信用评级行业所面临问题的主要根源是国内信用体系的不完善和相关激励机制的缺失。反映到业务操作层面上则主要表现为评级技术较为落后，评级体系和相应的内部组织结构尚不完善。对此，国内的信用评级机构应该借鉴国外先进评级理念与技术手段，充分发挥自身的本土化优势，利用包括金融工程在内的各学科的最新研究成果，努力提高自身的业务水平，增强市场竞争力。

三　携手金融工程，促进评级行业发展

正如本文开始讨论的那样，信用评级是一个需要多学科理论与技术支持的专业，因此在解决目前国内评级行业普遍面临问题的过程中，充分了解各学科自身的优势与特点，并根据评级机构研发和业务的需要，吸收利用各学科的理论和相关技术，就成为一个必不可少的环节。而金融工程在其中的作用尤为重要，在提供技术支持的同时，更在理论和工程化思想方面极大地改变了信用评级的整体面貌，使其在主观经验判断的基础上，越来越多地融入了客观量化风险的因素。伴随着技术上的这种进步，评级结果的可靠性得到了极大的提高，也更加易于被应用。从国外先进评级机构的发展方向来看，评级方式的模型化、数量化、工程化已是大势所趋。相信在这一进程中，金融工程与信用评级之间的交流与合作将越来越频繁、越来越紧密。具体到国内信用评级机构的现实情况，金融工程可以在以下一些领域内发挥积极的作

用，帮助评级机构实现自我完善。

1. 参与改进评级体系与方法，强化评级的概念

目前国内评级机构在评级体系与方法上存在的主要不足是其科学性、客观性难以得到有效保证：一方面受制于历史信用数据的缺乏，难以统计历史违约率水平；另一方面由于评级体系模型化程度较低，又难以测算预期违约率。这就使评级结果在一定程度上缺乏内在含义，也降低了其实际的应用价值。

针对这种情况，一方面应加强对信用数据的搜集、整理及清洗，为违约率水平的测算做好数据准备。这种积累并不是简单的数据搜集或整理，还应保证数据的有效性，即数据能够真实地反映问题的本质，而不是被现实世界中的各种扰动和人为因素所扭曲和遮盖。数据的有效性是一切分析的前提条件，因此，在进行分析之前，还必须对数据进行清洗。另一方面，应利用金融工程技术和有关的数学分析方法，结合现有的评级体系，在实际的业务操作过程中不断对评级体系与方法进行修正。相比较而言，后者对完善评级体系和方法、强化评级的概念与含义的意义更为重大。因为只有评级体系与方法实现了科学、客观的目标，才能较为科学、准确地区分代表不同信用风险状况的信用等级，此时利用历史信用数据进行违约率等的统计才是有实际意义和应用价值的。否则，即便是生搬硬套地完成了违约率水平的测算，这种结果从本质上来说也是错误的。

2. 参与信用风险管理模型的开发

目前，以 CreditRisk + 、CreditMetrics、CreditPortfolioView 模型和穆迪公司的 RiskCal 模型、KMV 模型以及标准普尔的神经网络模型等为代表的现代信用风险模型方兴未艾。虽然这些模型基于不同的假设，但它们都有一个共同的特点，那就是在识别、计量和管理信用风险的过程中都综合使用了大量的金融工程技术与数理统计技术。以 KMV 模型为例，它以金融工程中的风险中性和无套利假设为基础，将期权定价理论应用于对信用风险的度量之中，从而可以根据公司的资产价值及其波动性估计出预期违约概率（EDF）。而金融工程技术在其他类型的信用风险模型中也不乏与此类似的精巧运用。

除了这种在具体技术层面的应用之外，在信用风险管理模型的开发过程中，金融工程还为模型的整体性规划提供了一种工程化的设计思路：根据不同的考察角度与层面将模型分解成数个相对独立的模块，而后再根据其内在的逻辑结构和模型需求进行整体组合。这种工程化的设计思路的优势是模型结构具有较大的灵活性：一方面，由于各个模块之间相对独立，可以在不修改或少修改其他模块的前提下，通过对某个模块进行改进而提高模型的风险识别、计量或管理水平；另一方面，根据具体的应用需要，可以通过对各个模块进行不同的组合（当然，这种组合是在符合各个模块间的内在逻辑关系与结构的前提下进行的）实现不同的模型功能。另外在实际的模型研发过程中，这种工程化的设计结构也有利于合理高效地配置评级机构的研发资源，保证模型研发的质量。

3. 参与返回检验方法的设计

返回检验的目的是评价并修正评级体系、方法与结果的科学性与客观性。首先是如何利用已知的现实数据对其科学性和客观性进行分析、评价。最终的评级结果同实际情况出现较大偏差的可能性主要来源于两个方面。一是评级体系与方法存在根本性缺陷，从而表现为一种整体性的系统偏差；二是评级体系与方法并无太大缺陷，而是受到人为操作的不当和其他客观条件的影响，例如受评者有意隐瞒不利于其信用评价的有用信息，而分析人员由于缺乏经验未能发现这一事实，从而导致对信用风险的误判。因此，在进行返回检验时就需要利用金融工程学、数理统计学等工具，结合实际数据，判断这种偏差的主要来源。

明确了问题的所在，就可以根据具体的情况进行处理。显然，针对上述两种不同的原因，解决的途径是不同的。对于后者，须通过加强对分析人员的专业培训等途径予以解决；而对于前者，我们还必须结合分析的结果进一步发现其缺陷存在的具体位置，并进行修正。在这一修正过程中，同样需要包括金融工程在内的诸多学科工具的参与。

返回检验是评级体系与方法实现自我发展、自我完善的必由之路。评级体系、方法与结果是否科学、可靠是评级机构在激烈的市场竞争中得以生存、发展的根本保证，因此成为评级机构共同关注的焦点。而自始至终，金融工程都在其中发挥了不可替代的重要作用，应当给予其足够的重视。

4. 参与评级机构内部资源的整合

国内的信用评级行业虽然起步较晚，但经过多年的积极探索，无论是在评级的理念、方法还是技术上都取得了相当大的进步，也在实际操作中逐步积累起了一定的业务经验。但这些成果大多散布在各个不同领域、不同层次的评级子系统之中，而未能得到有效的整合。这一方面造成大量的重复劳动，另一方面也使各个评级子系统之间由于缺乏应有的联系而彼此难以得到有效的相互支持。

针对这一问题，我们可以利用金融工程技术，将众多不同但相互联系的评级子系统模块化，设计出通用的、可以相互衔接的输入和输出接口。在这样一个评级机构的整体管理系统下，各个层面、各个领域的评级子系统就不再是孤立的了，评级分析员可以在具体的业务分析中方便地得到来自其他评级子系统有力的支持。而不会像之前那样，在公司内部已有相关分析研究信息的情况下，由于整合不力而得不到充分的利用；或者由于界面接口不一致而难以直接运用。同时，各评级子系统的标准化，也有利于对评级业务操作进行规范化管理，从而为提高各评级子系统内部的专业水平创造必要的条件。

5. 参与信用衍生产品的开发与定价

随着人们对金融风险管理尤其是信用风险管理关注度的逐步升高，一种新的信用风险管理技术出现了，这就是信用衍生产品。类似于为了管理市场风险而开发的金融衍生工具，信用衍生产品就是通过信用风险的交易，从标的资产中剥离出信用风险的工具。主要的信用衍生产品有信用期权与信用互换等。例如，债权人可以在发放贷款的同时买入一个同贷款面值相对应的违约期权。一旦发生违约，债权人就可以从期权购买者那里得到与贷款面值相同的一笔支付。这样，债权人就可以通过事先支付一笔期权费来锁定他所面临的信用风险。

信用衍生产品的诞生为进行信用风险的管理提供了新的途径，具有广阔的发展前景。但需要指出的是，它依然有赖于信用评级机构对信用风险进行准确的评估和度量。而为了将其纳入整体性的信用风险管理框架之中，需要从理论上对信用衍生产品的定价给出科学的解释。而一个自然而合理的思路，便是利用已有的金融工程中有关衍生产品定价的理论分析框架。

最后，我们可以从信用衍生产品的设计中看到金融工程的相关设计思路。因此，利用金融工程在设计、组合金融衍生工具方面的既有经验和理论基础，开发出更多、更实用的信用衍生产品，将使信用风险的管理步入一个崭新的阶段。

信用评级业经过百余年的发展，已经成为金融市场上的一支重要力量。

现代的市场经济从某种意义上说就是信用的经济。信用评级正是通过对信用风险进行专业化的揭示与管理，为经济、金融体系的健康、高效运转提供了保障。国内信用评级业起步较晚，内外部的制度也有待进一步完善。另外，随着社会主义市场经济体制建设的加速，建设一个完善的社会信用体系的需要也显得愈发迫切，这预示着信用评级行业将有广阔的发展空间，因此，各信用评级机构应当针对自身在管理、业务和技术上的种种不足，加强同各学科领域的交流与合作，在吸收国外先进经验与技术的同时，做出自己的特色与成绩。唯有主动增强与提高自身的专业化实力与评级技术水平，才能把握住这一历史性机遇，实现国内信用评级行业质的飞跃。

行业分析理论与行业风险评级[*]

行业风险分析在银行信贷风险分析和评级中具有重要的地位，不管是银行内部评级还是外部机构评级，行业风险评级都是一个至关重要的环节，在银行信贷风险管理和信贷资源的地区/行业配置中，行业风险评级正成为一个极具价值的研究领域。

一　行业分析理论

1. 波特竞争优势理论

西方经济学界关于行业分析的理论很多，克拉克、泰勒、克鲁格曼等著名经济学家都在行业分析方面做出了重要贡献。目前，国际银行业在行业风险分析方面应用最多的分析框架是美国著名学者迈克尔·波特创立的竞争优势理论。波特理论的主要特点是兼容了产业组织理论和企业竞争战略理论。实践中人们普遍认识到，波特为研究产业竞争形态及竞争策略提供了一个有用的分析构架。

在传统的产业分析实际工作中，往往习惯于把本产业的其他企业看作自己唯一的竞争对手。实际上，从产业竞争的角度看，影响产业竞争结构，从而影响产业内企业盈利水平或能力的，绝非本产业中现有企业这一种力量。美国著名的战略管理学者迈克尔·波特于1980年首次提出了产业竞争优势理论和模型，认为影响产业竞争环境态势的因素主要有五种力量，即产业内现有企业之间的竞争、潜在竞争者的进入壁垒、购买者的砍价能力、供应商的砍价能力和替代品的威胁。它们越强大，产业中现有企

　＊　本文原载于《信用评级前沿理论与实践》，中国金融出版社，2007。

业就越难获取更多的利润。随着时间的推移和产业发展条件的变化，这五种力量会发生变化。

波特产业分析模型见图1。

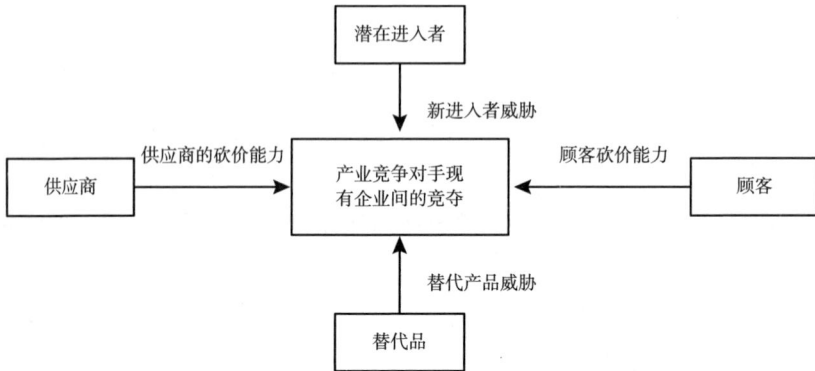

图1　波特产业分析模型

从波特产业分析模型可以看出，一个产业的竞争态势分析不仅需要考虑产业内竞争对手间对市场结构的影响，而且还要充分预见到顾客、供应商、潜在进入企业和替代产品等对产业发展变化的影响，企业竞争能力一方面取决于它所处行业的竞争结构，另一方面取决于它相对于五种力量的竞争优势。一个行业的竞争结构由五种力量的合力决定。产业内现有企业间的竞争主要是指同处一个产业、产品属同一个大类、有很强的替代性（主要是品牌替代和形式替代）的竞争对手为争夺市场份额所进行的竞争。由于产业内竞争者与企业的竞争最直接，因此历来为人们所重视。产业内竞争的分析应重点考虑竞争者的数量和相对规模、产业发展阶段、退出壁垒、产品差异化和产业内竞争者所采取的竞争战略。

潜在进入者即目前与企业不在同一产业中竞争，但有可能成为敌对的竞争对手。对于产业中新的对手进入，如果吸引其的需求没有增加，其就要通过竞争去赢得现有的需求。新的进入者进入市场的最终影响可能是使整个产业获利水平降低。就现有产业中的企业而言，新进入产业的企业越多，则现存者也就越难于保持市场的占有率和利润。对于一个产业来说，进入威胁的大小取决于呈现的进入壁垒加上准备进入者可能遇到的现有企业的反击，因此，竞争力分析的重点就应当是产业进入壁垒的大小、现有企业的反应强烈程度、新进入产业的企业决心和实力等因素。

供应商的砍价能力表现为供应商通过提高产品的价格或降低所购产品的服务质量，向特定产业中企业施加压力，从而降低产业中企业的获利能力，这种情况下供应商可被视为一种威胁。因此，竞争力分析就必须把供应商的砍价能力放在一个十分重要的位置。而且由于在讨价还价过程中双方的力量是对多方面因素的综合反映，竞争力分析的重点应包括双方关系中一方对于另一方的依赖程度、双方各自相似的买或卖的可替代方案的多少、生产或经营规模的大小、财务状况的好坏、对风险的承受能力、讨价还价的技巧等。

顾客砍价能力也是企业必须面对的一种合作性竞争力量。二者之间的利益如何分配，取决于二者之间的力量对比。从买卖双方的供求关系来看，卖方的目标是获取利润而抬高价格，而买方的产业竞争手段是压低价格，要求较高的产品质量或索取更多的服务项目，并且从竞争者彼此对立状态中获利。所有这些都以产业利润为代价，产业中主要买方集团的每一个成员的上述能力的强弱取决于众多市场情况的特征，同时取决于这种购买对于买主整个业务的相对重要性。竞争力分析的内容应当是市场的需求状况和变化趋势、产品价格及其质量、顾客消费心理与行为特征、转换成本等方面的信息。

替代产品威胁表现为顾客满足购买需求的另一种方式，通常满足同类需求，竞争企业越是能提供较好且较廉价的替代品，那么这个产业中的企业受到替代者的威胁就越大，获取高额利润的机会就越小。替代品的威胁在下列情况影响较大：（1）有很多相同的有效成本方法满足相同顾客的需要；（2）顾客转向替代品的转换成本低；（3）顾客对高价很敏感，而替代品价格低。竞争力分析的重点为替代产品的性能、价格、服务质量和替代成本等情况。

2. 波特国家钻石模型

波特在竞争优势理论的基础上发展了国际产业竞争理论，他提出的国家钻石模型是产业国际竞争力的重要分析工具。他认为一国某一产业是否具有竞争力取决于六个方面的因素，即生产要素状况，需求状况，相关及支持行业的状况，企业的经营战略、结构与竞争对手，机遇与政府行为。这六个因素决定了产业国际竞争力的来源、结构及持久性。波特国家钻石模型如图2所示。

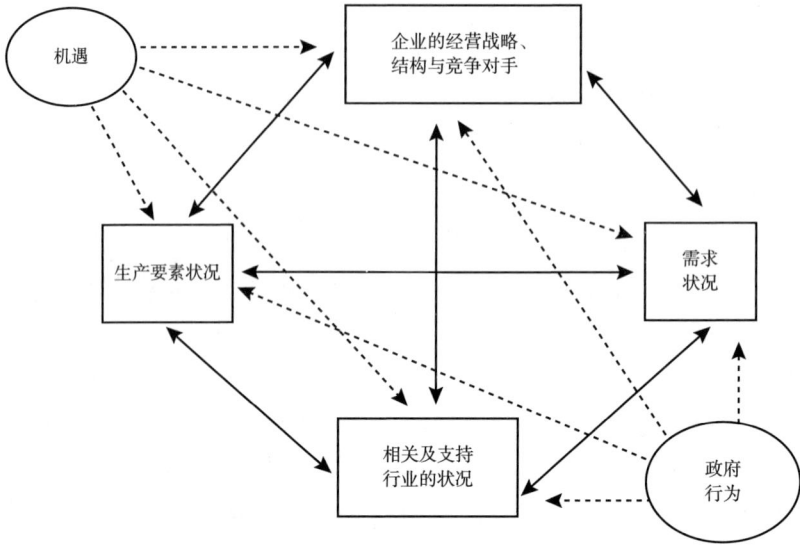

图 2　波特国家钻石模型

在波特国家钻石模型中，生产要素状况，需求状况，相关及支持行业的状况，企业的经营战略、结构与竞争对手是产业竞争力的四个重要决定因素。生产要素状况涉及国家在某一产业发展中所投入的各种资源，这些生产要素包括人力资源、物质资源、知识资源、资本资源及基础结构等。先进及独特的生产要素在竞争中具有分外重要的意义。需求状况包括国内需求和国际需求，当地顾客的需求是企业最敏感的市场组成部分，本国市场对产品的需求不仅通过经济规模对企业加以影响，为企业的投资和创新提供初始的动力，而且对企业的改良和创新进行动态调整。国内市场的早期成熟，对本国产品和服务进入国际市场起到了拉动作用，使其能够早日国际化。相关及支持行业的存在或缺少对产业国际竞争力影响很大。企业的经营战略、结构与竞争对手是第四个决定因素，在经济全球化时代，企业的好坏、经营成败常常可以追溯到企业战略。而在企业的经营战略、结构与竞争对手中，竞争对手最为重要，竞争为企业改良和创新提供了动力，国内竞争对手在地域上的集中又为企业的改良和创新提供了适宜的组织环境。

波特国家钻石模型的两个重要影响因素是机遇与政府行为，机遇是外在因素，它存在于企业的影响力之外，绝非企业的影响力所能左右；而政府在提高产业的竞争力中所起的作用实际上是通过政府的行为影响这四个决定因素来实现的。从而上述四个决定因素和两个重要影响因素决定了一国产业的国际竞争力。

二　行业分析与行业评级模型

波特的产业分析模型和国家钻石模型表明，产业竞争力分析是基于产业内现有企业之间的竞争、潜在竞争者的进入壁垒、购买者的砍价能力、供应商的砍价能力和替代品的威胁五种力量以及在生产要素状况，需求状况，相关及支持行业的状况，企业的经营战略、结构与竞争对手，机遇和政府行为分析基础上的行业竞争与发展分析。

波特产业分析模型和国家钻石模型的理论是建立在完善的市场经济环境条件假设下的，即产业的发展与走向主要受市场力量的影响，政府对经济发展的干预表现为通过行政力量营造公平规范的竞争环境，对所有产业的影响都是相同的；生产要素资源在各个产业间的自由流动不存在障碍。在运用波特理论进行行业分析时必须结合中国产业运作的宏观政策环境做出相应的调整，从而根据波特理论可以构造如图 3 所示的产业分析的基本框架。

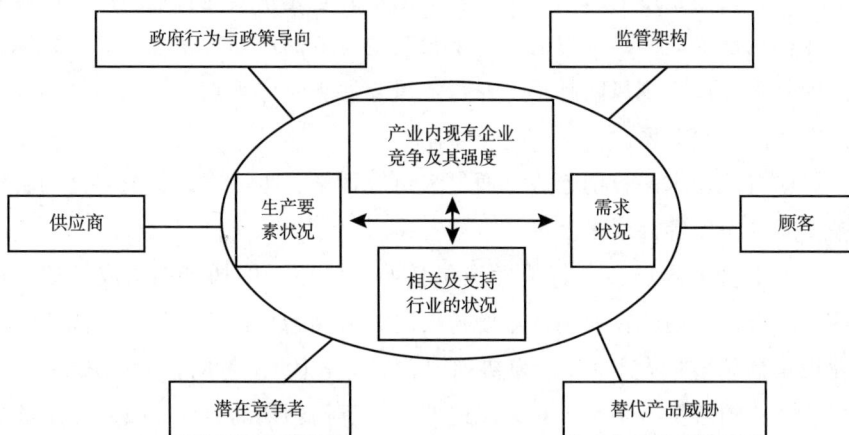

图 3　产业分析模型扩展

根据产业分析模型扩展，我们对影响行业发展和竞争能力的因素进行提炼，结合行业发展中的表征因素和行业结构变迁，得到行业分析的基本要素，包括行业竞争力、行业供求和影响需求的长期趋势、行业发展阶段、交易环境、法律与监管架构、行业重构、行业市场结构、技术变化、财务指标和对宏观经济环境和政策的敏感度等，从而可以构造出基于行业分析的评级模型。

三　行业评级方法

根据行业评级模型对影响行业评级的各因素进行分析。

（1）行业竞争力：在给定的成本结构（由规模经济、资产强度、投入成本、基础结构以及合适的技术的应用等因素决定）和市场需求中，行业在国际/国内市场上销售产品的潜力，表现为在国际/国内市场上的声誉及在目标市场的效率。综合上述各方面的因素后得到行业竞争力的评级结果。

（2）行业供求和影响需求的长期趋势：市场供求关系决定产品价格的基本变量，也是决定行业发展前景的重要因素。其中行业需求分析应考虑经济发展速度、居民收入和支出水平、社会心理预期、消费习惯、文化背景等多种因素；供给则应考察行业内部主要竞争者生产能力、产品质量和产品结构等因素。

产品替代性是影响需求的另一重要因素，它是指其他行业的产品或服务具有相同功能或能满足近似需求。来自其他行业的产品替代性越高，目标行业风险越大，反之则风险越小。在行业风险评级时应重点考察它们之间此消彼长的风险关联关系。

影响行业需求的长期趋势可通过人口统计学、生活方式、消费结构转型和消费者的态度等因素来度量。

（3）行业发展阶段：行业发展包括四个阶段，即初创期、成长期、成熟期和衰退期。通过行业销售量增长情况，可判断行业所处发展阶段。一般行业销售量年增长大于100%为初创期；20%～100%为成长期；0%～20%为成熟期；销售量增幅小于0为衰退期。处于初创期的行业，技术上不够成熟、创办成本较高、行业利润和风险都相对较高；处于成长期和成熟期的行业，产品和服务都比较标准化，企业经营比较规范，市场状况较好，行业的系统风险相对较小；处于衰退期的行业面临市场萎缩，行业系统风险较高。因此，行业发展阶段是分析行业风险的重要表征因素。

（4）交易环境：由所有影响行业商品和服务的因素决定，包括对行业有影响（潜在影响）的贸易协议、产业依赖度和外部冲击。产业依赖度指行业经营状况受其上下游产业的影响程度，主要表现在行业原料供应商和产品客户群的集中度方面，分为对上游产业的依赖性和对下游产业的依赖性。上下游产业的集中度越高，该行业对其依赖性越强。根据波特模型，该行业讨价还价能力相对较弱，行业风险相应较高。正因如此，近年来，产业依赖度成为行业风险评级与分析的重要因素。

随着我国加入 WTO，各行业在不同程度上面临国外同业的竞争压力，有时会对行业发展形成直接冲击，导致行业整体风险上升。由于开放的速度和顺序不同，各行业面临的风险也有较大差别。一些垄断程度较高的传统行业受 WTO 冲击较小；而那些开放程度较高、竞争较充分的行业在中国入世后的较短时期内面临严峻挑战。

（5）法律与监管架构：法律与监管架构涉及法律/监管机构的设置，监管政策和政府直接或间接使用的税率、批准程序、贸易融资及补助等方面的法律和规定。行业法律与监管架构分析首先要判断行业的法律体系是否完整。法律法规不完备的行业因缺乏有力的制度保证，企业间纠纷较多，易受到意外事件冲击，系统性风险较高。其次，分析法律法规在完善过程中对目标行业产生的影响。法律法规规定了目标行业的制度、模式和运行空间，法律变化对行业运行和发展具有刚性作用，可能改变行业的经营发展模式和资金循环方式，形成新的不确定因素。

（6）行业重构：行业和企业为适应市场环境的变化，如需求方式、技术、竞争对手的数量与竞争力和监管规则的变化等，而通过行业并购和重组（或通过缩减生产规模或减少雇员）进行调节。其中行业重组是影响行业风险的重要因素，如电力行业、电信行业和石化行业重组等对行业发展和行业风险具有重要影响。

（7）行业市场结构：行业市场结构最直接的表现是行业垄断度，根据行业垄断程度，行业的市场结构可分为完全竞争市场、垄断竞争市场、寡头垄断市场和完全垄断市场四种类型。完全竞争市场中资源完全由市场配置，经济效率最高，但行业内竞争最为激烈，行业内企业只能获得社会平均利润。完全垄断市场则资源配置效率低下，但能获得远高于社会平均利润的超额垄断利润。通常，垄断行业掌握特殊资源，因而经营风险较小，但也要看到，随着我国加速开放，垄断程度变化，以及行业管理体制改革不断深化，传统的垄断格局将被逐步打破，行业可能面临转轨过程中的特有风险。

（8）技术变化：毫无疑问，先进技术是保证行业快速发展的重要条件，但技术发展速度过快或重大技术更新过于频繁容易给行业内现有企业带来巨大生存压力，相应行业运行的稳定性降低，如果技术发展前景不确定还可能酿成重大风险。

（9）财务指标：基于财务指标的现有水平、趋势及大量标准比率的量度，评估行业的财务风险，根据主成分分析模型过滤，进入风险评级主模型的主要指标有净资产收益率、销售利润率、利润总额增长率、资本增长率、企业亏损面、企业亏损度、利息保障倍数、应收账款增长率。其中，净资产收益率是衡量行业整体盈利能力，尤其是自有资本获益水平的关键指标；销售利润率是反映了行业营销效率和基本获利能力的重要指标；资本增长率是评价行业发展能力的重要指标，在行业评级模型中该指标显著性较大，表明行业积累速度在行业评价中具有重要价值；利息保障倍数用于衡量行业整体偿付银行借款利息的能力；应收账款增长率着重衡量行业运营效率，它还能在一定程度上反映下游企业的运行状态，尽管该指标在解释单个企业违约时可能并不显著，但就行业整体而言，应收账款总额大幅度增加，意味着行业运营状况可能发生了恶化。值得注意的是，企业亏损面和企业亏损度也是衡量行业风险的重要变量。

（10）对宏观经济环境和政策的敏感度：描述行业对经济衰退、经济政策和其他宏观经济的变动的敏感程度。宏观经济形势和行业周期因素对行业风险具有重要的影响，在市场条件下，国民经济通常是在波动中向前发展的，反复经历繁荣、衰退、萧条、增长等阶段。判断宏观周期所处的阶段，一般应考察 GDP 增长率、固定资产投资增长率、工业产值增长率、物价指数、社会消费零售总额、设备使用率、国际收支状况等主要变量，不仅要对各指标现状加以分析，还要参照历史数据观察其变化的周期性；要根据各行业变动与经济运行之间的关系判断该行业是否具有周期性。同时，根据行业生产规模、技术结构、发展前景等研究行业的周期分布、周期长度、波动振幅，分析宏观周期与行业周期的相关性。周期性行业与宏观经济运行具有较强的相关性。有的行业周期与宏观经济周期正相关，而有的行业周期与宏观经济周期负相关，应根据行业周期与宏观经济周期的关系判断行业风险。

宏观经济政策对行业发展同样具有重要的影响，尤其是政府的宏观调控政策、财政政策、货币政策和产业政策对行业发展的影响。我国当前正处于体制转轨时期，产业政策对许多行业的运行和发展起着举足轻重的作用。属于国家重点支持的行业，在政策有效期内发展条件优越、信用风险较小；属于国家允许发展的行业，一般市场竞争比较充分，风险程度适中；而属于国家限制发展的行业往往发展空间较小，风险程度偏高；国家明令禁止的行业和产品，行业风险极高。如果产业政策中存在较大的保护成分，则应注意保护期限的长短。随着我国对外开放程度不断提高，政府将逐步取消对幼稚产业的保护，保护力度减弱在一定时期内会使目标行业面临较大冲击。

四　行业评级等级

1. 计算行业评分

计算行业评级中每一因素的评分等级，用 1 代表风险最低，5 代表风险非常高，得到基于每一因素的风险等级（见表 1）。例如，基于行业竞争力的风险评分可通过表 1 描述，其他行业影响因素的风险评分也可用同样的方式得到。

表 1　行业评级等级

指标	最低（1）	低（2）	中等（3）	高（4）	非常高（5）
具体内容	总的来说，综合列出的相关因素表明行业非常有竞争力	总的来说，综合列出的相关因素表明行业有一定竞争力	总的来说，综合列出的相关因素表明有相互抵消行业竞争力的影响	总的来说，综合列出的相关因素表明行业没有竞争力	总的来说，综合列出的相关因素表明行业完全没有竞争力

2. 确定行业风险评级等级

通过对影响行业风险的各因素的评分加权得到行业风险总值，并将总评分转换为行业评级等级，通过符号化形成反映行业风险的大小。A 级表示行业风险最低，B 级表示行业风险较低，C 级表示行业风险中等，D 级表示行业风险较高，E 级表示行业风险最高。

违约损失率估计模型研究[*]

过去 20 年，在有关信用风险管理方面的研究中，违约概率（PD）的研究受到了极大的关注，但违约损失率（LGD）的研究始终处于探索阶段，对 LGD 的研究远不及对 PD 的研究所取得的进展和成果。新巴塞尔资本协议也强调了在银行监管中违约损失率指标的重要性，并鼓励银行或监管机构提供更精确的度量方法估计违约损失率。本文通过对国内外有关违约损失率研究现状和进展的综述与分析，开展关于违约损失率的经验研究并建立新的更具有适应性的回收率的估计模型。

一　违约损失率：定义与度量

（一）违约损失率定义

信用风险管理中有两个重要的参数，一个是违约概率，另一个是违约损失率，违约损失率是除违约概率以外反映信用风险水平的另一个重要参数。违约损失率或者回收率（回收率 = 1 - 违约损失率）就是指债务人一旦违约将给债权人造成的损失数额，即损失的严重程度，它用贷款或债券违约后所能回收的货币数量与债务面值的百分比表示。一般地，违约损失率通常被定义为违约损失对风险暴露的比率。在信用风险管理的四个要素中（PD、LGD、EAD、M），发生违约事件资产的回收率是最难处理的也是最复杂的一个要素，回收过程中的许多因素难以数量化并缺乏实证研究，因而违约损失率的度量和估计成为信用风险管理的一项重要任务。

　＊　本文原载于《信用评级前沿理论与实践》，中国金融出版社，2007。

（二）违约与损失的界定

信用违约事件中对损失的确定显然依赖采用的违约定义，许多符合定义的违约事件可能不会导致损失发生。比如逾期 90 天的贷款，如果接下来转为正常还款，按定义该事件将被记为违约，但清偿率是 100%。新巴塞尔资本协议从监管资本金计量的目的出发提供了如下参考定义。

当下列一项或多项事件发生时，债务人就被认为违约：

（1）一旦能够判定债务人不能全面偿还债务（本金、利息或费用）；

（2）与债务人的任何债务相关的信用损失事件，如销账、提取特别准备金或债务重组，包括豁免或推迟偿还本金、利息或费用；

（3）债务人的任何债务逾期 90 天以上；

（4）债务人申请破产或要求债权人提供类似保护。

在有关上述违约的定义下，违约损失率的范围包括以下损失：

（1）本金的损失；

（2）不良贷款的财产维持费用；

（3）清算费用（包括债务追偿和法律费用等）。

（三）违约概率与违约损失率的关系

在信用风险管理中，违约概率与违约损失率是相互独立的两个变量，但具有相关性。违约概率和违约损失率的重要区别表现在两个方面。首先，违约损失率表示的是分布而不是单个数，与违约概率表示一个公司的信用价值不同，违约损失率在大多数情况下特指一个投资的损失大小。其次，违约概率是一个与交易主体相关的变量，其大小主要由作为交易主体的债务人的信用水平决定；而违约损失率具有与特定交易相关联的特性，其大小不仅受债务人信用能力的影响，还受交易的特定设计和合同条款的影响（实践中，债权人为了增加回收率减少违约损失，可通过抵押、担保、衍生工具包括备用信用证、票据回购协议、保证协议和复述协议等信用风险缓释技术减少债务人违约的损失）。违约概率和违约损失率共同决定了反映信用风险的重要指标——预期损失率（EL），即 $EL = PD \times LGD$。

（四）违约损失的度量

违约损失率的度量是指量化金融工具违约后价值的计算方式，对于债券违约价值的度量，由于有次级市场，一旦违约可以利用该债务工具违约后一定时点的市场价格计算违约损失率；而对于贷款违约价值的计算由于不存在二级市场（随着证券化等金融工具的发展，可交易贷款市场逐渐得到发展），则多依赖银行实际违约借款偿还情况推算违约损失率。一般地，金融工具违约损失率的度量有如下三种方式。

（1）市场 LGD。以实际违约事件发生后违约债券或可交易贷款的市场价格为基础确定违约损失率。市场 LGD 以 Edward 和 Allan 的研究为代表。市场 LGD 主要反映债务的市场价值，系来自市场实际交易结果，在价格中已隐含了投资人对回收结果的预期，本金折现、利息损失或重整等相关费用均已包含在内。市场 LGD 适合于流动性健全的二级市场债务工具，该方法一般被评级机构在研究回收率时所采用。Moody's 采用的是违约一个月后的市场价格，该价格反映了市场对最终回收价值的预期现值。

（2）清算 LGD。其也称现金回收折现法，清算 LGD 以 Asarnow 和 Edwards（1995）以及 Hamilton 等（1999）的研究为代表。现金回收折现法以清算过程中产生的一系列现金流的现值与风险暴露为基础确定违约损失率。现金回收折现法主要涉及两个方面，一是清算现金流的数额及其回收时间分布的合理估计；二是如何选择合适的折现率作为违约债务工具现值的计算基础。Asarnow 和 Edwards（1995）使用违约事件发生时产生的所有经济损失（Loss in Event of Default，LIED）衡量银行借款的预期损失，并以原始借款利率加以折现。清算 LGD 不需要市场交易数据，比较适合度量银行信贷的违约损失率。

（3）市场隐含 LGD。通过利用资产定价模型由风险（未违约）债券价格计算债务违约后的 LGD。市场隐含 LGD 是从市场上尚未出现违约的债券或贷款的信用升水幅度中隐含的风险信息分析中得出违约损失率，这种方法要应用复杂的资产定价模型，也需要充足的数据支持这种复杂的分析。因此，目前还很少被直接用来度量违约损失率。

二 回收率的决定因素

经验研究表明，违约损失率不是一个确定的数值，它取决于特定的债务种类、优先级别、风险缓释技术、商业周期和一个国家的破产体制和法律制度，其中每一项因素都包含许多不确定性因素。就债券和贷款而言，破产制度的差异可能直接导致清偿和回收的差异。同时，由于银行借款在资本结构中的级别通常最高，而且银行会积极地监控借款人财务状况的变化，从而贷款的清偿率往往高于债券；就银行信贷的清偿而言，影响 LGD 的因素在其不同的实践中有着不同的理解。新巴塞尔资本协议 IRB 高级法中关于自行估计的违约损失率的要求中，认为应至少考虑经济周期、借款人的风险和抵押品的风险的相关性、抵押品的历史清偿率、违约借款人的清偿费用等。因此，一般地，影响回收率的决定因素主要包括：债务的违约概率、优先等级与债务的保护程度、宏观因素与经济周期、行业因素以及破产体制与债权人的谈判能力等。

（一）PD 对回收率的影响

新巴塞尔资本协议关于监管资本的计算表明，在 IRB 法中同时假设 LGD 与 PD 是相互独立的，而根据 Altman 等的研究，至少债券的 LGD 与 PD 之间存在非常强的正相关性，即 LGD 随着 PD 的增加而增加，高 PD 的债务的违约损失率会相应提升。Hu 和 Perraudin（2002）通过历史数据分析得出，经济体系中的累计违约率与清偿率呈负相关关系；Frye（2000）利用穆迪违约风险数据库对债务工具的违约概率与违约损失率进行了研究，该数据库含有自 1970年穆迪评级债务的发行人的信息，获得了 1970～1999 年每年违约率的变化数据，并对 1990～1991 年违约高发期的回收率与其他年份的回收率进行了比较，结果表明，违约高发期的回收率低，这也验证了回收率与违约率相关的事实。上述一系列实证研究结论表明，不仅 PD 与 LGD 存在相关性，而且 LGD 与 PD之间存在非常强的正相关性，PD 也是影响 LGD 的重要因素。

（二）债务优先等级与保护程度对回收率的影响

债务优先等级和保护程度与债务的结构设计有关，债权人可通过债务的交易方式的设计来管理和降低债务人的违约后的损失。这类因素主要包括债务清偿的优先性以及债务的保证和抵押安排。在新巴塞尔资本协议 IRB 初级法下，LGD 实际取值依赖抵押物的情况，对公司、银行和国家的无抵押高级债权，LGD 被规定为45%；对公司、银行和国家的无抵押的次级债权，LGD 被规定为75%。相关的研究（Carty，2000）表明，受保护债务的清偿率平均为70%，而未受保护的债务评级为52%。Michel 等（2004）采用摩根大通贷款损失历史资料，对抵押贷款 LGD 进行了分析，通过对 1982～1999 共 1705 个样本的研究发现，抵押贷款（1279 个样本）的 LGD 均值为27.7%，标准差为35.3%；无抵押贷款 LGD 均值为40.3%，标准差为42.5%。可见，抵押贷款的回收率远高于无抵押贷款的回收率，而且无抵押贷款损失率的波动性更高。标准普尔公司的 LossState 数据库资料显示（见表1），优先级是回收率的一个重要决定因素。

表1　优先级及对应的回收率（1988～2002 年）

单位：%，个

优先级等级	回收率均值	标准差	观察的样本量
银行债务	81.0	29.7	678
银行担保票据	66.6	33.0	218
银行无担保票据	46.4	36.3	367
高级附属票据	33.3	33.6	327
附属票据	31.2	35.1	343
次级附属票据	22.6	34.0	42

资料来源：标准普尔的 LossState 数据库。

图 1 涉及 Moody's 关于银行贷款、债券、优先股票的违约损失率的经验数据（Greg M. Gupton，Roger M. Stein，2002）。图中的阴影部分表示分位点之间的范围，阴影中的空白线表示中位数；方括号表示数据范围，但不包括离散点。从图 1 中可以看出，由于更多地使用了抵押合约，银行贷款的平均回收率高于债券和优先股的回收率；有保证债权的回收率高于未获保证债权的回收率；优先级债权的回收率高于次级债权的回收率。

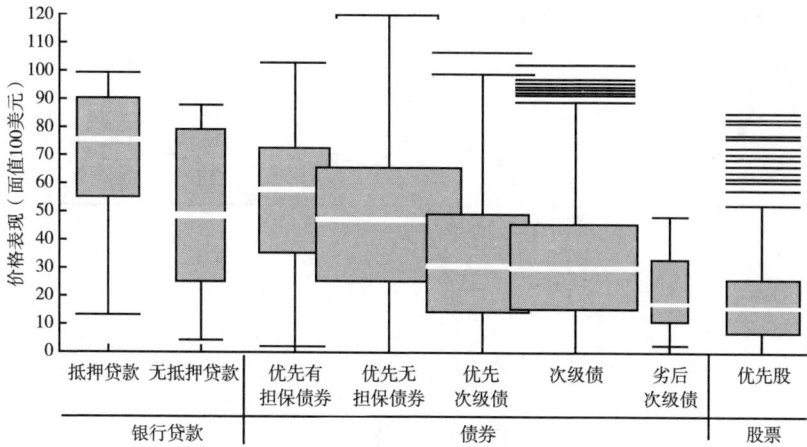

图 1 Moody's 不同优先级金融工具的违约损失率

资料来源：Greg M. Gupton，Roger M. Stein（2002）。

（三）宏观因素和经济周期对回收率的影响

大量的实证研究表明，宏观因素和经济周期与平均回收率密切相关，而且经济衰退期的回收率明显低于繁荣期。Schuermann（2002）利用 Moody's 的违约数据，对 1970 年开始的衰退期与繁荣期的回收率进行简单的统计分析。如表 2 所示，衰退期的回收率均值只有 27.85%，而繁荣期的回收率均值则可达到 43.10%。

表 2 经济周期对回收率的影响情况

指标	回收率均值（%）	标准差	25%	50%	75%
衰退期	27.85	25.67	8.0	20.0	40.0
繁荣期	43.10	27.11	21.0	38.56	63.0

资料来源：Schuermann T.（2002）。

Greg M. Gupton 和 Roger M. Stein（2002）的研究表明（如图 2 所示），经济衰退期的回收率明显走低，且经济衰退期的回收率大概只有经济繁荣期的 1/3。

Frye（2000）通过建立违约损失率的估计模型估计了在经济衰退期债券与贷

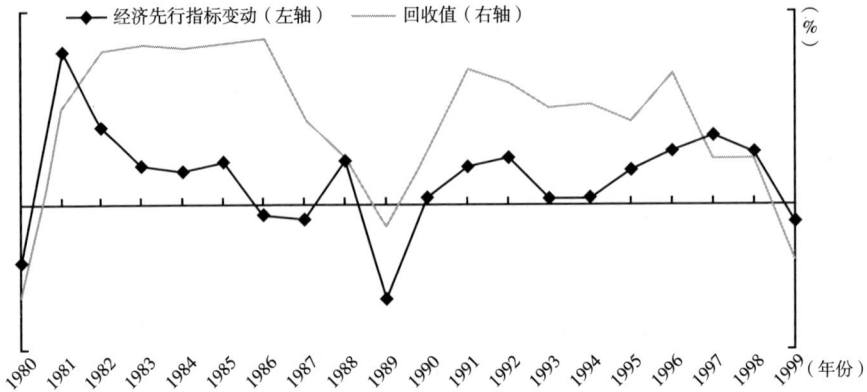

图 2　回收率与激进周期的关系

资料来源：Greg M. Gupton，Roger M. Stein（2002）。

款的违约损失。表 3 列示的经济一般（$X=0$）与经济衰退（$X=-4.5$）代表经济系统因素的两种不同状态，Frye 的估计表明，在经济衰退期的违约损失率从经济正常时期的 55% 增加到 80%，经济衰退期的回收率显著低于经济繁荣期（见表 3）。

表 3　在经济衰退期债券和贷款的 LGD 估计值

单位：%

		（1）	（2）	（3）
Frye 估计值	PD	1.99	2.00	0.20
	ELGD	59.1	30.7	30.7
经济一般（$X=0$）	PD	1.8	1.7	0.2
	LGD	55	28	27
经济衰退（$X=-4.5$）	PD	10.4	14.8	2.9
	LGD	80	52	51

注：（1）估计参数表示穆迪的平均 PD 和平均 ELGD；（2）估计参数表示低信用质量贷款；（3）估计参数表示高信用质量贷款。

资料来源：Frye（2000）。

瑟维吉尼（Arnaud de Servigny）和雷劳特（Olivier Renault）研究表明，利率如短期国库券的收益和国库券的收益曲线作为违约后价格度量的尺度也对回收率产生直接影响。在其他条件都相同的情况下，较高的利率使未来回收资产的折现价值较低，因此，较高的利率对应较高的违约损失率。

上述一系列实证研究表明，国内生产总值的增长、行业的产量和经济周期等一些宏观变量与平均回收率密切相关。因此，宏观因素和经济周期是影响违约损失率的一个重要变量。

（四）行业因素对回收率的影响

关于行业对回收率的影响研究可追溯到 Altman 和 Kishore（1996）的研究结果，他们通过计算每个行业回收率的均值和标准差，指出行业间和行业内的回收率存在很大的差异。如表 4 和图 3 所示，在所有行业回收率的均值中，公共设施行业的回收率最高，为 70.47%，但同时也表明，行业回收率均值波动很大，标准差的波动范围在 20% 左右。

表 4 行业回收率水平

单位：%

行业	回收率均值	标准差	行业	回收率均值	标准差
公共设施	70.47	19.46	娱乐旅馆业	40.15	25.66
化工行业	62.73	27.10	建筑材料业	38.76	22.86
机械行业	48.74	20.13	运输业	38.42	27.98
服务行业	46.23	25.03	通信业	37.08	20.79
食品行业	45.28	21.67	金融业	35.69	25.72
零售业	44.00	22.14	石油和采矿业	33.02	18.01
各种制造业	42.29	24.98	住宅和医院	26.49	22.65

资料来源：Altman，Kishore（1996）。

行业对回收率的影响是否如此重要开始受到人们的关注，标准普尔最近的研究表明，行业对回收率的影响被夸大了。根据标准普尔的研究，抵押和资产负债结构是影响回收率的基本因素，由于这些因素与行业部门密切地联系在一起，因此，很难将行业对回收率的影响从整体回收率差异中分离出来。但一般地，由于服务行业主要依赖非物质投入，它们所提供的抵押比公共设施和工业部门低，因此回收率相应较低。而资本密集性的行业由于提供的抵押多于其他部门，回收率可能显著提高。

除上述影响违约回收率的主要因素外，其他一些因素如破产体制、债权人的谈判能力等也在很大程度上决定违约回收率水平。

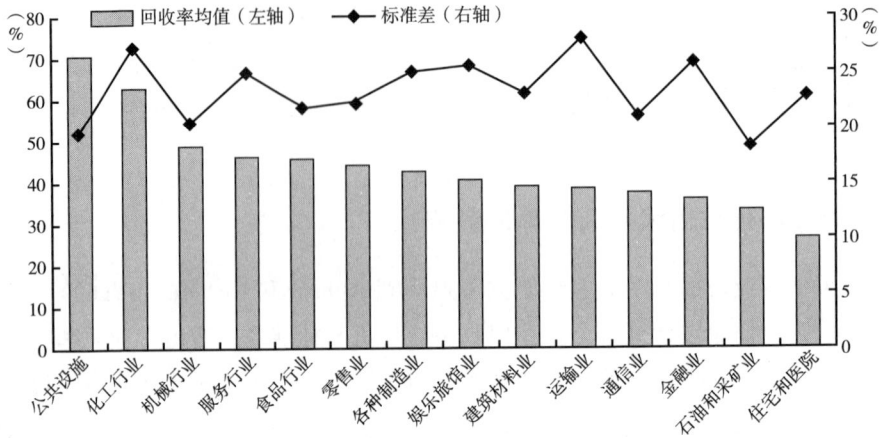

图3　行业回收率均值和标准差

资料来源：Altman，Kishore（1996）。

三　回收率估计模型

（一）基于历史数据估计回收率

基于历史数据的违约损失率估计是建立在评级机构或银行关于历史违约损失信息统计基础上的，其对回收率的估计有两条渠道：一是利用评级机构违约数据库形成的历史回收率数据和/或评级机构的评级证券的回收历史信息估计违约损失率；二是基于银行信贷的违约回收信息估计违约损失率。

Standard、Poor's 和 Moody's 都有关于历史的违约回收率统计。Moody's 的历史回收率统计是关于债券回收率的历史平均估计值。Moody's 的历史回收率的估计方法是，用公司违约后一个月的交易价格近似值作为债券最终回收率的替代值，将债券的价格与平均价值相比较得出回收率的估计值。Moody's 评级的历史回收率信息表明，债券优先等级的差异决定了回收率平均水平的差异，就所有债券而言，其回收率的算术平均值为38.66%，标准差为21.44%。Altman 和 Kishore（1996）统计的历史回收率的算术平均值为42.85%，标准差为23.30%（见表5）。

表 5 　Carty 和 Lisberman 和 Altman 和 Kishore 关于债券回收率统计 （面值 100 美元）

单位：%

债券优先等级	Carty 和 Lisberman			Altman 和 Kishore		
	样本	平均值	标准差	样本	平均值	标准差
优先担保	115	53.80	26.86	85	57.89	22.99
优先无担保	278	51.13	25.45	221	47.65	22.71
优先普通	196	38.52	23.81	177	34.38	25.08
次级	226	32.74	20.18	214	31.34	22.42
低级次级	9	17.09	10.90	—	—	—
算术平均	—	38.66	21.44	—	42.85	23.30

资料来源：Carty，Lisberman （1996）；Altman，Kishore （1996）。

利用银行内部的信贷违约回收信息进行回收率的估计是最为传统的回收率估计方法。Michel 等 （2004） 采用摩根大通 1982～1999 年的贷款违约损失的历史资料 （样本数量为 3761 例违约客户） 对 LGD 进行统计研究，结果表明违约信贷的平均会计 LGD 和经济 LGD 分别为 27.0% 和 39.8%。Altman 和 Jha （2003） 对 1996～2002 年银行贷款违约回收率分年度进行统计表明，其间的违约回收率的中位数为 70.54%，平均值为 69.22%，标准差为 19.62% （见表 6）。类似的基于历史统计的回收率估计还有很多，这些研究的一个共同的特征是选取的样本不同，回收率的估计结果不同。

表 6 　银行贷款违约回收率 （1996～2002 年）

单位：%

年份	中位数	平均值	标准差
1996	86.00	73.34	24.41
1997	87.88	87.92	12.61
1998	72.00	75.77	18.34
1999	51.25	56.31	22.96
2000	65.00	66.06	16.69
2001	64.50	59.51	20.96
2002	67.16	65.65	21.66
平均	70.54	69.22	19.62

资料来源：Altman，Jha （2003）。

由于基于历史数据估计回收率模型这种方法简单易操作，因此，新巴塞尔资本协议关于 IRB 初级法对违约回收率的估计也规定采用这种方法。由于不同债务种类的个体差异很大，加上样本数据的来源较多，所有关于回收率方面的经验研究及其结果都是示意性的（赵先信，2004）。因此，该模型也存在局限性，其缺陷是由 LGD 独特的概率分布特征决定的。Moody's 的研究表明，贷款和债券的回收率的概率分布一般呈现双峰分布，即回收率要么往往较高（在 80% 左右），要么往往较低（在 20% 左右），在均值两侧呈现双峰状态，因此使用历史统计的回收率估计模型也可能产生误导。

（二）利用单因素模型估计回收率

单因素回收率估计模型是由 Frye（2000）根据 Carty（2000）模型建立的由单个系统性风险因素驱动的回收率模型［关于该模型更详细的讨论可参见詹原瑞的《银行信用风险的现代度量与管理》］。

Frye 模型假设系统风险因子 X 是影响公司是否违约及其回收金额的主要因素。从公司 j 的角度看，有两个因素 X 和 ξ_j 影响公司，X 对所有公司具有影响，ξ_j 只影响公司 j。这两个因素的结合共同决定公司 j 的资产收益率 r_j：

$$r_j = \rho X + \sqrt{1 - \rho^2} \xi_j \tag{1}$$

假设 X 和 ξ_j 具有相互独立的标准正态分布，从而 r_j 具有标准正态分布。

在模型中，当公司的资产价值低于某一阈值时公司发生违约，令 D_j 表示公司发生违约事件。

若 $r_j < N^{-1}(PD_j)$，则 $D_j = 1$；否则 $D_j = 0$。PD_j 是公司 j 的违约概率。

在已知 X 的条件下，观察到的违约频率接近它的条件违约概率：

$$
\begin{aligned}
DF_j &= P(r_j < N^{-1}(PD_j) \mid X = x) \\
&= P(\rho x + \sqrt{1 - \rho^2} \xi_j < N^{-1}(PD_j)) \\
&= P\left(\xi_j < \frac{N^{-1}(PD_j) - \rho X}{\sqrt{1 - \rho^2}}\right) = N\left(\frac{N^{-1}(PD_j) - \rho X}{\sqrt{1 - \rho^2}}\right)
\end{aligned}
\tag{2}
$$

ρ 为资产相关系数，即 $corr(r_j, X) = \rho$。

在违约事件 j 中，回收率既取决于系统因素 X，也取决于特质因素 Z_j，它只影响在违约事件 j 中的回收率：

$$R_j = \mu_j + \sigma q X + \sigma \sqrt{1 - q^2} Z_j \tag{3}$$

q 为回收相关系数，即 $corr(R_j, X) = q$。

假设 Z_j 与 X 具有相互独立的标准正态分布，因此，R_j 是具有均值为 μ_j，方差为 σ^2 的正态分布。可以把 μ、σ、q 解释为回收率的数量、质量敏感性因子。

估计已知 X 的违约方程式（2）要求已知每个债券发行者的违约概率，这个违约概率根据具有相同穆迪评级发行者的长期平均估计的年违约率确定。利用条件最大似然估计 ρ。已知 ρ，产生由方程式（2）的一般化暗示每年的取值，再利用最大似然率估计把这些暗示 X 的数值与回收数据相结合以估计其他参数。

Frye 利用穆迪 15 年的违约数据，对 ρ 极大化似然估计得出 $\rho = 0.23$。对 μ_j、σ 和 q 的参数估计如表 7 所示。

表 7　模型参数与估计值

指标	ρ	q	σ	μ(优先担保)	μ(优先未担保)	μ(次级担保)	μ(次级)
估计	0.23	0.17	0.32	0.47	0.70	0.12	0.41

（三）LossCalc™ 模型估计回收率

LossCalc™ 模型是穆迪公司根据其评级数据库开发的估计回收率的模型（Greg M. Gupton，Roger M. Stein，2002），该模型利用 Moody's 公司拥有的美国过去 20 多年 1800 多个违约观测数据（该数据覆盖了各个行业中 900 多个违约上市企业和非上市企业），为美国债券、贷款和优先股的违约损失率建立了立即违约和 1 年后违约损失率两种估计模型。图 4 中 LossCalc™ 模型表明了对美国违约数据的预测值与实际回收值的直观比较，图 4 表明，根据 LossCalc™ 模型估计的回收率对实际回收率有较好的预测效果，LossCalc™ 模型对 LGD 的预测优于传统的历史平均估计方法。

LossCalc™ 模型的基本思路是根据历史数据在债务的违约损失率和一组

解释变量之间建立起的一个多元统计模型。LossCalc™模型的被解释变量是特定债券在一定时期的预期损失比率，解释变量归结为以下四类：

（1）债务类型（贷款、债券和优先股）和偿还的优先等级；

（2）公司资本结构（资产负债比率）；

（3）行业特征，公司所在行业的平均回收率；

（4）宏观经济，全年违约概率的中位数、投机级、债券违约率跟踪与经济指数变化等。

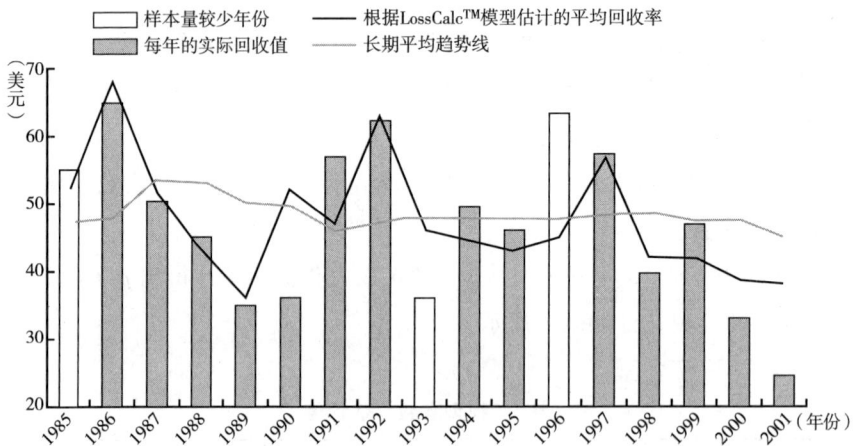

图4　无担保债券的实际回收率与估计回收率比较

注：部分灰色线表示长期平均趋势线；黑色线表示样本量较少。

资料来源：Greg M. Gupton，Roger M. Stein（2002）。

具体地，穆迪将该四类因素分解为9个解释变量并共同对回收率进行预测，这些解释变量见表8，从而建立如下估计模型：

$$\bar{r} = \alpha + \beta_1\chi_1 + \beta_2\chi_2 + \beta_3\chi_3 + \cdots + \beta_k\chi_k$$

穆迪公司的 LossCalc™模型表明，这些因素之间的相关性较小，由此可以防止多重共线性问题，其预测能力在统计上是显著的。LossCalc™模型计算结果表明，这四类因素在预测 LGD 时所起的作用大小是不同的（如图5所示），债务类型和优先级别对 LGD 的影响贡献度最高，为37%左右；接着是宏观经济环境，为26%左右；然后是行业影响，为21%左右；最后是公司资本结构，为16%左右。穆迪公司认为，LossCalc™模型对 LGD 的预测效果优于基于历史数据平均法对 LGD 的预测，从而 LossCalc™模型的估计结果与实际结果之间具有更显著的相关性。

表 8 LossCalc™模型变量结构

类型	变量	含义	
被解释变量	Y	LGD	
解释变量	X_1	债务类型和优先级别	LGD 历史平均值
	X_2	公司资本结构	债务的相对级别
	X_3		公司资产负债率
	X_4	行业影响	各行业 LGD 移动平均值
	X_5		银行发展指数
	X_6	宏观经济环境	一年期违约概率中位数
	X_7		穆迪破产企业债券指数
	X_8		投机级债券 12 个月平均违约概率
	X_9		经济领先指数的变化值

资料来源：Greg M. Gupton，Roger M. Stein（2012）。

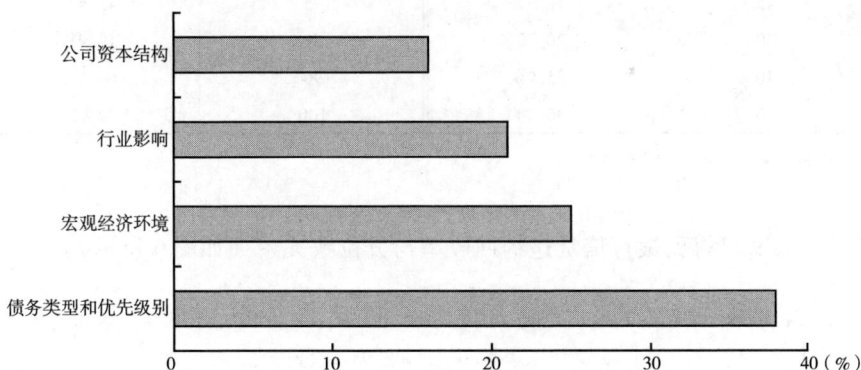

图 5 四类因素对回收率的影响贡献度情况

四 我国银行贷款违约损失率经验研究

由于中国债券市场发展滞后，有关违约损失率的研究基本上限于银行贷款违约损失率的实证和经验研究，有关可交易债券回收率的实证研究很少。

（一）损失率分位数经验估计模型与损失率分布

在有关信贷违约损失率的经验研究中，张海宁（2004）通过对中国大型银行业 191 个信贷项目的违约损失率研究表明，样本平均回收率为 33%，对应的平均违约损失率为 67%，样本标准差为 19%。样本数据的回收率及其分位数如表 9 所示。表明 10% 的分位数对应的银行信贷违约回收率为 10.49%，90% 的分位数对应的回收率为 60.67%。这表明 90% 的信贷违约发生后回收率仍在 10% 以上，但同样 90% 的信贷违约发生后其回收率不超过 60%，即 90% 的信贷违约回收率的区间在 10% ~ 60%。

表 9　中国信贷违约回收率与分位数

单位：%

分位数	回收率	分位数	回收率
10	10.49	60	37.15
20	16.78	70	41.02
25	18.72	75	45.47
30	20.77	80	49.91
40	25.26	90	60.67
50	30.94	100	80.00

资料来源：张海宁（2004）。

由表 9 可得到银行信贷违约回收率与分位数关系（如图 6 所示）。

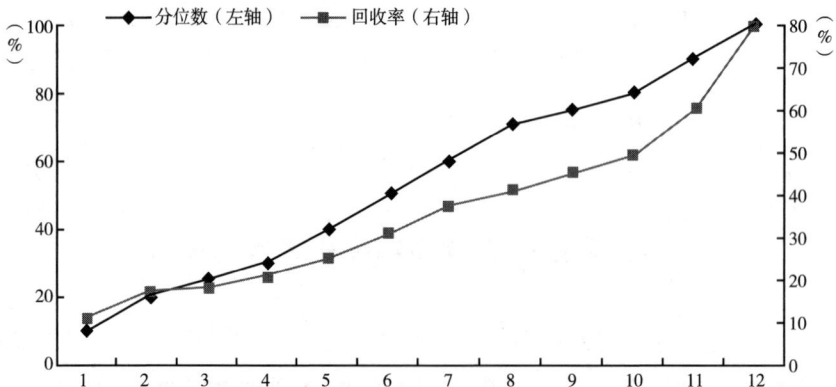

图 6　中国信贷违约回收率与分位数

通过上述数据，张海宁（2004）建立了我国银行信贷违约回收率的经验估计公式，即：

$$E(R^{Recovery}) = 0.58 \times QUANTILE + 3.5\%$$
$$(21.54) \qquad\qquad (2.35)$$
$$R^2 = 0.981 \qquad\qquad F = 464.07$$

其对应的违约损失率的经验估计公式为：

$$E(LGD) = 1.035 - 0.58 \times QUANTILE$$

通过信贷违约损失率经验估计公式就可以简便估计一定比例信用风险暴露所具有的违约损失率。

那么，中国信贷违约损失率服从何种分布呢，实践中对违约损失率的分布常采用一种纯粹的统计方法，即使用违约损失率经验的均值和方差拟合 Beta 分布（在数学上，Beta 分布可以表示为 Gamma 分布的函数）。张海宁（2004）的实证分析表明，信贷违约样本符合 Gamma 分布特征，样本的偏斜度为 0.397，峰度为 2.55，因此，用 Gamma 分布描述中国银行业信贷违约回收率，有：

$$E(1 - LGD) = 0.33$$
$$D(1 - LGD) = 0.19^2 = 0.0362$$

式中 E 为期望，D 为方差，Γ 分布的概率密度是：

$$\varphi(\chi) = \begin{cases} \dfrac{\lambda^r}{\Gamma(r)} x^{r-1} e^{-\lambda x} & x > 0 \\ 0 & x \leqslant 0 \end{cases}$$

其中，$\lambda > 0$，$r > 0$，且：

$$\Gamma(r) = \int_0^{+\infty} \chi^{r-1} e^{-\lambda x} \mathrm{d}x$$

$\Gamma(r)$ 为标准 Gamma 分布函数。

求解 λ 和 r，代入密度函数有：

$r = 3.017$，$\lambda = 9.141$

则中国银行业信贷违约回收率分布的概率密度为：

$$\varphi(\chi) = \begin{cases} \dfrac{793.802\lambda}{\Gamma(\cdot)}x^{2.017}e^{-9.141x} & x > 0 \\ 0 & x \leqq 0 \end{cases}$$

$$\Gamma(\cdot) = \int_{0}^{+\infty}\chi^{2.017}e^{-9.141x}\mathrm{d}x$$

从而中国银行信贷的违约回收率在区间 [a, b] 上的分布函数可表达为 $\int_{a}^{b}\varphi(x)\mathrm{d}x$。

（二）我国银行信贷违约损失率经验估计

有关我国银行信贷违约损失率的数据可通过四大资产管理公司（AMC）资产处置回收经验得到。这些数据样本容量大，代表了中国银行业过去贷款违约记录的绝大部分。因此，利用资产管理公司关于历史违约信贷的处置回收率统计，可以对我国银行业信贷违约损失率进行经验估计。截至 2006 年第一季度末，中国四大资产管理公司处置违约信贷的回收情况如表 10 所示。

对资产管理公司违约信贷资产回收率的描述性统计表明，全部不良信贷资产的现金回收率的算术平均值为 21.78%，加权平均回收率为 20.84%，标准差为 7.31%。回收率的最大值为 31.56%，最小值为 10.28%。回收率的波动性较大。

表 10　截至 2006 年第一季度末中国四大资产管理公司违约信贷回收统计

单位：亿元，%

指标	总量	华融 AMC	长城 AMC	东方 AMC	信达 AMC
累计处置	8663.4	2468.0	2707.8	1419.9	2067.7
现金回收	1805.6	546.6	278.3	328.1	652.6
阶段处置进度	68.61	70.11	80.11	56.13	64.69
资产回收率	24.20	26.50	12.70	27.16	34.46
现金回收率	20.84	22.15	10.28	23.11	31.56

资料来源：中国人民银行。

何自力（2006）利用抽样调查所得抵押贷款的回收资料对我国银行信贷违约回收率进行了统计分析，覆盖了各个行业。抵押贷款回收率统计如表 11 所示。

表11 抵押贷款回收率统计

单位：%，个

项目	均值	标准差	25%	50%	75%	偏度	峰度	样本数
办公用房	52.48	37.26	18.71	42	100.00	0.177	-1.510	97
工业用房	41.50	33.31	12.59	32.20	64.00	0.612	-0.938	544
居住用房	44.46	32.21	17.85	34.77	67.56	0.582	-0.984	340
商业用房	49.13	36.00	16.96	42.86	91.11	0.24	-1.388	510
商业用地	54.97	38.89	14.30	46.13	100.00	0.048	-1.739	84
工业用地	43.68	33.71	13.56	34.81	73.85	0.544	-1.095	264
设备	30.99	30.79	9.09	18.35	44.44	1.251	0.454	75
运输工具	25.68	26.76	5.13	15.74	46.84	1.25	0.128	9

资料来源：何自力（2006）。

样本的统计分析表明，回收率呈现明显的偏态分布，分布明显向低端（10%～20%）和高端（100%）集中。有效样本贷款回收率均值为44.97%，标准差为36.78%，回收率的波动性较大，稳定性较差。不同类型抵押物回收率差异显著，不动产的回收率总体上高于动产的回收率。

参考文献

[1] 〔美〕阿诺·德·瑟维吉尼、〔美〕奥利维尔·雷劳特：《信用风险：度量与管理》，任若恩等译，中国财政经济出版社，2005。

[2] 陈忠阳：《违约损失率（LGD）研究》，《国际金融研究》2004年第5期。

[3] 何自力：《抵押贷款违约损失率研究》，《南方金融》2006年第1期。

[4] 徐中敏：《国内企业户违约损失率研究》，台湾联徽中心风险研究小组，2004。

[5] 詹原瑞：《银行信用风险的现代度量与管理》，经济科学出版社，2004。

[6] 张海宁：《银行反对银行》，清华大学出版社，2004。

[7] 赵先信：《银行内部模型与监管模型》，上海人民出版社，2004。

[8] Altman E., V. Kishore, "Almost Everything Your Wanted to Know about Recoveries on Defaulted Bonds," *Financial Analysts Journal*, Nov./Dec. 1996.

[9] Altman, S. Jha, Market Size and Performance of Default Bonds and Bank Load: 1987-2002, Working Paper, NYU Solomon Center, 2003.

[10] Araten, M., Jacobs, M., Varshney, P., "Measuring LGD on Commercial Loans: An 18-year Internal Study," *RMA Journal*, Vol. 8, No. 86, 2004, pp. 96-103.

[11] Asarnow, E., Edwards, D., "Measuring Loss on Defaulted Bank Loans: A 24-year Study," *The Journal of Commercial Lending*, No. 77, Vol. 7, 1995, pp. 11 – 23.

[12] Carty L., Lisberman D., Default Bank Load Recoveries, Moody's Investors Services, 1996.

[13] Carty Michael, "A Comparative Anatory of Credit Risk Model," *J. Banking & Finance*, No. 24, 2000.

[14] Edward I. Altman, Brooks Brady, Andrea Resti, Andrea Sironi, "The Link between Default and Recovery Rates: Implications for Credit Risk Models and Procyclicality," Report prepared for the International Swaps and Derivatives' Dealers Association, April 2002.

[15] Fate J., "Depressing Recoveries," Risk, 2000.

[16] Frye, J., "Depressing Recoveries," *RISK-LONDON-RISK MAGAZINE LIMITED*, No. 13, Vol. 11, 2000, pp. 108 – 111.

[17] Greg M. Gupton, Roger M. Stein, "LossCalc^{TM}: Model For Predicting Loss Given Default (LGD), Moody's Investors Services," February 2002.

[18] Hamilton, Keenan, S. C., Sobehart, J. R., Hamilton, D. T., "Predicting Default Rates: A Forecasting Model for Moody's Issuer-based Default Rates," 1999.

[19] Hu, Y. T., Perraudin, W., "The Dependence of Recovery Rates and Defaults," Working Paper, Birkbeck College, 2002.

[20] Michel Araten, Michael Jacobs Jr., Peeyush Varshney, "Measuring LGD on Commercial Loans: An 18 – Year Internal Study," *The RMA Journal*, 2004, pp. 28 – 35.

[21] Schuermann T., "What Do We Know about Loss Given Default?" Federal Reserve Bank of New York, 2002.

[22] Ward I. Altman, Allan C. Eberhart, "Do Seniority Provisions Protect Bondholders' Investments?" *The Journal of Portfolio Management*, Iss. 4, Vol. 20, 1994, pp. 67 – 75.

[23] Yen-Ting Hu, William Perraudin, "The Dependence of Recovery Rates and Defaults," Birkbeck College, 2002.

中国债券市场跨越式发展与加速开放

中国经济的高速增长伴随着中国资本市场的发展，尤其是债券市场发展，尽管近年来中国经济增速有所放缓，但中国债券市场仍然处于加速发展中。中国债券市场的各项制度不断健全，产品创新持续推进，对外开放取得较大进展。在中国经济内生增长动力不足，增速有所放缓的背景下，中国债券市场在推进稳健的货币政策实施、满足实体经济融资需求、降低融资成本等方面发挥重要作用，成为中国金融市场发展的亮点。

一 中国债券市场实现跨越式发展

中国债券市场发展速度不断加快，从 2004 年债券市场总量不足 5 万亿元，发展到 2016 年的 57 万亿元，实现了跨越式发展，市场规模仅次于美国和日本，已经跻身世界前三。随着中国债券市场产品创新、市场扩容和市场基础设施的不断完善，债券市场深度与广度获得了持续发展，债券融资在社会融资规模中比例不断提升。同时，债券市场投资者多元化和交易活跃度也不断提高，又进一步推动了中国债券市场规模的显著增长。

2015 年中国债券市场各类债券发行量达到 3.4 万亿美元，同比增长 87.5%，增速提高了 56 个百分点。其中信用债发行规模近 0.96 万亿美元，占比为 28.2%。债券交易规模在 100 万亿美元以上。2016 年上半年，中国债券市场各类债券发行金额合计 2.7 万亿美元，同比大幅增长 107%，债券发行规模创历史新高。

---

* 2016 年在日本名古屋"中日经济交流恳谈会"上的演讲报告。

中国债券市场托管规模为 8.4 万亿美元，大致相当于中国以外新兴市场债券市场规模的总和，而美国债券市场规模为 39.3 万亿美元，日本为 11 万亿美元，但日本债券市场结构非常单一。其中，国债占到了整个债券市场的 81%，再加上地方政府债以及政府担保债券，整个公债市场占比高达 93%，而纯粹的企业债市场占比仅为 5%，而且流动性极低。中国债券托管规模占 GDP 比例达到 70.8%，而日本债券托管规模占 GDP 比例则在 260% 左右。总体看，中国债券市场次于日本，居亚洲第二。

由于中国资本市场仍然在发展当中，我们认为中国债券市场规模在未来几年仍将保持持续快速增长态势。同时，中国债券市场的发展速度会比其他经济体的发展速度更快。预计 2020 年中国债券市场规模占 GDP 的比例将在 100% 以上。届时，中国债券市场规模可能超越日本而成为亚洲最大的债券市场。

二　中国债券市场正在加速开放

随着中国经济的快速发展和对外开放程度的提升，以及人民币国际化，人民币纳入 SDR 货币篮子，中国正在进一步扩大债券市场对外开放。2016 年以来，中国债券市场开放的进程明显提速。央行对境外机构取消了投资配额限制，实行备案制管理。同时，配合人民币跨境使用，引入境外主权国家、境外金融机构和非金融企业等，在中国债券市场发行人民币债券进行融资。中国债券市场的开放为境外投资者和发行人在中国债券市场进行投资和融资提供了更多的机会和便利。

在中国在岸债券市场开放的同时，中国政府正在积极试点发展自贸区人民币债券市场——在岸离岸债券市场。中国自贸区债券市场可利用自贸区先行先试政策，比如上海自贸区自由贸易账户体系等，加快中国债券市场的开放进程。上海市政府在自贸区离岸市场发行首单地方政府债券，表明自贸区债券市场已正式开始运转。上海自贸区跨境债券市场允许境内外机构参与，资金使用更加灵活，特别是区内募集资金原则上可自由转移至境外使用，将为境内外机构债券融资带来新的便利和机遇。未来自贸区债券市场可能成为中国重要的离岸人民币中心，自贸区债券市场也有望成为全球主要的离岸人民币债券市场。

三 境外投资者正在积极进入中国债券市场

从投资端来看，2015 年以来，中国政府允许境外投资者投资中国债券市场。央行于 2016 年初再度放开境外机构投资者的准入和配额限制，中国债券市场对各类境外机构投资者已基本全部放开。中国债券市场已形成了以境外三类机构、QFII、RQFII 为主的境外投资者结构。截至 2016 年 6 月，已有 328 家境外机构进入中国债券市场。其中约 60% 为境外央行及超主权机构，40% 来自 QFII 与 RQFII。境外机构在中国债券市场的持有规模约为1000 亿美元，占市场存量规模的 2.0%，债券持有结构以国债和政策性金融债为主，分别占 45% 和 30%。

中国债券市场境外投资者的投资规模远低于其他发达市场国家，也低于发展较快的新兴市场国家。从美国债券市场境外投资者来看，国际投资者对于美国债券市场一直保持着较高的热情，2008 年至 2015 年，境外投资者持有美国国债总规模呈现不断扩大趋势。截至 2015 年 6 月，境外投资者在美国国债市场中的持债比例超过了 45%，持有国债规模达 6.15 万亿美元，持债总规模达到 10.48 万亿美元。从日本债券市场来看，2015年境外投资者持有日本国债的比例为 9.8%（日本财务省 2016 年 6 月数据）。可见，日本债券市场对境外投资者开放度也是比较高的。预计到2020 年，中国债券市场境外投资者持债规模将为 8000 亿~10000 亿美元，占中国债券市场存量规模的 8%~10%。全球除中国以外的长期养老资金大概有 26 万亿美元，如果 5% 配置在中国债券市场，那就有 1.3 万亿美元的境外资金投入。

随着中国资本账户的开放，未来境外投资者有望更加积极进入中国债券市场。（1）随着人民币加入 SDR，境外机构对人民币资产的配置需求逐步增加，对中国债券市场的投资需求将逐步增加。（2）由于全球债券市场收益率大幅下降，日本、德国的 3~10 年期国债到期收益率都是负数，英国的收益率是零。近来美国 10 年期国债到期收益率大概在 1.8%，2016 年最低的时候在 1.4%（最近随着特朗普胜选和通胀预期升温，美国国债收益率大幅提升至 2.3%）。在较大的经济体里，中国债券市场的收益率仍然是最高的。（3）中国经济 2016 年前三季度保持 6.7% 增长速度，高于此前市场的预期，中国债券市场较高的收益率和较为稳定的经济增速，强化了全球投资者对中国债券市场的投资信心。

四 中国债券市场是境外机构重要的在岸/离岸人民币债券融资市场

从发行端来看，自 2005 年开始，中国政府允许境外机构在中国债券市场发行人民币计价债券，即类似于日本武士债的"熊猫债"。当年，国际金融公司（IFC）与亚洲开发银行（ADB）先后在中国发行了首批人民币计价熊猫债。但这一阶段熊猫债的发行更多具有样本和试点意义，此后受制于外汇体制、发行主体、资金用途的局限，以及相对偏高的融资成本和较差的流动性等因素，熊猫债市场的发展一直较为滞后。

在人民币国际化、资本市场对外开放的背景下，熊猫债作为中国债券市场接轨国际金融市场的重要融资工具得到更多境外发行人的关注，中国政府有关熊猫债发行的政策限制也在逐步放宽。进入 2015 年以来，伴随着中国金融市场改革深化、利率市场化、汇率形成机制改革，以及资本账户开放等方面推出重大改革措施，人民币国际化取得重要进展，熊猫债市场也迎来了新的发展契机。另外，在中国经济结构调整期，市场整体资金面预期维持宽松，利率水平预计仍将维持低位，为境外发行人创造了低成本融资的市场环境。随着熊猫债发行主体的不断增加，熊猫债市场不断升温，发行规模也实现了较大幅的增长。2016 年 1～11 月，熊猫债发行规模达到 1200 亿元人民币。预计到 2020 年，熊猫债市场发行规模将突破 5000 亿元人民币。

随着熊猫债产品逐渐被市场和投资者认可，熊猫债市场的发展将逐步进入"快车道"。目前来看，中国监管部门将继续扩大熊猫债的发行主体范围，进一步完善发行品种体系和监管环境。这有利于包括日本的金融机构和非金融企业在内的境外机构，在中国在岸/离岸人民币债券市场获得更加便捷的融资渠道和途径。

总之，中国债券市场的发展和双向开放，不仅为境外机构提供了在中国债券市场融资的渠道，也为国际投资者提供了更多的投资机会。境外发行人和国际投资者的深度参与，也将进一步促进中国债券市场发展。债券市场开放不仅为中国经济注入发展动力，也将给全球经济的复苏和发展带来动力。

全球金融秩序重构需要多元化评级体系[*]

信用评级作为全球信用体系的重要组成部分,在全球金融秩序重构中发挥着积极的作用。二战以来,金融危机的频繁爆发暴露了全球金融秩序的先天缺陷,全球货币体系与金融监管严重失衡的现状亟待改变。随着新兴经济体与发展中国家在世界经济增长中的作用不断增强,其在国际金融体系中的地位需要得到相应的匹配。因此,新兴经济体与发展中国家的信用评级机构应当积极参与到全球金融秩序重构进程中,发挥应有的作用。尤其是,作为全球第二大经济体的中国,在人民币国际化与资本市场的不断开放与发展的背景下,评级行业迎来了良好的发展时机,成为构建多元化评级体系、平衡全球金融秩序的重要力量。

一 全球金融秩序重构需要新兴国家评级机构的积极参与

1. 金融危机前全球金融秩序的弊端

自 20 世纪 70 年代布雷顿森林体系结束以来,国际金融形势动荡未停。2008 年由美国次贷危机引发的全球金融危机再次暴露全球金融秩序弊端,主要体现在以下几个方面。

（1）金融脆弱性与不稳定性并存

尽管目前世界各国的金融体系大都得到了较快的发展,但金融脆弱性的状况至今仍然未见改善。据世界银行统计,在 20 世纪最后 20 多年中,全球上百个国家先后爆发了 110 多次系统性银行危机与多次准危机,尤其是在开

---

* 在第 20 届圣彼得堡国际经济论坛（SPIEF）（2016）"信用评级体系的新框架与标准"会议的演讲报告。

放经济条件下，一国金融系统的不稳定将引发全球效应，传导至多个国家，产生较大的破坏。一方面，对国际金融市场产生直接冲击；另一方面，对实体经济产生影响。

（2）过度金融自由化使全球金融监管面临挑战

2008年金融危机之前，资本市场的自由化，被类比为贸易自由化，一般获得各方的支援与推崇，并经常因为乐观的期望而逐渐放宽监管。更值得注意的是，各国政府财政政策的强势介入，对资本市场自由化的趋势可能具有推波助澜的作用，而这将形成负反馈机制，进一步提高全球金融监管的难度。

（3）不公正性：一些发达国家掌控国际金融规则制定权与话语权

现有金融体系监管由少数发达国家占据主导权，发展中国家处于不利地位。以IMF为例，其投票权包括平等分配的成员身份投票权和由出资份额（特别提款权）决定的份额投票权；随着各国份额加大，后者在IMF内部愈发重要，这使份额较大的发达国家掌握了话语权。同时，越来越多的IMF决议需要达到"特别多数"（通常为70%和85%）才能通过，这使少数拥有大量投票权的国家得以掌握IMF的否决权，也使IMF难以监控它们的金融活动。

（4）金融资源分配严重失衡，进而加剧全球经济失衡

金融危机和量化宽松不仅没有削弱美元霸权，而且从多个侧面强化。外国中央银行和投资者持有的美国国债快速增长，美国国债市场的流动性持续扩张。新兴市场国家希望改革国际货币体系、摆脱美元依赖的努力付诸东流。

2. 新兴经济体与发展中国家在全球治理中发挥更加重要的作用

近年来，新兴经济体与发展中国家对全球经济增长的贡献逐渐增加，成为世界经济新的增长极。相比新兴经济体与发展中国家的经济实力与增长贡献，其在国际金融体系中的话语权并不相称。在此背景下，新兴经济体开始主导创建多边开发金融机构，在全球治理中发挥更加重要的作用。2013年，在第五届金砖国家峰会上，巴西、俄罗斯、印度、中国和南非五国领导人同意成立金砖国家新开发银行，旨在服务金砖国家以及其他新兴市场和发展中国家的基础设施建设和可持续发展。2014年，包括中国、印度、新加坡等在内的21个国家签约，共同决定成立亚洲基础设施投资银行，以促进亚洲区域的建设互联互通化和经济一体化的进程。金砖国家新开发银行与亚投行不仅为新兴市场提供融资支持，也是新兴经济体参与全球治理的重要体现，将进一

步促进国际金融治理体系多元化,使现有多边开发金融体系更加趋于完善。

3. 后危机时代金融秩序重构仍需强化信用评级的作用

后危机时代,需进一步强化信用评级的重要作用。具体体现为三个方面:第一,金融危机没有弱化信用评级的作用,信用评级仍是全球金融体系中的重要基础设施;第二,当前国际"三大"评级机构对于评级市场的垄断导致市场结构单一,放大了评级顺周期影响,不利于形成正面引导;第三,全球经济一体化背景下,金融产品创新、经济预警等方面均需依赖新兴国家评级机构的积极参与。

二 探索和改革全球评级业监管,
建立多元化信用评级体系

1. 全球评级业监管体系变革

评级业自 19 世纪 50 年代诞生,至今已走过 150 余年发展历程。相较于评级业自身的蓬勃发展,评级业监管发展相对滞后。回顾全球评级业监管发展历程,主要呈现两大趋势:第一,从以自由竞争的行业自律到政府主导的监管阶段;第二,从相互独立的国别监管到区域性、全球性的协调监管。

(1)从行业自律到政府监管

行业自律阶段(19 世纪 50 年代至 20 世纪 70 年代):美国作为评级业的起源地,其相关监管体系的发展历程是全球评级业监管发展的缩影。在评级业发展早期,评级行业处于自由竞争阶段,评级机构的生存和发展遵循市场优胜劣汰法则,评级机构出于维护自身声誉的需要,不断提升评级质量,以获得市场认可。

建立市场准入标准(20 世纪 70~90 年代):20 世纪 70 年代,美国经济出现了高通货膨胀和高利率的现象,使债券市场受到了很大的影响。部分债券违约事件让投资者发现,并非所有评级机构得出的评级结果都能很好地揭示风险,因而在使用评级结果的过程中需要对不同评级机构进行甄别,从而提高信用级别的信息含量。为了规范评级结果的使用,1975 年 SEC 通过"无异议函"(No-action Letter)的方式将当时三家主要的评级公司——穆迪、标准普尔和惠誉确认为第一批"全国认可的统计评级机构"(Nationally Recognized Statistical Rating Organizations,NRSRO)。此后,监管机构对评级资质的认可，以及众多法规和合约中对 NRSRO 概念和 NRSRO 评级结果的使用，大幅度增强了 NRSRO 的市场影响力。

细化监管要求（20 世纪 90 年代至 2008 年）：随着全球资本市场的发展，评级业务得到了前所未有的发展机遇，主要评级机构规模迅速壮大，评级产品日趋复杂，并在全球范围内逐步拓展其影响力。但与此同时，国际性评级机构暴露出的问题也日益引起市场的关注。其后在墨西哥金融危机、1998 年亚洲金融危机、阿根廷金融危机，以及安然事件、世通破产案件中，国际性评级机构的表现差强人意，市场质疑声不断。为重拾投资者信心，美国相关监管部门逐步加强了对评级机构的监管，出台《2006 年评级机构改革法案》，将利益冲突管理、评级流程管理等细则纳入监管范围。

监管大幅强化（2008 年至今）：次贷危机的爆发再次将评级机构推向了风口浪尖，评级机构在业务运作中的利益冲突、透明度和独立性不足等问题在结构化产品的评级中表现得更为明显。美国政府对评级行业的监管大幅度强化，在监管措施上向具体的评级业务流程、评级方法（包括模型、假设等）等实质性层面深入。

（2）从国别监管到区域性和全球性监管

就美国而言，其他国家评级业监管发展相对滞后。20 世纪 90 年代，新兴国家在发展本土评级业的同时也建立了相应的监管体系。但各国监管相互独立，协调性较差。2008 年次贷危机引发全球金融危机，金融全球化与资本一体化要求评级业监管不能仅仅局限在单一度度，而应该从国别监管走向以国际标准为基础的统一协调监管。

欧盟：2008 年 7 月欧盟委员会宣布将在欧盟境内展开对评级机构的监管工作。欧盟代表组成的欧洲证券管理委员会临时负责信用评级机构的登记注册。欧洲主权债务危机爆发后，欧盟提出要进一步严管评级机构。2010年 6 月欧盟委员会出台立法建议，设立名为"欧洲证券和市场管理局"的新机构，统一接受评级机构的注册登记和监管。通过该机构，欧盟把对评级机构的监管权力从各个成员国手中收回，统一了监管主体。

国际证监会（IOSCO）：IOSCO 于 2008 年修订了《信用评级机构基本行为准则》，其中对四大类准则进行了强化。这些修订包括强化评级程序质量、保障评级的后续监督和及时性、禁止分析师参与结构证券设计、增加公开披露、定期检查薪资政策、将结构融资评级与其他种类进行区分等。2009

年4月签署的《关于强化金融体系的声明》中，二十国集团领导人同意评级结果用于监管目的的信用评级机构应当被纳入注册所在地监督机制下，其行为应保持与《信用评级机构基本行为准则》一致。IOSCO《信用评级机构基本行为准则》得到了二十国集团的认同，并且逐步成为全球评级机构和评级监管的基本标准。

2. 全球金融秩序重构背景下全球评级业监管新思路

信用评级行业作为金融体系的重要基础设施，其监管体系的完善与否对于能否积极发挥信用评级作用至关重要。在后危机时代全球金融秩序重构的背景下，探索与改革全球评级业监管需重视以下三点：第一，打破国际"三大"评级机构的垄断格局，建立多元化评级体系；第二，关注信用评级的协调监管，探索基于全球金融秩序重构的全球评级监管体系；第三，合理使用评级结果，降低监管和投资者对于评级结果的过度依赖。以上三点与全球金融秩序重构内涵一致，将推动全球经济多极化、金融监管全球化，降低金融市场周期性波动，促进金融秩序变革。

（1）建立多元化评级体系支持"三大"之外的新兴评级机构

1975年美国SEC通过"无异议函"的方式将当时三家主要的评级公司——穆迪、标准普尔和惠誉确认为第一批"全国认可的统计评级机构"（NRSRO），此后众多法规和合约中对NRSRO概念和NRSRO评级结果的使用，大幅度增强了NRSRO的市场影响力，并逐步形成三大机构对全球评级业的垄断格局。美国对于信用资源的垄断，实是对金融资源的垄断，全球评级垄断格局进一步加剧全球金融资源的分配失衡。当前，伴随新兴经济体的迅速发展，监管层应积极支持新兴国家评级机构发展，提高新兴国家金融市场话语权，打破全球评级市场的单一结构，通过构建相互制衡、充分竞争的全球多元化评级体系，从而保障国际金融秩序的公平、合理、稳定。

（2）关注信用评级的协调监管，探索基于重构全球金融秩序的全球评级监管体系

2008年金融危机后，全球化监管已成为信用评级行业发展的重要趋势。探索全球评级监管体系主要包括以下三个方面。第一，加强全球评级业监管的一致性。细化现行国际监管标准IOSCO《信用评级机构基本行为准则》，统一全球评级业监管框架及要求。推动各国国别标准与国际标准相统一，并由主权国家或地区进行监管。第二，在提高评级透明度的基础上，保护评级

机构独立性。一方面，提高评级依据、评级方法、历史记录透明度，为公众参考评级结果提供依据；另一方面，在加大监管力度的同时，审慎界定评级机构法律责任，保护评级机构发表观点的独立性。既要防范"监管真空"也要防范"监管过度"。第三，建立全球评级业共享机制。通过整合各国信用评级资源，相互给予资质认可和准入便利，实现信用信息互通与共享。同时，加强各经济体在评级技术、研究、人员、数据库等多领域的交流合作。

（3）合理使用评级结果，降低监管过度依赖

在评级行业发展初期，监管机构对于评级结果的引用扩大了评级结果的使用范围，促进了评级行业的快速发展。但在监管层引导下，市场各方对于评级结果的过度使用与依赖，提高了评级结果的溢出效应，从而加剧金融市场波动。评级结果是预期信用风险的判断，按照风险程度的排序，理论上和实际上存在一定的违约率。评级机构是中介机构，与其他会计、律师等中介服务机构不同，评级结果仅表明自身观点和看法，并不是对现象或者业务的确认和计量。评级机构针对受评对象的评级报告及信用等级只能作为信息使用者投资决策的参考，而不能被解释为事实陈述或购买、出售、持有任何证券的建议和依据。

降低监管过度依赖，一方面，需减少监管规则中对评级结果的直接引用，具体表现为弱化或取消评级结果与债券发行的绑定、弱化投资门槛中对于评级结果的使用、弱化金融机构风险管理中对于评级结果的使用。另一方面，监管机构应鼓励金融机构提高内部评级能力。外部评级是整个金融体系非常重要的防护带，是机构监管的重要参考，也是各机构内部评级对交易部门风险判断的检验。外部风险评级和内部机构评级不能相互替代。使用评级结果的机构（资产管理公司、金融服务企业等）应最终对其客户和股东负责，对风险做出独立判断，而不是把风险评估职能外包给评级机构，金融机构需提高自主判断能力。

三　中国评级业发展有助于全球金融秩序的重构

1. 中国经济：世界第二大经济体

作为世界上最大的发展中国家，中国自改革开放以来，经济保持快速增长，已成为世界第二大经济体，是世界经济增长的重要推动力量。世界银行数据显示，2015年中国经济对世界经济的贡献率达到26.1%，GDP位列世界第二。

2. 中国资本市场：快速发展与日益开放

（1）快速发展。伴随中国经济的快速发展，近年来中国资本市场迎来快速发展期。截至 2015 年底，中国债券市场整体实现大踏步、跨越式发展，存量规模近 48 万亿元人民币，成为亚洲第二大债券市场、全球第三大债券市场。2015 年，债券市场规模占 GDP 比例达到 71%，该比例自 2011 年以来保持快速增长，显示出良好的发展势头与发展潜力。相比之下，美国债券规模与 GDP 比值持续下降、日本该指标的增速不断下滑。在创新方面，伴随债券市场发行与交易规模持续扩大，创新券种陆续推出，金融创新产品快速发展。截至 2015 年底，资产证券化产品发行规模已突破 4000 亿元。

（2）日益开放。伴随人民币国际化进程，债券市场双向开放程度日益加深。更多的境外机构作为交易主体或发行主体参与境内债券市场，同时也有境内的企业进入离岸债券市场发行债券。在发行端，伴随着"一带一路"倡议，2015 年熊猫债市场迎来了发展的新契机，熊猫债发行规模达到 295 亿元，发行主体进一步扩展至主权政府、境外金融机构与非金融机构，囊括所有发行主体，发行地域呈现多元化，韩国、加拿大等国纷纷启动熊猫债。在投资端，境外机构和个人持有境内债券规模持续扩大，交易方式、交易额度、交易主体持续扩容。

3. 中国评级业：影响力日益增强

依托中国资本市场的快速发展，中国评级业在人才培养、公司治理、评级研究、评级方法制定与修订等方面实现长足发展，影响力日益增强。

4. 中国评级业"走出去"步伐加快，成为构建多元化国际评级体系、促进全球金融秩序重构的重要力量

伴随中国人民币国际化进程加速、"一带一路"倡议持续推进、资本市场开放日益深入，中国评级机构加快"走出去"步伐，积极参与构建多元化信用评级体系、促进全球金融秩序重构。一方面，中国评级业积极参与全球监管标准制定，如近期全球保险资本标准制定；另一方面，中国评级业积极参与全球主权债务市场，以中诚信国际信用评级公司为例，自 2012 年开展国家主权评级，至此时覆盖 70 个国家（地区），评级范围不仅包含发达国家，也涵盖亚、非、拉美等地区的发展中国家，涵盖 39 个"一带一路"沿线国家，评级范围不断扩大。

构建基于"一带一路"倡议的国际信用评级体系[*]

一 信用评级话语权对大国金融安全至关重要

1. 信用评级是国际金融体系的重要组成部分,国际三大评级机构长期掌控信用评级的国际话语权

信用评级服务于金融市场的风险定价,拥有对金融资源配置的话语权,是整个金融体系的重要组成部分。但是信用评级本身又带有一定程度的主观因素(例如三大所标榜的"华盛顿共识"和私有化意识形态),故其发展状况与理念必定会对一国的金融主权产生重要影响。尤其是在金融全球化不断推进,以及债务债权关系日益国际化的今天,信用评级机构更成为国际货币金融体系中至关重要的枢纽之一,掌握信用评级国际话语权不仅能够攫取全球资本市场的风险定价权,还可能影响一国的金融稳定和金融安全。

正是基于对信用评级重要作用的深刻理解和认识,美国政府始终大力支持穆迪、标普和惠誉三大评级机构争取国际市场的话语权。这种支持突出体现在资本输出过程中"捆绑"三大的评级话语权。二战以后,伴随美国经济在世界经济中的主导地位不断加强,美元资本的快速输出,美国政府通过将信用评级作为美国评定投资风险、选择投资项目的重要参考依据,带动三大国际评级机构在全球建立自己的评级标准和评级体系,形成三大在世界评级市场的垄断局面。

2. 国际三大评级机构掌控评级话语权影响中国金融安全

信用评级牵一发而动全身,稍有不慎就会动摇整个社会的信用体系,引发金融危机和经济危机。2011 年,三大评级机构接连调降冰岛、希腊、葡

---

[*] 在 2017 年 12 月 16 日"前海蛇口创建信用经济试验示范区研讨会"上的演讲报告。

萄牙等欧洲国家的主权信用级别，直接导致欧洲乃至全球投资者的恐慌抛售，引发欧洲主权债务危机。2017 年 5 月，穆迪将中国主权信用级别从 Aa3 下调至 A1。虽然中国经济良好的基本面暂时淡化了这次降级对中国主权信用的负面影响，但是仍有大量的金融机构和企业被降级。而长期以来，三大有意压低我国信用级别，更是直接导致国内企业或金融机构在国际资本市场交易中处于不平等地位。如 2003 年底，正值我国银行业谋求海外上市之际，标普将中国 13 家商业银行的信用级别均评为投资级以下，同时又高调肯定境外投资者参股中国银行，使其在与中国商业银行谈判时压低价格，为国际垄断资本攫取我国的国有资产开方便之门。而由于三大对中国主权评级天花板的限制，中国企业在海外资本市场的信用级别普遍分布在投资级以下，并因此支付相对更高的融资成本。

美国政府还多次在中美谈判中不遗余力地积极探索进入中国信用评级市场。在前几年举行的中美战略对话中，评级市场开放多次作为议题。2017 年中美"百日计划"中又进一步提出中方在 7 月 16 日前开放信用评级市场。目前中国已经开放了信用评级市场，如果未来外资评级机构凭借其评级话语权优势大力拓展国内信用评级市场，引导国内市场的评级序列转而适应国际评级机构的逻辑，中资企业信用质量在境外被低估的状况可能进一步延伸至境内市场，不利于国内资本市场的健康发展。更大的问题是，久而久之国际评级机构将获得国内债券的定价权。这种定价权的转移可能给中国金融市场的稳定和安全带来隐患。

3. 中国经济和金融市场发展与评级话语权不相匹配

从经济领域来看，中国已经成为世界第二大经济体，GDP 占全球 GDP 的份额达到 15%，中国进出口贸易额占全球贸易总额的比重达到 12%。从金融市场来看，2017 年上半年，中国债券市场规模已经仅次于美国，可以与全球第二大的日本债券市场比肩。同时人民币在全球贸易中交易结算占比已进入前五位，并纳入 SDR 货币篮子成为国际储备货币。而与中国日益提升的经济与金融地位形成鲜明对比的是，中国金融机构的国际影响力还比较低，中国本土评级机构在国际市场的份额与影响力也远远低于国际三大评级机构。

未来 10～15 年，按照中美当前经济增速的差距推测，随着金融开放深入及人民币国际化战略加快推进，中国金融市场与国际市场的互动将更加频繁，并将逐步成为全球金融市场的重要一员。因此，中国需要重塑在世界金融领域的影响力，构建由中国主导的国际金融秩序，获得与政治经济地位相一致的金融市场话语权，其中，掌握国际评级市场话语权更是一个关系国家战略高度的政治任务。

二　把提升中国信用评级话语权上升为国家战略

1. 从国家战略高度认识信用评级的重要性

次贷危机和欧债危机的经验都表明，信用评级可能影响一国乃至全球金融市场的稳定和安全。因此，应从国家层面提高对信用评级的重视程度，将提升中国评级机构的国际话语权上升到国家战略，从而将评级话语权转变为在资本深度开放中，掌控和维护我国金融稳定和金融安全的利器。

中国的国际地位越来越高，但是在国际金融领域的话语权与中国在世界经济领域的份额不相匹配，信用评级话语权被三大垄断，没有中国的话语权。把提升信用评级话语权上升为国家战略，在未来 5～10 年，中国需要重塑在世界金融领域的影响力，获得与政治经济地位相一致的金融市场话语权，这是一个关系国家战略高度的政治任务。

2. 信用评级是金融稳定发展和防范系统性风险的重要金融基础设施

次贷危机后，国际社会特别是 G20 对评级机构的作用和监管提出了重要的改进建议。经过金融危机的洗礼，监管和市场都认识到了信用评级是金融稳定发展和防范系统性风险的重要基础设施。在经济全球化、资本市场一体化的背景下，金融市场需要评级机构为金融市场的风险揭示和风险缓释提供公正的、专业的信息披露和基础性的风险定价服务。因此，中国也要从战略高度定位信用评级的作用，完善信用评级的基础设施功能。

3. 债券市场的开放需要评级话语权掌控金融产品的定价权

中国债券市场开放稳步推进，不仅境外机构投资者可以参与中国债券市场的投资和交易，香港和内地"债券通"的开通也促进了内地和香港债券市场的互联互通。同时中国也加快熊猫债市场发展，熊猫债市场快速扩容和市场机制不断完善，境外机构在中国资本市场发行人民币债券的意愿不断增强。中国债券市场的国际化进程不断加快，国际化和多元化的投资者结构和交易策略对信用评级的需求日益广泛，中国评级市场的开放对中国本土评级机构的发展提出了严峻的挑战。如果我们不能从国家战略高度认识信用评级话语权的重要性，那么就可能面临金融产品定价权的旁落。

4. 通过信用评级话语权推动人民币国际化和离岸人民币债券市场发展

随着中国经济稳健增长以及"一带一路"倡议的实施，人民币国际化发展水平不断提高。随着人民币国际化发展，离岸人民币市场成为全球金融市场的重要组成部分，离岸人民币债券也成为国际金融市场债务融资的重要途径。提升中国评级话语权有助于为人民币国际化和离岸人民币债券市场发展保驾护航。

三 信用评级助力"一带一路"倡议下
国际金融新秩序构建

1. 构建国际金融新秩序需要掌握评级话语权

人民币国际化战略的实现需要掌握评级话语权及金融秩序的主导权。伴随中国经济稳健增长和金融改革开放，以及"一带一路"倡议的实施，人民币国际化发展水平不断提高，不仅在国际货币支付中的份额从 2014 年 1 月的 1.39% 上升至 2017 年 9 月的 1.85%，同时还稳居中国跨境收付第二大货币。信用评级不仅掌控着全球资本市场的风险定价权，还可能影响一国的金融稳定和金融安全。在人民币国际化进程中维护国家利益对提高中国信用评级的国际话语权提出了现实需求。

"一带一路"倡议的落地需要信用评级提供全流程风险评估。"一带一路"基础设施建设蕴含着巨大的市场机遇。根据国务院发展研究中心的预测，2016 年到 2020 年，"一带一路"沿线国家（不计埃及）基础设施合意投资需求在 10.6 万亿美元以上。其中，中国之外的沿线国家投资需求约为 1.4 万亿美元。然而，从现状来看，"一带一路"沿线国家普遍面临国内金融市场不发达、政治风险突出等问题，因此满足沿线基础设施建设的资金需求、评估项目风险成为推动"一带一路"建设中最现实而迫切的问题。

2. 掌握评级话语权，推动国际金融新秩序建立

人民币国际化从贸易领域迈入资本国际化阶段，为评级"走出去"提供了现实基础。人民币已经连续六年成为中国第二大跨境支付货币，离岸人民币市场成长迅速，人民币的跨境使用已经逐步从贸易领域扩展到了金融领

域。仅 2016 年，对外直接投资人民币收付金额为 1.06 万亿元，同比增长
44.2%。正如美元的资本全球化带动了三大在国际市场上的垄断，人民币迈
入资本国际化阶段也为中国评级"走出去"提供了现实基础。

三大现有评级体系抑制了沿线投融资需求的展开，为中国评级"走
出去"提供了市场空间。长期以来，三大在国际评级市场占据垄断地位，
在其框架体系内大多数"一带一路"沿线国家主权评级在投资级以下，
从而限制了其当地企业和金融机构的评级及进入国际市场的融资能力，融
资成本也被大大抬高。因此，中国应把握这一有利机遇，打破三大对国际评
级市场的封锁，主动构建基于"一带一路"倡议的信用评级体系，为沿线
基础设施项目信用评价提供服务，以满足资本"走出去"对于风险评估的
需求。

（1）国际金融新秩序需要信用评级中国模式发挥作用

随着中国金融市场发展和资本市场的开放，中国评级机构正在形成自己
的评级体系和模式，随着人民币国际化推进，在 CEPA 架构和"一带一路"
推进中，中国评级业逐步向国际金融市场输送信用评级中国模式。

——中国模式将打破西方世界对政治制度的偏见。长期以来，由于西方
世界对民主和开放的政治制度给予更高的评价，新兴发展中国家主权级别往
往受到制度因素的影响，从而限制了沿线企业的级别天花板。中诚信的全球
评级体系并不区分其政治制度模式是民主还是专制，更加侧重对政府战略及
执行力的评定，从而试图建立更加公正的全球评级序列。

——构建互为补充的全球序列和本地序列，助力投资者识别机遇与风
险。"一带一路"沿线国家整体风险偏高，但是并不意味着缺乏投资机遇。
本地序列能够更加有效地区分一国国内企业的相对投资价值和风险状况，而
全球序列能够将沿线不同区域的企业进行横向类比。通过全球序列与本地序
列的相互补充和映射，有助于帮助投资者更加清晰地识别沿线投资机遇与风
险。

（2）加强沿线国家金融市场基础设施的互联互通是推动中国评级"走
出去"的必要条件

首先，以开发性金融为先导，推动中国金融业"走出去"。资本项目开
放及人民币国际化进程的加快，为中资银行在国际市场进行基建项目融资、
债券发行以及跨境电子商贸等多元化业务提供了前所未有的机遇。要充分发

挥亚洲基础设施投资银行、丝路基金、国开行等多边开发机构及政策性开发机构的先导作用,推动其他商业银行、保险公司等金融机构"走出去",覆盖沿线投融资需求。中资评级机构将依托"走出去"的金融机构覆盖沿线国家的各类风险评估需求,金融机构"走出去"将成为推动中国评级"走出去"的重要推动力量。

其次,推动沿线国家直接融资市场的发展及互联互通。具体方式包括:(1)推动双边市场的股权合作,如上海证券交易所、德意志交易所集团、中国金融期货交易所合资在法兰克福成立中欧国际交易所,上海证券交易所、中国金融期货交易所等与巴方伙伴合作收购巴基斯坦证券交易所30%的股权等;(2)通过信用评级的双向认证推动沿线国家股票、债券市场的互联互通,如推动其他国家机构到中国发行熊猫债,也可带动中资企业在沿线国家发行当地币种债券;(3)大力发展沿线其他区域人民币离岸债券市场、伊斯兰债券市场等。

最后,要加强沿线评级机构之间的合作。目前,中诚信国际与VIS集团签署了战略合作协议,并将携手亚洲信用评级协会共同推动"一带一路基础设施项目信用评级联合委员会"工作的开展,在"一带一路"沿线项目投资价值评估、评级技术与方法等领域展开研究与合作,共同探索"一带一路"沿线国家信用评价体系。

(3)中资企业"走出去"充分利用国内信用评级,掌握沿线国家金融市场风险定价权

以"一带一路"沿线国家和金融市场为突破口,通过政府和企业合作方式,在目的国推广中国的信用评级标准和主权评级体系,为中国企业在"一带一路"沿线的投融资活动提供风险管理和投资指引。在为"一带一路"倡议和企业"走出去"提供信用评级服务的同时,提升中国评级机构在"一带一路"沿线国家的金融话语权和影响力。

从投资端来看,中国评级将伴随中资企业"走出去"的步伐,渗透"一带一路"沿线投资项目的全过程。基础设施项目建设的各个环节及各参与方都面临各种类型的风险。信用评级不仅衡量债务违约的可能性,还包括评估影响项目现金流量的各种风险,如内外部风险、政府或企业风险、经济或政治风险。信用评级将在企业投资项目的全流程提供服务,包括项目投资前的国家—行业—项目风险识别、投资机遇识别、项目启动及后期运营中的

融资服务、风险实时监控及预警，能够帮助投资者做出投资决策、选择交易对手、衡量项目风险、决策融资方式、监控风险。

从融资端来看，中国评级机构将伴随各类直接、间接融资市场进入沿线金融市场，掌握沿线国家的风险定价权。通过推动中资金融机构"走出去"、促进沿线金融基础设施的发展及互联互通，推动以人民币为计价单位的投融资双向展开，中国评级机构也将依托上述直接、间接融资体系的建立，伴随人民币国际化及中资企业"走出去"的步伐逐步进入沿线国家金融市场。

四 从前海出发，让本土评级机构参与新型国际评级体系的建设

前海作为香港延伸到内地的桥头堡，也是粤港澳大湾区的核心区域，将为中资评级机构提供巨大的市场空间和客户来源，有望成为中资评级机构走向国际的桥头堡。中国的信用评级机构可以以前海为基点，充分利用其深港合作这一制度上的优势，逐步通过香港市场向"一带一路"沿线国家市场渗入。在这些地区和国家构建中国主导下的基于"一带一路"倡议的评级体系，再逐步走向国际舞台、参与国际竞争，重构当前的国际信用评级体系。

1. 前海发达信用经济有利于促进本土评级机构国际化发展和构建新型国际评级体系

作为国内金融创新与开放的重点实验平台，前海自贸区的信用经济较为发达。主要表现在三个方面。

（1）前海正在成为中国最有影响力的金融聚集区。前海自贸片区注册持牌金融机构已有213家，除了传统的持牌金融机构外，前海还集聚了大量创新型金融机构，类金融机构和金融相关服务机构多达5.46万家。

（2）跨境金融快速发展。跨境金融已成"前海品牌"，前海陆续启动"五个跨境"：一是跨境双向人民币贷款；二是跨境双向发债；三是跨境双向本外币资金池；四是跨境双向股权投资（QFLP和QDIE）；五是跨境资产转让。跨境金融的发展，使前海成为人民币国际化的桥头堡。

（3）金融创新和金融科技的发展。国内首单区块链跨境支付业务、国

内首家区块链图书馆应用均落户前海。根据中国人民大学国际货币研究所报告，前海自贸区 2016 年 FFI 指数（自贸区金融创新发展指数）为 57.04%，比 2015 年提升 5.2 个百分点。

前海活跃的信用经济既需要评级提供风险评估的服务，也为评级行业发展提供了有利的市场环境。一方面，随着金融创新不断加快，各种复杂的结构化金融产品被开发出来，一般投资者很难有足够的资料和知识来评估其所购证券的内在价值和风险；另一方面，跨境业务中如何让海外投资者正确理解国内信用市场的风险，以及如何正确评估资本"走出去"风险成为重要课题。上述两方面因素均需要专业的信用评级机构提供专业的风险评价服务，反过来这又会增加评级机构的业务机会，为评级机构积累业务经营、增强竞争实力、走向国际市场创造条件。

2. 以前海为战略支点，支持境内评级机构国际化，参与构建新型国际评级体系

前海自贸区是中国新一轮改革开放的重要实验区，前海由于所处的位置优势和国家政策的支持，作为打破原有体制和政策限制的试验区，可以通过顶层设计，构建基于国际化和全球化战略，满足"一带一路"金融服务需求。

首先，要充分发挥前海自贸区"发挥 21 世纪海上丝绸之路战略支点作用"和"整合深港两地资源"的功能定位，将构建中国主导的评级体系与"一带一路"倡议及人民币国际化结合起来，让前海在金融新秩序的构建中发挥重要作用。这需要进一步突出和巩固前海跨境金融中心的地位，特别是要扩大前海在"一带一路"沿线国家以及国际投资者中的影响力。过去一两年，前海自贸区跨境人民币业务已经取得一定进展，未来应当着力创建包括股权、债权、信贷等各类人民币资产的交易市场，推动人民币计价、结算、融资、投资在更广范围使用。前海可充分发挥自身的区位优势，加强与香港地区以及周边东亚国家的监管合作，推进境内外金融基础设施互联互通。

其次，作为国内信用经济最活跃的地区，前海应当充分利用自身优势，争取国家支持，成为建立新型国际信用评级体系的前沿阵地。前海应将培育一两家可以与三大抗衡的国际化的中国评级机构列为未来 5~10 年的战略目标，采用择优机制选择优秀的国内评级机构落户前海，并给予重点扶持，以增强辖区内评级机构的竞争力，为其在国际市场上更好地发挥优势创造条件。

3. 前海信用创新试验示范区可以为中国评级业国际化提供更大政策支持

一方面，对信用评级机构落户前海提供更多的政策支持。优化吸引信用评级机构总部落户前海的政策环境，将信用评级机构作为金融基础设施的重要组成部分和金融配套服务机构，享受《深圳市扶持金融业发展若干措施》的扶持政策，给予信用评级机构准金融机构和金融企业待遇。鼓励国内大型评级机构总部落户前海，将信用评级作为前海重点引进和重点扶持的金融企业，通过"一事一议"给予相关政策支持。

另一方面，前海作为国内资本输入输出的重要纽带，可以通过让中国评级机构的评级和资本的进出紧密捆绑，来进一步增强对中国评级机构的国际化业务的支持，为中国评级机构争夺国际评级话语权创造条件。

——规定境外主权国家、经济实体或多边金融机构在我国债券市场发行人民币债务工具、外币债务工具或在我国资本市场进行融资时，由境内评级机构进行评级。

——中国的资本通过前海出境，在境外开展信贷、投资活动时，使用境内评级机构对投资对象的国家主权及境外主体的信用评级服务，保障中资对外投资安全。

——支持国内评级机构深入国际评级市场：从"一带一路"沿线国家开始，前海的交易市场与沿线国家金融市场的合作和评级资质互认，促成本土评级机构与多边开发机构、跨国金融机构的合作，让本土机构跟随中国的资本走遍"一带一路"沿线。

总体而言，前海自贸区具有得天独厚的区位、政策优势，应当抓住机遇，把"一带一路"倡议与重塑中国在全球金融市场影响力相结合，以沿线金融市场合作为突破口，推动中国主导的新型评级体系建立，实现国际金融新秩序的构建。

如何提升中国评级业的国际话语权[*]

评级机构是国际金融体系的重要参与者，不仅掌控着全球资本市场的风险定价权，还可能影响一国的金融稳定和金融安全。2017 年 5 月，穆迪将中国主权信用级别从 Aa3 下调至 A1，引起了国际金融市场的普遍关注。交易日内人民币汇率、中概股、中国的国债违约互换（CDS）等市场均出现了一定波动，国际评级机构对金融市场的影响可见一斑。随着中国的企业和资本与国际市场的互动更加频繁，海外市场对评级机构行动的关注再次让我们意识到信用评级的重要性，尤其在当前中国评级市场即将向外资开放的特殊时点上，如何提升中国评级机构的国际话语权成为一个需要关注的问题。

一　信用评级是国际金融体系的重要组成部分，美国评级机构长期掌控国际话语权

信用评级是国际金融体系中的重要组成部分，评级机构通过评估和揭示信用风险，影响金融产品的风险定价，进而影响金融市场的稳定运行。二战以后，伴随美国经济在世界经济中的主导地位不断巩固，美元资本的快速输出也带动了美国的穆迪、标准普尔和惠誉三大评级机构快速扩张到全球资本市场，并逐步在全球信用评级市场占据绝对垄断地位。《纽约时报》专栏作家托马斯·弗里德曼曾写道："我们生活在两个超级大国的世界里：一个是美国，一个是穆迪。美国能用炸弹荡平一个国家，穆迪能用债券降级摧毁一个国家。"以欧债危机为例，三大评级机构调降级别、展望等一系列负面评级行动在一定程度上触发或加剧了危机的爆发。特别是

---

* 本文原为 2017 年提供给中共中央办公厅的内参文章，合作者为李诗、余璐。

405

2008 年后，三大评级机构调降冰岛、希腊、葡萄牙等欧洲国家的主权信用级别，直接导致欧洲乃至全球投资者的恐慌抛售，引发了欧洲债市、股市、汇率的集体暴跌，从而成为欧洲主权债务危机的导火线。此次穆迪调降中国主权信用等级使全球金融市场随之波动只是其短期影响的一个方面。从更长期的角度来看，一国国家主权级别下调代表着该国国债及资产风险的相对上升，直接关系到全球投资者对中国资产的风险判断，将带来对内投资和外部融资的双重影响：境外资本投资中国内资产的积极性可能因此下降，造成新一轮资本外流；同时"走出去"的中资企业融资成本将由于级别的下调而显著提升。

正是基于对信用评级重要作用的深刻理解和认识，美国始终大力支持三大评级机构争取在国际市场上的话语权，并在多次中美谈判中不遗余力地积极探索进入中国信用评级市场。在此前举行的中美战略对话中，评级市场开放多次作为议题，而作为谈判成果之一，外资机构投资中国评级机构的股权占比上限已上升至 49%。此次中美"百日计划"的重要成果之一，就是中方将在 7 月 16 日前开放信用评级市场。这也成为本次"百日计划"最重要和引人瞩目的成果，足见美国政府对评级的重视程度。

国内金融市场的主要参与者对中国经济走势和风险的看法一直与国际评级机构存在分歧。过去中国市场与国际市场的相互渗透较浅，国际评级机构的负面评级行动对中国市场本身影响较小。但当前中国经济与全球经济的相互作用不断增强，资本开放程度逐渐提升，外部经济金融环境对国内金融稳定和金融安全影响日益加深，在这样的背景下，中国评级机构需要在国际市场上发出自己的声音，提升国际话语权。

二 国内评级机构国际化程度较低，话语权尚未形成

1. 国内评级机构伴随国内债券市场逐步成长，但国际化进程缓慢

我国信用评级行业产生于 20 世纪 80 年代，但受制于债券市场发展滞后，直到 2005 年才开始快速成长，此后公司信用类债券市场规模从不到 3000 亿元，扩张至今已超过 17 万亿元。伴随债券市场的大幅扩容，我国信用评级行业也迎来了发展机遇。目前国内从事债券市场评级业务的主要评级机构共 10 家，其中几家相对较大的机构都已经构建了以中国市场经济为基

础并在评级实践中逐步完善的评级方法。在这些机构中，中诚信的市场份额最大，从业务规模上看已经成为仅次于国际三大评级机构的世界第四大评级机构。当前，信用评级已经在中国债券市场的发行、交易和监管机构的规则制定中扮演了重要的角色。特别是 2014 年以来，在信用风险加速暴露、债券市场"刚性兑付"逐步打破的环境下，信用评级越来越受到市场各方的重视。

然而就中国评级机构当前的国际化发展情况来看，国际化程度还比较低，国际化进程面临较多挑战。造成这种情况的原因大致有三方面。一是国内评级机构业务经验相对局限于国内市场，跟随中资企业进入国际资本市场的步伐相对滞后，因而在国际市场上的影响力较弱。二是现行的国际信用评级体系主要由美国主导，这使国际金融市场也更倾向于使用美国信用评级机构的服务，中国评级机构面临天然劣势，因此加快中国评级国际化发展，还要借助中国在国际金融市场话语权的提升。三是国内债券市场对外开放进程发展缓慢，国外企业和投资者对中国评级机构的评级服务需求相对有限，即便是在国内市场上中国评级机构在海外投资者和外资企业面前发声的机会也较少，这也直接制约了评级业务的国际化发展。

2. 开放市场环境下中国评级行业国际化发展迎来重大机遇

依托中国在国际经济与金融市场的重要地位以及人民币国际化进程加速推进，中国评级行业国际化迎来发展机遇。经过近四十年的发展，中国已经成为世界第二大经济体，人民币在全球贸易中交易结算占比已进入前五位，并纳入 SDR 货币篮子成为国际储备货币，中国债券市场规模已经可以与全球第二大的日本债券市场比肩。中国在全球经济与金融市场上影响力提升以及人民币国际化向前推进，为培育中国评级行业的国际影响力创造了先决条件。

与此同时，资本市场开放提升对国际化信用评级服务的需求，也为中国评级行业国际化创造良好发展机会。一方面，随着中国经济不断成长，境外企业对人民币的需求攀升，特别是随着"一带一路"倡议推广，越来越多的沿线政府及企业可能进入中国债券市场融资；另一方面，近几年资本项下逐步放开，境内企业海外发债也逐渐兴起。中国与国际资本市场互动更加频繁，有助于增加对国际化的评级服务的需求，从而加快中国评级行业国际化进程。

从评级机构自身的实力来看，部分评级机构已经提前布局国际业务。欧债危机以后，国内主要评级机构更加注重对国际市场信用风险的关注和研究，市场份额较大的几家机构都陆续发布了各自的主权评级全球序列，近两年更是纷纷在香港设立了面向国际市场的窗口。可以看出，国内评级行业中已经有先行者为进一步提升国际化水平做了充分的准备。

三　国际三大评级机构掌握评级话语权对中国的负面影响

1. 长期以来中国政府主权评级被低估，中国发行人海外融资的评级话语权被国际三大评级机构垄断，信用质量被低估，融资成本高昂

近年来，人民币国际化的快速发展推动中国企业"走出去"的步伐不断加快，中资企业海外融资的规模和需求均不断攀升，仅 2016 年中资企业赴海外发债的额度就突破了 1200 亿美元。相对国内发债，由于国际三大评级机构对中国主权评级天花板的限制，中国企业在海外资本市场的信用级别普遍偏低，绝大多数中资企业级别在投资级以下，需支付相对更高的融资成本。但从中资企业的风险表现来看，自 1993 年第一次有中资企业海外债券以来，违约案例极少。同时，与发行时的高票息率形成鲜明对比的是，中资美元债在二级市场普遍受到投资者青睐。中资债券在风险及二级市场的优异表现与其信用等级和发行成本形成显著反差，其信用质量被严重低估。

2. 开放环境下外资机构可能获得中国债券市场定价权，增加金融安全隐患

信用评级最重要的作用是风险定价。在国内市场即将开放的环境下，如果外资机构凭借其话语权优势大量开展国内业务，引导国内市场的评级序列转而适应国际评级机构的逻辑，中资企业信用质量在境外被低估的状况可能进一步延伸至境内市场，不利于国内资本市场健康发展。更大的问题是，久而久之国际评级机构将获得国内债券的定价权。这种定价权的转移可能给金融市场的稳定和安全带来隐患。

四　将培育中国评级机构的国际话语权上升为国家战略

相较于成熟的欧美市场，包括我国在内的亚洲金融市场起步相对较晚，其中开放程度相对较高的日本、韩国等市场也纷纷采取了保护和支持本土评级机构发展的措施。随着外资评级机构进入中国市场，增强中国评级机构国际竞争力，提升中国评级机构国际话语权越来越迫切。无论是从国家战略层面，还是金融市场监管机构和评级机构自身都应积极主动应对更加开放的国内外金融市场环境，支持中国评级机构在国际市场上发出更多的声音，提升中国评级机构的国际话语权。

1. 从国家战略的高度认识信用评级的重要性

次贷危机和欧债危机的经验都表明，信用评级可能影响一国乃至全球金融市场的金融稳定和金融安全，因此应从国家层面提高对信用评级的重视程度，将提升中国评级机构的国际话语权上升到国家战略，从而在资本更加深度开放的未来掌握维护国内金融稳定的有力武器。

2. 国内评级市场开放不应赋予外资评级机构超出本土评级机构的操作灵活性

中美"百日计划"落实后，国际评级机构将进入中国市场，监管机构应在制度上明确外资评级机构需要遵循的监管规则和需要履行的评级信息披露义务，不应赋予其超出本土机构的操作灵活性。国际机构发展历史更长，国际知名度较高，在与本土机构的竞争中更具声誉优势。在这样的情况下，境内市场不应单独使用国际机构评级结果，应至少使用一家本土评级机构的评级结果，支持本土机构的市场数据积累；对于进入中国债券市场进行融资的境外机构而言，应要求其使用本土评级机构的评级结果，并履行相应的评级信息披露义务。

3. 支持中国评级机构"走出去"，提升中国评级机构在国际金融市场的参与度

一方面，要让中国评级机构的服务跟随中国的融资主体"走出去"，中央政府有关｜部门应鼓励政府支持机构、金融机构以及其他境内企业在境外融资时，使用中国评级机构的全球序列评级结果，提高中国评级机构的国际知名度，减少对三大评级机构的依赖。另一方面，建议通过政府间合作积极支持中国评级机构进入其他国家或地区的评级市场，例如"一带一路"沿线国家和部分欧洲国家的金融市场，提高中国评级机构在海外金融市场的参与度，拓宽其在国际市场上的发展空间。

4. 提高中国评级行业集中度，避免评级市场过度竞争，加强评级机构自身能力建设

评级机构要加强自身能力建设，在评级技术和服务水平等方面不断提高，适应国际市场的需要，同时严格遵守评级原则、完善评级制度、优化评级方法，提高自身竞争力。从欧美评级市场的发展经验来看，评级行业市场集中度较高，三大占据了超过 90% 的市场份额。要提高中国评级机构的国际话语权，也应推动行业内部的整合，减少恶性竞争，增强中国评级行业整体的稳定性和竞争力，以为在国际市场上更好地发挥优势创造条件。

当前信用评级业存在的问题及监管建议[*]

一 我国信用评级业的发展与进步

1. 债券市场发展与信用评级需求

自 2005 年以来,随着我国融资体制改革和金融市场的发展,信用评级业也得到了前所未有的发展。2004 年《国务院关于推进资本市场改革开放和稳定发展的若干意见》以及《国务院关于投资体制改革的决定》,都明确地提出了发展企业债券市场的要求。正是在这种政策促进和市场引导下,2005 年国家发改委批准了 26 家大型企业发行 512 亿元的企业债券,这是近年来企业债券的最大发行规模。此时,国家发改委正准备第二批企业债券发行计划,发债规模也可能在 500 亿元左右,2005 年总的发债规模有望突破1000 亿元。在 2005 年之前没有任何一个年度的企业债券发行超过该规模,如 2007 年能够下达第二批发行规模,则我国企业债券发行市场将真正取得实质性突破。

在企业债券市场获得大规模发展的同时,2005 年以来管理层也加快了债券品种的创新,央行推出了企业短期融资券发行办法,开拓了企业短期资金的融通渠道,扩大了企业直接融资的比例。自 2005 年 5 月推出第一批企业短期融资券开始至 9 月底,发行规模已经达到 557 亿元,并且已有多家上市公司成功发行或公布发行短期融资券的预案。在短期融资券市场迅速发展的同时,自 2004 年以来我国资产证券化试点工作开始启动,相关产品上市交易。资产证券化和证券公司的专向资产理财计划产品等各种固定收益类债券产品的创新,促进了我国信用评级业的快速发展,传统的债券评级业务和

---

　　* 本文原载于《信用评级前沿理论与实践》,中国金融出版社,2007。

创新性结构融资证券化评级业务迅猛发展，信用评级市场展示了前所未有的发展前景。

2. 对信用评级机构的认可

国际上对信用评级业的监管一般采用对评级机构的认可制度，1975 年美国证券交易委员会（SEC）实施了 NRSROs（Nationally Recognized Statistical Rating Organizations）认可制度，即在联邦证券法的约束下，被认可的评级机构的评级结果被全美评级结果的主要使用者认为具有可信任的可靠评级。SEC 也最早开始在监管中使用评级结果，现在在美国的联邦和州立法中被当作基准使用。此时，NRSROs 的成员有四家评级机构，包括惠誉、穆迪、标准普尔，以及加拿大的多美年证券评级公司。NRSROs 制度有力地推动了美国信用评级业的发展。

我国有关机构对信用评级的认可和评级结果的使用首先始于保监会。2003 年 6 月，中国保监会颁布《保险公司投资企业债券管理暂行办法》，其中规定保险公司购买企业债券需是经国家主管部门批准发行，且经监管部门认可的信用评级机构评级在 AA 级以上的企业债券，并同时认定中诚信国际和大公两家评级机构的资格，之后又陆续认定三家机构的资格。

2004 年 6 月，《国家发展改革委关于进一步改进和加强企业债券管理工作的通知》规定：发行人应当聘请有资格的信用评级机构对其发行的企业债券进行信用评级，其中至少有一家信用评级机构承担过 2000 年以后下达企业债券发行规模的企业债券评级业务。此时，符合上述条件的评级机构只有中诚信、大公、联合资信、上海远东、上海新世纪。

2005 年，中国人民银行关于发行企业短期融资券的管理办法对信用评级机构进行了重新认可和确认，经确认在银行间债券市场短期融资券信用方面具有评级资格的机构共有五家，分别为中诚信、大公、联合资信、上海远东、上海新世纪。根据以上情况分析，此时国内有资格从事企业债券评级的机构主要是上述五家评级机构。

3. 对信用评级结果的运用

信用评级结果能否得到广泛运用是评级机构价值的重要体现，巴塞尔委员会专题工作小组调查显示，银行等金融机构可以将评级信息广泛地运用于风险管理过程、产品定价、信贷限额和准备金的设定、经济资本金配置、绩效评估、资产组合管理等方面。

国内最早使用信用评级结果的投资者和金融机构主要是保险公司与商业银行。根据保险监管机构的监管要求，保险资金投资企业长短期债券必须是国内信用评级机构评定的 AA 级以上的长期信用级别和 A－1 级或者相当于 A－1 级的短期信用级别的债券。货币市场基金购买企业债券必须是国内信用评级机构评定的 AAA 级以上的长期信用级别和 A－1 级短期信用级别的债券。

2003 年深圳市 18 家银行机构和中诚信、大公、深圳鹏远 3 家资信评估公司签订了《深圳市国内银行机构信贷业务公约》，规定：企业向商业银行申请贷款，且在深圳市银行登记咨询系统中已有贷款余额与拟申请新增贷款之和等值 1000 万元以上，必须向贷款银行出具具备从业资格的信用机构评定的有效资信等级，否则，商业银行原则上将不会对其新增贷款。但对拟新增贷款，只要有足额存单、国债质押、承兑汇票背书抵押以及 AAA 级企业担保，可以不受上述条件限制。该公约还规定，资信等级为 AA 以下（不含 AA）的企业，商业银行原则上不得对其新增信用贷款。资信等级为 A 级以下（不含 A 级），向商业银行借款时，将得不到利率优惠。这一公约为外部评级机构评级结果的使用提供了方向。

随着监管机构对银行信贷风险控制的重视，利用第三方的银行信贷评级业务和客户评级也受到广泛的重视。信用评级结果的广泛使用促进了信用评级业的发展，也提升了信用评级机构市场地位和市场价值，为我国信用评级业的发展创造了良好的市场环境。

二 我国信用评级业发展中存在的问题

随着我国融资体制改革和债券市场发展，信用评级市场也得到了相应的发展，但在发展中也暴露出了许多问题，这些问题的产生是一个国家市场经济发展阶段的总体信用状况和对信用评级认识的集中体现。目前，我国信用评级市场发展中存在的主要问题如下。

1. 发债企业对信用评级的认识偏差，导致不切实际的追求高信用等级

发债企业作为债券发行人对信用评级的认识程度决定了其对信用评级等级的接受程度。目前，在企业包括金融机构的评级工作中，由于发债机构对信用评级认识的偏差，发债企业过分追求高信用等级。主要表现是，

拟发债企业向评级机构索要高信用等级，并以撤换评级机构来要挟评级机构。

由于目前国内发债企业普遍存在财务基础较弱，管理和财务信息缺乏透明度，因此评级机构按照其评级标准和评级理念评定的发债企业信用等级普遍较低。当评级机构与评级对象交流评级结果时，如果评级机构出具的信用等级达不到发债企业对最高信用等级的要求，结果出现两种情况，坚持评级原则的机构要么放弃评级客户，但可能有其他评级机构满足这种不符合实际的要求（例如，在2005年某商业银行发行金融债券信用评级中，按照中诚信国际银行业评级标准，该行的债券信用等级应评定为AA级，但客户强烈要求达到AAA级，在双方沟通无效的情况下，该行最终选择了其他评级机构）；要么评级机构违背评级的公正性而迁就客户的等级要求，其结果是，一方面造成信用评级市场"劣币驱逐良币"，一部分坚持评级原则的评级机构业务发展受到影响；另一方面造成市场对评级结果的质疑和评级机构公信力的降低。

而且，评级机构的评级工作和其他发债服务机构尤其是债券承销机构紧密关联，如果评级机构坚持评级理念，就可能引起发债企业和承销商的共同抵制，评级机构既得不到最基本的评级费用，也可能引起市场大规模萎缩，甚至威胁到自身的生存。而放弃原则又有悖于评级机构赖以立命的客观、公正、独立的原则，因此，发债企业对信用评级等级的不切实际的要求，使信用评级机构面临长期利益与短期利益的艰难抉择。

2. 信用评级机构缺乏行业自律性，评级市场"劣币驱逐良币"

在发债企业对信用评级存在认识偏差的同时，评级机构本身的行为缺乏规范和行业自律行差也导致信用评级市场的混乱，表现为信用评级机构的无序竞争。一是低价竞争，导致行业发展的经济基础不复存在。有的评级机构为了争取市场不惜以低价甚至免费的方式争夺客户，这主要是一些刚进入信用评级市场或刚开始从事某项信用评级产品的评级机构的市场行为；二是信用等级竞争。有的评级机构为争取客户在竞标时允诺高信用等级，违背信用评级行业的基本诚信原则和市场公正性。如在2005年发行的证券公司短期融资券和金融债券的信用评级中，中诚信国际基于对证券公司行业风险和内部财务风险的判断，拒绝了客户对等级的过分要求而不得不放弃该机构的信用评级，但其他几家评级机构均给出了 AAA 级或 A－1⁺级信用等级，这明显与目前人们对证券行业和财务风险的认识存在重大偏离，也引起了市场对信用评级机构的指责。上述"低价竞争"和"级别竞争"导致信用评级市场出现"劣币驱逐良币"的现象，造成国内信用评级市场的不规范和恶性发展。

中诚信国际作为信用评级市场的主要引领者，近年来在评级市场的竞争中，由于坚持了信用评级业的独立、客观和公正性原则而失去了很多重要的评级客户，但同时也赢得了市场的信任。我们由于坚持信用评级结果的公正性而放弃了 2005 年中信证券的短期融资券信用评级、2005 年招商银行的金融债券信用评级等业务，做到了不以信用级别作为竞争条件，保证了评级的公正性。在目前短期融资券的评级过程中，我们也因维持行业尊严而放弃了一些评级业务，这在一定程度上对公司的业绩产生了重大影响。

3. 社会舆论对信用评级认识上的误区，导致对评级机构缺乏公正性的批评

在中国市场经济发展初期阶段，人们对信用评级的认识较为初级，尤其是对信用评级等级的含义和信用评级的基本理念等均存在认识误区。这主要表现为对信用评级机构发布的信用等级的指责和批评。在债券评级方面，人们普遍批评信用评级机构发布的评级主体的信用等级同一化并普遍表现为 AAA 级高信用等级。统计表明，1999 年以来，在信用评级机构发布的企业债券信用等级方面，除江苏高速公路集团公司的信用等级为 AA＋（联合资信评定）和 2003 年国家科委高新技术产业开发区债券的信用等级为 AA（中诚信与联合资信双评级）外，其他发行主体发行的企业债券信用等级均为 AAA。其中的主要原因：一是这些企业都是国有大型企业，并且大多数企业在整个国民经济中具有重要地位，其本身具有很强的经济实力，经营状况良好，并且部分企业依靠国家信用；二是这些企业债券均为有担保债券，并且担保机构基本为国有银行或国有特大型企业，担保能力较强，具有一定的信用增级作用。由于信用评级机构没有发布这些公司的无担保信用等级，因此投资者看到的并不是该发债主体真实的个体信用等级。实际上从中诚信国际的评级结果看，部分公司发行的企业债券的无担保等级并不高，大部分发债主体的无担保信用等级在 AAA 以下。

在近期发行的企业短期融资券信用评级中，大部分企业发行的短期融资券的信用等级均较高。据统计，截至 2005 年 9 月中旬发行的短期融资券的信用等级分布，其中有 75% 左右获得了评级机构 A - 1 + 的信用等级，25% 左右获得了 A - 1 的信用等级。而从短期融资券市场比较发达的美国债券市场看，商业票据（CP）评级的信用等级中 90% 以上获得了 A - 1 + 的信用等级，6% 左右为 A - 1 的信用等级。这主要是由于发行短期融资券的企业基本是规模和财务状况良好的企业，其长期信用等级较高，短期财务风险很低，从而均获得了较高的短期信用等级，因此，社会舆论对信用评级认识上的误区和对评级机构的指责与批评更多的是对中国目前债券市场发展的状况和特有的债券发行监管体制的误解，尽管这种指责对评级机构缺乏公正性，但也有利于促进中国评级市场的规范和发展。

4. 利率市场化制约，债券定价无法实现信用价差，存在信用等级定价缺失

债券发行和流通中的主要风险是信用风险，短期融资券作为无担保的信用债券尤其如此。作为货币的价格，利率是衡量风险的一个重要标准，因而其与信用等级之间也应有着对应关系。国外的研究表明，信用等级的高低与债券发行利率之间存在明显的相关关系，信用等级越高，发行利率越低。最高等级和中等信用等级的商业票据，在利率上可表现为 10 个基点至 150 个基点不等。很明显，信用评级是债券定价的重要因素。从理论上讲，对那些偿债能力较强并有政府支持背景的大企业发行的债券来说，由于投资者承担的风险较小，其资金成本自然较低；而就中小企业而言，由于投资者承担的风险较大，因而只能以较高的资金成本发债。此时，利率成为影响发债结果的一个重要条件，信用价差成为影响发行价格的重要因素，信用等级也就成为影响投资决策的重要考量因素。

但是，在当前短期融资券市场大型国有企业居多，供求关系不平衡的条件下，利率并不是影响债券发行的决定性因素。虽然《短期融资券管理办法》指出，短期融资券利率由承销商和发债企业共同协商确定，但此时发行的短期融资券的利率与信用等级之间没有形成任何关系，不管是 A - 1 + 等级的短券还是 A - 1 等级的短券，其 3 个月、6 个月、9 个月还是 1 年期的短券发行利率均保持相等。这说明信用等级还不能成为债券定价的重要依据，存在信用等级定价缺失的情况，不同信用等级对发行定价没有产生影响，从而也就失去了信用评级机构揭示信用风险并在债券发行定价中的基本作用。因此，加快利率市场化进程，建立债券定价的市场机制，实现债券发行与交易中的信用价差，提高市场对信用等级价值的认识。

三　促进我国信用评级业发展的政策及监管建议

1. 加强对信用评级业的行业监管，促进评级行业健康规范发展

信用评级机构属于信用体系建设的一部分，而信用体系又是整个金融体系的一个组成部分。相应地，对信用评级机构的监管也就是金融监管体系的一个组成部分。如果缺失对信用评级机构的监管，可以说金融监管体系就是不完善的。所以从当前来讲，对信用评级机构的监管是必要的。目前的主要问题是信用评级机构设立门槛过低，信用评级机构太多，不仅不利于信用评级业的正常发展，还会造成过度的竞争。这也造成了信用评级工作不规范，没有规则可言。所以当前加强监管的一个核心问题是进一步规范评级市场，采取措施，促使评级市场健康规范发展。

为防止发债人"评级采购"中评级机构的恶性竞争，监管部门可以引入类似美国的 NRSRO 市场准入制度，提高信用评级机构的市场门槛，鼓励国内评级机构开展有序竞争。信用评级市场不应是一个完全竞争的市场，信用评级机构提供的评级产品具有公共产品特征，监管部门在有关评级机构的选择方面应根据评级产品的特性预设相应的选择标准，完善债券市场评级机构准入制度。而且，监管机构还应加强对这些准入机构的过程监管，防范评级机构的道德风险。

2. 加强对评级收费价格指导，杜绝评级机构的"低价竞争"和评级主体的"恶意压价"

信用评级收费混乱，信用评级的收费仍然无法可依。在评级市场不发达和缺乏规范的情况下，一方面部分评级机构为争取市场"低价竞争"，扰乱评级市场的收费；另一方面部分发债主体缺乏对信用评级工作的理解和认识，对信用评级机构的必要报酬采取"恶意压价"，从而造成信用评级机构无法获得必要收入，进一步限制了我国信用评级行业的发展。2007 年在推出短期融资券市场后，信用评级机构在中国人民银行的推动下签署了信用评级行业公约，提出了信用评级工作的行业收费标准。

但由于这仅仅是一个行业公约，缺乏市场约束力，行业公约在实施过程中发债企业很难配合，在激烈的评级市场竞争中，评级机构最后也没有很好地执行该公约。因此，为了规范评级市场的发展和评级收费，监管部门应在制定相关债券发行管理办法的同时，对评级收费采取与债券承销佣金费率相似的管理办法，制定一个最低收费下限。限制信用评级机构的"低价竞争"和发债主体的"恶意压价"，促进评级市场和评级机构的健康发展。

3. 完善信用评级工作的备案制度，杜绝评级机构的"等级竞争"，抑制发行人恶意更换评级机构

《短期融资券管理办法》中规定了拟发债企业如更换承销商应报中国人民银行备案，这一规则同样应该适用于评级机构。为了更好地发挥信用评级对投资人的指导作用，增强信用评级机构的独立性和权威性，我们建议进一步完善信用评级工作的备案制度，如果拟发债企业更换评级机构，也应报中国人民银行备案。这将有效地抑制评级机构的"等级竞争"，也将对发行人由于等级问题恶意更换评级机构具有很好的制约作用。

4. 放开企业债券的担保限制，试点发行无担保企业债券

根据《短期融资券管理办法》，发行企业债券实行担保制度，这主要是为了控制企业债券的偿还风险。随着国内投资者的成熟和市场承受能力的提升，监管部门应逐步放开企业债券的担保规定，允许资信较好的企业发行无担保的公司债券，或进行无担保债券的发行试点。在当前企业债券的发行中，可以允许评级机构同时公布发行主体的有担保的信用等级和无担保的信用等级，树立市场对企业信用的真实认识，在条件成熟时试点发行无担保企业债券，建立真正的信用债券市场。

5. 加速制定证券信用评级的相关法律法规，完善信用评级的相关制度和行业规范

我们认为信用评级业法律法规体系应包括三个层次：一是《证券法》对有关信用评级机构的定位、性质以及管理机构等予以规定；二是由国务院制定行政法规，如《信用评级管理办法》《信用评级机构资格管理办法》等，明确信用评级机构的设立条件、审批程序、业务规则、禁止事项以及罚则等内容；三是监管部门制定部门规章，主要涉及信用评级业务人员的资格管理，以及具体业务监管措施等，尽快形成完善的信用评级业务法律法规体系，使信用评级机构的设立和业务运作有法可依，有章可循。

在逐步建立健全信用评级业的法规体系的同时，建立有关信用评级业的行业准则和规范，通过有效监管强化行业自律管理，促进评级市场规范发展。

6. 加强信用评级机构的技术交流，提高国内评级机构的评级水平，推动评级行业发展

债券市场的健康运行，离不开信用评级机构独立、公正、专业的服务。为提高国内评级机构的评级水平，监管机构可以通过部门协调，加强信用评级机构的技术交流，探讨评级技术，并根据市场变化，不断完善评级方法，提供高品质、高技术含量的评级服务。在规范评级市场的同时，通过采取有效措施，促进我国评级机构服务水平大幅度提高，推动我国评级行业发展。

变革信用评级监管模式[*]

2017 年 7 月召开的全国金融工作会议对防范金融风险问题做出了重要指示，要求加强监管协调与合作，把主动防范和化解系统性金融风险放在更加重要的位置。随着国家金融稳定发展委员会的设立，中国金融监管格局将发生重大变化，如何补齐金融监管短板，健全监管制度，改进监管方法等成为金融监管改革的重要内容。信用评级作为金融防风险的重要手段，在我国金融市场发展中起到了重要的作用。但信用评级市场的恶性竞争、监管缺失和多头监管问题一直比较突出，评级泡沫也成为被市场诟病的重要话题。在信用评级市场开放、简政放权和评级市场化发展的背景下，如何构建我国的信用评级监管架构和模式，也将成为金融稳定发展的重要议题。当务之急是梳理我国信用评级业的发展和监管现状，借鉴国外信用评级业监管模式，适应信用评级市场开放和简政放权与市场化发展的要求，变革我国信用评级业监管模式。

一　我国信用评级业发展与监管现状

近年来，随着中国债券市场的发展，信用评级行业也迎来了重要的发展机遇，信用评级业务范围不断拓展，评级机构收入不断增加，从业人员数量不断增加。自 2005 年银行间债券市场推出短期融资券以来，评级机构的业务范围已经从单一的企业债券评级拓展到涵盖企业债、债务融资工具、公司债、熊猫债、项目收益债、资产证券化产品等评级业务类型，促进了评级市场的进一步发展。随着债券市场和信用评级业对外开放，境外评级机构进入

---

　　*　本文原发表于《财经》2017 年第 19 期。

国内市场，评级业的发展将进一步加快。同时，随着简政放权和行政许可制取消，信用评级市场也将进一步扩容。评级行业在获得进一步发展的同时也存在一系列问题，目前国内信用评级行业多头监管，评级市场过度竞争，评级市场整体公信力不高，价格竞争、级别竞争依然存在，评级区分度不足，级别虚高，评级泡沫严重。

在上述背景下，监管机构对信用评级行业的监督模式也在不断地探索中。目前，信用评级行业监管实行行政监管与自律监管相结合的方式，已建立起了初步的监管框架。在行业发展之初，央行制定了《信贷市场和银行间债券市场信用评级规范》，并出台了评级项目报备、收费自律等一系列措施，为规范行业竞争、促进行业发展提供了重要的制度保障。近年来，各监管机构逐步建立和完善包括评级机构内部治理、评级人员及评级业务规范等在内的一系列管理制度，监管的标准化、精细化程度不断提升。同时，监管机构强化评级机构信息披露，注重评级一致性，监管深度不断加强。

另外，我国评级监管还存在监管部门相对分割、监管标准不统一等问题。债券市场多头监管的竞争与分工监管模式下，相关主管部门分别对各自监管领域中涉及的信用评级业务进行监管和规范。中国人民银行、国家发改委、证监会等在各自职责范围内通过对不同债券品种的监管而对信用评级机构进行主体和业务监管，形成了多头监管的格局。不同的监管机构按照不同的监管标准，认可评级机构资质并对评级机构的业务进行监管。

因此，变革我国信用评级业监管模式，构建基于机构监管和业务监管双重监管模式，信用评级机构的准入从"行政许可"向"备案管理"转变；信用评级业务的准入管理从"监管认可"向"市场认可"转变，构建类似美国 SEC 的"全国认可"的信用评级机构业务准入机制，是我国信用评级市场规范发展和监管模式变革的方向。

二 国外信用评级机构准入机制与监管模式

美国、欧盟和日本等评级行业通常采用注册制的准入机制。在美国信用评级市场上，开展信用评级业务的主体分为信用评级机构（CRAs）和全国认可统计评级组织（NRSROs），两者准入条件存在较大差异。美国定义信用评级机构（CRAs）为满足一定条件的任何人（Any Person），可以是个人，也可以是公司，只要满足通过网络或其他易获取方式从事有偿或无偿地发布信用评级结果的商业活动（不包含发布商业信用报告），通过定性或定量的方式进行信用评级，评级费用源于发行人、投资者或其他市场参与者三个条件即可。美国信用评级行业门槛很低，只要从事信用评级业务，并且有相关配套措施保障业务正常运行，任何人或公司都有机会进入。

但信用评级机构在金融市场中的角色和地位决定了美国信用评级机构准入并非如此简单。美国证监会通过成立"全国认可统计评级组织"（NRSROs），提高用于监管目的的信用评级准入门槛。简单来讲，NRSROs是美国所有信用评级机构中的佼佼者，美国证监会将评级使用者广泛认可的佼佼者筛选出来，组成NRSROs，这样美国证监会就可以放心地参考NRSROs发布的评级结果，并将该评级结果用于监管目的，例如用于审批发行、判断金融机构风险保证金等决策的参考。根据美国证监会对NRSROs的定义，NRSROs成员是满足一定条件的信用评级机构。美国证监会在审核申请者是否符合加入NRSROs条件时，主要从以下几个方面做出考量：（1）从事信用评级业务年限不低于3年；（2）评级结果被使用者广泛认可；（3）具有健全的内控、业务制度，注重信息披露和利益冲突防范规定。因此，加入NRSROs对申请者并非易事，美国证监会在信用评级机构的内控制度、业务制度、评级方法和模型等方面对申请者都做出严格要求。总体来看，评级机构进入美国信用评级市场门槛较低，但申请加入NRSROs时，面临一定的监管准入门槛。

在具体实践中，评级机构主动向美国证监会申请加入NRSROs，由美国证监会最终决定是否同意其申请。具体步骤为：评级机构向美国证监会提交申请加入NRSROs的注册表格，美国证监会审核申请者所提供的材料是否符合条件及是否属实，经美国证监会认可申请者提供的材料符合要求后，申请者可注册成为NRSROs成员并能够开展对应的评级业务。此时可以注册的评级业务类型有金融机构评级、保险公司评级、企业评级、资产支持证券评级和政府与主权评级共五类。评级机构及其所开展的评级业务经美国证监会统一注册认可，则该评级机构针对所注册业务类型发布的结果可用于监管目的。也就是说，申请者必须申请具体评级业务类型，由美国证监会统一认可后方可在评级市场开展该类型评级业务，评级结果才会被用于监管目的。美国信用评级机构CRAs与NRSROs关系如图1所示。

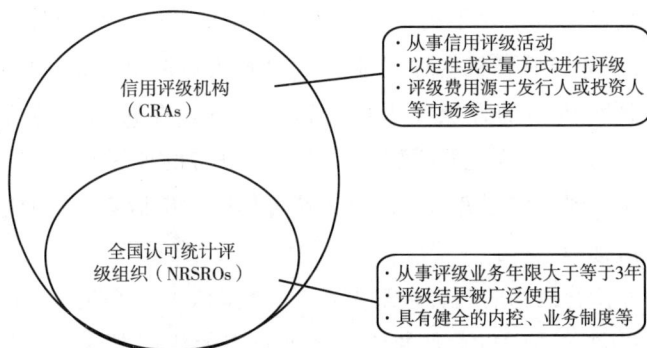

图1　美国信用评级机构 CRAs 与 NRSROs 关系

欧洲评级行业发展与美国存在较大差异，最为重要的原因是欧洲评级行业大部分市场份额被美国评级机构占据，欧洲本土评级机构势单力薄。但是，总体来看，美国评级机构在欧洲市场的发展间接促进欧洲评级监管机制不断改进和完善，部分监管逻辑也值得我国评级监管机构借鉴。相较于美国，欧洲评级监管主体是欧洲证券市场委员会（ESMA），ESMA 针对欧盟境内和境外评级机构采用不同的准入机制，欧盟境内评级机构采取注册制的准入方法，境外评级机构采用认证制或背书制的准入机制。对于欧盟境内评级机构，ESMA 允许其通过注册制进入评级市场。在具体操作上，欧盟境内评级机构若进入评级市场开展评级业务，需要向 ESMA 申请注册，ESMA 对照《2009 年监管法规》及其修订规定，判断审核申请者是否符合 ESMA 的监管要求，评级机构经注册后可在欧洲市场开展评级业务，其所发布的评级结果可用于监管目的。对于欧盟境外评级机构在境内开展业务的情况，ESMA 规定通过境外评级机构所在国和欧盟国家在法律、评级监管制度等方面合作认证方式，允许境外评级机构在欧盟市场开展评级业务，或者通过已经在欧盟境内开展业务的评级机构为其评级结果背书的方式进入欧盟评级市场。ESMA 在审核申请者是否可以进入信用评级行业时，主要有以下要求：（1）评级机构保持评级独立性，重视利益冲突防范；（2）对分析师及参与评级活动人员能力、薪酬和分析师轮换等方面有所规定；（3）对信用评级相关信息定期与非定期披露。

日本债券市场的发展壮大与其积极效仿西方监管经验的做法，促进了日本信用评级市场监管机制的不断成熟。日本评级监管思路与美国相似，在日本评级机构监管中，成立了类似于美国 NRSROs 的一个特定评级机构组织（DRAs），日本评级监管机构通过注册制的方式筛选出其认可的评级机构，并将被选中评级机构的评级结果用于监管目的。在判断申请者是否符合DRAs 条件时，日本评级监管机构主要考量申请者的评级从业历史、评级方法和模型情况，评级使用者对评级结果认可情况，申请者自身的组织架构和资产结构等信息。

从国内外监管机构的监管政策来看，"全国认可"是美国 NRSROs 最重要的原则，强调评级公司发布的评级结果被广大使用者认可。在实际操作中，美国证监会在处理评级机构的 NRSROs 申请时，将大型金融机构或评级使用者对评级结果认可作为是否同意申请的重要考核标准。由此可见，评级结果使用者的认可和评价是美国证监会衡量评级机构所发布评级结果是否能够用于监管目的的重要指标。欧盟方面，欧洲理事会每年定期公布各评级机构市场份额，对于市场份额排名靠前的评级机构，欧盟监管机构采取相关措施对其予以肯定。例如，在实施双评级制度的实践中，欧盟监管机构要求，发行人或受评对象进行双评级时至少有一家市场份额排名靠前（在欧洲市场份额不低于 10%）的评级机构评级。

三 我国信用评级行业监管与准入机制的最新变化

中国在评级准入方式、准入条件以及外资准入等问题上进行了改革。信用评级机构准入方式的变化主要是实施备案制，银行间债券市场评级监管机构将评级机构准入从审批制向备案制转变。根据规定，在银行间债券市场开展评级业务的评级机构在所在地中国人民银行省会（首府）城市中心支行以上分支机构备案。在备案制的准入方式下，备案流程、审核机构、所需提交材料等方面均做出简化，有利于评级行业市场化发展。在提交备案材料的有效性方面，要求提交的备案材料中除了对公司治理、业务和内控制度等规定外，中国人民银行还首次提出评级机构股东及实际控制人在股权比例或投票权方面，不影响独立性的规定以及获得合格投资者普遍认可的要求。可以看出，备案制下中国人民银行对评级机构利益冲突防范和投资者认可等方面予以重视。

在外资评级准入方面，相关文件顺应了评级行业对外开放的要求，首次提出境外评级机构在境内银行间债券市场开展评级业务，需要在境内设立分支机构，该分支机构应满足备案制的相关规定，同时要求境外机构在境内开展业务时需经境外机构所在地监管认可，且承诺就所开展的银行间债券市场信用评级业务接受中国人民银行监管，或所在国家或地区信用评级监管机构已与中国人民银行签署信用评级监管合作协议。

同时，信用评级机构准入方面实施属地行备案和分类注册相结合，重视投资人认可和市场化评价作用。进入银行间债券市场开展业务的评级机构除了在中国人民银行属地行备案外，还需要在交易商协会就拟开展评级业务进行注册，注册成功后才可开展评级业务。在注册过程中，中国人民银行和交易商协会十分重视投资人认可和市场化评价的重要作用，对申请注册的机构组织开展市场化评价，并根据评价结果实行分层分类管理。

四　变革我国信用评级监管模式

我国信用评级市场监管模式变革存在必要性。首先，我国现存的信用评级机构展业的行政许可制与审批制的评级市场准入机制与我国目前提出的简政放权要求相背离。取消信用评级业务许可或审批制度，推进评级市场监管模式变革，符合简政放权的要求，有利于提升信用评级行业市场化水平。其次，在目前评级市场对外开放的背景下，外资评级机构的准入可能会给我国目前评级监管带来挑战，为了更好地应对信用评级市场开放问题，需要对我国目前信用评级市场监管模式进行相应调整和变革。再次，目前我国信用评级行业多头监管不仅会造成重复监管或监管不足，增加监管成本，还可能给评级机构造成合规管理的混乱。最后，在监管协作和防范系统性金融风险的背景下，金融监管格局的变化要求信用评级市场监管模式不断革新。中国人民银行出台的评级监管相关文件也表明监管机构对评级市场监管模式变革的动向和决心。

因此，在简政放权、评级市场开放、多头监管和防范金融风险等背景下，应逐步推动我国信用评级业监管模式变革。国家金融稳定发展委员会的设立为我国信用评级业监管模式变革提供了契机。监管模式变革需要对信用评级机构监管架构进行顶层设计，优化我国信用评级业准入机制和进行持续监管。

（1）统一信用评级机构准入监管。在我国信用评级行业目前缺乏统一监管的背景下，建议新设立的国家金融稳定发展委员会通过设立相关机构（或通过在央行设立的办公室），行使对信用评级机构的统一准入管理和监管。在具体的准入监管方式上，可对信用评级机构准入监管实施备案制，满足一定条件的信用评级机构都有机会进入。

（2）建立"全国认可跨市场评级组织"（NRCMROs）。通过对信用评级机构实行市场化评价，设立基于监管目的的信用评级机构准入门槛，建立类似美国的统计认可制度的中国版"全国认可跨市场评级组织"准入机制。简单地说，进入"全国认可跨市场评级组织"的信用评级机构是所有信用评级机构中，通过市场化评级能够得到监管和市场认可的佼佼者。监管将进入 NRCMROs 的评级机构的评级结果用于监管目的，市场投资者可以放心使用 NRCMROs 发布的信用评级结果。

（3）信用评级机构申请加入 NRCMROs 实行注册制。信用评级机构可主动向监管部门申请加入 NRCMROs，由全国统一的监管部门最终决定是否同意其申请。监管部门在审核申请者是否符合加入 NRCMROs 条件时，主要可以从以下几个方面做出考量：①从事债券市场信用评级业务年限不低于3年；②经过市场化评价，评级结果被投资者广泛认可；③具有健全的内控制度和业务制度、完善的评级方法和模型、透明的信息披露制度。信用评级机构申请加入 NRCMROs，成为其成员后可以在银行间市场、交易所市场、跨市场从事信用评级业务。

（4）对 NRCMROs 成员实施分层分类管理。对经认可的信用评级机构加入 NRCMROs 后可进行分层分类管理。根据中国债券市场发展和对信用评级机构业务能力的要求，可将中国债券市场信用评级业务分为如下五个类型：①企业（公司）评级，包括银行间市场债务融资工具、企业债券和交易所公司债券等；②金融机构及其产品评级；③政府及主权评级；④资产支持证券产品评级，包括信贷 ABS、企业 ABS 和 ABN 产品；⑤熊猫债产品评级。注册为 NRCMROs 的评级机构在所注册业务类型中从事信用评级业务，其评级结果可用于监管目的。

（5）持续市场化评价与激励机制。监管部门可通过对加入 NRCMROs 的信用评级机构的持续市场化评价，实施优胜劣汰的激励和退出机制。对市场化评价的佼佼者，通过注册业务种类的调整予以激励，对于差评者，或者调整其所能从事的信用评级业务种类，或通过退出机制注销其 NRCMROs 成员资格。

五　强化对 NRCMROs 成员持续监管

1. 加强信息披露

美国评级监管机构在《多德—弗兰克法案》中对于信用评级机构信息披露做出了具体规定。对评级方法的完全披露做了具体要求，NRSROs 根据信用评级时所使用的相关信息制作表格，表格须设计合理且能全面包含必要信息，使信息使用主体能够更好地理解评级信息。欧盟评级监管机构在信息披露方面采用定期或非定期方式及时且非选择性地披露影响评级质量和评级结果的相关信息，维护投资者利益。其中，对于评级种类的历史违约率、信用评级机构收入来源的 20 大客户的名单等信息，适用定期披露原则，而对于评级方法、模型、主要评级假设、对有关信用评级及其他相关信息发布问题采用的政策、实际和潜在的利益冲突等信息则采用一般性的非定期披露原则。

从国外的监管制度来看，监管机构更加侧重于对评级技术、方法以及如利益冲突信息披露等内控方面的监管。对比来看，目前我国监管机构在对评级机构的监管，评级流程、评级报告内容等评级过程的规定方面较为细化，而对评级机构的内控要求（如利益冲突、信息披露）方面的规定却不明确。借鉴国外经验，建议监管机构对评级机构监管的侧重点进一步改进，对于评级流程、评级报告内容等不做硬性规定，对内控方面的相关要求应建立统一标准。明确信用评级机构信息披露的原则、内容、方式以及调整信用等级及信息披露的适时性等，增加强制信息披露内容，从而提高信用评级信息的透明度和可信度。

2. 防范利益冲突

从国际利益冲突监管经验来看，美国《2006 年信用评级机构改革法案》加强了对信用评级机构利益冲突的监管，要求评级机构必须将利益冲突披露在 NRSROs 申请表格及其附件中，同时要公布可能存在利益冲突的 20 家最大客户的名单。此外，对评级机构的利益冲突实行检查，美国证监会有权对违反利益冲突规定的评级机构进行惩戒。《多德—弗兰克法案》中对于利益冲突防范最具代表性的措施让评级业务与营销业务相分离，避免评级机构为了拓展销售业务而不顾信用评级的客观公正性。欧盟在利益冲突方面主要要求信用评级机构应设计岗位轮流机制，避免由利害关系引起的利益冲突。此外，在信用评级机构的组织架构中规定了信用评级机构应设立管理委员会或监理会，负责确保评级过程的独立性，适当地识别、管理并披露利益冲突，且管理委员会或监理会中独立成员的报酬应与信用评级机构的经营业绩无任何关联。

为了有效预防和解决利益冲突，建议监管部门强化评级机构的内部控制，对信用评级机构的内部治理机制提出明确要求：对评级活动和非评级活动建立严格的防火墙制度，强制信用评级机构分离信用评级业务和营销业务；建立评级营销人员收入和评级项目收入相分离制度；建立对评级程序和方法的全程监督机制。此外，还应设立配套的惩罚机制，对于违反利益冲突的行为进行惩戒，以保障内控制度的有效实施。

3. 构建持续市场化评价机制

强化市场化评价的作用，把获得投资者的普遍认可作为开展评级业务的重要认可指标。市场化评价是甄别评级机构服务质量的有效手段，能够促使评级机构加强内部管理，注重合规经营，增强评级结果的科学性和有效性。这有助于监管机构建立统一、透明、有效的监管和激励规则，培育具有市场公信力的评级机构。

从具体实践来看，目前银行间市场已建立市场化评价机制，自 2015 年起，中国银行间市场交易商协会、国家发改委、中国保险资产管理业协会陆续启动了针对银行间市场债务融资工具、企业债以及保险资金投资债券使用评级机构的市场化评价工作。在已建立的市场化评价机制中，要求各评级机构每年向监管部门报送年度评价材料，强调市场化评价在评级业务开展和评级监管中的作用。此外，央行强调市场化评价在信用评级中的作用，将获得合格投资者普遍认可作为境内评级机构的准入条件。同时，规定信用评级机构并非在备案或申请注册后即可马上开展评级业务，还需要通过市场化评价。

增强市场化评价的作用对实现评级机构的优胜劣汰，促进评级行业的健康良性发展具有重要意义。建议监管部门通过 NRCMROs，建立统一的评级机构市场化评价标准，充分发挥市场化评价的作用，制定以投资者为导向的市场化评价规则，定期对信用评级机构进行市场化评价，并根据评价结果建立对 NRCMROs 成员的激励和约束机制，对于市场化评价结果无法符合业务开展要求或评级质量未得到投资者认可的，可限制或暂停该信用评级机构开展相关评级业务。

4. 评级机构通过市场化优胜劣汰

从国际监管对信用评级机构的处罚来看，2010 年美国国会制定《多德—弗兰克华尔街改革与消费者保护法》。美国证监会规定，对于违法情节严重的评级机构，美国证监会可将其交由司法部门代为处理，并可要求评级机构承担巨额民事赔偿。2009 年欧洲理事会制定《评级机构监管法案》，较为全面地规定了对评级机构监管范围，2010 年欧洲理事会确立欧洲证券及市场管理局（ESMA）对评级机构的监管权力（注册和认证审核），之后相继赋予 ESMA 对评级机构行使检查和处罚权力。欧美监管机构一般采用罚款和暂停业务的方式对评级机构进行处罚。

在我国评级监管实践中，中国人民银行在《信用评级业管理暂行办法（征求意见稿）》中细化了处罚事项，加大了处罚力度。因此，在 NRCMROs 制度基础上，建议监管部门制定统一的监管处罚制度，细化处罚措施，加大处罚力度。对违反监管规定，评级结果未能及时、有效揭示风险，对以价格竞争及级别竞争扰乱市场的 NRCMROs 成员，通过退出机制，实现优胜劣汰，保证评级市场公平有序竞争和良性发展。

图书在版编目(CIP)数据

经济发展、区际非均衡增长与债务风险 / 闫衍著
. -- 北京:社会科学文献出版社,2019.6
ISBN 978 - 7 - 5201 - 4808 - 5

Ⅰ.①经⋯　Ⅱ.①闫⋯　Ⅲ.①中国经济 - 经济体制改
革 - 研究　Ⅳ.①F121

中国版本图书馆 CIP 数据核字(2019)第 087328 号

经济发展、区际非均衡增长与债务风险

著　　者 / 闫　衍

出 版 人 / 谢寿光
责任编辑 / 王晓卿
文稿编辑 / 王春梅

出　　版 / 社会科学文献出版社·当代世界出版分社 (010) 59367004
　　　　　　地址:北京市北三环中路甲 29 号院华龙大厦　邮编:100029
　　　　　　网址:www.ssap.com.cn
发　　行 / 市场营销中心 (010) 59367081　59367083
印　　装 / 三河市龙林印务有限公司

规　　格 / 开　本:787mm × 1092mm　1/16
　　　　　　印　张:28　字　数:465 千字
版　　次 / 2019 年 6 月第 1 版　2019 年 6 月第 1 次印刷
书　　号 / ISBN 978 - 7 - 5201 - 4808 - 5
定　　价 / 89.00 元

本书如有印装质量问题,请与读者服务中心 (010 - 59367028) 联系